献给我的妻子蒋葵和爱子柏舟

"教育部2008年度新世纪优秀人才计划项目经费"资助出版,特此感谢

当代哲学前沿丛书
☆ 丛书主编：郝长墀 ☆

政治与人：
先秦政治哲学的三个维度

■ 郝长墀 著

中国政法大学出版社

2012·北京

图书在版编目（CIP）数据

政治与人：先秦政治哲学的三个维度 / 郝长墀著. 北京：中国政法大学出版社，2012.7
ISBN 978-7-5620-4395-9

Ⅰ.①政… Ⅱ.①郝… Ⅲ.①政治哲学-研究-中国-先秦时代Ⅳ.D092.2

中国版本图书馆CIP数据核字(2012)第148709

书　　名	政治与人：先秦政治哲学的三个维度
	ZHENG ZHI YU REN: XIAN QIN ZHENG ZHI ZHE XUE DE SAN GE WEI DU
出版发行	中国政法大学出版社(北京市海淀区西土城路25号)
	北京 100088 信箱 8034 分箱　邮政编码 100088
	邮箱 academic.press@hotmail.com
	http://www.cuplpress.com（网络实名：中国政法大学出版社）
	(010)58908437（编辑室）58908285（总编室）58908334（邮购部）
承　　印	固安华明印刷厂
规　　格	720mm×960mm　16开本　22.25印张　360千字
版　　本	2012年8月第1版　2012年8月第1次印刷
书　　号	ISBN 978-7-5620-4395-9/D·4355
定　　价	59.00元
声　　明	1. 版权所有，侵权必究。
	2. 如有缺页、倒装问题，由印刷厂负责退换。

前　言

　　什么是"政治"？在中国，普通百姓对于政治很关心，很喜欢谈论政治，而在美国，一般人不太关心政治，"政治家"、"律师"等词语甚至是用来嘲讽人的比喻。中国人和美国人对待"政治"的态度的差异意味着什么呢？

　　在美国和其他西方国家，我们可以注意到这样一些很重要的现象：公众领域与个人生活领域是分开的，公众领域的基本成分是政治机构和制度、法律和法规，是保障个人自由、权利的，实现社会公平的。政治哲学注重自由、公平、权利、平等、民主、法律法规、财产、政府组织的合法性等。个人之所以可以与政府打官司，就是因为政治制度和国家是实现个人利益的手段，即政治是保障个人权利、自由、财产的手段和工具。隐含在这种政治自由主义思想背后的概念是"经济人"或"自利的人"。

　　按照罗尔斯（John Rawls）的公平理论，社会要确保的就是每个人如何平等地享受到公平的待遇。"正义（justice）原则是一种公平（fair）的协议或者讨价还价的结果"，是在"无知之幕之后选择"出来的。作为公平的正义原则是建立在"原初的平等立场"（the original position of equality）之上的，即人在对自己在社会中的地位、阶级立场或社会地位、在自然资源分配中的运气、能力、智力等处于无知的状态下，才能达到的关于正义的一定的概念。正是在这种"纯粹的假设的环境中"，人们达成的协议才是公平的[1]。换言之，正义原则是在一种把每个人都看成是绝对平等的条件下人们所做出的选择。正义是一种理想选择的结果。"罗尔斯假设，通过要求一个人只考虑既是他自己而又是每个人都分享的利益，无知之幕就把一个利己主义者转变为一个普遍的立法者（在寻求正义原则的意义上）。这就是说，虽然签订契约的各个方面都具有自己的自我利益，但是在原初状态中，他们每个人都是一位普

---

〔1〕　John Rawls, *A Theory of Justice*, Harvard University Press, 1971, p. 12.

遍的、不偏不倚的观察者。"[1]

　　罗尔斯的正义论是对西方传统自由主义政治哲学家洛克、卢梭、康德的社会契约论的发展。在罗尔斯的理论背后有一个假设：我们都是以自己利益为中心的理性的人，我们的选择都自然的受自己的利益支配。在一种有足够信息和熟悉情况的条件下，我们都选择那些对我们自己有利的东西。罗尔斯的正义论就是要使自利的理性者在对情景无知的条件下作出公平的选择。社会契约论背后已经假设了某种不变的人的实体。这种社会的理性状态就如同卢梭所描述的："发现社会联合的一种形式，这种形式以所有共同的力量来捍卫和保护每个合作者的人身和财富，通过这种形式，每个人——当与其他人联合起来时，只是服从他自己，但仍然像以前一样自由。"[2]说的简单些，理想的社会联合形式（理想的政治社会）可以在最大程度上保护其中的每个个体，而这种联合形式不改变每个个体的本体论上的自由。个人在社会联合形式中仍然如自然状态下一般自由。服从他自己，只不过表达的形式变化了。也就是说，社会联合形式仅仅是捍卫和保护个人利益的手段，它不转化个体，不使个体成为不同的实体。

　　在美国的公众和政治生活中特别强调政教分离，宗教信仰和伦理生活属于个人生活领域。依据这种政治哲学，个人的宗教信仰不能在政治生活中表现出来，或者不能因宗教信仰而影响自己的政治生活。政治与宗教和伦理生活分离的结果是，由于宗教和伦理作为个人生活的部分因人而异，它们从而变为可有可无的偶然性因素。政治、伦理、宗教从而成为可以与个人相分离的东西，个人就很自然的被假设为自由游离的"原子"。

　　上面描述的政治哲学思想的视野实际上就是当下研究政治哲学的框架和前提；形形色色的理论都是在阐述这个框架中所隐含的意义和区别。"尽管政治哲学的问题多种多样，但我们可以把政治哲学的起点归结为两个基本问题：'谁得到什么？'和'谁说话算数？'第一个问题关系到物质利益（material goods）的分配以及作为其道德基础的权利和自由的分配。第二个问题关系到另外一种利益即政治权力的分配。因此，当代西方政治哲学主要被分配式正义（distributive justice）的问题所占据……几乎所有当代西方政治哲学的主要

---

[1] 徐向东：《自由主义、社会契约与政治辩护》，北京大学出版社2005年版，第81~82页。
[2] 转引自徐向东：《自由主义、社会契约与政治辩护》，北京大学出版社2005年版，第142页。

流派都是围绕着平等和自由及它们之间的关系来展开他们的讨论的。"[1]

我们的问题是,这种政治思维方式是不是政治哲学中理论上最有说服力、最成熟的观点呢?有没有其他的可能性呢?

突破上述的政治哲学视野似乎是比较困难的事情。二十世纪法国最优秀的伦理现象学家莱维纳斯(Levinas)在描述了对于他者的责任是社会关系的根基之后,提出这个问题:伦理关系的问题是"我"与"他人"的关系问题,是单一的、不可逆转的关系,但是,这仅仅是就"两个人"的世界而言的伦理;如果第三个人登场,我就必须考虑和衡量我对于他者的责任,对于他者的他者的责任,甚至他者对于我的责任,也就是说,我就必须跳出"我与他人"的关系,以第三者的角度来俯视人与人之间的关系。这就有必要出现"比较、衡量、认知、法律、制度——正义"[2],即政治在第三个人出现后,在具体的社会情境中是必需的。一个很自然的问题会对莱维纳斯提出:"正义"(justice)是罗尔斯所说的"公平"(fairness)吗?莱维纳斯提出了一种与传统西方伦理学不同的伦理思想,这种伦理思想仅仅适用于抽象的人际关系,而在具体的社会环境中我们必须回到罗尔斯的观点吗?对于如何建立"三人"的政治哲学,以及这种哲学如何不同于政治自由主义思想,莱维纳斯只是轻描淡写,没有给予详尽的论述。

寻找一种不同于主流学派的政治哲学思想,也许可以从下面的例子中得到启发。

一位美国哲学教授2009年在武汉大学讲学期间,曾经讲了这么一个故事:他的一位同事是物理学教授,讲授"光、色、视觉"("Light, Color, and Vision")这门课很多年了。有一个学期,他给很多艺术系的学生讲这门课。与以往一样,他把光谱仪设置好,让学生仔细观察并画下他们所看到的东西。当在批阅学生的作业的时候,他发现,学生不仅画了他所期待的(从物理学家的眼光所看到的)光谱上光线,而且有很多在光谱线之外其他的光线。他还发现,不仅仅是个别学生这么做。他怀疑是不是自己在课堂上把仪器设置错了。于是他重新设置光谱仪,看看问题出在哪里。当他设置好仪器,审视

---

[1] 徐向东:《自由主义、社会契约与政治辩护》,北京大学出版社2005年版,第138页。

[2] Immnauel Levinas, *Otherwise than Being or Beyond Essence*, trans. Alphonso Lingis, Pittsburgh, PA: Ququesne University Press, 1998, p. 193.

光的图案时，他发现，学生所画的其他光线，本来就在那里，只不过他多年以来把它们作为无关紧要的东西，无视了它们。他一直以物理学家的眼光观察光谱，把注意力集中在他认为有关的东西上。但是，艺术系的学生不同，他们是从绘画的明暗角度来画他们看到的所有东西。这位物理学教授由于自己的"前见"而把眼睛部分地遮住了。用现象学的语言说，这位物理学家预设的目标的意向性限制了对象的出现。

在这本书中，我要做的就是把当下学术界所认为的政治哲学前提、假设、理论等悬置起来，看看中国先秦哲学中提出的是什么样的政治哲学。不是用现有的理论和期待去看古人如何回答我们的问题，而是倾听古人的声音。当然，这里有一个解释学的困难：消除我们所秉有的无意识的理论假设，这几乎是不可能的。但是，在尽量消除我们的预先规定的意向目标之后，我们自己也在与文本的对话中被转化了。

简单地说，在《政治与人：先秦政治哲学的三个维度》这本书里，我试图勾画出中国先秦哲学如何给当代中国的政治哲学研究提供一种不同于西方政治哲学研究模式的新思路。所谓"新"，不是时间上的"新"，而是在思维方式上相对于西方哲学而言的另外一种思路。在西方哲学中，政治哲学基本上是一个分支性的，而在中国传统文化中，政治性似乎是一个占据中心的东西。什么是政治呢？先秦的法家（韩非子）、儒家（孔子和孟子）、墨家及其思想先驱（《诗经》和《尚书》）给予了不同的回答。但是，他们都有一个共同的假设：政治与人的问题是分不开的；人在政治中体现和实现自身。

如果我们把《诗经》、《尚书》中所表述的神权政治哲学思想看作是先于儒家政治哲学（孔子和孟子）的话，我们就会发现这么一个有趣的思想史的发展轨迹：从年代的先后上看，首先在《诗经》、《尚书》中反映的神权政治思想（本书第四章），到了孔子政治思想发生了很大的转变（第二章），紧接着是墨家对于孔子和儒家的批判（第五章和第六章），然后孟子（第三章）激烈批判墨家，为儒家哲学辩护，到了战国末期的韩非子（第一章）对于儒墨等都进行了猛烈的批判。在第四章，我将证明，真正继承《诗经》和《尚书》思想的是墨家，不是儒家。从思想体系上看，《诗经》、《尚书》以及《墨子》所描述的政治的人是以天（上帝）为最高权威，以兼爱为伦理内涵，以利天下为政治体现的具有三个维度的具体的人；在《论语》和《孟子》中，我们看到的是以孝和忠为内涵的伦理思想在政治制度中得到了具体的实现，这个实现者就是圣人和君子，从而人成了两个维度的存在者；在《韩非子》中，我们看到的是一个抛弃宗教和伦理维度的单面人，一个在权力机构中利用他人和被利用的政治存在。从西周到战国末期，中国历史是一个逐步分崩离析的过程，是一个从三维度的人到单维度的人过渡的历史时期。秦王朝的建立和迅速灭亡，对于韩非子哲学给予了一个现实性的证明：纯粹的抽象的政治存在是不稳定的。

因此，根据上面的思路，本书分为三个部分，第一部分"单维政治哲学"（第一章），第二部分"二维政治哲学"（第二章和第三章），第三部分"三维政治哲学"（第四章、第五章和第六章）。韩非子的政治哲学应该在儒家哲学中被扬弃，而儒家哲学应该在墨家神权政治哲学中被扬弃。三种政治哲学实际上构成了一个完整的体系。

本书的重点是第三部分。在这一部分，我根据存在于《诗经》、《尚书》、《墨子》中的政治神学思想，向读者展现一种不同于其它政治哲学的思维方式。在第四章，我基于详细的文本解读，论证《墨子》思想与中国最古老的经典《诗经》和《尚书》在核心思维方式上是一致的。可以这么说，孔子和孟子等儒家学者对于《诗经》和《尚书》的继承是有选择性的，根据自己的体系来利用古代的经典，而墨子则在思想上完全接受《诗经》和《尚书》的观点，墨子所做的工作就是给予《诗经》和《尚书》中的宗教伦理思想以普遍的表达方式：伦理责任的主体从国王变成了平民；其语言也接近普通语言。在第五章，我必须回答两个问题：其一，《诗经》和《尚书》中的以天为中心的神权政治思想在哲学理论上有没有优越性？其二，神权政治思想与当代的政治生活有没有密切的关系，即它的现代意义是什么？对于这两个问题的回答，决定了我们在今天讨论神权政治的必要性。对于第一个问题的回答，必须反映出如下的条件：神权政治在哲学理论思维上必须是既优越于单维政治哲学和二维政治哲学，也超越了当代世界政治哲学主流中的政治自由思想。对于第二个问题的回答必须显示：神权政治对于当代民主政体是一个根本性的挑战，是回答民主政体中存在的固有问题的解决方案之一。为了讨论这两个问题，我们比较了墨子与苏格拉底的观点。在第六章，我针对学术界普遍认为墨子是功利主义者的观点给予了否定性的回答：基于什么是功利主义哲学的核心观点，与墨子哲学比较，再把功利主义与儒家哲学对比，发现墨子是与功利主义哲学对立的，他的哲学更接近于当代法国伦理现象学家莱维纳斯的观点。学术界之所以有这么一个普遍的误解是与我们的时代有关的,是对于古典文献中的政治神学思想视而不见的结果。

这一章也回答了美国哈佛著名亚洲思想研究专家斯沃兹(Benjamin Schwartz)在他的巨著《古代中国的思想世界》中所表达的疑惑。在他把墨家定义为功利主义者后,他发现墨家思想有内在的矛盾:"可以肯定的是,对于贤者的动机根源会出现令人感到不安的问题。他是如何成就这种无私和这种从情感中解脱出来,以及如何把这种精神上的成就与一种不妥协的功利主义观点协调起来的?墨子的功利主义观点,就如罗尔斯所描述的所有的功利主义形式一样,正是把对于欲望的满足看作是与个人的'惬意的感觉'相关的,这就是边沁的快乐原则。那么,从哪里产生了这种对于快乐、欢乐和爱漠不关心的态度呢"(There are, to be sure, still troubling questions which emerge about the springs of the hsien's motivation. How does he achieve this selflessness and this detachment from emotions and how does he reconcile this mastery with an uncompromising utilitarianism? Mo-Tzu's utilitarianism, like all utilitarianism as described by John Rawls, involves the satisfaction of desires precisely associated with individual "agreeable feelings" which constitute Bentham's pleasure principle. Whence, then, this indifference to pleasure, joy and love)[1]?斯沃兹(Schwartz)敏锐地觉察到,功利主义者的满足自我的欲望与墨家的清苦生活和无私奉献是不可妥协的,但是,他没有意识到,不是墨家学者们无私奉献的清苦生活的境界的来源成了神秘性的东西,而是他对于墨家哲学的理解出了问题。斯沃兹的问题不是墨家本身的问题,而是当代学者的视野出现了问题,就如我们前面看到的那个物理学教授的眼光一样。在第六章,我们会看到,斯沃兹对于墨家的"兼爱"概念的理解是建立在一种现代视野中的误解基础之上的。

本书在论述和比较三种政治哲学的同时,也是对什么是政治性的问题的回答。比较政治哲学不是本书的最终目的。

这里需要特别指出的是,细心的读者会发现,在孟子哲学中包含了儒家哲学体系中所不能包含的内容;他的"民贵"思想是与墨家以及《诗经》、《尚书》的神权政治一致的。如何理解这个现象?一个文本不仅具有作者(作

---

[1] Benjamin Schwartz, *The World of Thought in Ancient China*, Cambridge, MA: Harvard University Press, 1985, p. 159.

前言

者们）所试图表达的内涵，不仅在结构上具有内在的一致性，而且包含有主题思想所不能包含的内容。这种内在的矛盾性，这种自我否定，恰恰是文本生命力的体现。

在本书最后，我附加了一篇"荀子论天与性"的文章。在论述儒家政治哲学时，限于篇幅，我没有对荀子做单章论述，为了帮助读者了解先秦儒家的整个概貌，理解"天"的观念从荀子到韩非子的过渡，附上此文。

前面已经提到，民主政治是当前人类社会和政治哲学的视野。我们在这里讨论先秦的三种政治哲学，对于我们如何理解民主政治有什么益处呢？这也是撰写本书的动因之一。本书论述的中心概念"政治性"与西方民主社会中的"政治"有着本质上的区别：政治性应该是包含了个人在道德生活和宗教生活的最具体的体现；政治的存在与人的自我的含义具有本质性的联系。

CONTENTS

目 录

前言 ………………………………………………………………（1）

第一部分　单维政治哲学

第一章　韩非子：自爱与纯粹政治性的人 …………………（3）
第一节　政治性和算计性的人 ……………………………（6）
   1.1　政治制度（社会）的起源 …………………………（6）
   1.2　人性 …………………………………………………（9）
      1.2.1　人的自私性与关系性 ……………………（9）
      1.2.2　趋利避害的本性 …………………………（13）
   1.3　权力结构和运行 ……………………………………（17）
第二节　无形的监狱和最有效率的权力制度 ……………（21）
   2.1　赏罚与形名相符关系 ………………………………（21）
   2.2　权力与监视 …………………………………………（22）
   2.3　权力与制度 …………………………………………（26）
第三节　在利益的天平上评判道德 ………………………（30）
   3.1　道德与权力 …………………………………………（30）
   3.2　道德感化与民智 ……………………………………（32）
   3.3　忠孝理论与政治上的混乱根源 ……………………（34）
   3.4　道德理念冲突与政治混乱 …………………………（36）
   3.5　道德与人性 …………………………………………（39）
   3.6　泛道德化的思维错误 ………………………………（41）
   3.7　道德与工具性思维 …………………………………（44）

第四节　韩非子对于宗教的批判 …………………………（46）
　4.1　上古时代天命思想与政治生活 ……………………（46）
　4.2　韩非子眼中的"天" …………………………………（48）
　4.3　韩非子对于龟策、星术、鬼神等宗教
　　　　活动的批判 ………………………………………（49）
　4.4　天命、孝祖、保民 ……………………………………（51）
第五节　韩非子哲学的意义 ………………………………（54）
　5.1　政治世界中的人的概念：自爱与
　　　　不确定的他者 ………………………………………（54）
　5.2　政治等级制度的起源 ………………………………（56）
　5.3　自爱的延伸 …………………………………………（59）

第二部分　二维政治哲学理论

第二章　孔子：道德、政治与人的塑造 ………………（63）

第一节　孔子的问题 ………………………………………（64）
　1.1　何谓礼 ………………………………………………（64）
　1.2　礼的来源 ……………………………………………（67）
　1.3　礼的作用对象 ………………………………………（68）
　1.4　人与使命感 …………………………………………（69）
　1.5　道德真理 ……………………………………………（70）
　1.6　君子理想人格与平凡生活 …………………………（75）
第二节　孔子的道 …………………………………………（78）
　2.1　作为观念的"道"与作为成就的"道"的区分 ………（78）
　2.2　道与人 ………………………………………………（80）
　2.3　道德与实践 …………………………………………（82）
　2.4　作为道德理想的道与个人生活 ……………………（84）
第三节　人是一个学习的过程 ……………………………（85）
　3.1　孔子哲学中"学习"的道德和政治含义 ……………（85）
　3.2　学习的例子 …………………………………………（88）
　3.3　学习是一个"如切如磋、如琢如磨"

　　　　的过程 …………………………………………………（91）
　　3.4　人是工艺品 ………………………………………（94）
　　3.5　学习之道 …………………………………………（95）
　　3.6　道德与能力 ………………………………………（98）
　第四节　治之道（政治生活与道）………………………（98）
　　4.1　圣王的理想 ………………………………………（99）
　　4.2　正名 ……………………………………………（100）
　　4.3　孔子的道德理想与政治现实 …………………（102）
　第五节　孝与爱有差等 …………………………………（103）
　　5.1　孔子的政治道德思想体系 ……………………（104）
　　5.2　人在尽孝道中成为自我 ………………………（106）
　　5.3　父亲意志的绝对性，家庭的神圣性 …………（108）
　　5.4　孝与时间性、不朽 ……………………………（110）
　第六节　《论语》中"天"、"鬼神"观念 ………………（112）
　　6.1　天的概念 ………………………………………（112）
　　　6.1.1　具有意志的天 ……………………………（112）
　　　6.1.2　天与天命 …………………………………（113）
　　　6.1.3　天无时无刻不在观察人类世界 …………（114）
　　　6.1.4　天与语言 …………………………………（115）
　　　6.1.5　天与道德 …………………………………（115）
　　6.2　鬼神的观念 ……………………………………（115）

第三章　孟子的王道思想 …………………………………（118）
　第一节　义与利的问题 …………………………………（120）
　　1.1　政治的基础：利还是礼？ ……………………（121）
　　1.2　物质生活与乐（le与yue）……………………（125）
　　1.3　道德权威与政治权力 …………………………（129）
　第二节　孟子论人性（一）……………………………（135）
　　2.1　本心与本真存在 ………………………………（135）
　　2.2　工艺品比喻论证 ………………………………（138）
　　2.3　流水比喻论证 …………………………………（140）

- 2.4 生之谓性论证 …………………………………………… (142)
- 2.5 仁内义外的论证 ………………………………………… (143)
- 2.6 义内论证 ………………………………………………… (146)

第三节 孟子论人性（二） ………………………………………… (148)
- 3.1 性善定义与四善端 ……………………………………… (148)
- 3.2 性善论核心概念：亲亲之爱 …………………………… (150)
- 3.3 性善与有机物比喻 ……………………………………… (155)

第四节 孟子论人性（三） ………………………………………… (161)
- 4.1 不忍之心与性善 ………………………………………… (162)
- 4.2 不忍之心与四端 ………………………………………… (168)

第五节 孟子论人性（四） ………………………………………… (174)
- 5.1 尽心、知性、事天 ……………………………………… (174)
- 5.2 天爵与人爵 ……………………………………………… (177)
- 5.3 万物皆备于我矣 ………………………………………… (178)

第六节 道德修养与道德责任 ……………………………………… (179)
- 6.1 道德行为与道德语境 …………………………………… (179)
- 6.2 道德修养是人与人之间差异的根源 …………………… (180)
- 6.3 道德修养不需要特殊技能 ……………………………… (181)
- 6.4 道德修养之路与家的观念 ……………………………… (184)
- 6.5 被选中的意义与道德责任 ……………………………… (185)

第七节 《孟子》中天与政治的关系 ……………………………… (187)
- 7.1 天与政治 ………………………………………………… (188)
- 7.2 天意与禅让制 …………………………………………… (199)
- 7.3 天与圣贤之师 …………………………………………… (205)
- 7.4 天与人：两种荣誉 ……………………………………… (211)

第八节 墨子、孟子、杨朱：三种爱 ……………………………… (215)
- 8.1 孟子对于杨朱和墨子的批判 …………………………… (215)
- 8.2 爱有差等与爱无差等 …………………………………… (218)
- 8.3 儒家的亲情之爱 ………………………………………… (221)

第三部分　三维政治哲学理论

第四章　《诗经》、《尚书》与墨家政治神学 ……………………（229）
第一节　殷周的核心信念、《诗经》、《墨子》 …………………（231）
1.1 "上帝"与"天"没有实质性的区别 ………………………（231）
1.2 商朝人的"尊天事鬼"；西周的德孝之分 ………………………………………………（235）
1.3 《诗经》的政治神学思想 ………………………（236）
1.4 《墨子》与《诗经》政治神学的相似性 ……………（244）

第二节　《尚书》的政治神学思想 ………………………（246）
2.1 《虞夏书》：敬畏天命 …………………………（246）
2.2 《商书》：天命与革命 …………………………（253）
2.3 《周书》：天子与民主 …………………………（259）
2.4 《论语》中的《诗经》 …………………………（268）

第五章　权威与爱：政治神学的思维方式 …………………（270）
第一节　民主政体的问题 …………………………………（270）
1.1 民主政治思维方式局限性 ……………………（270）
1.2 民主政体存在的现实问题 ……………………（273）

第二节　苏格拉底之死与雅典民主政体 …………………（275）
2.1 神、人之分 ………………………………………（275）
 2.1.1 苏格拉底的智慧 ……………………………（276）
 2.1.2 苏格拉底之生 ………………………………（277）
 2.1.3 苏格拉底之死 ………………………………（279）
2.2 真理与意见 ……………………………………（281）
 2.2.1 多数人的意见与真理的区分 ………………（281）
 2.2.2 正义、法律和城邦、多数人的意志 ………（283）

第三节　墨子：天意、兼爱 ………………………………（287）
3.1 两种权威 ………………………………………（287）
 3.1.1 人类权威与天意 ……………………………（287）

3.1.2　众义、天意、政治制度的建立……………………（290）
　　3.2　自爱与兼爱………………………………………………（294）
　　3.3　正义与爱…………………………………………………（297）

第六章　墨子是功利主义者吗? ……………………………（298）
　第一节　功利主义（Utilitarianism）："我"的概念 ………（301）
　第二节　墨子的兼爱："他人"的概念 ……………………（303）
　第三节　儒家的仁爱："我们"的概念 ……………………（308）
　第四节　莱维纳斯：我与他人关系的不对称性 ……………（312）

附：荀子论天与性 ………………………………………………（317）

后　记 ……………………………………………………………（336）

第一部分

单维政治哲学

第一章
韩非子：自爱与纯粹政治性的人[1]

导　论

我们从韩非子哲学开始，主要是从体系方面考虑的，即从抽象的人到具体的人，从纯粹的政治性存在，到建立在道德基础上的政治的存在（孔子和孟子的儒家哲学），再到宗教存在中的道德性和政治性的人（《尚书》、《诗经》、《墨子》）。这与实际的历史过程基本上是相反的。但是，从现象学的意义上看，中国先秦历史所经历的演变可以说是从具体的人到抽象的人的过程[2]。为了陈述上的方便，我们倒过来论述人在先秦法家、儒家、《尚书》与墨家中是什么样的[3]。我们首先要看看韩非子是如何理解人和爱的。

韩非子死于公元前233年，其时代背景是战国末期和秦王朝将建立之前。他的学说与他所处的时代和个人经历都紧密联系在一起。战国时期，诸侯争霸，大国企图吞并小国，每个诸侯国都在谋求生存空间和扩张的可能性。孟子所批判的霸道逐渐战胜了王道，武力是人生存最可靠的工具。韩非子生活在这个空前动乱的时代中的一个弱小的王国——韩国。由于他的身份（韩国

---

〔1〕关于"自爱"的概念，在《墨子·兼爱上》中可以找到。

〔2〕这是从宏观的角度来看。下面我们将提到，即使在春秋早期，韩非子所代表的思想已经在子产晏婴等人中表现出来。历史是在一层一层地把人的立体性展示出来，但是，这不表明人的宗教-道德-政治存在的三个维度是历史形成的。

〔3〕关于墨家思想，在本书的第四章"《诗经》、《尚书》与墨家政治神学"中，我将论述，墨家继承了商朝和西周的宗教伦理思想，而关于夏商周的思想可以用《诗经》、《尚书》来解读。《诗经》、《尚书》不能仅仅被看作是儒家经典，更应是墨家经典。或者更准确地说，《诗经》、《尚书》思想在《墨子》中得到进一步的延续和发展。

王室成员），使得他对于当时的国际关系（用现代语言说）和宫廷政治生活具有深刻的洞察。这个时代决定了人在世上就是要和他人作你死我活的争斗。人对于自我的意识可以说是非常充分的：人总是通过镜子来看自己长什么样；同样地，人能够自觉到自己的存在是因为人首先意识到一个威胁自己存在的另外一个存在。人能看到自己，是因为他人成为自己的镜子。我们设想这么一个场景：在一片荒野上，一只老虎突然注意到不远的地方有另外一只老虎或者类似的凶猛动物向自己走来。当它们两个相遇时，它们之间肯定是保持着一定的距离，或者一定的空间。这个空间就是自我防卫空间：一旦对方进入这个空间或者拉近距离，这就意味着它构成了对自己生命的威胁。对于人而言，在类似的情景下，我对于我的生命、我的存在、我所处的空间和地点，是通过对方和我的距离而意识到的。黑格尔在《精神现象学》中所说的主奴关系，所说的正是在死亡中，奴隶对于自我有了自我意识，实际上在动物之间已经存在了[1]。人和动物具有类似的模糊的本能性自我意识，这是一个普遍现象，只不过我们一般注意罢了。再让我们设想一下：当你在屋里睡觉，在漆黑的夜晚，突然看到模模糊糊一个人影在你的公寓中，你的第一反应就是："这个人是小偷"。再比如，当你一个人凌晨两点在漆黑的校园中行走，前方突然走来一个或者两个人，你的本能反应是警惕对方向你走近，因为你知道，如果对方走近你，很可能是抢劫你。你的第一反应绝对不是对方来给你送钱的。军队、警察、保安等之所以存在，就是因为人的极端自私特性。房屋的门窗是为了御寒、保暖、通风、采光等功用设计的。但是，当门窗成为防盗门防盗网的时候，当门上挂着坚固的大锁的时候，人的自然本性就暴

---

[1] 关于自我意识，动物与人自然不一样，但是并非如我们一般所假设的那样有着不可逾越的鸿沟。在小孩子和动物中，我们可以发现非常类似的嫉妒心理。嫉妒心理的产生源于自我意识，而这种自我意识是意识到自己在对方的眼中的注意力等，比如狗。狗对于主人以及主人家人和朋友都有情感，但是对于狗而言，主人是它最好的朋友，它不希望在它和主人之间有任何其他动物或者人插进来，比如小猫、小孩子。当他意识到自己不被主人注意时，就显得有攻击性，焦躁不安，甚至会造成危险。据报道，有这么一个小孩子，他发现家里的小狗占据了父母的很多注意力与时间，就很嫉妒，偷偷地把小狗给扔掉了。人的自我中心主义，多大成分上是"自然"的，多大成分上是"社会"的，这需要更详细的研究。但是，自我中心主义在人类社会就是一种"自然状态"。中国的墨子和韩非子，以及西方的霍布斯等思想家对此有非常精辟和深刻的论述。

第一章 韩非子：自爱与纯粹政治性的人

露无遗[1]。韩非子的哲学就是建立在这个对人性的理解基础之上的。我们将看到，即使在春秋时期，墨子早就对这种"自然状态"有深刻的描述。尽管墨子也以人的自私性为前提论述自己的哲学，但是，他对于人如何走出这种动物性提出了非常不同于韩非子的观念。

韩非子哲学有三个基本观点：其一，在这个世界上，所有的人都是以自我为中心的；其二，最基本的社会结构是由君主、高级官员、低级官员、普通老百姓构成的一个等级制度，其核心是权力和武力；其三，在人类世界中，就其实质性来看，道德和宗教是没有积极意义的。在这一章里，我们将在结构上描述这三个部分。这里有必要提醒的是，在韩非子的世界中，以权力和武力为核心的政治结构作为实实在在的社会存在，是不可能引申出道德的[2]。道德的根源不是存在于这种政治结构中的。同样地，宗教更不可能是这种世界中的产物。在纯粹的政治世界中，道德和宗教的无能为力，恰恰说明道德和宗教根源的超越性。本书论述的一个基本观点是：道德和宗教，作为人的本质性存在方式，不是建立在政治存在基础上的；相反，政治性的东

---

[1] 对于房屋等财产所具有的社会关系，是一个值得详细分析的现象学任务。房屋可以在建筑学上作为"对象"存在，也可以在人们的居住中体现出其工具性，但是，房屋的设计、材料以及其实用性，都不能代替房屋所表现出来的人在社会中的地位，而地位是人与人之间关系的一种。门窗的设计等，不仅仅是一个建筑学的问题，还包含着房屋的社会性（防止偷盗等）。在目前的中国，人们不敢露富，不敢再光明正大地领取中奖，以及我们提到的门窗如监狱一样的外表，并非仅仅是针对社会上少数恶人的；所有这些现象都指向人的自私本性。这里需要特别注意的是，所谓"本性"，不是指不可改变的特性，不是一成不变的东西。在现代人的思维中，有这么一种假设，认为自然界的东西要么是一成不变的，要么依据内在的潜在性而变化。这种思维方式背后，都是一种本质主义，即每个类的东西都具有一定的本质，这是永恒不变的。在哲学中，比如韩非子哲学，自私自利的特性，不是传统形而上学中所说的本质特性，而是人的一种关系性，一种以自我为中心的驱动力。这种自私的特性在资本主义社会是以私有财产是永恒的观点表达出来的。在这一章，我们通过韩非子的哲学来论证，人的自私特性仅仅是人的一种抽象存在。我们将看到，类似于墨家哲学的人性论是以韩非子所说的自私性为前提的。如果没有人的自私特性，就没有天意天志的必要了。韩非子以及其他类似于韩非子的思想家，他们对于"自然"人性具有深刻的洞察，但是，他们没有意识到，这仅仅是人在莱维纳斯（Levinas）所说的"无神论"的状态。由于受传统的形而上学思想影响，特别是形而上学中的因果论和本质思想的影响，人们总是试图寻找一个根基，进而在此根基的基础上，建立一套体系。现象学所要做的就是要揭示出人的层面性和关系性的含义。

[2] 道德和宗教在这个世界（政治和经济世界）中的无力和软弱，用中国老百姓的一句俗语表达比较生动："秀才碰到兵，有理说不清"。排除任何偏见，这句俗语所要表达的是，武力是解决一切的最有效的工具。尤其是当人和人在一种打架斗殴的场面中，更能体现这一点。"枪杆子里面出政权"也具有类似的含义：统治阶级不会自动地放弃自己既得的社会利益和地位；无产阶级要想获得同等的地位，就必须通过武力来争取。毛泽东的这句话，也是对于人的自然特性的表达。

西是建立在道德和宗教基础上的[1]。

韩非子哲学体系中关于的"人"的概念也是非常简单的。主要有两点：其一，个人只不过是权力和欲望的存在物，是权力等级制度中的一个点；其二，人和人之间最基本的关系是监视和被监视的关系。每个人都以自我为中心来衡量和算计人和人之间的利害关系，从而为自己的生存和扩展做准备。有关第二点，在韩非子看来，当时理想的社会结构应该是：在每一级的权力关系中，都是圆圈结构，即掌权者处于圆心地位，服从者处在边线上。下面我们将看到韩非子是如何论述的。

第一节 政治性和算计性的人

君臣关系是韩非子哲学关心的中心，因为他体现了政治存在的主要内容。对于中国古代哲学家而言，社会有两大基本关系：父子关系代表家庭，君臣关系代表国家。家庭和国家是社会的两个基本单位。在韩非子看来，君王的权力稳固和利益就是国家的稳定和利益。君王如何使得臣民服务于自己，这是君王首先应该考虑的问题。

1.1 政治制度（社会）的起源

为了更好地理解韩非子关于人的理论，我们有必要看看他关于政治制度起源的论说。经过荀子以后，天失去了权威性的意义，成为自然之天。天下从而就成了世界。从"天下"到"世界"的转变，可以与西方近现代启蒙运动相比：天不再是人类社会的中心，而人成了这个世界的中心[2]。

在《五蠹》篇中，韩非子是如此开头的："上古之世，人民少而禽兽众，人民不胜禽兽虫蛇。有圣人作，构木为巢，以避群害，而民悦之，使王天下，号之曰：有巢氏。民食果蓏蚌蛤腥臊恶臭，而伤害腹胃，民多疾病。有圣人作，钻燧取火，以化腥臊，而民悦之，使王天下，号之曰：燧人氏。"（《五

---

[1] 用西方哲学术语来表达是这样的：道德和宗教不可能建立在形而上学或者本体论基础上。所谓形而上学是指以人和自然的关系为核心，对于什么是实体或者本质进行思考的理论体系。人和人的关系，以及人和最高存在的关系是不可能在人和自然的关系中得到定义的。从现象学的角度看，每一种关系都有其独特的超越性和被给予性。

[2] 参看第三章第7节中论述孟子政治哲学的部分。

蠹》)[1]

  韩非子在这里所设想的原始社会与我们今天所说的非常相似。人类与禽兽（动物）没有区别，人类仅仅是禽兽（动物）之中的一个群体。禽兽之间互相攻打，相互为食。人吃其他禽兽，禽兽也吃人类。按照韩非子所说的，似乎人类是散居的。人与人之间处于一种"自然"平等状态：力气或者力量是人类与禽兽共有的生存依赖。没有社会或者政治组织。

  人类如何产生了不平等呢？这也是自然产生的结果。由于经常受到禽兽蛇虫的侵害，人与它们生活在一起是非常危险的。人群中有这么一个人，想出了一个好主意，那就是做成类似鸟巢一样的房屋，可以避免禽兽等的攻击。人们纷纷以为这是个好主意。发明鸟巢的人就是一个圣人。于是，推举他为天下之王。他的名字就叫有巢氏。有巢氏之所以被人们推举为王，是因为他使得人类免受禽兽之害。用道德的语言来说，人们认为这是件好事，是善行为。逃避痛苦是人类的一种天性。能给人类带来利益、好处、快乐等就是善。当然，韩非子不会用功利主义的语言来描述。人居住"巢"的功能如鸟窝一样，没有后来人们认为的"家"的功能和含义。"巢"具有更多的自然意义，而"家"则更具有社会关系的意义。与此类似的是"燧人氏"。人类与禽兽一样，吃自然界产生出来的瓜果和肉类等生东西，这些东西非常伤害身体，给人带来疾病，带来痛苦。这是人类所不喜欢的。燧人氏就发明了火，把东西烤熟后吃。人们都认为这是个好主意，就推举他为天下之王。

  "构木为巢"是模仿鸟类。鸟生来会筑巢，是一种自然本能。人对于鸟类的模仿，不是一种自然行为，是后天的发明，就如制造飞机一样。我们都知道，从观察鸟类飞行到飞机制造是一个漫长的过程。从看到鸟巢，到构木为巢，似乎很简单。推举有巢氏为王这件事情不亚于后来人类制造飞机的意义。"钻燧取火"比"构木为巢"意义更为重大：它不仅需要人类对于自然界火的现象生成条件有观察，还需要对于火与食物之间的关系有跨越式的理解（熟食比生吃更有利于健康）。在今天看来是个普通的常识，但是，在远古时期，却是一个比获得诺贝尔奖更重大的发现。"构木为巢"，"钻燧取

---

  [1] 我所用《韩非子》版本包括我国台湾地区"商务印书馆"1990年出版的《韩非子今注今译》（邵增桦注译），江苏人民出版社的《韩非子校注》（1982年出版），以及中华书局的《韩非子》（陈秉才译注，2009年版）。主要参考《韩非子今注今译》，邵增桦注译，我国台湾地区"商务印书馆"××年版。

火",这两大发明,被后来人类忽视了的发明,是如何产生的呢?是偶然现象。

因此,"王"的产生可以说是一个偶然的现象。有巢氏与燧人氏与其他人之间的区分就在于聪明一些,多一些生存技巧。圣人与普通人之间没有本质上的区别,仅仅是偶然性上有一点不同。实际上,对于韩非子而言,人与其他动物也没有本质上的区分。人在野外的生存能力还不如一般的动物。动物和鸟类有构建"巢"的自然本能。动物不会因为吃野生食物而生病。有巢氏与燧人氏所做的就是弥补人类的先天不足。

有巢氏与燧人氏,一个解决了人类的生命安全问题,一个革命了吃的方式。他们是人民推举出来的"统治者"。我们将看到,王的地位和产生,在墨子和孟子哲学中是非常不同的。韩非子虽然用"王天下"这样的字样,他已经是在习惯性和修饰的意义上用"王"与"天下"这两个词。韩非子对于有巢氏和燧人氏作为统治者的功能和目的没有详细说明。但是,韩非子强调,时代不同,统治者的统治手段也不一样。他认为尧舜禹汤文武之道,是有其时代背景的,不能盲目地把他们的政治路线搬到现时代(战国末期)。"是以圣人不期循古,不法常行,论世之事,因为之备。"是说圣人不应该因循古代人的做法,不师法旧有之例,而应根据目前的世界形势,创造适当的制度。

古今有什么差异呢?统治者应该如何依据这种差异性来实行"王政"呢?"古者,丈夫不耕,草木之实足食也;妇人不织,禽兽之皮足衣也。不事力而养足,人民少而财有余,故民不争。是以厚赏不行,重罚不用,而民自治。今人有五子不为多,子又有五子,大父未死而有二十五孙。是以人民众而货财寡,事力劳而供养薄,故民争。虽倍赏累罚,而不免于乱。"(《五蠹》)在韩非子看来,原始社会是一个"共享主义"社会(这应该是指尧舜以前的社会,因为韩非子对于尧舜采取激烈批判的态度)。人类赖以生存的自然界,给人类提供了丰富的自然资源。男人不必耕种,女人不必编织。即使不劳动,也不会被饿着。人口少,而财富多,所以民不互相争夺。因此,在那个时代,不存在财产分配问题,也用不上赏罚的政治手段,因为赏罚是没有意义的。丰衣足食,百姓都"安居乐业"(住在鸟巢里,有足够吃的和穿的)。吃、穿、住问题，是人类的核心问题[1]。"而民自治"，这好像是说，没有必要政府来管理百姓，他们自然而然地过着和平的生活。依据这种理论，在原始社会，统治者的存在是多余的，更准确地说，政府的存在是多余的。有巢氏与燧人氏被封为王，似乎也是一种称呼，没有实质的权力。

政府的干预是在什么样的情况下产生的呢？韩非子似乎想说，人类数量的增多，必然使得对于有限资源的需求增加。人们之间的争夺也随之产生。他认为，他所处的时代就是这样的时代。五个儿子不多，但是，二十五个孙子可就多了。人数量增多了，自然资源是不变的，即使辛苦劳动，也赶不上日常生活的需求。为了满足自然欲望，人们之间就会互相争夺，其结果就是"乱"。"乱"的根源就在于"人民众而货财寡"，"故民争"。人们之间的争斗、争夺，无非是对于财富和权力的争夺。这似乎是一个古今常存的现象。

这里有一个问题，人类的争斗是不是仅仅因为财富不均等而产生的呢？如果丰衣足食，人类就不会争斗了吗？真的存在这种状态："古者，丈夫不耕，草木之实足食也；妇人不织，禽兽之皮足衣也。不事力而养足，人民少而财有余，故民不争。是以厚赏不行，重罚不用，而民自治"吗？从古代到今天，人类的财富的增加可以说是巨大的，但是，贫穷的人的生活水平是没有任何变化的。变化的是富人的生活方式。这种贫富之间的巨大差距不是因为财富不均，而是因为某些人占据了人类的绝大部分的财富。人的贪欲是没有止境的。这源于韩非子所说的人的本性。

1.2 人性

1.2.1 人的自私性与关系性

在政治社会制度中，人与人之间的关系是什么样的呢？在《奸劫弑臣》篇，韩非子是这么描述君臣关系的："凡奸臣皆欲顺人主之心，以取信幸之势者也。是以主有所善，臣从而誉之；主有所憎，臣因而毁之。凡人之大体，取舍同者，则相是也；取舍异者，则相非也。今人臣之所誉者，人主之所是也，此之谓同取；人臣之所毁者，人主之所非也，此之谓同舍。夫取舍合，

---

[1] 韩非子把吃喝穿住问题看作人类的根本问题，这与马克思主义哲学有着相似性。在这个意义上，韩非子所理解的"人"不是西方哲学中的"主体"。笛卡尔的 cogito 是不吃不喝的。海德格尔的 Dasein 也是不饥饿的，更不会怀孕。与西方哲学主流的主体概念相比，韩非子的人的概念更具体一些。但是，他仅从人的欲望的角度来理解人。

而相与逆者，未尝闻也。此人臣之所以去信幸之道也。"(《奸劫弑臣》)我们来分析一下韩非子这几句话的含义。

君臣之间的关系是一种利益关系，一种互相利用的关系。在等级制度背后，君臣之间有什么样的共同特点呢？换言之，人性是什么样的呢？其一，人都是以自我为中心的。"凡人之大体，取舍同者，则相是也；取舍异者，则相非也。"人是在与他人的肯定与否定关系中认识自己的。凡是与我的看法一致的，就是我的朋友，与我的看法不一致的，就是我的敌人。他人同意我的观点，这就等于认同了我，从而我在这种认同中得到了肯定。他人不认同我的观点，这就等于否定了我。正是基于这种寻求"认同"的欲望，使得人们分为不同的组织和集团。需要特别注意的是，这种认同和否定不仅仅表现在我们今天所说的理论上和观念上的东西。韩非子所指的主要是利益上的。韩非子把人看作是受利益驱使的存在者，但是，这种利益不仅仅包括物质上的利益，权力关系更能体现人与人之间在本质上是关系性的。这种互相认可的关系，黑格尔在其《精神现象学》中通过主奴关系给予了辩证的阐述。黑格尔在他的《精神现象学》里明确地论述了人的价值是一个自我意识通过另外一个自我意识的认可（recognition）而得到确定的。他说"当且并且是通过这样的事实，即它也是为了另外一个自我意识而存在的时候，自我意识才能自在自为地存在"。他把这种过程称为一种"认可的过程"[1]。对于黑格尔来说，正是在自我意识的对象里自我意识看到了自己的价值。自我意识的对象越高，自我意识被认可的程度就越高，价值就越大。人内在地需要得到他人的肯定，没有他人肯定或者否定，就没有自我意识。没有互相认可或否定的关系，人就不会意识到自己的存在。因此，韩非子这里所表达的"相是""相非"，看似是一种平常的语言，其背后却包含了对于人性（关系性）深刻的洞见。

根据以上的普遍性原理，韩非子对于君臣（主奴）做了如下分析。君主作为社会的最高统治者，他的自我认可是通过臣民的服从来实现的。臣民的"唯唯诺诺"是对于君主权威（和权力）的认可。对于君主进行否定的人，是挑战君主的权威，是否定君主的自我肯定。用黑格尔的语言来说，君主是具有独立意识的人，而臣民仅仅具有相对的独立性，因为臣民能够对于君主

---

[1] G. W. F. Hegel, *Phenomenology of Spirit*, A. V. Miller (trans.), Oxford: Oxford University Press, 1977, p. 111.

进行认同或否定。君主不可能让臣民没有任何意识上的自由，因为面对完全服从自己的机器，人是无法获得自我肯定意识的满足的。一个人站在一群羊面前所获得优越感，绝对比不上一个人站在千军万马的队伍前所感到的自我荣耀和肯定感。相比一头羊而言，一个人可以否定对方。具有否定的能力，这就是独立性。在论述主奴关系时，黑格尔认为，在一个情愿服务于自己的意识里，对方所保持的相对独立性恰恰是自我意识肯定自己的先决条件。对于失败者来说，失去自由不是高级阶段的自我肯定，也不是完全的自我否定。由此而产生了奴隶主与奴隶的统一体："一个是独立的意识，它的本质特征是为了自己；另外一个是依赖性意识，它的本质特征是仅仅存在或者为了另外一个人的存在。前者是奴隶主，而后者是奴隶。"[1]在这种关系里面，奴隶主对于奴隶的统治是通过对方对于自己的服从，来肯定自己的力量，从而确立了自己的地位与价值。一方面，奴隶主对于奴隶有生杀予夺大权，把对方作为物来看待，从而肯定自己的优越性。另一方面，奴隶不同于其他的东西就在于他的他在性，即他是有意识的，比其他的东西要高级。在奴隶身上所体现的高级的存在也证明了奴隶主的价值。因而，奴隶主的意识是本质性的，是纯粹的意识，而奴隶的意识则是非本质性的，是不纯粹的意识。在韩非子的哲学中，人臣能够"取舍"，说明具有一定的自由意志。

辩证的吊诡却使得奴隶主（君主）表面上获得了独立和认可，而实际上并非如此。奴隶主获得的认可依赖于低于自己的具有相对独立性的奴隶意识。君主只能获得比自己地位低的人的认可。在韩非子看来，臣民并非是完全机械地服从君主的。臣民可以通过另外一种手段来达到自己的目的，即在表面上看，是服从君主，而实际上是利用君主为自己的利益服务。君主自以为臣子为自己服务，而实际上却被臣子所利用。"今人臣之所誉者，人主之所是也，此之谓同取；人臣之所毁者，人主之所非也，此之谓同舍。夫取舍合，而相与逆者，未尝闻也。此人臣之所以去信幸之道也。"君主的自私，他的以自我为中心的欲望，在满足的同时，却隐藏着被利用的危险。表面上看，是自我肯定，而在实际上却是自我否定。聪明的大臣通过迎合君主的喜好来获得君主的信赖，表面是以君主为中心，而实际上却通过控制君主的思想，进

---

〔1〕 G. W. F. Hegel, *Phenomenology of Spirit*, A. V. Miller (trans.), Oxford: Oxford University Press, 1977, p. 115.

而控制其他百官，成为一个隐身的"君主"，以达到自己的目的。大臣能够利用君主有一个前提，这就是：人的理智服从于人的欲望和情感。中国俗话说"利令智昏"，就是讲的人的理性是情感的奴隶。休谟也讲过类似的观点。人的自我中心，人的自私性，同时也包含有被利用的危险，非中心化的趋势。有人会说，如果君主认识到这一点，岂不是就可以避免被利用吗？人的行为和欲望，从其根本上而言，是不受理智和理性支配的。如果受理性支配的话，韩非子也就没有必要在这里论述"夫取舍合，而相与逆者，未尝闻也"的含义了。

正是基于以上原因，韩非子才说："此幸臣之所以得欺主而成私者也。故主必蔽于上，而臣必重于下矣。此之谓擅主之臣。"（《奸劫弑臣》）获得宠幸的大臣，表面上对于君主忠心耿耿，是一个完全没有独立意识的人，因为他把君主的爱好看做是至高无上的命令，而实际上这个"没有独立意识"的人却获得了比君主还独立的意识，因为他通过君主统治了整个国家。君主在表面上获得了他人的完全肯定和服从，幸臣完全失去了自己的独立性而以君主的爱好为自己的爱好。正是在这种人臣看似"无私"的言行中，在失去"自我"的现象中，人臣获得了君主的完全的信任和肯定，被君主看作与自身一体；君主对于人臣的这种完全的信任，从而抬高了人臣的地位，因为在君主眼里，人臣的言行都是为自己服务的，人臣只不过是自己的延伸而已。所以，韩非子所说的"幸臣"之所以具有很大的权力和势力，就是因为"幸臣"在失去自我的同时，获得了更高的自我，即与君主一体的自我。"擅主之臣"的权力就是来源于此。当然，在君主一方，君主的被蒙蔽，就其根本原因而言，是被自己的喜怒哀乐、兴趣爱好等蒙蔽。

一旦君主被宠臣控制，君主就失去了自己的利益和权力，就失去了其他臣民的服务。为什么呢？"夫安利者就之，危害者去之，此人之情也。今为臣尽力以致功，竭智以陈忠者，其身困而家贫，父子罹其害。为奸利以蔽人主，行财货以事贵重之臣者，身尊家富，父子被其泽。人焉能去安利之道，而就危害之处哉？"（《奸劫弑臣》）人都是趋利避害的，这是人的本性。如果有人竭力为君主效忠，换来的是家庭贫困，生命危险，这不是在追求伤害自己的事情吗？如果有人为了自己的利益蒙蔽君主，贿赂权重之臣，而能够得到高的职位，家庭富有，父子都得到实惠，这谁不愿意做呢？韩非子的意思是，人所做的一切都是为了自己的利益。服务于君主，是为了自己的利益，同样，欺骗君主，也是为了自己的利益。服务于君主，只不过是实现自己利益的一种手段。倘若投靠宠臣能给自己带来平安和利益，何乐而不为呢？君主利用百官为自己的利益服务，百官利用君主谋求自己的利益。所谓"忠"，是有前提的：正常的君臣关系能够谋求个人利益。

因此，无论是"幸臣"还是"忠臣"，在与君主的关系上，都是利益关系。电视剧《铁齿铜牙纪晓岚》中所反映的乾隆皇帝与纪晓岚和和珅二臣之间的关系就是韩非子所说的。电视剧中的乾隆皇帝非常清楚，自己的统治是与纪晓岚和和珅的协助分不开的，他们三人之间是一种互相利用的关系。

1.2.2 趋利避害的本性

正是基于以上关于人性的理解，韩非子认为，君主为了达到自己的目的，必须利用一定的手段，利用百官而不被百官所利用，或者更准确的说，利用百官为自己谋取最大化的利益，同时也必须清醒地意识到，百官也在为自己谋求福利。一个理想的政治制度就是通过建立有效的统治机制，让百官在谋求自己的利益的同时，为君主谋求利益。这是一个双赢的策略。这个策略就是"二柄"论。

韩非子在《二柄》篇开端即说："明主之所导制其臣者，二柄而已。二柄者，刑德也。何为刑德？曰杀戮之为刑，庆赏之为德。为人臣者，畏诛罚而利庆赏，故人主自用其刑德，则群臣畏其威而归其利矣。"（《二柄》）韩非子的"二柄"论所包含的哲学含义是什么呢？"二柄"论与我们上面看到的"取舍"相同理论是一个意思。

首先，韩非子假设人在其本性上都是趋利避害的。用西方功利主义的话说，人都是寻求快乐、逃避痛苦的。人的这种天性决定了人的行为特征。边沁是这样定义"功利"（utility）的："就功利而言，它指的是这样一种性质，靠它能在任何问题上给利益相关的当事人带来利益、好处、快乐、善或幸福，……或…阻止损害、痛苦、邪恶或不幸福的发生。"[1]他们的基本思想是这样的：一个行为的正确与错误是由这个行为的后果所决定的，正确的或善的行为是能够给我们带来快乐（pleasure）和幸福的行为，而错误的或恶的行为是产生痛苦（pain）的行为。在道德上正确的行为应该是那些能够在所有的选择里

---

[1] 参看尼古拉斯·布宁、余纪元编著：《西方哲学英汉对照辞典》，人民出版社2001年版，第1046页。

产生最大的快乐、减低痛苦到最少的行为。每个人关心的是如何获得快乐（pleasure），避免痛苦（pain）。快乐就是善本身，而痛苦是恶。根据摩尔的观点，"快乐是我们应该作为目的的唯一的事物，唯一的本身就是目的而且是为了自身的善的事物"。[1] 正是在这个意义上，摩尔把功利主义看作享乐主义（hedonism）伦理学里的一种主要流派。韩非子和西方功利主义的相似性不是偶然的，因为他们在哲学上都以欲望的个体为前提来审视人的行为。下面我们会看到，韩非子关于整个社会结构的思想在边沁的监狱建筑思想中得到了形象的表达。

如果韩非子生活在近现代西方，他就会成为一个政治上的自由主义者。为什么这么说呢？假如在美国有人主张把地分给贫穷的人，使得一贫如洗的人变得富有起来，对于贫穷的人要给予帮助，要让他们和我们一样分享社会财富，对于富人要征税，收入越高，缴税就应该越多，穷人可以享受免费医疗等等社会福利。对于此种观点，美国民众会如何反应呢？在2008年的总统选举中，有一个水管工，被称为Plumber Joe。他享受到了"十五分钟的知名度"（15 minutes fame）。为什么呢？因为他当着奥巴马的面质问为什么增加富人的税收。他说，尽管我的收入不多，我也反对对富人增加税收。人家富人之所以富有，那是因为人家有能力挣那么多。凭什么要人家多纳税？他的看法得到很多美国人的认同。在美国有这么一个看法，社会给每个人提供了平等竞争的机会，在这种情况下，只要一个人努力，都可以实现美国梦。穷人之所以穷，那是因为他们不勤奋，不苦干。对于富人增加税收，这就是奖励懒惰者，惩罚勤劳者。公平的原则应该是：多劳多得，少劳少得，不劳不得。韩非子对此是非常赞同的。在《显学》篇，韩非子说："今世之学士语治者，多曰：与贫穷地，以实无资。今夫与人相若也，无丰年旁入之利，而独以完给者，非力则俭也。与人相若也，无饥馑疾疚祸罪之殃，独以贫穷者，非侈则惰也。侈而惰者贫，而力而俭者富。今上征敛于富人，以布施于贫家，是夺力俭而与侈惰也。而欲索民之疾作而节用，不可得也。"用今天的语言说就是，当今之世，谈论治理国家的人常常说，分给贫穷人土地，使没有财富的人殷实起来。现在我们来这么假设，假如与人相似，在没有丰年与其他收入

---

[1] 参见 G. E. Moore, *Principia Ethica*, edited and with an introduction by Thomas Baldwin, Cambridge: Cambridge University Press, 1993, p. 116.

的情况下，自己可以丰衣足食，这些人不是劳作努力就是生活节俭。与其他人相似，又没有饥荒疾病等因素的影响，而自己却生活贫穷，这些人不是生活奢侈就是懒惰。奢侈与懒惰，其结果就是贫穷；勤奋与节俭，其结果就是富有。现在如果征收富人的财富，用来救济贫穷的人，这就等于抢劫勤奋与节俭的人的腰包，把钱分给奢侈与懒惰的人。这样治理国家，怎么能够鼓励人们努力工作和注重节俭呢？韩非子的这些话，如果不说出作者，让美国人听起来也会觉得耳熟的，不会认为是出自于两千二百多年前一位中国古代思想家之口。[1]

韩非子认为，一个君主，要想使得人民为他产生更大的经济效益，就必须对勤劳致富的人予以奖励，对于好吃懒做的人进行惩罚。一个明智的君主应该是鼓励人们创造财富，为自己服务。韩非子不是反对征税，他反对把财富从一部分人转到另外一部分人手里。财富应该是属于君主的。[2]对于西方自由主义者来说，通过正当的社会手段和个人奋斗，聚集个人财产，这是神圣不可侵犯的权利。在同等的社会条件下，贫富差异是个人努力的结果。对于自身利益的最大化，这是善，是道德的。损害这种利益就是恶。不是不能征税，国家征税也是为了纳税人的利益，比如修建高速公路，提高国防建设等。这是个人利益的一部分。不过这是通过国家来实现的。韩非子与西方自由主义者之间的区别就是：一个生活在君主专制的政治体制下，一个生活在民主选举的政治体制之中。韩非子谋求的是如何把君主的利益最大化，因为国家利益等于君主的个人利益，而当今的民主社会谋求的是把社会中产阶级或大多数人的利益最大化，因为国家和政府代表的就是这些人的利益。因此，我们可以看出，在专制政府与民主政体之间没有不可逾越的鸿沟。[3]

其次，人的趋利避害的自然本性决定人都是自我为中心的。个体自我关于痛苦和快乐的感受决定了一个人的行为标准。人的这种自私性，决定了臣民不会自觉服务和服从于君王。君主所要做的就是使得臣民意识到如何才能

---

[1] 这一点很重要，是理解韩非子思想的历史性和体系性的关键：韩非子思想，在体系上，代表了一种抽象的人性论，一种自爱的哲学，一种内在于每个人的语言，在历史上，这种欲望的语言在战国末期表现的非常突出。人的三个层面，在先秦历史上，是一层一层剥落展示出来的。

[2]《显学》："征赋钱粟，以实仓库，且以救饥馑备军旅也，而以上为贪。"征收赋税和粮食，是为了充实国库，以备饥荒与军队使用。对此，百姓认为君主是贪婪。

[3] 参看第五章"权威与爱：政治神学思维方式"。

够满足自己的利益,即在服务于君主的同时,满足自己的私利。"圣人之治国也,固有使人不得不为我之道,而不恃人之以爱为我也。恃人之以爱为我者危矣,恃吾不可不为者安矣。夫君臣非有骨肉之亲[1]。正直之道,可以得利,则臣尽力以事主;正直之道,不可以得安,则臣行私以干上。"(《奸劫弑臣》)韩非子认为,精明的君主统治国家,不是依靠百官对自己的感情和拥戴,而是为百官定下不得不为的规则。百官唯利是图,君王如果要使臣民服务于自己,必须首先认识到人都是自私的,进而根据人的这一自然本性,运用手中的武力和权力,迫使臣民服务于自己。获取利益有两种手段,一种是正当的,一种是非正当的。所谓正当的手段(正直之道)就是服务于君主。不正当手段就是有害于君主。利人利己,就是互相利用。

"二柄"说认为,人不会无缘无故地服务于他人,君王要想使臣民服务于自己,必须对于臣民的劳作进行奖励;同样地,人都是回避痛苦的,如果君王对于违背自己意愿和命令的人进行惩罚,人就会服从自己的权威。奖励与惩罚之所以有用,是由人的趋利避害的特性决定的。如果人自愿服务于他人,这两种手段也就没有存在的必要。这里有必要提示读者,墨子中天与人也存在着类似的关系,但是其含义是不同的。

最后,对于韩非子而言,君王和臣民之间的等级制度是既成的事实。君王的利益就是国家的利益。"二柄"的运用就是要帮助君王获得自己最高的利益。正是对于社会制度的认识的不同,或者更准确地说,正是因为韩非子和功利主义者生活的社会制度不同,尽管他们对于人性的认识相似,但是他们针对这种本性所提出的哲学理论是非常不同的。如上面我们看到的,功利主义者认为,在这个世界上人人都是平等的,都有平等的机会和权力追求自己的利益,因而,对于他们来说,如何使得社会最大多数人获得自己最大的利益,这是一个社会应该做的事情。如果韩非子生活在近代西方资本主义,他将是一个功利主义者。韩非子生活在一个等级制度社会,对于他而言,等级制度是不变的,而谁处于权力的中心和边缘,这个问题是利益争斗的结果。他的一个假设,或者他清楚地看到,君王的地位不是属于某一个人的,随时都有被其他人占领的危险。在权力和利益面前人人平等。可以这么说,在韩

---

[1] 韩非子甚至认为,骨肉之亲也是靠不住的。下面将会论及。"本是同根生,相煎何太急",这种情景的发生不在少数。

非子看来，他的哲学不是写给固定的君主的，而是那个占有君主地位的人，而这个人可以是任何人。在民主社会，政府官员代表的是一部分人的利益。不同的利益集团都试图利用政府来为自己服务，因此，民主选举是争夺"统治"地位的战争。可以这么说，韩非子所看到的国与国之间的关系，与我们今天民主社会所看到的人与人之间的关系是非常相似的。韩非子的哲学对于理解我们今天的民主社会具有非常大的启发，他把问题简单化与明了化，让我们看到了在缺乏超越于人类权威的情况下，人与人之间的关系是什么样的。

1.3 权力结构和运行

基于以上的理论假设，韩非子认为，君王必须认识到下面几点：

首先，在这个世界上，君王和臣民之间的关系不是因为血统（儒家）或者宗教（墨子）关系决定的，而是由单纯的武力或者强弱决定的。权力或者武力的结构是不变的，但是，谁占据这个权力中心是会变化的。韩非子说："夫虎之所以能服狗者，爪牙也；使虎释其爪牙而使狗用之，则虎反服于狗矣。人主者，以刑德制臣者也。今君人者，释其刑德而使臣用之，则君反制于臣矣。"（《二柄》）刑德或者赏罚是行使权力的工具；谁掌握了这个工具，谁就保住了权力。正是基于以上原因，"奸臣"会通过君王来行使刑德或者赏罚，为自己的利益服务。"故世之奸臣则不然，所恶，则能得之其主而罪之；所爱，则能得之其主而赏之。今人主非使赏罚之威利出于己也，听其臣而行其赏罚，则一国之人皆畏其臣而易其君，归其臣而去其君矣。此人主失刑德之患也。"（《二柄》）如果君王让奸臣掌握了刑罚的权力，奸臣就会为自己的利益服务，培植自己的人，从而架空君王，最终废黜君王。谁把权力把握到自己的手中，谁就能统治天下。统治天下不需要什么才能和品行，关键就是如何行使赏罚或者刑德[1]。我们将看到，从韩非子的哲学中可以引申出如下

---

〔1〕 根据哲学自然主义和社会进化论的观点，人类社会的发展就是适者生存，所有的手段都是为了繁衍后代和生存下去。无论是什么样的信念，只要能达到这一目的，就是有用的。没有道德和价值上的判断。至于有没有认识论中所说的真与假的判断，或者头脑中的真与假的信念与生存是否有关，这是需要争论的，因为如果仅仅从反映论和实用主义的角度来理解真理与错误，自然主义者很可能认为有助于生存的就是真信念，反之就是错的。这是因为真与假没有外在的衡量标准。但是，在道德和宗教关系上，善与恶就有一个外在的标准。韩非子清楚地看到了这一点。我们在论述韩非子如何批判道德和宗教的时候，会进一步明白"赏罚"、"刑德"在韩非子哲学中仅仅是获得利益的手段，没有道德上的意义。但是，在墨子哲学中，"赏罚"却获得了宗教－道德的含义，因为他是以天为最终权威的。

思想：在权力面前，人人平等；只要你能够占据统治地位，而且能恰到好处的运用刑法，就能统治整个国家[1]。"国无常强，无常弱。奉法者强，则国强；奉法者弱，则国弱。"（《有度》）

当然韩非子的这种思想也反映了战国后期，宗法思想在人们心目中完全失去了地位。在《主道》篇，韩非子说："是故诚有功，则虽疏贱必赏；诚有过，则虽近爱必诛。疏贱必赏，近爱必诛，则疏贱者不怠，而近爱者不骄也。"在利益面前，没有亲疏和贵贱之分，因为每个人都谋求自己最大的利益和权力，每个人都为了自己的生存而争斗。正是在这种意义上，我们才能理解韩非子所说的"内举不避亲，外举不避仇"（《说疑》）的主张。"是在焉，从而举之；非在焉，从而法之。是以贤良遂进，而奸邪并退。故一举而能服诸侯。"（《说疑》）对于做的对的人，无论他是谁，要给予提拔和奖励；对于做的不对的人，无论他是谁，要进行处罚。在用人上，不要因其地位卑贱而忽视他，只要能服务于君主，无论他的家庭和社会背景如何，都应该给予与他的能力相当的职位。"然明主不羞其卑贱也，以其能为可以明法便国利民，从而举之，身安名尊。"（《说疑》）韩非子认为，君主应该任用任何有能力的人，不要看其社会背景和地位。但是这种不以社会地位高低而任用官员的思想，与墨家的尚贤思想是不同的。在墨子哲学中，特别强调尚贤，所谓"贤"是指能够为天下（天之下）百姓服务的人，因此，"贤"就其根本而言，是服务于天的。韩非子不这么看："主卖官爵，臣卖智力"（《外储说右下》）。君臣关系是一种利益交换关系。"臣尽死力以与君市，君垂爵禄以与臣市，君臣之际，非父子之亲也，计数之所出也。"（《难一》）君臣之间就是商人之间的关系，就如市场经济中雇主与受雇者之间的关系，是一种纯粹的利益衡量结果。我们看到，韩非子甚至认为父子关系也是一种利益得失的关系。韩非子的这种"平等"观，一方面反映了当时的社会已经脱离了传统的宗法制度，另一方面，也是最重要的一方面，是与韩非子整个人性论哲学一致的，即人人都是自私的，都在谋求自己的利益。社会等级的区分并不能掩盖这一基本事实。

---

[1] 金钱和权力具有类似的平等性：谁掌握了权力和金钱，谁就能使这个世界围绕着他转。在权力和金钱面前，社会的血缘关系、社会地位、教育程度、能力大小等个体差异都消失的无影无踪。这反映了以权力和金钱为本质的存在是最抽象的存在。马克思对于这一点看得很清楚。这对于理解当前的金钱崇拜或者拜物教，具有很大的启发意义。

所谓的"便国利民",其实质是指君主的核心利益,因为整个国家都是属于君主的,都是君主权力的体现。[1]尽管韩非子用了一些当时流行的包含有道德评判的词语,他实际上是反对用道德来理解人与人之间关系的。我们还将论述韩非子关于道德无用论或者有害论的思想。他所说的圣人,与儒墨是很不同的。"圣人者,审于是非之实,察于治乱之情也。故其治国也,正明法,陈严刑,将以救群生之乱,去天下之祸,使强不陵弱,众不暴寡,耆老得遂,幼孤得长,边境不侵,君臣相亲,父子相保,而无死亡系虏之患,此亦功之至厚者也。"(《奸劫弑臣》)韩非子的这些话,听起来与儒墨思想没有什么区别,国家得到治理,百姓生活平安,君臣父子关系正常,老幼有所养。但是,最关键的是"正明法,陈严刑"。要赏罚严厉和分明。实际上是"霸王之术。"(《奸劫弑臣》)"夫严刑重罚者,民之所恶也,而国之所以治也。哀怜百姓,轻刑罚者,民之所喜也,而国之所以危也。"(《奸劫弑臣》)"愚人不知,顾以为暴。"(《奸劫弑臣》)严刑重罚,作为治国之本,是建立在人性基础上的,而愚蠢的人不理解这一点,认为是暴政。"霸王者,人主之大利也。人主挟大利以听治,故其任官者当能,其赏罚无私。"(《六反》)赏罚无私,不是指赏罚依据正义标准,而是说,君主赏罚不以个人爱好,而以纯粹的理性和计算来达到利益的最大化。所谓"无私",这里是指不受自己的爱好和偏好支配。韩非子接着说:"使士民明焉尽力致死,则功伐可立而爵禄可致,爵禄致而富贵之业成矣。富贵者,人臣之大利也。人臣挟大利以从事,

---

[1] 孙实明说"韩非虽然也谈'安国'、'利民',但安国利民实际上只是尊主的手段,当二者发生矛盾时,前者必须无条件地服从后者。他认为,能够安国利民的贤臣,若危及君主或暴君个人的统治地位,或触及其尊严,便不称其为贤臣,而只能是乱臣",参看《韩非思想新探》,湖北人民出版社,1990年版,第138页。孙实明把韩非子的伦理思想概括为"极端狭隘的功利主义"(137)是有道理的。他说,"韩非子的伦理思想是春秋战国时期伦理思想演化的最后一环,是那个时代社会矛盾和政治斗争发展的产物"(141)。在本书中,我所要论述的是,韩非子的思想,从历史的角度看,的确是最后一环,其思想的具体体现就是嬴政建立的秦王朝。韩非子的思想是战国末期和秦王朝的历史现实在思想上的体现。但是,这并不意味着社会现实映射在理论上。我们可以说,理论与现实都折射出了一个抽象的"人",一个充满政治算计头脑的怪物。在哲学上,其意义是非常重大的。中国先秦历史可以说,是一步一步揭示出人是如何从具体的存在到抽象的存在,从一个立体(宗教-伦理-政治)的人逐步退化为一个纯粹的政治的人。下面我们将看到,韩非子对于道德和宗教的批判具有积极的意义:宗教与道德不可能从政治的存在演绎出来,宗教与道德在其本质上就是超越的,是精神的层面。政治的存在只有在道德和宗教的语境中才能获得精神上的意义。在墨子哲学中,这一点将反映的非常突出。墨子与韩非子都谈利,但是,墨子所说的兼相爱,交相利,具有完全不同的含义。

故其行危至死，其力尽而不望。此谓君不仁，臣不忠，则不可以霸王矣。"（《六反》）富贵是臣民追求的最大利益，君主就是利用臣民的这一点来为自己服务。君主要明白臣民的需求，才好使得臣民明白他们如何才能满足自己的需求。这就如同劳动市场，既可以满足雇主对于劳动力的需要，也可以满足受雇者出卖劳动力从而获得生活必需品的需求。韩非子对于"仁"和"忠"给予了新的含义。如果不以利来理解仁与忠，来理解君臣关系，就不可能成为霸王。在第二节，我们要详细论述韩非子所谓的以法治国的根本目的是实现君主的最大化利益。

其次，在实际的事务中，君王如何行使赏罚呢？韩非子认为，君王应该赏罚分明，论功行赏，以罪责罚。"人主将欲禁奸，则审核形名。形名者，言与事也。为人臣者陈其言，君以其言授之事，专以其事责其功。功当事，事当言，则赏；功不当事，事不当言，则罚。"（《二柄》）群臣向君王表明自己的能力有多大，适合做什么事情，这就是"言"。君王根据群臣的自述，委之以事，授之以官。然后，君王察看群臣所做的事情的结果，即"功"。"形名相符"是指臣对自己的能力和建议所做的表白和自己被授予的官位（负责处理事务）符合，进而官位和功劳相符合。韩非子特别强调，功、事、言三者相一致，为什么呢？"故群臣其言大而功小者，则罚。非罚小功也，罚功不当名也。群臣其言小而功大者亦罚，非不说于大功也，以为不当名也。害甚于有大功，故罚。"（《二柄》）大家都知道，言大功小，要罚。为什么功过于言也罚呢？

在《主道》篇中，韩非子也说："故群臣陈其言，君以其言授其事，以其事责其功。功当其事，事当其言，则赏；功不当其事，事不当其言，则诛。明君之道，臣不得陈言而不当。""陈言而不当"有两种情况，一是为了骗取官位，欺骗君王，夸大自己的能力和提出不现实的建议，二是故意把自己的能力说低，提出小的建议，给君王以小的期待，却做出大的结果，从而博得君王的赏识。这两种情况都犯了欺君之罪。欺君就是为了获得自己的利益。赏罚分明必须是功名相符。在权力争斗中，任何不符合的现象，特别是功过其言的现象，都是很危险的。

韩非子在提出了关于人的本性的哲学思想和政治统治策略之后，进而提出了更具体的社会结构，或者更准确的说，理想的君王统治的社会权力结构。

第二节　无形的监狱和
最有效率的权力制度

在人人为己的社会，君王如何巩固自己的权力和利益呢？在这个社会是没有任何诚信可言的。每个人都在窥视他人，防止他人对自己的侵犯。使他人暴露在自己的视野之中，而隐藏自身，这是最基本的策略。韩非子从群臣和君王应该处的位置来探讨人和人之间的最基本关系：猎物和被猎者，窥视和被窥视的关系。

2.1　赏罚与形名相符关系

韩非子认为，赏罚得当，形名相符，必须体现在具体的政治权力结构中。这种结构，首先表现为：每个官员必须是直接对君王负责，听从君王的领导，做自己职责份内的事情。"昔者韩昭侯醉而寝，典冠者见君之寒也，故加衣于君之上。觉寝而说，问左右曰：谁加衣者？左右对曰：典冠。君因兼罪典衣与典冠。其罪典衣，以为失其事业；其罪典冠，以为越其职业。非不恶寒也，以为侵官之害甚于寒。故明主之畜臣，臣不得越官而功，不得陈言而不当。越官则死，不当则罪。守业其官，所言者贞也，则群臣不得朋党相为矣。"（《二柄》）每个官员只要恪守职责，做好自己的事情，就没有机会和其他人勾结起来共同对付君王。由于人的行为的出发点始终是自私的，对于君王而言，最好的官僚机构就是把每个官位等同于监狱中的狱室，不得互相交流。结党营私是君王之大患。"君臣守职，百官有常，因能而使之，是谓习常。"（《主道》）当群臣恪守职责，百官都有自己应该做的工作，君王以其能而用之，这就是稳定的常态。"官置一人，勿令通言，则万物皆尽。"（《主道》）给每个人一个职位，不让他们互相说话，这样他们就都能够尽最大能力服务于君王。"欲治其内，置而无亲；欲治其外，官置一人。不使自恣，安得移并？大臣之门，唯恐多人。"（《扬攉》）对于内宫之事，要吩咐他们做事，但不亲近任何人。对于外面的事情，要一个官职一个人。不让任何人做自己想做的事情，不允许任何人自己调换职位和兼任两职。当大臣门外聚集很多人的时候，这就是警告。"凡治之极，下不能得。周合形名，民乃守职。去此更求，是谓大惑。"最好的统治就是不让下级占你的便宜，做到形名相符。这样，人民就会坚守职责。如果抛弃这个统治的方法，那就是疑惑到了极点。"故曰：毋富人而贷焉，毋贵人而逼焉，毋专信一人而失其国焉。"（《扬权》）不要让一个人富到足以反对你的地步，不要让一个人尊贵到对你构成威胁，不要完全相信一个人而失去自己的国家。

在君臣关系上，时刻要记住："主失其神，虎随其后。主上不知，虎将为狗。主不早止，狗益无已。虎成其群，以弑其母。为主而无臣，奚国之有。主施其法，大虎将怯；主施其刑，大虎自宁。法刑苟信，虎化为人，复反其真。"（《扬权》）如果君王失去他神秘的特征，老虎就会尾随其后。如果君王没有觉察，虎就会变得如狗一样多。如果君王不及早制止，党羽就会越来越多。猛虎结成党派就会篡夺王位，杀死君王。如果群臣都变成老虎，那么，自己还如何拥有国家？换句话说，君王应该知道：群臣虽然时时刻刻觊觎自己的权力和王位，但是他们的存在是君王利益的需要。关键是如何统治和支配群臣服务于自己的利益，而不被他们所推翻。因此，君王应该明白，如果他实施刑法，凶猛的老虎也会颤栗。如果他实行严厉的惩罚，猛虎自然会安宁下来。如果刑法和惩罚得到合理的运用，老虎便重新化身为人，恢复本来的面目，即成为服务于君王的工具。

2.2　权力与监视

这里有个问题是，群臣的数目是很多的，而且每个人职责都不一样，君王如何才能对于君臣的状况了如指掌呢？如何才能够知道每个臣民心里想的是什么呢？

韩非子认为，君王权力的有效性有赖于下面两点。第一点，君王必须意识到君臣关系是互相利用的关系，群臣时时刻刻都在觊觎君王的权力。君王必须让群臣对自己露出真正的面目，而群臣却不知道君王的想法，因为一旦知道君王的想法，群臣就会利用君王欲望和爱好的弱点，巧妙地驾驭君王，为自己的利益服务。第二点，君王不可能时时刻刻监视群臣，因而，君王必须发明一种方法，让群臣自己有一种感觉，觉得君王时时刻刻都在看着自己。所以说，对于君王来说，首先是隐藏自己的欲望和爱好，其次让群臣在心中感到自己无时无刻都在看着他们。在监视和被监视的关系中，君王必须避免自己被监视，而让他人觉得时时刻刻在被监视。针对这两点，韩非子在多处做了论述。

第一章 韩非子：自爱与纯粹政治性的人

韩非子说："黄帝有言曰：上下一日百战。下匿其私，用试其上；上操度量，以割其下。故度量之立，主之宝也；党與之具，臣之宝也。臣之所不弑其君者，党與不具也。故上失扶寸，下得寻常。"（《扬搉》）上下级之间经常处于一种没有硝烟的战争状态。下级把他们的私欲隐藏起来，看看能从上级得到什么好处。上级用标准和尺度来衡量下级将欲何为。所以说，标准和尺度是君王的法宝，成帮结派是下级的法宝。下级群臣不杀君王的唯一原因是他们的帮派还没有足够强大的力量。所以，君王失去一寸，臣下得到一尺。"君臣之利异，故人臣莫忠，故臣利立而主利灭。是以奸臣者，召敌兵以内除，举外事以眩主，苟成其私利，不顾国患。"（《内储说下六微》）在《备内》篇中，韩非子说："人主之患，在于信人。信人则制于人。人臣之于其君，非有骨肉之亲也，缚于势而不得不事也。故为人臣者窥觇其君心也，无须臾之休。"（《备内》）群臣服侍于君主完全是由于时势的力量，因为自己还不具备推翻君王的势力。所以，群臣在窥视君王的爱好和欲望，从而用一种被动和微妙的方式控制君王，以达到自己的私利。"人臣之情，非必能爱其君也，为重利之故也。"（《二柄》）[1]

韩非子认为，个人的情感和欲望是人性的弱点；人很容易成为自己情感和欲望的奴隶。这一点也充分说明，人是以自我为中心的。要想控制一个人，必须对于这个人的情感和欲望有细腻的把握。投其所好，是控制敌人的有效方法。由于群臣和君王在武力和权力方面无法抗争，群臣就应该用软的方法来利用君王，要善于利用君王的弱点。在《说林上》，有这么一个故事："温人之周，周不纳客。问之曰：客耶？对曰：主人。问其巷人而不知也，吏因囚之。君使人问之曰：子非周人，而自谓非客，何也？对曰：臣少也诵《诗》曰，普天之下，莫非王土；率土之滨，莫非王臣。今君，天子，则我天子之臣也。岂有为人之臣而又为之客哉？故曰主人也。君使出之。"（《说林上》）意思是说有一个温人到周地，此国不接纳客人。城门官吏问他是客人吗，他回答说是主人。问他的邻居是谁，他答不上来，于是官吏把他关了起来。周国的君主派人问他，为什么自称不是客人，他回答说，《诗经》里有这么两句

---

[1] 在《八奸》中，韩非子列举了"奸臣"如何利用君主的弱点来控制君主的八种方式："一曰在同床"；"二曰在旁"；"三曰父兄"；"四曰养殃"；"五曰民萌"；"六曰流行"；"七曰威强"；"八曰四方"。从与君王最亲近的人，妻与子，亲属，直至到其他国家的势力，"奸臣"都是利用君主的弱点来控制君主的。

话，天下都是君王的地方，所有的人都是君王的臣民。您现在是君王，我当然是您的臣民。哪能做臣民的说自己是客人呢？于是，君主让人把他放了。这个温人的话，击中了周国君王的虚荣心，尽管这个君王的地盘小的可怜。"故曰：君无见其所欲；君见其所欲，臣将自雕琢。君无见其意；君见其意，臣将自表异。"（《主道》）是说君王不要显露自己的欲望和爱好。如果君王显露自己的欲望和爱好，臣下就会打扮自己，迎合君王的爱好。君王不应该表达自己的看法。如果君王表达自己的看法，臣僚就会显示自己的才艺来迎合君王的看法。"人主者，利害之轺毂也，射者众，故人主共矣。是以好恶见则下有因，而人主惑矣；辞言通则臣难言，而主不神。"（《外储说右上》）是说君主是利害的核心，就如车轮子的中央，是众人都瞄准的地方。如果君主把自己爱好表露出来，臣民就有了迎合的依据，君主就会被迷惑；如果君主说的很多，臣民就不能表达自己的话语（由于迎合君主的话），君主就不神通了。"任贤，则臣将乘于贤，以劫其君。""故人主好贤，则群臣饰行以要君欲，则是群臣之情不效，则人主无以异其臣矣。"（《二柄》）意思是如果君王露出喜爱贤者，群臣将竭力把自己扮演成贤良之士。这样的话，君王就无法看到群臣的本来面目，不能够分辨群臣的好坏。"故君见恶，则群臣匿端；君见好，则群臣诬能。人主欲见，则群臣之情态得其资矣。"（《二柄》）如果君王表现出自己不喜欢的东西，群臣就会小心翼翼的掩盖自己的动机。如果君王表现出自己喜欢的东西，他的群臣就会假装具备他们不具有的能力。总之，如果君王让自己的欲望和爱好显露出来，他将给他的群臣一些暗示，从而他们可以假装具有应该具有的态度。

  如果群臣摸不透君王的思想和爱好，他们就无法投其所好，只好用本来面目来对待君王，以免因耍弄伎俩而被识破后受到严惩。"故曰：去好去恶，臣乃见素，则人君不蔽矣。"（《二柄》）只有这样，君王才不受蒙蔽。不仅如此，群臣还时时刻刻感到自己被君王监视："明君无为于上，群臣竦惧乎下。"（《主道》）只有当群臣看不到君王的想法，无法猜度君王的心思的时候，他们觉得自己生活在诚惶诚恐之中，有一种被君王监视而看不到君王的感觉。君王的眼睛时时刻刻在监视自己。"道在不可见，用在不可知。虚静无事，以闇见疵，见而不见，闻而不闻，知而不知。"（《主道》）在《解老》篇，韩非子开头就依据老子的话，借用道的无为来阐释君主的无为："德者，内也。得者，外也。上德不德，言其神不淫于外也。神不淫于外，则身全。身全之谓德。德者,得身也。"(《解老》)所谓德,就是内在的,就是含而不露。上德不德,指的是不要忙于外在的东西,君主不要忙于处理具体的事物,不要沉迷于外在的东西。只有把自己隐藏起来,才能够保全性命。有德之人,就是能够保全身体。"凡德者,以无为集,以无欲成,以不思安,以不用固。为之欲之,则德无舍;德无舍,则不全。用之思之,则不固;不固,则无功;无功,则生于不德。德则无德,不德则有德。"(《解老》)有德之人就是要把自己的才能等隐藏起来,利用他人来为自己服务。要无为,无思,无欲。一个人要获得更大的利益,要统治整个国家,要驾驭虎狼一样的臣民,依赖自己的能力是不够的。上德之人,不认为自己有什么才能,这才是真正能够得到最大利益的人,这就是上德不德,即不依赖自己的能力。正因为自己不依赖自己,才能真正做到保全自己。这是真正的有德。"所以贵无为、无思、为虚者,谓其意无所制也。"(《解老》)人心要做到虚,以无为无思为贵,就是不被任何东西牵制住。这样才能不给臣民以任何侵犯的突破口。在《扬搉》中,他说得更为形象:"上不与义之,使独为之。上固闭内扃,从室视厅。"君主不告诉他人如何做事,而让他们自己做。君王把自己的小屋管的严严实实,从中窥视庭院中发生的一切。统治的策略是不能被看到的;它的作用就在于不可知。保持虚静和无所事事的心态,从你所处的黑暗之处,来观察别人的瑕疵。看,但是不要显示出在看;听,但是不要显示出在听;有知,但是不要显示出你知道。君王就是要自己处于黑暗之处,而让群臣暴露于阳光之下。

有人会有疑问:君主一个人如何监视天下百官百姓呢?韩非子也想到了这一点。聪明的君主,就是要把君臣之间监视和被监视的关系应用到人与人之间的关系,要普及起来。"明主者,使天下不得不为己视,使天下不得不为己听。故身在深宫之中,而明照四海之内,而天下弗能蔽,弗能欺,何也?""匿罪之罚重,而告奸之赏厚也。此也使天下必为己视听之道也。"(《奸劫弑臣》)不是自己监视百官百姓,这是不可能做得到的。关键是把赏罚二柄运用到监视与被监视的关系上。要让整个社会都成为自己的耳目。人人都是自私的,为了获得上级的奖赏,人人都会监视和举报他人。同时,人人也都成为被监视的对象。韩非子非常懂得当代现象学上所说的"逆意向性"理论:人是被他人评判，被他人监视的。[1]在当代中国社会，群众运动也是与韩非子的理论有关的。

君主的无为，不仅反映在君臣直接关系上，也体现在君主与百官百姓之间的间接关系上。君主通过人与人之间直接的逆意向性关系来达到自己目的。所以说，君王的无为，不仅不给群臣可乘之机，而且还使得群臣有一种被监视的感觉，显示本来面目。这就是韩非子的无为而治。"权不欲见，素无为也。事在四方，要在中央。圣人执要，四方来效；虚而待之，彼自以之"（《扬榷》）。就是说，不要让你的权力被看到。要做到空虚无为。这样，你的统治就能达到四方，但是，其根源是在中央。圣人身处中央地位，而四方会来效力。他在虚空无为的状态下等待他们，他们会自然而然地做他们应该做的事情。这就好比一个圆形监狱，狱卒处于中央地位，能看到周边每个犯人的房间，而犯人看不到狱卒。这样犯人就无法知道狱卒的行为和眼光是不是在监视自己。犯人就必须做自己应该做的事情。这种统治和管理是依赖于一种结构和制度，不是人力。这一点，韩非子和当代西方功利主义以及自由主义政治制度思想有很大的相似性，建立在人人都是自私的基础上的社会政治法律经济制度必须用体制来规范人，不是依靠人自己的自觉性。这样的制度会是非常经济有效的，因而它有另外一个很重要的结果。这就是下面的第三点。

2.3 权力与制度

韩非子认为，君王所要做的就是无为，就是建立很好的统治制度。一旦制度建立起来了，所有的人都会服务于君王的，即使君王是一个没有任何才智的人。说到底，君王所体现的是中央政府的权力，而不是他个人。在这个机构和制度中，每个人都是权力分配的结果。"故明主使法择人，不自举也；使法量功，不自度也。能者不能弊，败者不能饰，誉者不能进，非者不能退，则君臣之间明辩而易治，故主雠法则可也。"（《有度》）就是说，明智的君王不以个人的能力和爱好来统治国家，而是根据简单的刑德或者赏罚来治理。

---

[1] Merold Westphal, "Inverted Intentionality: On Being Seen and Being Addressed", *Faith and Philosophy* (2009), Vol. No. 3. 在这篇文章中，作者论述了逆意向性关系是人与人之间的本质性关系，而传统的现象学忽视这一关系，用人与物之间的意向性关系来理解人与人之间的关系。

这样，君臣关系就变得非常简单：百官都以真实面目展现在君王面前，君王以他们的才能和谋略来委以重任，然后根据名实相符的原则进行赏罚。韩非子说："去智去旧，臣乃自备。故有智而不以虑，使万物知其处；有行而不以贤，观臣下之所因；有勇而不以怒，使群臣尽其武。是故，去智而有明，去贤而有功，去勇而有强。群臣守职，百官有常，因能而使之，是谓习常。故曰：寂乎其无位而处，漻乎莫得其所。明君无为于上，群臣竦惧乎下。明君之道，使智者尽其虑，而君因以断事，故君不穷于智；贤者效其材，君因而任之，故君不穷于能；有功则君有其贤，有过则臣任其罪，故君不穷于名。是故，不贤而为贤者师，不智而为智者正。臣有其劳，君有其成功，此之谓贤主之经也。"（《主道》）[1] 君王所要做的不是自己有什么智谋，而是让有智谋的人为自己出谋划策；不是自己有什么才能，而是利用所有有才能的人为自己服务；不是自己到战场杀敌，而是让勇猛的战士为自己而奋战。君王的唯一能做的就是坐享其成。功劳和成果是自己的，而劳役和过失都是群臣的。

韩非子意识到，一个有效的权力机构的运行不可能依赖于君王个人的能力："夫为人主而身察百官，则日不足，力不给。且上用目，则下饰观；上用耳，则下饰声；上用虑，则下繁辞。先王以三者为不足，故舍己能，而因法数，审赏罚。先王之所守要，故法省而不侵。独制四海之内，聪智不得用其诈，险躁不得关其佞，奸邪无所依。远在千里外，不敢易其辞；势在郎中，不敢蔽善饰非。朝廷群下，直凑，单微不敢相逾越。故治不足，而日有余，上之任势然也。"（《有度》）如果君王对百官进行管理和监督，他将发现精力不济，时日不够。如果他用自己的眼睛来观察，百官将粉饰表面；如果他用耳朵来判断，百官将美化语言；如果他用脑子来思考，他们将用无尽的言语扰乱他的心。先王意识到这一点，抛弃自己的能力，依赖法规，进行治理。法制虽简单，但是四海之内，无论远近，都不敢欺骗朝廷。每个人都恪守职

---

[1] 韩非子的老师荀子也说，君王应该是"不视而见，不听而聪，不言而信，不虑而知，不动而功，告至备也。天子者，势至重，形至佚，心至愈，志无所诎，形无所劳，尊无上矣"（《君子篇》）。但是，荀子与韩非子的不同在于，君王的安逸依赖如下原则："故形当罪则威，不当罪则侮；爵当贤则贵，不当贤则贱。古者刑不过罪，爵不逾德。""故尊贤者王，贵贤者霸，敬贤者存，慢贤者亡，古今以也。故尚贤使能，等贵贱，分亲疏，序长幼，此先王之道也。"（《君子》）韩非子认为，如果君王重贤贵德，群臣就会利用这一点欺骗君王。有关荀子观点参看《荀子》，熊公哲注译，重庆出版社2008年版。

责,不敢乱用权力。正是因为依赖法度,君王才能轻松治国。社会机构和制度的有效性不是依赖于最高权力者的个人能力和魅力,而是依赖于权力制度分配的合理性。君王作为这种等级制度中最高权力的拥有者,他的最终目的是让整个国家的臣民为自己的利益服务。君王的利益就是公,而臣民的利益是私。如何使得全民的"私"为一个人的"公"服务,这是君王关心的唯一的问题,而这与君王的个人能力无关。

所以,我们可以说,韩非子所设想的理想政治权力机构是为了给君王带来最大的利益。这种利益与君王本人的特征,即君王是什么样的人无关。韩非子所论述的实际上与功利主义观的权力分配和利益最优化原则相关。为了更好理解韩非子哲学的现代性,下面我们看看法国哲学家福柯(Michel Foucault)是如何解释功利主义哲学家边沁的理想监狱设想的。

福柯在《管教与惩罚:监狱的诞生》[1]一书中谈到欧洲17世纪以后由于瘟疫、麻风病以及其他社会问题引起的对于乞丐、游民、精神病等人群的控制中,权力的监视和控制如何体现在社会制度和具体的管理中。权力分配的具体化和经济化主要体现在功利主义伦理思想的创始人边沁(J. Bentham, 1748~1832)的《Panopticon》(《全方位监视监狱》)中。[2] 福柯把边沁这本书中体现的思想称为"全方位监视主义"(panopticism),其意思是对于被控制的个体进行一天24小时、一周7天的监视,让他永远暴露在光线中或者视野中。福柯说,对于个体的监视必须做到"如何以特殊的方式对于他进行不间断的监视"(DPBP, 199)。这需要一种新的权力机制。福柯认为,边沁的《全方位监视监狱》在建筑构想上给予这种权力机制提供了形象的模型。下面我们看看福柯是如何对边沁的观念进行描述的。

福柯说:"边沁的《全方位监视监狱》是在建筑上对于这种[权力]构成的体现。我们知道它基于什么样的原则:它的周边是环形建筑,它的中央有一个监视塔,这个塔有很多窗口,都面向周边环形建筑的内侧,周边建筑由狱室构成,每个狱室的宽度都和周边建筑一样。这些狱室有两个窗口,一

---

[1] Michel Foucault (1977). *Discipline and Punish*: *The Birth of the Prison* (*Surveiller et Punir*: *Naissance de ; a prison*). Trans. Alan Sheridan. New York: Random House, Inc. 下面引用本书简写为 DPBP 并注明英文翻译书的页码)。

[2] Panopticon 意思是所有可见的地方,完全透明的地方。这里是指一种被关押人员可以被管理人员时时刻刻监视而看不到管理人员的监狱。

个在里面,与监视塔的窗口相对应,一个在外面,阳光可以从外面进来并穿透整个狱室。因而,所要做的就是,在中心塔楼中安置一个监视者,在每个狱室中关闭一个疯子,一个病人,一个死囚,一个工人或一个学童。由于反光的效果,人可以在塔中面对光线观察到周边建筑中狱室中被关押人的影子。它们就如同很多笼子,很多小的剧场,其中每个演员都在唱独角戏,被完全的个体化和无时不被看到。全方位被监视的机制是这样安排空间单位的,它使得监视不间断而且能够被立即知道是什么样子"。因此,"突出在视野之中是一个圈套"(DPBP, 200)。

福柯马上对上面的监狱结构作了如下评语:"每个人,在他所处的地方,被很安全地限制在一个狱室之中;在其中,他可以被前面的监视者看到,但是,狱室两面的墙阻止他和其他被关闭的人接触。他被看到,但是他看不到别人;他是信息的对象,从来不是交流的主体"(DPBP, 200)。"边沁给出了这么个原则,即权力应该既是可见的,又是不能被证实的。可见性表现在:在被关押人的眼中不断出现一个中心高塔的形状,这是监视他的地方。不能被证实表现在:被关押的人从来不知道他在什么时刻被监视;但是他必须肯定他也许是一直被监视着的"(DPBP, 201)。每个被关押者都被塔楼中的人不间断的监视,他始终感觉到一双眼睛在盯视着自己,而自己却看不到对方。由于不能和其他人交流,就失去了共同越狱的可能性。这和韩非子所设想的君主和群臣的关系很相似。每个官员都直接对君主负责,不能越职,不能互相交流,以免结党营私。君王把自己的欲望和爱好完全隐藏起来,而让群臣把自己的本来面目完全暴露在君王面前,这和塔楼中的士兵与被关押人员的关系是一样的。君王隐藏在没有形体的塔楼中,对百官进行不间断的监视,这种不间断的监视是由于权力的分布造成的,因为百官根本不知道君王什么时候在看他,什么时候没有看他。这就是韩非子所说的无为而治的原则。这种原则体现在功利主义创始人边沁的"关于监狱的经济化管理"原则之中了:"把他[被关押者]的房间设置成与中心塔楼相对,从而在他身上强加了一种轴形的可见性;但是,对于环形建筑的隔离,即分开的狱室,意味着左右两边的不可见性。这种不可见性保证了次序。如果被关押者是犯人,就没有阴谋的危险,没有集体越狱的尝试,没有谋划将来犯罪的计划,没有坏的影响。""如果是工人,那么就没有混乱,没有盗窃,没有联盟,没有减慢工作效率的分散因素"(DPBP, 200~201)。所以说,"全方位监视监狱的主要效果：在被关押者的脑中注入一种"被监视"的意识状态和永久的可见性，从而保障了权力的自动行使功能"（DPBP，201）。权力最有效的行使方式就是权力的无形化，即存在于每个角落，存在于每个被管理者的脑中。权力谋求的是最大的利益和最坚固的稳定性，这与权力拥有者本身的能力、品德、习惯、性别等都无关。

所以，韩非子所陈述的权术思想和边沁的监狱设想都体现的是权力本身所要求的机制："在周边的环形建筑中，人是被完全看到的，没有可能看到别人；在中央塔中，人是看到一切而不能被看到"（DPBP，202）。韩非子也明确说："上固闭内扃，从室视厅"。其效果是"不见其采，下故素正"（不露出想法和爱好，群臣就无法看到，自然会自觉地做自己应该做的事情）（《扬榷》）。韩非子所说的和边沁的监狱建筑思想非常相近，很像是同一个人说的。

需要指出的是，之所以一方隐藏起来，一方完全被暴露出来，那是因为在根本关系上人和人处于不断的互相窥视之中。君王之所以隐藏自己的爱好和欲望是因为君王被百官时时刻刻觊觎。人和人之间的这种你窥视我我窥视你的关系充分说明了人的自我意识是如何产生的。它还说明，看和被看，首先是一种权力和力量以及生死的较量，不是认知上的关系。这种看和被看，揭示了人是如何有自我意识的：是在自己肉体的不可逃避性中意识到了自己的存在，自己成为对方的攻击目标。[1]

第三节 在利益的天平上评判道德

对于韩非子而言，道德就其本身而言是无用的，甚至有害政治安定。战国后期，由于人成了纯粹政治性的人，人和人之间的关系是一种欺骗和被欺骗，利用和被利用的关系。道德无用性已经成了常识性的东西。在这一点上，韩非子是对的，因为道德的根源不是在纯粹的政治层面之中。下面，我们看看韩非子是如何论述道德的。

3.1 道德与权力

韩非子认为，人的本性决定了道德（仁爱）在社会政治生活中是没功效

---

[1] 在第二章，我们将和孔子哲学对比一下，看看人的自我意识。

的。"仲尼，天下圣人也，修行明道以游海内，海内说其仁，美其义，而为服役者七十人。盖贵仁者寡，能义者难也。故以天下之大，而为服役者七十人，仁义者一人"（《五蠹》）。孔子是天下的圣贤之人，他游历天下，而追随他的人也不过七十人，可见，天下人对于仁义没有兴趣。韩非子接着用平庸的鲁哀公来与孔子对比："鲁哀公，下主也，南面君国，境内之民，莫敢不臣。民者固服于势，势诚易以服人。故仲尼反为臣，哀公顾为君，仲尼非怀其义，服其势也。故以义，则仲尼不服于哀公；乘势，则哀公臣仲尼。"（《五蠹》）尽管鲁哀公是一个下等的君主，鲁国人没有不敢服从他的，这是因为百姓惧怕权势（权力）。孔子是鲁哀公的臣民，这不是因为孔子赞同鲁哀公的政治主张，而是因为鲁哀公手里有权力。如果依据道义或者道德修养，孔子不应该服从鲁哀公，因为孔子具有比鲁哀公大得多的道德品格，但是，依据势力，鲁哀公可以让孔子称臣。所以说，在现实生活中，道德是没有力量的。势，或者权势，或者权力，这是最核心最有效的东西。

这里，我们顺便指出，韩非子用鲁哀公与孔子之间的君臣关系来论证在政治生活中权力才是最重要的，而道德是软弱无力的。他举的例子在历史上和我们现实生活中都经常可以看到。这个例子不仅不能为韩非子的观点提供佐证，反而是韩非子哲学的一个反例。这是因为，孔子，作为一个道德的人，他主张正常的君臣关系。如果一个人自以为自己的道德品行比自己上级或者国家元首更高，自己可以蔑视对方，那么，这是与真正的道德之人的思想和品行不相符的。在一般的道德理论看来，看不起对方，这是傲慢的表现，是一种非常不道德的行为。就孔子与鲁哀公的关系看，依据当时的礼义，孔子应该对于鲁哀公尽臣之礼，而不应该觉得比鲁哀公更能成为君主。

韩非子用如何教子的例子来说明，武力是胜过说教的。"今有不才之子，父母怒之弗为改，乡人谯之弗为动，师长教之弗为变。夫以父母之爱，乡人之行，师长之智，三美加焉，而终不动其胫毛。州部之吏，操官兵，推公法，而求索奸人，然后恐惧，变其节，易其行矣。故父母之爱，不足以教子，必待州部之严刑者，民固骄于爱，听于威矣。"（《五蠹》）对于一个不成器的年轻人，父母的责骂，乡人的训斥，老师的教育，都没有任何效果。但是，一旦听说官方派兵来施行严厉的刑罚，他心感恐惧，才改变以往的行为。这里，韩非子是不是没有看到这么一个事实，一个人自愿地跟着你走要比被动地跟着你走更好呢？韩非子的理论是，法律和国家机器，是以人的自私为前提的。

你不能指望人会为你变化，人的根本特性就是以自我为中心。法律和政治的机器就是要个人为国家利益服务，无论个人是自愿的还是不自愿的。准确地说，个人只有在意识到在为国家（君主）利益服务的同时也是在谋求自己的利益时，个人才会去办自己应该做的事情。韩非子"二柄"论讲的就是这一点。这是韩非子与他的老师荀子的根本不同点。我们在关于荀子的章节将看到，荀子认为人的欲望任其发展，势必导致社会混乱，礼义的作用就是要驯服人的自然欲望，使之社会化，使人可以成为一个社会的人。但是，在韩非子的眼中，人在社会中就如野兽在深山老林中，对于野兽而言，体力和攻击力是生存下来和征服其他同类和异类动物的决定性因素，对于人而言，社会权力和政治理性是统治其他人的主要工具。政府的功能就是征服。面对权力，没有动之以情（父母之爱）和晓之以理（乡人和师长）的必要，拳头是最有说服力的。人类社会的发展，理性的运用不仅体现在生产工具（征服自然）的发明和改进上，还体现在武器装备的飞速发展上（防御和征服他人）。假如韩非子生活在今天，他会用科学技术的发展在生产工具和武器方面的体现来说明自己的理论是正确的。在当今世界，人类在武器研制和发明上所投入的时间、智力、金钱，特别是核武器的制造以及星球大战计划，这些都说明，韩非子的哲学不是他在书斋中苦思冥想出来的。他的哲学是对于人作为抽象的欲望体的存在，即纯粹的政治性存在深刻洞察的结果。

3.2 道德感化与民智

政治统治不能指望教化百姓，感化民心，因为百姓的智力是非常低下的，而且是不可改变的。他们不知道什么是最有利的。"夫智，性也；寿，命也。性命者，非所学于人也。"（《显学》）人的智力与寿命，都是不可改变的，是无法通过学习增加的。韩非子因而反对孟子等儒家所主张的"得民心"的理论。"今不知治者，必曰：得民之心。得民之心而可以为治，则是伊尹、管仲无所用也，将听民而已矣。民智之不可用，犹婴儿之心也。夫婴儿不剔首则腹痛，不副痤则浸益。剔首副痤，必一人抱之，慈母治之，然犹啼呼不止，婴儿不知犯其所小苦，致其所大利也。"（《显学》）百姓的智力就如婴儿一样，不知道忍受眼前的一点点痛苦是为了获得更大的利益，或者避免更严重的伤害。"昔禹决江浚河，而民聚瓦石。子产开亩树桑，郑人谤訾。禹利天下，子产存郑，皆以受谤，夫民智之不足用亦明矣。"（《显学》）普通百姓眼光短浅，只看到眼前利益而看不到长远利益，不可与他们共谋国是。他们不知道君主所采取的严厉政策是为了国家利益与安全，却抱怨君主的统治太残酷。"今上急耕田垦草，以厚民产也，而以上为酷。修刑重罚，以为禁邪也，而以上为严。征赋钱粟，以实仓库，且以救饥馑，备军旅也，而以上为贪也。境内必知介而无私解，并力疾斗，所以禽虏也，而以上为暴。此四者，所以治安也，而民不知悦也。"（《显学》）意思是说督促耕田，施行严厉刑罚，征收赋税，加强军事训练，这都是为了国家富强，为抵御外来侵略而做准备。但是，普通百姓不明白这些道理，认为君王的统治残酷无情，是在压制百姓。结合《五蠹》篇所说的"不才之子"，我们明白，这样的百姓是无法用道德力量改变的。

在韩非子看来，不仅人的自私特性无法改变，人的智力高低也是天生的，不是可以塑造的，教育是没有作用的。韩非子对于民智的不信任，在我们今天看来，是精英文化的体现，是过去统治阶级对于劳动人民的蔑视。那么，韩非子的观点是不是一种偏见呢？有没有一定的合理性呢？如果说人的自私特性，人的自我中心主义不可改变，那么，人在智力上的差异是不是具有本质性的呢？君主，官吏，民众，三者没有本质区别。人与人之间的确在智力上有很大的差异，无论这种差异是天生的还是后天环境造成的，但是，人与人之间的差异再大，也比不上人与天之间的差异。一个是有限性之间的差异，一个是有限性与无限性之间的差异。如果说百姓对于什么是最大的利，什么是真正的利，因目光短浅和智力有限而不了解的话，那么，我们同样可以说，人类作为整体对于什么是人应该真正做的也非常可能有误解。在《孟子》中，孟子引用《尚书》中的话"天降下民，作之君，作之师，惟曰其助上帝宠之"（2：3）[1]来说明，天（上帝）派君主和圣贤之师来领导和爱护百姓，为百姓谋福利。在《墨子》的《法仪》、《尚同》等篇中，墨子认为，最高的行为规则来自于天，而不是君主、父母、师长。我们在墨子哲学中将看到，赏罚作为工具，不是君主的特权，而是上天的手段。人的自私特性决定了道德命令不可能来自于人类。人固然有聪明与愚笨之分，但是，人的智力与超越于人的天相比，具有本质性的差异。法仪来自于天。

---

[1] 杨伯峻：《孟子译注》，中华书局1988年版。

3.3 忠孝理论与政治上的混乱根源

儒家的"忠孝"理论是社会不安定因素存在的重要原因之一。在《尚书·皋陶谟》篇中，强调德政包括有"在知人，在安民。""知人则哲，能官人；安民则惠，黎民怀之。"[1]结合此话，我们可以看到，韩非子上面对于"得民心"的批判，是针对儒家的"安民则惠，黎民怀之"的政治思想的反驳。关于"知人则哲"呢？也就是说，善于发现圣贤之徒，把他们安排到适当的职位上。这与韩非子所说的"名实相符"是不是一致的呢？韩非子认为，安排官员不是根据他的道德品行，就如尧对舜的任命一样，这是不对的。在《尚书·尧典》中，尧王的大臣是这么推荐舜的："瞽子。父顽母嚚。象傲。克谐以孝，烝烝乂，不格奸。"《尚书》讲"五典"：父义、母慈、兄友、弟恭、子孝。尽管舜的父母和弟弟没有做到五典所规定的行为，舜并不因为他们对自己进行伤害而不爱他们，舜以子孝和兄友赢得了家庭的和谐。舜以孝德出名，因孝而被推荐做天子。韩非子是如何看待这种君臣关系的呢？

在《忠孝》篇，韩非子开端即说："天下皆以孝悌忠顺之道为是也，而莫知察孝悌忠顺之道而审行之，是以天下乱。"在儒家哲学中，孝悌强调的是儿子对于父母的爱，以及弟弟对于兄长的尊敬。孝道强调的不仅仅是单方面的关系，不仅仅是针对儿子和弟弟的。它还包含着父母对子女的慈爱，以及兄长对弟弟的爱护。即"父义、母慈、兄友、弟恭、子孝"。这种爱体现的既是一种血缘关系，也是一种上下权威的关系。父父子子讲的是父亲要尽父亲的职责，儿子要尽儿子的义务。儿子要孝顺父母，父母也要关心儿子。君臣关系应该是忠诚和顺从。同理，这也是双方面的，不仅仅要求臣民忠诚和顺从君主。君主也要爱护臣民。韩非子为什么要批评这种道德观呢？韩非子认为，天下人都知道孝悌忠顺之道是正确的，但是，他们没有对于孝悌忠顺之道进行审视，从而谨慎地实行。换言之，韩非子认为，天下人（包括君王和臣民）都盲目地遵守孝悌忠顺之道，没有意识到它是造成天下大乱的祸患之一。

在韩非子看来，君臣、父子、夫妻关系的核心是"事"，是无条件的服从。"臣之所闻曰：臣事君，子事父，妻事夫，三者顺则天下治，三者逆则天下乱，此天下之常道也。明王贤臣而弗易也。则人主虽不肖，臣不敢侵也。"

---

[1] 参看《尚书·皋陶谟》，慕平译注，中华书局2009年版。

（《忠孝》）韩非子认为，在权力的等级制度中，上级永远是上级，下级永远是下级，他们之间就是一个利益的关系。下级对于上级而言，就是谋利的工具。前面我们也看到，君主的最大权力的实施方略是隐藏自身，是无为，而让所有臣民为自己服务。整个国家都是一个机器，是为君主服务的，而臣民是这台机器上的零部件和螺丝钉。臣民没有权力和标准来对君主说东道西。臣民唯一的愿望和野心是夺取君主的地位。这台国家机器能够正常运行，依赖于所有的部件各守其职，各尽其力。即使一个君主不好，臣民也应该无条件服从。实际上，按照韩非子的观点，臣民是无法来衡量君主的好坏的。

韩非子认为，儒家所称颂的古代圣王是不符合真正的君臣关系的。"皆以尧舜之道为是而法之，是以有弑君，有曲于父。尧舜汤武或反君臣之义，乱后世之教者也。尧为人君而君其臣，舜为人臣而臣其君。汤武为人臣而弑其主，刑其尸，而天下誉之。此天下所以至今不治者也。夫所谓明君者，能畜其臣也；所谓贤臣者，能明法辟，治官职，以戴其君者也。今尧自以为明而不能以畜舜，舜自以为贤而不能以戴尧，汤武自以为义而弑其君长，此明君且常与，而贤臣且常取也。故至今为人子者有取其父之家，为人臣者有取其君之国者矣。父而让子，君而让臣，此非所以定位一教之道也。"（《忠孝》）尧王礼让于舜，汤王武王驱杀桀纣，这些都违反了君臣之间所应该遵守的定位之理。但是，天下人都赞美尧舜汤武的行为，颠倒是非，这是天下大乱的根本原因。君不君，臣不臣，天下能不乱吗？韩非子说："父之所以欲有贤子者，家贫则富之，父苦则乐之。君之所以欲有贤臣者，国乱则治之，主卑则尊之。今有贤子而不为父，则父之处家也苦，有贤臣而不为君，则君之处位也危。然则父有贤子，君有贤臣，适足以为害耳，岂得利焉哉。"（《忠孝》）父亲需要的好儿子是这样的：家庭贫穷的时候，能给家里带来财富，父亲困苦的时候，让父亲快乐。消除贫穷和痛苦，增加财富和快乐，这就是善。这是韩非子与西方近代功利主义者相似的地方之一。我们前面已经论述过了。君主所希望的贤臣是这样的，在国家动乱的时候，能使国家有序，在君主和国家地位低下的时候，能使君主和国家获得他的尊重。而世人所说的贤臣不为君主着想，所说的好儿子不为父亲奔波，这样的贤臣和贤子能够带来的除了伤害，哪里还有有利可言呢？韩非子接着说："所谓忠臣不危其君，孝子不非其亲。今舜以贤取君之国，而汤武以义弑其君，此皆以贤而危主者也，而天下贤之。古之烈士，进不臣君，退不为家，是进则非其君，退则非其亲也。

且夫进不臣君，退不为家，乱世绝嗣之道也。是故贤尧舜汤武而是烈士，天下之乱术也。瞽瞍为舜父，而舜放之；象为舜帝，而舜杀之。放父杀弟，不可为仁；妻帝二女，而取天下，不可为义。仁义无有，不可谓明。"（《忠孝》）不为自己的君主和父亲尽职尽责，反而弑君，夺取自己君主的两个女儿，流放自己的父亲，杀害自己的弟弟，这哪是仁义呢？

这里韩非子所谈论的尧舜之间的事情，与其文本有所不同。我们暂且不论他所说的舜"放父杀弟"是否符合事实，有一点可以肯定，儒家是不赞同韩非子所描述的舜的。孔子的"父为子隐，子为父隐"以及《孟子》中有关"瞽瞍杀人"和"封象"的故事都说明，儒家是把家庭关系看做第一位的。儒家与韩非子在这点上没有什么不同。但是，根据我们前面所讨论的韩非子有关君臣之间的关系，臣之所以事君，那是因为自己的力量还没有强大到可以对抗君主，并进而取而代之。臣事君，"势"所决定的。韩非子所描述的舜以及汤武有什么不对的地方呢？他们都是为自己的私利服务的，这是人性决定的，无可厚非。韩非子的这些有关"仁义"和"忠孝"的言论，"所谓忠臣不危其君，孝子不非其亲"，是与韩非子自己的哲学核心思想矛盾的。他对于尧舜汤武的批判，实质上是对于自己哲学的批判，是自我否定。这说明，"仁义"、"忠孝"超越了韩非子哲学范畴。

韩非子也许会说，他强调的是，尧让位于舜，汤武革命是违反了君臣地位（定位）不可改变的等级制度的。儒家宣扬贤臣取代君主地位，鼓励下犯上，是社会不安定因素之一。即使韩非子这么说，他也是自相矛盾的。君臣的地位可以不变，但是，就如韩非子所说的，谁都可以成为君，臣民就如虎狼一样时时刻刻盯着君主的地位，君主的地位不一定限制在某个人身上，因为没有任何道理说谁应该是君主，谁应该是臣民。即使我们认可韩非子所描述的尧舜的关系以及汤武的故事，韩非子也很难以自己的哲学来批判舜和汤武的行为的。他这里所说的"明君"、"贤臣"、"贤子"、"仁义"、"忠孝"都已经超越了他的哲学思想的范围。

3.4 道德理念冲突与政治混乱

韩非子在《五蠹》篇中，对于"学者"（儒墨等诸子百家）、"言谈者"（纵横家）、"带剑者"（侠客）、"患御者"（依附权贵的人）、"商工"（商人与手工业者）的批评，最根本的观点是他们不能给国家带来实质性的利益，反而损害国家利益。

首先，这些人是无用的。"磐石千里，不可谓富；象人百万，不可谓强。石非不大，数非不众也，而不可谓富强者，磐石不生粟，象人不可使距敌也。今商官技艺之士，也不耕而食，是地不垦，与磐石一贯也。儒侠，勿军劳，显而荣者，则民不使，与象人同事也。夫知祸磐石象人，而不知祸商贾儒侠为不垦之地，不使之民，不知事类者也。"（《显学》）是说磐石不能长出粮食，草人不能抵御敌人。商贾技艺之人，儒（"儒"这里应该包括诸子百家）侠一类的人，都如磐石和草人一样，再多也没有用处，因为他们不生产粮食，不能到前线打仗。

其次，如果提倡和奖励类似上面的五种人士，那就是惩罚勤快之人，而奖励懒惰之人，其结果是国家灭亡。"今有人于此，义不入危城，不处军旅，不以天下大利易其胫一毛。世主必从而礼之，贵其智而高其行，以为轻物重生之士也。夫上陈良田大宅，设爵禄，所以易民死命也。今上尊贵轻物重生之士，而索民之出死而终殉上事，不可得也。"（《显学》）韩非子这里指的是杨朱学派。根据《孟子》所说，杨朱学派的基本观点是，人人为我，拔一毛利天下而不为。韩非子认为，杨朱的主张就是重视生命，轻视物质利益。如果君主推崇杨朱的观点，那么，其结果有损于君主的统治。如果人人都把生命看得高于一切，不为外在的利益（名利）而奋斗，君主用来奖赏的土地大宅以及官爵位置就轻如鸿毛，没有人愿意为君主服务了。这种观点的流行，是有损国家利益的。不仅杨朱的"贵生"哲学是有害的学说，而且还包括其他类似于儒墨等学派的观点："藏书策，习谈论，聚徒役，服文学而议说，世主必从而礼之，曰，'敬贤士，先王之道也。'夫吏之所税，耕者也；上之所养，学士也。耕者则重税，学士则多赏，而索民之疾作而少言谈，不可得也。""所养者非所用，所用者非所养，此所以乱也。"（《显学》）所谓的仁义之士，喜欢高谈阔论，纸上谈兵。如果君主给予这些人很高的地位，而他们对于国家的财富的增加没有任何贡献。君主反而对于为国家增加粮食的农夫征收很高的税。其结果就是，国家所依赖的人被惩罚，而对于国家毫无益处的人却获得了奖励。这能不乱吗？这是违背法制原则的。

最后，诸子百家的是非之争是无用的，不仅不应该得到重视，而且还应该禁止。包容百家，会使得人的思想和行为不统一，造成混乱。"墨者之葬也，冬日冬服，夏日夏服，桐棺三寸，服丧三月，世主以为俭而礼之。儒者破家而葬，赁子而偿，服丧三年，大毁扶杖，世主以为孝而礼之。夫是墨子之俭，将非孔子之侈也；是孔子之孝，将非墨子之戾也。今孝、戾、侈、俭，俱在儒墨，而上兼礼之。"（《显学》）在丧葬上，墨家主张节葬，儒家主张厚葬，两者针锋相对，而目前的君主对于儒墨同时赞赏和认同。对于其他学派，君主也采取类似的包容态度。其结果必然是："自愚诬之学，杂反之辞争，而人主俱听之。故海内之士，言无所定术，行无所常议。夫冰炭不同器而久，寒暑不兼时而至，杂反之学不两立耳治。今兼听杂学、谬行同异之辞，安得无乱乎？"（《显学》）如果君主对于不同甚至互相矛盾的观点和信念兼容并蓄的话，天下人就不知道什么是对的，什么应该做，什么不应该做。"今以为是也，而弗布于官；以为非也，而不息其端。是而不用，非而不息，乱亡之道也。"（《显学》）韩非子说，今天认为是正确的言论，却不由国家颁布；以为是错误的，却不禁止。国家不统一思想，其结果就是灭亡。韩非子认为，对于一个理论和主张，应该采取如下的态度："且夫人主之听于学也，若是其言，宜布之官而用其身；若非其言，宜去其身而息其端。"如果君主认为一个人的言论是正确的，就应该由国家来颁布，并对主张该学说的人给予重任；如果认为一个人的言论是错的，就应该驱除主张该学说的人，并禁止传播该学说。

在《说疑》篇中，韩非子甚至主张从禁止思想活动出发："是故禁奸之法，太上禁其心，其次禁其言，其次禁其事。今世皆曰尊主安国者，必以仁义智能，而不知卑主危国者之必以仁义智能也。故有道之主，远仁义，去智能，服之以法。"与商鞅一样，韩非子明确提出，仁义道德在政治上不仅是无用的，而且是有害的。政治权力就是要从思想、言论、行为上各方面来进行统治。国家不是因为有仁义道德而安定，恰恰相反，法制就是要剔除仁义道德。法制就是建立在把人看做是自私的这个基础之上，要尽可能地对人进行控制，使之为国家和君主服务。

如何衡量一个道德信念正确与否呢？韩非子认为，最重要的不是进行理论上的澄清和辩论，而是看其是否有实际的功效。一个主张，一个观念，或者说一个学说在理论上是否站得住脚，这不是根本性问题，关键是要看其能否给君主或者国家带来安定和福利。由此看来，韩非子反对抽象地讨论问题。观念与主张的是非问题，不仅仅是理论上的问题。韩非子的观点有其合理性，因为，道德信念的真与假是在实际生活中体现出来的。韩非子也许会同意实用主义的真理观。

我们应该看到，这不是韩非子关心的问题所在。他所关心的是，君主如何利用一家之言为自己服务。用今天的话说，理论和信念就是意识形态。国家和最高统治者是理论是非之争的裁判者。也许有人说，君主最初相信一个理论，进而实践可能会证明那是错误的。在韩非子看来，这无关紧要。关键是无论君主相信和实行任何学说，都不能对于君主的利益和地位构成威胁。实用主义的真理观在韩非子那里就成了地地道道的为统治阶级利益服务的意识形态。在历史上，"焚书坑儒"是不是事实是不重要的。有一点可以肯定，"焚书坑儒"与韩非子和嬴政的统治思想是一致的。虽然秦王朝的寿命很短，虽然韩非子死于自己的学说（他的同学李斯诬陷和杀害了他），韩非子的学说，尤其是把国家利益当做衡量理论与观点的是与非的标准的思想，在中国文化中根深蒂固。它甚至体现在二十世纪中国的政治和社会生活之中。

3.5 道德与人性

韩非子为什么具有以上我们谈到的观点呢？韩非子认为，在人们普遍认为的社会两个基本关系上，每个人都以自我为中心，考虑个人的根本利益。在论君臣关系上，韩非子说："人主之患，在于信人。信人则制于人。人臣之于其君，非有骨肉之亲也，缚于势而不得不事也。故为人臣者窥觇其君心也，无须臾之休。"（《备内》）有关这一点，上面已经论述的很详尽了。家庭关系又是什么样的呢？"且万乘之主、千乘之君、后妃夫人，適子为太子者，或有欲其君之蚤死者。何以知其然？夫妻者，非有骨肉之恩也，爱则亲，不爱则疏。语曰：其母好者，其子抱。然则其为之反也，其母恶者，其子释。丈夫年五十，而好色未解也；妇人年三十，而美色衰矣。以衰美之妇人，事好色之丈夫，则身疑见疏贱，而子疑不为后。此后妃夫人之所以冀其君之死者也。唯母而后，而子为主，则令无不行，禁无不止；男女之乐，不减于先君，而擅万乘不疑。此鸩毒扼昧之所以用也。"（《备内》）君王与后妃没有血缘关系，如果他爱她，她就和他亲近；如果他不爱她，她就感到被疏远。而后妃所担忧的是自己的儿子能否继承王位。有这么一句俗话：母亲得到宠幸，儿子就被抱在怀里。如果母亲被疏远，儿子也会被遗忘在一边。所以，被立为继承人的儿子和他母亲希望君王早逝。君王永远贪图女色，而女色不长驻。如果儿子继承王位，那么母亲不仅可以通过儿子统治国家，还可以享受性的快乐，而不担心被抛弃。[1]这也是为什么宫廷内经常发生下毒、掐死人、杀死人的情景的原因。韩非子是韩国的一个王子，他对于宫廷内所发生的丑闻是很清楚的。人人都在遵循社会达尔文主义的原则：生存下去是唯一的目的。韩非子列举这两个关系就是对于道德的怀疑。父母与子女之间的关系也是如此。"父子之泽"，在韩非子看来，也是利益关系。我们今天所讲的"养儿防老"，韩非子说的非常清楚明白。他似乎还预见了当今计划生育政策下人心的自私表现："且父母之于子也，产男则相贺，产女则杀之。"（《六反》）父母与子女的关系是，生了儿子就互相祝贺，生了女儿就杀死。所谓杀死，其含义在今天还包括对于婴儿进行性别鉴别，如是女孩，就打胎，以及丢弃女婴的行为。为什么会出现这种情况呢？韩非子接着说："此俱出父母之怀衽，让男子受贺，女子杀之者，虑其后便，计之长利也。故父母之于子也，犹用计算之心以相待也，而况无父子之泽乎？"（《六反》）计算之心，就是欲望之心，它体现在所有人与人之间的关系上。父母生孩子是为了防止自己老了以后没有人照顾自己，是一种自私的表现。

在《五蠹》篇中，韩非子尖锐地指出，战国时期被人推崇的五种人都是借炫耀的外衣来为自己的私利服务："是故乱国之俗：其学者，则称先王之道而籍仁义，盛容服而饰辩说，以疑当世之法，而贰人主之心。其言谈者，为设诈称，借于外力，以成其私，而遗社稷之利。其带剑者，聚徒属，力节操，以显其名而犯五官之禁。其患御者，积于私门，尽货赂，而用重人之谒，退汗马之劳。其商工之民，修治苦窳之器，聚弗靡之财，蓄积待时，而侔农夫之利。此五者，邦之蠹也。"（《五蠹》）所谓有学问的人（学者相当于今天我们所说的知识分子），就是那些口口声声称赞先王之道、借仁义之名来谋私

---

[1] 韩非子在这里说的虽然属于极端例子，但是也反映了婚姻在现实生活中是利益的结合。在极端的例子背后，反映了无数不极端的婚姻的真实面目。但是，韩非子没有意识到，从理论上看，婚姻关系（以及父子、君臣等关系）不是利益的关系。在这里我们举个例子来说明。假如我在一家公司工作，作为这个公司的员工，我还可以隐瞒本公司寻找更好的公司，即能给我更好报酬的公司。我的这种"偷偷摸摸"的行为，别人不会谴责，我自己也不会感到羞耻。但是，如果我是一个丈夫，我同时还在寻找比我妻子更美丽更好的女人，我就会在良心上感到不安，他人也会谴责我的行为。两种"偷偷摸摸"的行为显然是不一样的。其区别是由其个体与整体的关系决定的：我与公司的关系是一种偶然关系，即我公司并不能构成我是谁，而我与我妻子的关系则是本质性的关系，婚姻关系定义了我是谁的问题。由于韩非子把人理解为欲望的原子，他不可能看到婚姻和君臣等关系中所包含的人的关系性问题。

利、讲究仪表服侍、注重言辞修饰、扰乱当今的法治、迷惑君主之心的人。所谓的纵横家（相当于我们今天所说的智囊团的人物），借着为能够为富国强兵献计献策的幌子，夸大危险，其目的是借助他国之力，来成就自己对于名利的追求，而把国家利益置于脑后。那些游侠刺客，以勇敢和拔刀相助出名。他们聚集在一起，标榜自己有骨气，有胆量，实际上是名利之徒，而且扰乱社会安定。那些依附于宦官之人，与豪门很熟，收取贿赂，提拔权贵所委托的人，而摒弃那些有战功的人。那些工商业人，制造劣质品，聚集奢侈财物，屯聚粮食等以待时机成熟获取暴利。这五种人是国家的蠹虫。韩非子对于上述五种人的批判，在中国传统文化和心理上的影响是非常深远的。中国在20世纪80年代以前，在对待知识分子以及商人等方面，在提倡螺丝钉的精神方面，都与韩非子的思想有关。韩非子认为，当一个国家把知识分子和商人的地位抬的很高的时候，每个人都在假公济私，满足个人利益，对国家是非常有害的。

韩非子的这些话非常重要，它们揭示了人作为欲望体，在其根本上不是原子式的存在物，而是关系性的。个人的自私之爱，爱自己，是通过利用他人来实现的。爱自己，本身就是一种缺乏关系性的表现。人不是一个自足的实体（self-sufficient substance），是关系性的存在。人的理性，以及人的政治活动，是建立在人的欲望的基础上的。欲望不是存在者的一个属性，而是存在者的表现，但是，欲望的本质是空虚，即欲望始终是对被欲望的东西的欲望，是一种意向性关系，是以自我为中心的意向性关系。欲望本身就是以自我为中心的。韩非子看到了人作为欲望体的关系存在，但是，人的欲望不是人的所有，更不是人的最本质的存在。他忽视了人的道德和宗教层面中的逆意向性关系。

3.6 泛道德化的思维错误

韩非子反对把人的行为道德化，即用道德的范畴来解释人的行为。在利益面前，道德或者不道德都被中性化了。韩非子说："医善吮人之伤，含人之血，非骨肉之亲也，利所加也。舆人成舆，则欲人之富贵；匠人成棺，则欲人之夭死也。非舆人仁，而匠人贼也，人不贵，则舆不售；人不死，则棺不买。情非憎人也，利在人之死也。故后妃夫人太子之党成，而欲君之死也。君不思，则势不重。情非憎君也，利在君死也。故人主不可以不加心于利己死者。"(《备内》)医生不是因为有善心而吸毒血疗伤,是因为报酬多。制作车的人不是因为好心而想让人富贵,是因为人富贵后,他的车才能卖出去。做棺材的人不是因为憎恨人而想让人死的早,是因为死的人多,他的棺材就卖得多。[1]同样的道理,后妃太子不是因为憎恨君王而期望君王早逝,而是因为利益的问题。趋利避害的天性决定了人的思想和行为。

韩非子在这里举的例子非常能说明他的思维方式是抽象的:做棺材的人就是做棺材的人,制作车的人就是制作车的人,做盾牌的就是做盾牌的人,做矛的人就是做矛的人,医生就是医生。他没有看到一个人不仅仅有一定的职业,而且是在一定家庭社会环境中的人。黑格尔在他的一篇没有日期的短文《谁抽象地思维?》中举例说明人如何只看到一面,而忽视了百面的思维方式。对于普通人来说,当他们看到一个杀人犯的时候,就仅仅把他看作是杀人犯,他就等于杀人犯。黑格尔说,抽象思维"在杀人犯身上看到的就是这么一个抽象的事实,他是一个杀人犯,其它什么都没有"。一个女人可能会想到这是个"很强壮,英俊,令人感兴趣的人"。但是,一个受过教育的人会想到,什么样的环境使这个人走向了犯罪道路,会给予这个人一个立体性的思考。而抽象思维是平面性、单一性思维。韦斯特法尔(Westphal)举了另外一个例子:对于非法移民,很多美国人仅仅把非法移民看作是非法移民,除此以外什么都没看到,而具体思维的人看到,非法移民除了是非法移民外,还是辛苦挣钱支撑家庭的人,是贫苦出身的人,以及被很多行业需要的人。韦斯特法尔说:"因此,抽象思维是一种减约主义(reductionism)。它抽取一个复杂的整体(一个人的整体除了包括杀人犯、奴仆,或者非法移民之外,有很多其他特性)的部分或者一方面,把它作为好像自身就是有意义的

---

[1] 在《孟子》的《公孙丑章句上》第三章有类似的语言:"孟子曰:矢人岂不仁于函人哉?矢人唯恐不伤人,函人唯恐伤人。巫匠亦然。故术不可不慎也。"(杨伯峻注释版本,中华书局1988年版)孟子说,制作弓箭的人难道比制造铠甲的人更不人道吗?造箭者唯恐箭不伤人,造甲者唯恐铠甲不保护人。巫师和工匠也是这样。巫师唯恐自己法术不灵,不能救人;工匠唯恐人不死亡,棺材无处销售。所以,选择职业不能不慎重啊。韩非子实际上从《孟子》中学到很多东西,特别是有关战国时期人和人之间的关系问题上,孟子和韩非子有着惊人的相似。孟子与韩非子不同,他认为,韩非子只看到了一点。在孟子和韩非子的关系上,我们可以看出:①他们的哲学都与时代背景有着紧密的联系,或者更准确地说,历史社会背景揭示了人的自私性;②韩非子所描述的是抽象的人的存在。我们在有关孟子一章中将详细论述。

(*meaningful*) 和实际的 (*actual*)。换言之，抽象思维就是原子式的思维。"[1]

韩非子认为，即使古代的圣王也不例外。不是因为古代圣王有道德而禅让帝位。韩非子说，尧和舜虽是帝王，但他们的工作异常的辛苦，而他们的生活比门吏和仆人还糟糕。"尧之王天下也，茅茨不翦，采椽不斵，粝粢之食，藜藿之羹，冬日麑裘，夏日葛衣。虽门监之养，不亏于此矣。"（《五蠹》）古代的王位，没有任何利可言，没有任何快乐，反而要忍受贫穷和苦难。因此，对于他们而言，"夫古之让天子者，是去监门之养，而离臣虏之劳也。故传天下而不足多也。今之县令，一日身死，子孙累世絜驾，故人重之。是以人之于让叶，轻辞古之天子，难去今之县令者，薄厚之实异也"（《五蠹》）。古代帝王不是道德高尚。古代人对于帝位可以很轻松的让给别人，这是因为让王位就是卸包袱，是因为帝位带来的不是幸福和快乐，而是痛苦。今天人看重官位，不是因为道德低下，而是因为即使一个县令也可以带来很大的利益。利益是驱使人行为的唯一准则。"轻辞天子，非高也，势薄也。重争士橐，非下也，权重也。"（《五蠹》）古人轻易放弃天子职位，不是因为高风亮节，是因为那个职位利益太小。今人争夺官位，不是因为人变得卑鄙，而是因为今天官位的权力大。在韩非子看来，不是世风日下，人心不古，古代人和今人一样，都是受趋利避害的天性指挥的。

那么，为什么古人显得有品德，而今人则显得贪婪呢？韩非子认为，不仅人的天性决定了人的行为，社会的物质财富的多寡也对人的行为有决定性影响。"故饥岁之春，幼弟不饟。穰岁之秋，疏客必食。非疏骨肉，爱过客也，多少之实异也。是以古之易财，非仁也，财多也。今之争夺，非鄙也，财寡也。"（《五蠹》）遇到荒年，连自己的孩子都没有吃的；遇到丰年，即使过客也要奉食。这不是不爱自己的孩子，对过客友好，是由收成多少决定的。同理，古代人对于财富不看重，是因为那时有充裕的食物，不是因为他们仁义。现代人争夺财富，不是因为现代人恶劣卑鄙，而是因为财富不足。古代人的"仁义"行为是后人的一种误解，是用后人的标准来看古人结果。欲望是对得不到的东西的追求。人们不会对空气进行争夺，因为没有那个必要。人们在大多数情况下也不会对于水进行争夺，因为水是随手可得的东西。但

---

[1] Merold Westphal,"The Prereflective Cogito as Contaminated Opacity," *The Southern Journal of Philosophy* (2007), Vol. XLV, pp. 158~159.

是，一旦在干旱情况下，争夺水资源就会发生。韩非子认为，他所生活的时代就如水资源缺乏一样，人们互相争夺水，同时，人们对于水资源丰富地方的人不争夺水感到非常的疑惑，会觉得他们道德高尚。韩非子认为，崇古思想是一种幻觉。不是道德上的善和恶的标准指导着人的行为，而是人的本性和环境决定了人追求利益的方式不同。韩非子还指出，刑赏的具体实施应该依据具体的环境，没有固定的标准来界定什么刑罚是轻的，什么刑罚是重的。刑罚的轻重是相对环境而言的。他说："故圣人议多少，论薄厚而为之政。故罚薄不为慈，诛严不为戾，称俗而行也。故事因于世，而备适于事。"（《五蠹》）圣王根据当年的富裕和贫穷状况来施政和处罚。给出的刑罚轻，这不是因为慈悲心，给出的刑罚重，也不是因为他严厉而是他根据当时的习俗定的。所以，时代变化，情景也会不同；处理事务要根据变化的情景而变化。圣王的行为不是依据仁义道德的。

3.7　道德与工具性思维

道德的价值不在于它本身，而在于如何服务于利益。韩非子认为，仁义等行为，有时候对于巩固自己的统治地位有好处，有时候没有好处，关键要看其在具体情况下所起的作用。仁义不是决定人的行为的最终标准；利益才是最根本的目的。"古者文王处丰、镐之间，地方百里，行仁义而怀西戎，遂王天下。徐偃王处汉东，地方五百里，行仁义，割地而朝者三十有六国。荆文王恐其害己也，举兵伐徐，遂灭之。故文王行仁义而王天下，偃王行仁义而丧其国，是仁义用于古，而不用于今也。故曰：世异则事异。"（《五蠹》）文王实施仁政而得天下，偃王用仁义而失天下。仁义的作用因时代不同而有变化。仁义不是人的行为的最高准则。根据时势变化，用最有效的方法获得最大利益，这才是行为的标准。

韩非子认为，道德、智谋、军事力量都是手段，不是目的。把某种手段看作是目的，这是犯了本末倒置的错误。"上古竞于道德，中世逐于智谋，当今争于气力。"（《五蠹》）韩非子对于战国后期政治形势的认识是相当清楚的：军事力量是决定一切的因素；智谋已经没有很大的作用，更不用说道德了。他这一点是非常正确的：在纯粹的战争年代，在生死之间，在纯粹的政治生活中，道德是没有地位的，因为道德和纯粹的武力和权力是异质的。他举了个例子来说明自己的观点："齐将伐鲁，鲁使子贡说之。齐人曰：子言非不辩也，吾所欲者土地也，非斯言所谓也。遂举兵伐鲁，去门十里以为界。故偃王仁义而徐亡，子贡辩智而鲁削。以是言之，夫仁义辩智非所以持国也。"（《五蠹》）齐国讨伐鲁国是为了疆土，而鲁国派了个孔子的学生子贡去游说齐国不要侵犯鲁国。齐国的回答是，你说的仁义是非固然很好，但是我们要求的是土地，不是你所宣扬的道德。在武力和军事面前，道德是非常无用和无力的。"故善毛嫱、西施之美，无益吾面；用脂泽粉黛，则倍其初。言先王之仁义，无益于治；明吾法度，必吾赏罚者，亦国之脂泽粉黛也。故明主急其功而缓其颂，故不道仁义。"（《显学》）与其赞美别人美丽，不如自己擦脂抹粉。赞美先王之仁义，对于当下政治毫无益处。

在《显学》篇，韩非子讲了类似的道理："故敌国之君王，虽说吾义，吾弗入贡而臣。关内之侯，虽非吾行，吾必使执禽而朝。是故力多则人朝，力寡则朝于人。故明君务力。"敌国的君王虽然喜欢我的道义，但是我不能使他成为我的臣民。国内的诸侯虽然不喜欢我的行为，我却可以让他进贡朝拜。所以说，力量大就可以使人来朝拜我；力量小就得朝拜别人。明智的君主致力于增强实力。"夫严家无悍虏，而慈母有败子。吾以此知威势之可以禁暴，而德厚不足以止乱也。夫圣人之治国，不恃人之为吾善也，而用其不得为非也。恃人之为吾善也，境内不什数；用人不得为非，一国可使齐。为治者用众而舍寡，故不务德而务法。"严厉的家庭没有凶悍的奴仆，而慈祥的母亲却可能有败家子。强大的威力可以禁止暴乱，而深厚的品德不足以禁止混乱。圣人治理国家，不是依赖于人们去自动地做善事，而是采用禁止他们违法行为的策略。没有几个人可以自动地做善事的。如果采用禁止人为非作歹，全国就会上下一致。所以说，善于治理的人关注的是如何把众人管好，而不是依赖于少数人的行为。这就表明不能依赖道德，而要致力于法制。这里韩非子的话，非常类似于西方自由主义的哲学：人人都是自私的，不要指望人会主动地做善事，要用详尽的法规来规范人的行为。韩非子与西方自由主义之间的区别是，韩非子把君主一个人的利益作为最终的目的，而西方自由主义者是把所有人（大多数人）的利益作为最终目标。在国家的法规面前，不关心人的内心是如何想的，关心的是人的行为及其效果如何。这个理论的前提就是假设所有的人都是自私的。"故有术之君，不随适然之善，而行必然之道。"（《显学》）治理国家有方的君主不注重偶尔发生善的行为，而是按照事物本来的面目行事。

在关于法与人的关系上,韩非子认为,人不是在法中被改变,被生成,而应该训练人如何按照法来行为。法对于人来说是外在的。这与儒家的礼仪与行为之间的关系是不一样的。儒家认为,人是一个过程,是在行为中形成和成长的。法(赏罚)纯粹是工具,是君主谋求国家安全和自身利益的工具。

韩非子用自己的文字把当时战国时期人的抽象存在描述的非常精辟。

第四节 韩非子对于宗教的批判

4.1 上古时代天命思想与政治生活

在中国古代,人们相信有超越于人类社会的神的存在。最高的神被称为"上帝"、"帝"、"天"、"上天"。在《尚书》中所记载的上古时期的政治生活文献中,我们可以看到,上帝或者上天是政治和社会的基础,更准确地说,天命是指君主接受上天的指令,统治天下。符合天命的君主就是"民主"(民主就是天子的意思)。在《尚书·多方》中,周公讲了一大段历史,论述天命与夏、商、周三代政权更替的关系。天、上帝、天命在上古政治社会中起决定性作用。"洪惟图天之命,弗永寅于祀,惟帝降格于夏。"[1]因为(夏王)败坏天命,不敬重祭祀大礼,上帝(天帝)就对夏王下了谴告。在《尚书》中,"帝"还用来称呼尧舜。但是,在其他地方,有"上帝"之词,是对于天的称号。这是可以理解的:既然人类的最高统治者可以被称为"帝",那么,比人类更高的权威就是"上帝"。这里的"上",是上下级别之上,不是空间的含义。上天也是这个意思。周公用"帝"来称呼天,表明在周朝"上帝"的说法还是很流行的。现代学者认为,从商朝到周朝,人们的信仰有一种转变,即从"帝"到"天"的转变。《尚书》中对于这种说法不支持。这种说法的背后有一种猜测:"殷人崇敬的'帝'具有祖先神的性质'殷人是在打败敌国获得中土的最高权力后,将自己的祖先神升格为至上神的"。[2]这种论断是没有多大道理的。因为如果"帝"是一个氏族的祖先,为什么后来"帝"抛弃这个氏族的头领,而把天下赋给了其他氏族呢?周公在《多方》

---

[1]《尚书·多方》,慕平译注,中华书局2009年版,第?页。
[2] 冯达文、郭齐勇:《新编中国哲学史》(上册),人民出版社2004年版,第13页。

中没有区分"天"和"帝","天"、"帝"是一个意思。如果周公的话可信（即使周公的话是春秋时期人们的伪造），那么，当时的"上帝"、"上天"，就不是氏族首领自己创造的神。在《尚书·尧典》中，当舜接替尧成为天子的时候，他是这么祭祀的："正月上日，受终于文祖。在璇玑玉衡以齐七政。肆类于上帝，禋于六宗，望于山川，徧于群神，辑五瑞。""类"是祭天之礼。"六宗"就是甲骨文中的"六示"，指六代祖先的神祖。[1] 从"上帝"，再到"神祖"，最后到"群神"，是这一个从高到低的次序。

周公在《多方》中说，由于夏桀荼毒百姓，"天惟时求民主，乃大降显休命于成汤，刑殄于夏"。上天为了寻求"民主"，百姓之主，于是就赋予成汤美命（天命），消灭夏朝。"民主"就是天子，是担负着天的使命的人。正是由于夏朝桀与他的官员大肆残害百姓，"乃惟成汤克以尔多方简代夏作民主"（《多方》）。成汤得到了众人的支持，替代夏桀，成为君主（民主）。

同样，商朝的纣王，抛弃了天命，或者说因为他的所作所为过于暴虐，被天命抛弃。"天惟五年须暇汤之子孙，诞作民主，罔可念听。天惟求尔多方，大动以威，开厥顾天，惟尔多方罔堪顾之。惟我周王灵承于旅，克堪用德，惟典神天。天惟式教我用休，简畀殷命，尹尔多方。"（《多方》）周朝推翻商朝，这是因为天命。"非天庸释有夏，非天庸释有殷，乃惟尔辟以尔多方大淫，图天之命。"（《多方》）并不是上天厌弃了夏朝，也不是上天厌弃了商朝，而是因为桀纣率领他们的多方首领大肆淫恶，败坏了天命。

成汤革命，是因为夏桀失去了天命，即夏桀的命（统治的合法性）已经失去。"革命"是与天命联系在一起的。没有天命，就没有革命的根据。在《诗经·文王》中，有"天命靡常"的思想。在《尚书·君奭》篇中，周公所表达的非常类似："天不可信，我道惟宁王德延，天不庸释于文王受命。"所谓天不可信，天命靡常，不是指对于天的怀疑，而是表明自己要以德配天，在天的面前要战战兢兢，诚惶诚恐。天可以把"命"（统治的合法性以及政治任务）交给任何它觉得可以交给的人。天命是以统治者服务于民，即民主为标准的民主。"天命靡常"，"天不可信"，这也表明，在夏商周时期，中国人头脑中的"上帝"与"上天"不是祖先崇拜。

我们这里所说的是先秦以前中国以天命为核心的神权政治思想。这种思

---

[1]《尚书》，慕平译注，中华书局2009年版，第16页。

想和信仰在夏商周以及春秋时期，都是很流行的。但是，在战国中后期，人们已经失去了在孔子、孟子、墨子等著作中所反映的天命思想。这种转变在哲学上的明显表现就是荀子的"制天命而用之"的哲学命题。荀子的"天"已经失去了政治上的权威的概念，而成了自然之天。在韩非子的哲学中，他对于"天"的讨论几乎是与他的老师一样的，甚至"天"的意义更狭隘。这是与他的思想体系有关的。下面，我们要看看韩非子是如何批判宗教思想的。

4.2 韩非子眼中的"天"

韩非子是如何理解天的呢？从夏商周到春秋，再到战国末期，人们对于"天"的概念的理解也发生了很大的变化。虽然我们不能断定在普通人的头脑中，"天"的含义究竟发生了什么样的变化，但是，至少在思想家的著作中，我们可以说，"天"经历了一种可以称为"世俗化"的转变。"天"在荀子那里已经是今天所说的"自然"之天。[1]

自然能力：在《解老》篇中，韩非子说："聪明睿智，天也；动静思虑，人也。人也者，乘于天明以视，寄于天聪以听，托于天智慧以思虑。"人人天生都有视觉、听觉、思考的能力。这是天之所为，不是人可以创造出来的。但是，对于天的利用，对于自己自然能力的运用，这是人所做的。人虽然具有视觉能力，但是不好好的运用，虽然有脑力，但是不思考。或者运用过度，导致自己的脑力和视觉等疲劳过度。

自然特性：在《用人》篇中，韩非子说："闻古之善用人者，必循天顺人而明赏罚。循天，则用力寡而功立；顺人，则刑罚省而令行。"这里所说的"循天顺人"是一个意思，是指按照人的天性（趋利避害的自私特性）来驾驭人，即用赏罚二柄。

自然环境：在《功名》篇中，韩非子说："明君之所以立功成名者四，一

---

[1] "自然"这个词在先秦哲学中没有我们今天所意指的含义，没有自然界或者物质世界的意义。在《道德经》中的"道法自然"的"自然"是自然而然的意思，不是说在道的背后或者其上有一个更高的自然界。"自然"在老庄哲学中指的是一种动作，而今天所谓的"自然"更多的是自然界的意思。当然，今天所说的"自然"与古代的"自然"在词义上有一定的关联。今天所说的自然更多的包含有下面的含义：物质世界是独立的，"是其所是"，我们不能问自然背后有什么的问题。如果我们结合英语翻译，也许更能说出古今"自然"之别：古代的"自然"可以翻译成英文 being itself without effort；而今天的"自然"则是 nature。自然的东西（what is natural）不需要外在的努力，在当今的词汇中主要是自然物体的运动或者属性。

曰天时，二曰人心，三曰技能，四曰势位。非天时，虽十尧不能冬生一穗；逆人心，虽贲、育不能尽人力。故得天时，则不务而自生；得人心，则不趣而自劝；因技能，则不急而自疾；得势位，则不推进而名成。若水之流，若船之浮，守自然之道，行毋穷之令，故曰明主。"这里所说的自然之道就是事物本来的特性和趋势，比如水会流动，船载于水则浮起。自然之道不是指自然界的规律等。种庄稼要懂得时令、气候等的变化。无论人力多么强大，也不可能在寒冷的冬天收获麦子，这就是天时。所谓的人心，不是指我们今天所说的人心向背中的人心，而是指人的自私特性。韩非子认为，君主要懂得臣民都是为自己谋福利的，都有追求快乐、避免痛苦的倾向，这就是人心。驾驭人要懂得人心。这里的"人心"实际上也是"天"的一部分。

从以上引文的篇章，我们可以看出，韩非子理解的天与荀子以前的哲学家所理解的天是不一样的。那么，韩非子是从哪个角度批判宗教思想的呢？

4.3 韩非子对于龟策、星术、鬼神等宗教活动的批判

在《亡征》篇中，韩非子说："用时日，事鬼神，信卜筮，而好祭祀者，可亡也。"办事挑选良辰吉日，敬奉鬼神，用卜筮来判断吉凶，喜爱祭天祀鬼，这是导致国家灭亡的征兆之一。大致说来，韩非子这句话批判的是两种活动，一是占卜（用时日，信卜筮），一是祭祀鬼神。

韩非子这里所批判的对象是古人用龟甲与蓍草判断吉凶的活动。这种活动在韩非子时代也是非常流行的。在中国宗教活动中，这是非常普遍的人神沟通的中介。比如，人如何得知上帝或上天的意旨呢？如何知道上帝或者上天对于我们将要从事的活动的想法呢？上帝或者上天是不直接与人类通话的。人们需要破解上帝或上天意旨的密码的手段。其中一个方法就是用火烧烤龟甲，巫师通过辨认龟甲裂纹，来猜测上帝的意旨。或者用蓍草进行占卦，根据蓍草摆出来的卦象来判断吉凶。我们今天把类似的活动称为算命。命有两种含义，一个是天命，是天所赋予的政治责任；一个是人不变的命运。古人为什么要占卜呢？根据"命"的两种含义，可以说，占卜是领受上帝意旨的中介，或者可以了解主宰自己命运的秘密。无论是哪种情况，占卜实际上都是为了了解人将要从事的活动的吉凶，是对于未来不可预料的事情的探测。

韩非子是如何批判上面的宗教活动的呢？

在《饰邪》的开篇，韩非子说："凿龟数策，兆曰大吉，而以攻燕者，赵

也。凿龟数策，兆曰大吉，而以攻赵者，燕也。"赵国想攻打燕国，不知结果是吉还是凶，于是钻烧龟甲和摆弄蓍草，进行预测，显示为大吉，意思是可以攻打。同样，燕国欲攻打赵国，也钻烧龟甲和摆弄蓍草，希望神灵告诉吉凶，得到的结果也是大吉。哪个预示更灵验呢？"剧辛之事燕，无功而社稷危；邹衍之事燕，无功而国道绝。赵代先得意于燕，后得意于齐，国乱节高，自以为与秦提衡，非赵龟神而燕龟欺也。"剧辛与邹衍都效力于燕国，结果他们使得燕国战败于赵国。而赵国则首先战胜了燕国，进而大败齐国。难道说燕国的龟甲欺骗了燕国，而赵国的龟甲非常灵通？"赵又尝凿龟数策而北伐燕，将劫燕以逆秦，兆曰大吉。始攻大梁而秦出上党矣，兵至厘而六城拔矣；至阳城，秦拔邺矣。庞援揄兵而南，则鄗尽矣。臣故曰：赵龟虽无远见于燕，且宜近见于秦。秦以其大吉，辟地有实，救燕有有名。赵以其大吉，地削兵辱，主不得意而死。"在赵国与秦国大战时，同样都用钻烧龟甲和摆弄蓍草之术，都显示为大吉，其结果是，这次赵国的龟似乎不灵验了，而秦国的龟则使得秦国地增兵强。韩非子用燕赵之战与赵秦之争来说明，钻烧龟甲和摆弄蓍草是无用的，至多是个装饰而已。

韩非子接着马上就对星术进行了批判。"初时者，魏数年东乡攻尽陶、卫，数年西乡以失其国。此非丰隆、五行、太一、王相、摄提、六神、五括、天河、殷抢、岁星数 在西野，又非天缺、弧逆、刑星、荧惑、奎台数年在东也。故曰：龟策鬼神不足举胜，左右背乡不足以专战。然而恃之，愚莫大焉。"（《饰邪》）魏国攻打东边和西边，一个大获全胜，一个失败，这与天上的所谓的吉星与凶星的位置是无关的。人事、人的作为，与鬼神和星星的移动没有关系。

韩非子的这些看法，在春秋早期的思想家子产、晏子、叔兴中已经存在。子产反对在水灾时祭龙，说："吾无求于龙，龙亦无求于我。"（《左传》昭公十九年）他驳斥巫师预言火灾时说："天道远，人道迩，非所及也，何以知之？"（《左传》昭公十八年）"公元前 644 年，宋国落了五块陨石，又看到六只鹢'退飞'过宋都，叔兴评论说：'是阴阳之事，非吉凶所生也，吉凶由人'。"（《左传》僖公十六年）[1]侯外庐是这么评价子产等人的观点的："子

---

〔1〕 以上关于子产等人的观点见于侯外庐主编：《中国思想史纲》，上海书店出版社 2008 年版，第 33~37 页。所引《左传》也来自该书。因是侯外庐主编，在文中引用此书观点都归于侯外庐名下。

产、晏子等把'天道'和'人道'、自然现象与人事的吉凶祸福区分开来，把自然的变异看作自然本身的运动，把人事的成败看作仅仅是人本身行为的结果。这样的理解，尽管在形式上没有否认神的存在，但实际上已把神作为一个死壳看待，客观上把它放逐到与人无关的活不可知的领域中去了，这在当时是具有很大进步意义的观点。"[1]侯外庐的话也适用于韩非子。下面我们将论述韩非子的批判没有否认神的存在。他是从功利主义的角度出发来评价的。[2]

韩非子说："古者先王尽力于亲民，加事于明法。彼法明，则忠臣劝；罚必，则邪臣止。"（《饰邪》）韩非子这里的话非常类似于儒墨，与他在《显学》等篇所批判的崇古非今的立场看起来很近。实际上，韩非子不是说古代圣王如何治理的好，如何对待臣民好。他的意思应该是，君主要关注的是如何让臣民对于赏罚之法清楚明了，什么样的行为会得到奖赏，什么样的行为会被严惩。韩非子认为，君主应该关注的是如何管理人，而不是迷信于占卜与星术。"古者先王尽力于亲民"，对于韩非子而言，指的就是把注意力集中在人事上，而不是鬼神星星上。人世间的治与乱与鬼神和星星无关："乱弱者亡，人之性也；治强者王，古之道也。"（《饰邪》）社会混乱和国力弱小，必然灭亡，这是人事之常规；社会安定与国力强大，这是自古以来的道理。国家混乱和弱小，即使鬼神也不能挽救它衰亡的命运；国家强大社会安定，即使凶星也不能预示它会灭亡。

但是，韩非子的这句"古者先王尽力于亲民"的话，已经揭示出古代圣贤之王关注的是"亲民"，无论这个"民"指的是普通百姓还是官员。而这种"亲民"在所谓的"先王"那里是与宗教信仰有关的。我们下面讨论。

4.4 天命、孝祖、保民

上面我们看到，韩非子所举的例子，诸侯国之所以求助于龟策以及星术，是为了扩张疆土，是为了私利。表面上是相信鬼神等超验的力量，是对于神

---

[1] 侯外庐主编：《中国思想史纲》，上海书店出版社2008年版，第36页。
[2] 这里需要特别说明的是，在前面我们提到韩非子关于"天"的理解与历史的大趋势有关，但是这里我们看到春秋早期已经具有类似韩非子的观点。我们的提法是不是不正确呢？不是的。子产等人与韩非子，一个在春秋早期，一个在战国末期，两者的观点遥相呼应。这正说明，韩非子所代表的观点不是历史的产物，而是一种抽象存在的思想表达。只不过韩非子与他所生活的时代把这种观点充分体现出来了。理解这一点与理解本书的整体构思有密切关系。

秘之力的信仰，而实际上是想利用鬼神等来为自己的私利服务。韩非子对类似的活动的批判，不构成对宗教信仰本身的批判。为什么这么说呢？

　　在本节开头，我们已经引用《尚书》来说明古代人所信奉的天命是什么。天命是与民主联系在一起的。古代圣王主张以德配天。这是什么意思呢？"德"是天与君王之间的中介。天命只授予那些有德之人。无论是谁，失去了"德"就不配得到天命。我们可以说，"德"者得也。只有"德"才能得到天命，才能成为民主（君主）。在侯外庐主编的《中国思想史纲》（上册）中，对于"德"是如此解释的："第一是敬天，即虔诚地崇奉上帝。第二是孝祖，即继承先王、先公的功业。第三是保民，即巩固对人民大众的统治。合乎这样的标准的贵族，就是有'德'。""由此可见，'天命'和'德'这两个概念是有着宗教兼伦理的联系的。"[1]德是天命的内容。有了这个"德"，就会得到天命。宗教信仰包含三个层次：首先是上帝，其次是祖先，再次是爱护臣民。"保民"是服从上帝的内涵之一。"西周文献常以'德'、'孝'并举，如《诗·大雅·卷阿》说：'有孝有德。''德'是对天而言，'孝'是对祖先而言。"[2]有人做了类似的表述："周人制作礼乐，隆礼重仪，确立了以'德'为先的价值原则。敬天、保民、明德、慎罚是周人的基本精神信仰。周人认为'皇天无亲，惟德是辅'。'德'是和'天'联系在一起的，个人、家族、国家有德，便能得到上天的垂顾，成为'受命之人'、'受命之族'、'受命之国'。周人认为殷之所以灭亡，是因为无德，天命转移到了有德的周人身上。"[3]这些观念都是根据《尚书》而来的。

　　因此，有了"德"就没有必要"求神问卜，烧灼龟甲或兽骨，看甲骨上的裂痕（'兆'）的形状，借以'决定'吉凶"。[4]占卜与星术不是宗教和伦理活动的必要部分。但是，祭祀鬼神就不一样，因为祭祀活动是人与上帝和祖先之间的关系一种体现。可以这么说，祭祀活动，至少与"保民"一样，

---

〔1〕　侯外庐主编：《中国思想史纲》，上海书店出版社2008年版，第25页。
〔2〕　侯外庐主编：《中国思想史纲》，上海书店出版社1963年版，第25页。
〔3〕　参看http：//baike.baidu.com/view/188023.htm? fr=ala0_1_1（引用于2010年4月23日）。该条目还说，"德"在甲骨文中，右边"彳"代表道路，左边是一只眼睛，眼睛上是一条垂直线。其含义是行动要正，而目不斜视。在金文中，右边增加了心，表示心要直。所以说，在中国哲学中，德，就其根源而言，至少是指人的行为、目光、心要正直。德不是人的属性，是体现在人的活动中的。
〔4〕　侯外庐主编：《中国思想史纲》，上海书店出版社1963年版，第23页。

是崇奉上帝和孝祖的内容。严格意义上讲，占卜和星术是与信仰上帝和祖先之灵矛盾的。关于这一点，奥古斯丁（Augustine）在他的《忏悔录》的第四卷和第七卷，对于占星术进行了详细的批驳。奥古斯丁为什么要批判占星术呢？占星术认为，人的命运是由人出生的时间、地点与星星的位置的关系决定的，这是与基督教中上帝决定一切的观点矛盾的。奥古斯丁说，上帝的"智慧统御了这个世界上的一切，包括树上颤抖的树叶",[1]用中国的话说，即为天意决定了一切。《墨子》中有《非命》篇，其思路是一样的。

由此看来，韩非子所批判的"凿龟数策"不是宗教活动的核心部分，"德"才是宗教的核心部分。韩非子的批判，就理论上说，对于信奉天命观的宗教没有任何影响。韩非子对宗教的批判，主要是因为上面所说的活动不能给君主带来利益，是从狭隘的功利主义的立场出发的。当然，他认为，天和鬼神以及宇宙之间的力量对于人类是没有任何影响的。这符合他的哲学体系。上面，我们已经看到，他所理解的"天"与夏商周以及春秋战国时期人们相信的"有意志的天"是不一样的。

但是，这并不是说韩非子的批判与宗教无关。恰恰相反，韩非子的批判是有助于捍卫真正的天命观的宗教思想的。首先，他的批判有助于天命观宗教洗涤其中的迷信成分（"用时日，信卜筮"），突出其核心的部分。其次，他强调人的所作所为决定了一个国家的兴亡与个人利害，也可以被天命观宗教所利用。毫无疑问，韩非子认为，只有注重赏罚二柄，才能使得君主获得更大的利益，而不是迷信于时日、卜筮。如果把韩非子的思想改造一下，使之与"德"联系起来，强调人的行为所得到的赏罚不是来自于君主，而是来自于天威。在《尚书》的《周书》部分所记载的周文王关于天威的言论，是与后来的墨家思想一致的。[2]墨子认为，如果一个人触犯了天命，无论他逃

---

[1] Augustine, *Confessions*, trans. Henry Chadwick, New York: Oxford University Press, 1998, p. 117.

[2]《尚书》中的天命观与其说符合儒家思想不如说更合乎墨家的观点。在《中国思想史纲》（侯外庐主编）中，有这么几句话很重要："殷人认为在叫作'下'的人的世界上面，还有叫作'上'的神的世界。他们按照当时社会中阶级对立的状况，幻想在'上'界里有一位至尊无上的大神'帝'（或称'上帝'），其属下有许多臣吏。殷人还崇拜一些自然神，如日、风、云、山河等。对于祖先的奉祀也是宗教的重要组成部分，有时在祀典时对上帝、自然神和祖先是不区分的。""史称商人尊天事鬼"（23～24）。结合对于"德"的三重理解，我们可以说，墨子中的"尊天、事鬼、爱人"是与"德、孝、保民"对应的。墨子与《尚书》的思想更接近。

到哪里，都不能使自己不被天看到。韩非子中的"君主"，非常类似于墨家中的"天"。当然，韩非子中的君王是为了私利，让其他人为自己服务，而墨家中的天是超越于人类社会的最高权威，是以兼爱的命令让人类互利互惠。

第五节 韩非子哲学的意义

5.1 政治世界中的人的概念：自爱与不确定的他者

在韩非子哲学中，人是一个在世的人，一个生活在这个世界上的以利益为核心的人。这个人不是孤立的，是与所有追求自己利益的人生活在一起的人，他们之间的关系，在理想状态下是互相利用的关系。韩非子眼中的"人"与西方哲学主流中的"认知主体"（the knowing subject）相比，是活生生的现实的人。韩非子也许会说，他所理解的人才是真正现实世界中的人，而现实世界也告诉我们，韩非子对人的理解是正确的。我们只要想一想，在这个世界上，为什么有那么多国家，而每个国家的军费开支又是如此巨大，这是因为每个国家都把其他国家看作要么是盟友，要么是潜在的敌人。在国与国之间，当今世界所考虑的问题，与韩非子所生活的战国末期没有任何本质性变化：谁的武力和财力雄厚，谁就是世界上的霸主。超级大国的含义就是如此。国际政治生活中对国家和民族的理解，实际上是对人性的理解，也就是说，人在国际生活中所采取的基本立场和观点反映的实际上是对人自身的理解。每个国家都是一个利益的"实体"，是一个为生存空间而争斗的机器。所谓的星球大战计划，也是基于一种对于自身利益受到侵害的恐惧的反应。这是对于他者的不确定性的本能反应。在国际政治中，把对方国家假设为友好的，放弃自己在军队和经济财富上的建设，这被视为一种愚蠢的做法，面临的是一种随时可能受他人宰割的危险。在一个国家内部，军队，警察，保安等武装力量的存在，其基本功能是维护社会安定。这些国家机器的存在是以人的自私性为前提的。同时还表明，在人类社会中，最具有权威的，不是道德和宗教，而是武力。

韩非子哲学给我们提供的是作为欲望存在的人。韩非子哲学的基本问题是：我如何爱我自己？他对于这个问题的阐述，是通过劝说君主如何驾驭臣民来为自己服务表达出来的。这并不影响他的哲学的普遍性，相反，爱自己这个问题，总是关于个人的问题。虽然韩非子是根据当时的等级制度来阐述君主如何自爱，如何最大化的获取自己的利益，这种哲学叙述方式却也道出了一个真谛：自爱的人，就如同一个君主，把自己看作是世界的中心，所有其他人都是服务于自己的工具。

对于"人"的这种理解，虽然与西方认知主体相比，其内涵相对具体一些，但是，它与西方认知主体一样是抽象的：韩非子哲学中的人是孤独的。可以这么说，韩非子的"人"与莱布尼兹（Leibniz）的单子是非常相似的，它们都是自我封闭的、没有窗户的，它们的共同本质是力量（energy）。与莱布尼茨不同的是，在韩非子哲学中，作为欲望者，人与人之间的关系不是前定和谐的关系，而是互相利用互相冲突的关系。这是由欲望本身决定的：欲望，在其本性上是一种空虚，而这种空虚，意味着自我的缺乏，自我不能依靠自己满足自己，必须通过其他的东西或人来满足自己。这种欲望，在韩非子哲学中就是自爱，是以自我为中心的斗争过程。因此，欲望，意味着对其对象具有抵制的作用，不可能完全吸收，尤其是在人与人之间的关系上，对象一方面是满足自己的手段，另外一方面，又是另一个欲望中心——试图利用自己的欲望中心。韩非子所讲的法术，其背后的假设就是，每个欲望体都生活在不确定性之中，在互相利用的过程中，试图在保持对方存在的同时，来满足自己的利益。欲望的主体与认知主体不同，后者希望它的对象是透明的，完全可以把握的；而欲望者在满足欲望的同时，不可能消灭对方，也不可能使对方透明。一个人永远不可能站在另外一个人的角度来看问题。

因此，欲望意味着他人的不确定性和无法完全认同性。君臣关系、夫妻关系、父子关系，甚至所有的社会关系，都包含了这样一条基本原理：他人永远是一个无法成为自我一部分的敌对力量。韩非子试图把整个社会变成一座监狱，每个人都处于君主的监督之下，而君主本人则无法被他人看到。这一点说明，每个人都如同君主一样，具有他者的他在性，无法成为玻璃一样的东西。

韩非子哲学中关于人的概念，不是一种单纯的理论，而是人生活中的基本态度。可以这么说，韩非子哲学的贡献就在于他把人们日常生活中所理解的人给予了清楚明了的理论表述。如果只有这个世界，如果人们把自己理解为世界的中心，那么，韩非子哲学就是对现实真正的表达。但是，政治现实生活不等于人的全部内涵，甚至不是最本质最核心的东西。

我们说，韩非子给我们提供了一个现实的人的概念，所谓现实的，并不等于是具体的。欲望的主体或者欲望的个体，是哲学的基本出发点。这个基本出发点不等于是第一原理，而是其他哲学所要假设的前提。儒家哲学中的仁爱，墨家的兼爱，以及道家的泛爱万物，都是以韩非子哲学中的自爱为前提的。

这里的"前提"，不是指一个孤零零的东西，不是指最基本的东西，是一种抽象的。自爱之所以有意义是因为，自爱是相对于他人而言的。"自爱"这个概念要想有意义，必须以我与他人之间所具有的不可僭越的关系为前提。

5.2 政治等级制度的起源

前面我们看到，韩非子认为，君主是权力的核心，是社会等级制度的最高统治者。同时，他也承认，在权力面前，人人"平等"，即每个人都本能地觊觎最高权力。但是，韩非子接受当时的社会现实等级制度，认为它是唯一的政治结构。在政治制度起源的问题上，韩非子的看法是自相矛盾的。

首先，根据韩非子所说的上古社会，无法说明等级制度是如何形成的。前面我们看到，在《五蠹》篇中，根据韩非子所说，有巢氏与燧人氏，一个解决了人类的生命安全问题（仍然不是居住的意义），一个革命了吃的方式，正因为如此，他们被推举为"王"。"王"在有巢氏和燧人氏那里，没有韩非子眼里的政治等级制度的含义。天下百姓没有臣服于他们，他们也不统治天下。他们两人与天下百姓的关系不是像韩非子所说的君主与虎狼的关系。至多我们可以说，有巢氏和燧人氏无意间做了件对人类有益的事情，他们自己没有为人类服务的动机。既然有巢氏和燧人氏无意统治天下，也就没有韩非子所说的赏罚二柄之说。有巢氏和燧人氏不符合韩非子所描述的政治制度观点，因为在韩非子那里，国家之公等于君主一人之私。有巢氏和燧人氏没有把天下看做是自己的财产，没有利用天下百姓的动机，相反，他们之所以被推举成王（"而民悦之，使王天下"《五蠹》），是天下百姓拥戴的结果，不是自己争夺的结果。这与韩非子眼中的君王是完全不一样的。

有巢氏与燧人氏，在韩非子的叙述中，之所以成为王，好像是一种偶然的原因，他们偶然发现了更加有利于人类生存的办法。正因为如此，他们被推举为王，所以有了政治制度。这里所说的"偶然"恰恰说明，政治制度不是自然界进化的结果。居住在一起，不等同于鸟巢中的小鸟的生活。发明房子和利用自然之火,都不能使得有巢氏与燧人氏成为王。要成为王,必须是"民悦之,使王天下"(《五蠹》),是天下百姓推举的结果,而天下百姓之所以推举他们,是因为他们为天下人谋取了福利。百姓喜欢他们二人的所作所为,百姓的意志,是他们成为王的充分条件。"民悦之,使王天下"与"人主者,利害之轺毂也,射者众,故人主共矣"(《外储说右上》),以及"主失其神,虎随其后。主上不知,虎将为狗。主不早止,狗益无已。虎成其群,以弑其母。为主而无臣,奚国之有。主施其法,大虎将怯;主施其刑,大虎自宁。法刑苟信,虎化为人,复反其真"(《扬搉》)是非常不同的。

我们前面看到,对于古代社会是什么样子的,韩非子的描述是不同的,他并不关心古代社会的真实历史是什么样子,他仅仅是利用所谓的"古代"社会来论证自己的观点。有时候他说,古代社会丰衣足食,人们生活依赖于丰厚的自然资源,人口的数量与物质的财富之间的比例后者远远大于前者,因此人们之间也没必要争夺。而他所生活的时代则人口数量大,财富少,需要不同的政治手段争夺资源。二柄的政治适用于他所处的时代。他认为,统治者不要听信古代的政治如何,而要面对现实,时代不同了,统治的手段也应该不同。他没有论述在上古时期统治者有没有存在的必要,以及统治者的利益在哪里。人的贪欲是不是有限度的。事实上,历史的发展,财富的聚集以千倍的速度增长,而贫富差距越来越大,没有改变的事实是,穷人一直生活在贫困线上。韩非子也认为,人都是自私的,都在不择手段地谋求自身的利益和安全,这种特性是与自然财富的多少无关的。假如说,在上古时期,在自然财富充足的基础上,人们过着一种社会生活,一种政治生活,没有韩非子所看到的政治上的勾心斗角,那说明有另外的政治制度,而古代的政治制度与韩非子所论述的建立在武力和权力基础上的政治制度是不同的。那么,上古的等级制度就是建立在权威基础之上的。至于我们如何理解权威,这是另外一个问题。另外的政治制度,建立在权威基础上的政治制度,要么是以孟子的"性善论"为基础,要么是以墨子的"天意"为基础。这两种学说,都能就等级制度的根源问题给出回答。但是,在韩非子那里,君主之所以高高在上,那是因为他接受了既有的等级制度。从纯粹的自私特性上,无法演绎出等级制度是如何建立的。

我们还看到,韩非子在对待尧舜禹圣王的故事上,最明显的两个观点是这样的。韩非子为了论证为什么古代人能够禅让王位,而当今世界人们却为了权力进行你死我活的争斗，他解释说，在古代，君王的生活极其贫困（与它处所说的物质丰富相反），比普通老百姓还要辛苦，付出的却要多的多，根据趋利避害的原则，没有人愿意做君王。谁愿意追求痛苦呢？而当今世界，一个小官员所获得利益就比古代君王的利益多的多，所以，人们自然会追求权力，更不要说追求作为最大最高利益象征的君主地位了。韩非子认为，古代人与当今世界（这个"当今"具有双重意义，既是韩非子的"当今"，也是我们二十一世纪的"当今"）不变的是人的自私本性，避免痛苦，追求快乐，不同的是，古代君主王位与当今的官位，在物质利益的获得数量上是非常不同的。因此，二柄手段，不适用于古代，适用于当今世界。

但是韩非子没有看到，尧舜禹之所以是圣王，就在于他们的权威，而不仅仅在于他们的权力或者武力。尧舜禹的统治，非常类似于有巢氏与燧人氏，是百姓拥戴的结果。稳固的政治，不是名利场。尧舜禹的禅让，说明等级制度不是追求个人利益的工具。圣王的贫困生活，恰恰说明道德是政治的基础。

韩非子一方面解释说，禅让制是因为君主的地位没有什么利益可图，人们都不愿意争夺一个毫无益处的东西。另一方面，他又对禅让制进行猛烈抨击，认为尧舜之间的关系破坏了君臣之间不可逾越的界限。韩非子认为，尧的行为不像一个君主，因为他礼遇舜，而舜也不像一个臣，因为他不仅娶君主的两个女儿为妻，还成为了君主。韩非子认为，尧舜禅让的君臣关系，威胁了政治稳定和等级制度，对后世的影响是负面的。

韩非子没有看到的是，尧舜禅让制度恰恰是把个人利益与等级制度区分开来的表现，君主地位不等于某个人的利益，具有比个人利益更高的神圣性。只有在把个人利益与君主地位等同起来的情况下，才能认为国家与政治制度是谋求自身利益的工具，是不能容许他人觊觎的。表明上看，韩非子是维护君臣等级制度的，而实际上，他把等级制度工具化，因为在韩非子的哲学中，无法说明为什么有的人是君主，有的人是臣民。根据趋利避害的原则，人人都要觊觎最高权力，君主周围都是虎狼之臣，这是自然规律。即使按照韩非子的标准，舜的行为也没有任何值得批评的地方。韩非子的批评，是对自己的否定。在韩非子的哲学中，他无法说明政治上为何具有等级制度，因为如果政治制度仅仅是满足个人利益的工具，等级制度是无法仅仅依靠权力和武力形成的。"人臣之于其君，非有骨肉之亲也，缚于势而不得不事也。故为人臣者窥觇其君心也，无须臾之休。"（《备内》）"主卖官爵，臣卖智力。"

(《外储说右下》）君臣关系是一种互利关系。"臣尽死力以与君市，君垂爵禄以与臣市，君臣之际，非父子之亲也，计数之所出也。"（《难一》）。

韩非子上面的话已经表明，在利益问题上，君臣之间与父子之间是不同的，因为父子具有血缘关系。似乎是说，君臣建立在一种利益得失计较的基础上的，而父子之间有一种"亲"的关系，一种不同于君臣的"爱"。

5.3 自爱的延伸

韩非子一方面认为，父子之间要比君臣之间亲密的多，另一方面也认为，父母在对待子女上有不同态度。"且父母之于子也，产男则相贺，产女则杀之。"（《六反》）父母与子女的关系是，生了儿子就互相祝贺，生了女儿就杀死。为什么会出现这种情况呢？韩非子接着说："此俱出父母之怀衽，让男子受贺，女子杀之者，虑其后便，计之长利也。故父母之于子也，犹用计算之心以相待也，而况无父子之泽乎？"（《六反》）父母与儿子之间的关系要比父母与女儿之间的关系亲密的多。这说明，父母是出于自身利益考虑的。也就是说，父子关系已经包含在父亲切身利益之中的，同时也超越了单纯的个体。

父子关系究竟是一种什么样的"爱"的关系呢？我们可以在儒家哲学中看到更为详尽的论述。需要特别注意的是，韩非子哲学的自爱与儒家的仁爱关系，在韩非子那里已经看出，不是截然对立的。

第二部分

二维政治哲学理论

第二章
孔子：道德、政治与人的塑造

导 论

从第二章到第三章，我们将探讨儒家是如何理解道德、政治与人的关系的。儒家哲学对于韩非子哲学的批评是：韩非子仅仅注意到了个人的存在；他没有意识到，人从一开始就是生活在家庭和社会中的。从儒家的观点看，父子关系与君臣关系，对个人来说不是可有可无的。人是在父子关系和君臣关系中意识到自己的。虽然韩非子也注意到，一个人的自我意识是从另外一个人那里得到的，[1]即在别人对于自己的威胁的眼光中，意识到自己身体或者肉体在时空上的无可逃避性，但是，他没有注意到，他人的眼光也许不仅仅是威胁性的眼光，他人很可能是用慈祥的眼光或者威严的目光看自己：父亲或者君王不是利益上的敌人或者竞争对手，而是作为关系的我的一部分。父亲和君王不仅仅是纯粹的权力拥有者，也具有道德上的权威。我在父亲和君王的眼中，意识到自己的责任和义务，以及对方对于我的期待。作为责任和义务的载体，在完成责任和义务中成就自我，这是儒家的"君子"概念所包含的对于"什么是人"的基本理解。

在先秦儒家，对于如何成就人，如何做人，基本上有三个代表。在孔子的《论语》中，我们发现有一种可以称之为"工匠模式"的思想：人生来是材料；只有像工匠一样进行打磨和锻造才能成为产品，成为艺术品。孔子，作为儒家哲学的肇始者，对于孟子和荀子的思想都有启发作用。在《孟子》

---

[1] 人的自我意识不是通过反思得来的。假如一个孩子，他的名字叫小宝。他饿的时候，他不说"我饿了"，而说"小宝饿了"，因为他注意到父母和别人都叫他"小宝"。他是通过别人的眼光来看自己的。而长大后，由于常常说"我"，也就忽略了人是在对方的眼睛中意识到自己的存在的。自我中心意识，是一种认为自己只看到别人而别人看不到自己的意识。

中，有一种"农夫模式"：人就如同种子一样，天生具有善良的内在本性；但是这种内在本性仅仅是势头，是开端，还不是完成的人。它需要在不断的培育和精心浇灌中发芽、成长、成熟、结果。对于自我的道德修养和道德培育就如同农夫种庄稼一样，种子有待成为禾苗，禾苗有待成为苗壮的庄稼，有待结果。这种有机体的比喻，使得孟子对孔子的"材料"作了更具体的定义：孔子所说的"材料"应该是人的善端。与孟子不同，荀子认为，人天生具有野兽一样的野性。一匹小马，没有经过车夫的训练是不会自动驾车的。一匹桀骜不驯的野马，要经过训练、改造才会服从命令，才能成为战场上的坐骑，成为战士好帮手。因此，我们可以说，在荀子哲学中有一种车夫的模式：自然人需要经过社会的教化和训练才能成为人，成为对社会有用的人，成为道德的人。荀子对于孔子的"材料"或者"素材"理解为动物的野性：不经过训练的野性将成为有害的东西。从有害性上来说，人的本性是"恶"的。在本书中，我只讨论孔子和孟子的思想。

用西方哲学语言来说，儒家的三种模式对于如何成为人（自我或者主体）的问题作了非形而上学的回答。人不是一个现成的东西或者实体；人是一个过程，一个社会化的过程。

在这一章，我们首先讨论孔子（《论语》）的思想。

第一节 孔子的问题

1.1 何谓礼

在这一节，我先谈谈孔子思想的一些基本思路。孔子主要关心的问题是，我们如何才能依据礼仪来生活？礼是人行为的准则。"定公问：君使臣，臣事君，如之何？孔子对曰：君使臣以礼，臣事君以忠。"（3：19）[1]"使"与"事"，就其本义而言，仅仅是功利层面的，是互相利用的关系，是权力的表现。这两个字完全可以理解为利益关系。但是，加上一个"礼"字含义就不一样了。在君臣关系上，孔子认为，臣应该依据礼对君王忠诚，而君王对于

---

[1] 我用的《论语》版本是杨伯峻译注的《论语》，中华书局2008年版。在文中，所引句子表明篇章，比如3：19是指第三篇第十九章。对话部分不加引号，只用冒号来表示。

臣下也应该依据礼而用之，不能依靠个人的好恶来随意派遣臣下。君王的权威和权力应该依据礼体现出来；百官对于君王的服从也应该依据礼而表现得忠诚。"颜渊问仁。子曰：克己复礼为仁。一日克己复礼，天下归仁焉。为仁由己，而由人乎哉？颜渊曰：请问其目。子曰：非礼勿视，非礼勿听，非礼勿言，非礼勿动。颜渊曰：回虽不敏，请事斯语矣。"（12：1）"仁"与礼有很大的关系，克己复礼就是仁。"子曰：谁能出不由户？何莫由斯道也？"（6：17）谁出门不一定经由门户？为什么人不需要沿着一定的道路走呢？人必须遵循一定的规则，就如人必须经门而出一样。《荀子·大略》中说："礼者，人之所履也。""人无礼则不生，事无礼则不成，国家无礼则不宁。"用今天的话说，礼就是人所应该走的正道。人离不开礼就如人离不开空气一样。[1]《礼记·祭义》中也说"礼者，履此者也"也有类似的意思。礼在社会中，规范的是人和人之间的关系，同时，这也是人的行为规范和准则。这是礼的两个最基本含义。[2]

这里需要特别提出的是，"礼乐同源"是儒家哲学关于人的核心思想。其含义需要逐步阐释。"子曰：兴于诗，立于礼，成于乐。"（8：8）礼与乐在古代同等重要。从某种意义上可以说，礼与人的行为（欲望）有关，与"身"有关，而乐与人之情有关。我们在这里按照《论语》的文本，把注意力集中在"礼"之上。

礼作为规则，其作用就如同路标一样，是给人指出道路的。礼义的内容作为社会规范不能与西方认识论中所说的概念和命题混淆起来。概念和命题是对头脑中的图像的外在表达，它们所反映的是自然界中的物体和规律。但礼义不是这样的，其真理性是在生活中实现出来的。礼与上面所说的做人的三种模式有关。礼不是简单地规范人的行为，它更要转化人，重新塑造人。礼虽然有一定的普遍意义，但是，它对每个时代，每个群体，每个人都具有独特的意义。概念与路标的区别，这是西方哲学与中国哲学一个基本的区别。只有了解了两者之间的关系和内在的精神实质，才能对中国哲学和西方哲学

---

[1]《荀子今注今译》（上下），熊公哲注译，重庆出版社2008年版，第583~584页。
[2] 我认为用"礼"来概括孔子的核心思想比用仁义或者孝要更合适，更有涵盖性。一个礼字，把孔子的道德和政治思想都包括进去了。对于礼的地位之高，有很多篇章可以为证。比如在《子路篇》中："上好礼，则民莫敢不敬；上好义，则民莫敢不服；上好信，则民莫敢不用情。夫如是，则四方之民襁负其子而至矣，焉用稼？"说明礼是第一位的。

有清晰的分辨。

礼义和礼仪是联系在一起的：前者更强调礼的意义和精神性，礼是建立在义的基础上的，或者是以义为核心的；而后者强调礼在具体的社会场合中如何成为一种仪式的东西，一种规范和外在程序的问题。礼仪还表明，礼必须是体现在人的外在行为中的。

对于我们来说，"仪"所具有的四种意义是很重要的：其一，"仪"有标准和准则的意思："表仪既设，民知方。"（《荀子·成相》）其二，它还有效法和取法的意思："仪刑文王，万邦作孚。"（《诗·大雅·文王》）〔1〕"刑"可以作为"型"，《说文解字》："型，铸器之法也。"〔2〕仪刑连接在一起，说明"仪"是具有塑造人的功能，就如同制造铁器一样，需要一定的模型和工艺。其三，它还有仪容的意思："令仪令色，小心翼翼。"（《诗·大雅·烝民》）所以，"仪"有法度、标准的意思，有效法和取法的意思，有仪容外表的意思。而礼节、仪式的含义是建立在上面两个意思的基础上的。四其，更重要的是，"义"和"仪"是相通的："相切相磋，各长其仪。"（《管子·弟子职》）〔3〕礼义和礼仪是联系在一起的：礼仪根源于礼义，而礼义体现在礼仪之中。礼具有"义"和"仪"两个方面。从文字上看，"仪"与人的行为有关：一个"仪"字把"人"和"义"联系在一起了；"义"是通过人而体现出来或者实现出现的。伦理上的"义"不是有什么与外界对应的东西，是在人的具体活动中完成的。这是"义"的过程意义。而"仪"之所以有意义，是因为"仪"关系到人与人之间的关系，所以，"义"还是关系性的。所谓"仪式"，体现的就是人与人之间、人与神之间的关系。从根本上看，我们可以说，礼义和礼仪是相通的。"子曰：君子义以为质，礼以行之，孙以出之，信以成之。君子哉。"（15：18）君子用礼仪来规范自己的行为，而礼仪是以"义"为"质"，为根本。君子是在言行中切切实实地成就自己的。"义"应该是指根本性的东西。"子曰：群居终日，言不及义，好行小慧，难矣哉。"（15：17）人在言行中要体现义。

下面，我将根据具体情况，在行文中交替使用"礼义"和"礼仪"。

---

〔1〕 参看张永言等编：《简明古汉语字典》，四川人民出版社2001年版，第990页。

〔2〕 参看欧阳祯人：《郭店简〈缁衣〉与〈礼记·缁衣〉的思想异同》，收在丁四新主编：《楚地简帛思想研究》，湖北教育出版社2005年版，第211页。

〔3〕 参看张永言等编：《简明古汉语字典》，四川人民出版社2001年版，第990~991页。

1.2 礼的来源

礼是从哪里来呢？孔子认为，礼义或者礼的法则是从祖先那里继承下来的。那么，我们应该采用什么样的礼呢？"子曰：周监于二代，郁郁乎文哉！吾从周。"（3：14）"子曰：行夏之时，乘殷之辂，服周之冕。"（15：11）"子曰：述而不作，信而好古，窃比於我老彭。"（7：1）孔子认为，周朝是对夏朝和商朝文明的继承，在礼义上是比较可信和完备的。因此，孔子的问题不在于我们应该制定什么样的礼来规范人的行为，而在于在日常生活中如何体现古代的礼义。

古人为什么制定礼义？依据什么来制定的礼义呢？在孔子时代，这些根本不是大问题，因此，孔子没有做明确的论述。到了孟子和荀子，战国中后期，对于礼义和礼仪的挑战和怀疑成了主流，他们必须给予回答。孔子没有遇到这样的问题。我们的假设是：很可能对于孔子而言，重要的不是讨论礼仪本身的问题，而是在生活中如何依据祖先传授给我们的礼仪把我们自己改造成道德的人，或者说文明的人。在孔子看来，对于周朝的礼仪，我们已经拥有足够的知识。问题的关键是如何把古人之礼贯穿到生活的每个角落。"信而好古"，"述而不作"，这两句话一方面说明孔子对古代传下来的礼仪的完备性没有任何疑义，另一方面也说明孔子对古代礼仪的热爱。在"述"中，不是制定新的礼仪，而是把古人的礼传下去："述"一方面是口述，是传授，是知识上的继承和传播；另一方面，在孔子的思想中，"述"不应该是单纯的知识性的传播，而应该身体力行。在对古人的"礼"的"述"中，体现古人的礼，改造自己。对于道德知识，教和学都是道德的行为，都是在同时改造自己。简单地重述道德和礼仪规则，这是违背道德的行为，是伪君子。孔子的"述"还体现在他对于礼仪的深刻理解上，即在道德知识上，人永远是一个学生：学习成为自我，成为一个有道德、有文明的人，这是传授礼仪的本质。所以，孔子对于周礼的"述而不作，信而好古"的论说，是他个人对于道德和礼仪知识讲授过程的真正的体验之谈。对道德和礼仪知识的传授不同于讲授数学和科学知识。数学和自然科学知识对于人来说是偶然性的；拥有什么样的数学和自然科学知识，对人的社会化、人的本质来说，没有实质性的影响。但是，如果以传授自然科学知识的方式来传授道德和礼仪，那就是伪君子。言传身教，这是改变自己和改变他人的过程。"子曰：德之不修，学之不

讲，闻义而不能徙，不善不能改，是吾忧也。"（7：3）[1]

1.3 礼的作用对象

下面一个问题就是，礼仪是用来做什么的呢？是用于什么地方的呢？"子曰：性相近，习相远也。"（17：2）《论语》中这句话非常重要，因为对这句话的不同理解构成了先秦儒家的两大派别：孟子和荀子。他们对于后世儒家的影响是不可低估的。可以这么说，我们上面提到的三种模式的区别就在于对这句话的不同理解。尽管他没有详细论述这句话的含义，但其含义从《论语》中很多句子中可以得到印证，孔子基本上是这种观点：人的性情、感情和欲望不是什么纯粹自然的东西或者特征；它们是原始材料，等待人依据礼仪进行改造和雕塑，而礼仪就是社会关系的法则，包括道德准则和为人处世的行为规则。"性"是抽象的，它只有在人类关系中才能得到发展和成熟。人的行为举止、待人接物的方式等不是天生就有的，是后天学习修养的结果。在天性或者自然的禀赋上，人是相似的，但是后天的学习或者社会化过程使得人和人之间有了很大的区别。礼仪的作用就是要让自然的"野蛮"人成为有文化有修养的君子。对于孔子来说，个体的差异是后天学习的结果。

这里我们有必要把孔子和孟子再简单对比一下。孟子认为，人的自然情感是善良的，只不过它们有待于经过道德的修炼，发展为完全成熟的人。农夫耕田种地，有基本的方法，但不是谁都可以把庄稼种好的。收成如何，一

---

[1] 所以，我们必须注意到，在孔子或者先秦儒家那里，对于道德和伦理的思考根本上是为了塑造自身，同时改造他人。这与当代伦理学思想研究有着本质性的区别：无论是元伦理学（研究善恶的形而上学地位和特性）还是规范伦理学（对于道德规则和规范进行分析），对于孔子来说是很陌生的。元伦理学和规范伦理学的思维方式类似于自然科学的思维方式：在自然界中，什么是最终或最基本的实体或元素，它们又遵守什么规则。以自然科学家或者客观的态度来研究伦理思想，把道德和伦理作为纯粹的研究对象，就如同研究原子的构成一样，这种研究对于道德和伦理的本质含义（即真理性问题的预设）是不是犯了范畴性错误，即把道德和伦理看作如同自然物体的特性一样。对此，儒家是持怀疑态度的。就比较哲学的角度来看，西方形而上学主流思想和反映论认识论思想与道德真理性问题是否有关是个基本的问题。我们将在孔子思想中找到明确的回答。儒家伦理学可以用言行问题来回答元伦理学和规范伦理学问题：道德真理是在行为中实现和成就的；仅仅符合道德命令或规范，相反，道德规范的真理性在人的行为中体现出来。我们需要把儒家注重行为，注重人的自我塑造，与西方伦理思想中的"结果论"（consequentialism）区别开来：目的与手段的关系不适用于儒家伦理思想，因为整个道德修养过程就是人的实现过程，人是一个过程，是关系性的；儒家不考虑某些行为的结果是否有利。

方面依赖于人力，人类耕种的技巧和勤奋程度，另一方面也依赖于自然气候。而这两者都是外在的东西。没有种子，庄稼是不会出来的，"巧妇难为无米之炊"。种子和庄稼是农夫劳动的对象。在道德修养上，人的"劳动"对象是自己：人需要依据礼仪来使自己在道德上长大成熟。个人的意志和勤奋，以及社会环境的好坏都会影响人的道德成长。荀子不同于孟子，在荀子看来，人的自然欲望和情感，如果任其发展会引起混乱和冲突。人不可能依靠自己来改造自己，必须依靠外在的力量来强迫自然的欲望服从社会的法则。用现代语言说，荀子认可这样的观点：一个社会化的人是道德法则内在化的结果。外在的道德规则必须经过行为上和心理上的过程内在化才会成为为人的一部分，进而驯服人的自然野性。

1.4 人与使命感

从以上论说可以看出，孔子认为，古代圣贤制定的礼仪是用来改造和塑造人的自然情感和欲望的。这是一种社会化的过程。《论语》认为，这种社会化的、成就自我的过程，是一生的任务。"曾子曰：士不可以不弘毅，任重而道远。仁以为己任，不亦重乎？死而后已，不亦远乎？"（8：7）君子肩负着继承古代礼仪的任务，而弘扬和传递道德精神，需要刚强的毅力。这是一个改造自己，改造社会的历史任务，是一个永无休止的过程。没有一刻可以说"完成了"的。曾子的话暗含着这样的意思：儒家所理解的人不仅有个体和社会之间关系的层面，即家庭和国家；还具有历史的层面，即与古人和未来人的的关系。这种纵向和横向的立体模式，表明儒家对于人的理解具有非常丰富的内涵。个体的人，在道德上的使命感，使得他远远超越了心理学上道德内在化的行为。道德化过程，不仅仅是自然个体的社会化，同时还使个体的人与古代人在精神上连接起来。道德权威不仅仅来源于自己的父母和君王，更重要的是对古人的负责，对未来子孙的责任。过去和未来都浓缩在当下的个体人的道德行为中，体现在对古代礼仪的学习和继承中。身上肩负着礼仪中的"仁"的精神，这种历史使命能不重大吗？我们能够说这个任务可以在某个时刻就能完成吗？在人或者自我的理解上，以儒家为代表的"使命感"具有非常独特的意义。使命感在时间"动感"上体现了人在现世之中对于现世的超越：时间性完全成了精神上的关系。在《论语》中，这种使命感就是"仁"。个体的人在使命感中，既被动地接受任务，又主动地实现和传递所接受的东西。

"子疾病，子路请祷。子曰：有诸？子路对曰：有之；诔曰：祷尔于上下神祇。子曰：丘之祷久矣。"（7：35）孔子病重，子路请求为他向天神地神祈祷，孔子回答说，我已经祈祷很久了。孔子的意思很可能是：我一生所作所为都是在完成一项使命，我的行为已经是祈祷了。孔子虽然对"天"的理解和当时常人理解的没有什么不同（这一点我们以后将会谈到），他在这里主要是强调道德责任和任务是人在这个世界上天所赋予的最重要的使命。

1.5 道德真理

因此，对于孔子来说，如何在生活中实践礼或者使礼体现在人的日常行为中，这是最重要的。用现代哲学的语言，我们可以说，道德真理不是被发现的，而是在日常生活中实现的。没有实践，就没有真理。在道德知识上，孔子认为，真理不是现成的东西，不是放在那里等待人去发现、去摘取，而是在如何做的问题上体现什么是道德的问题。什么是善，什么是恶，这不是一个反映论的问题。善恶问题首先是一个实践和行为的问题，更准确的说，是如何实践的问题。人不是一个简单地遵循一定的规律和规则的自然物体。下面，我们来看《论语》中与之有关的段落。[1]

"子曰：我未见好仁者，恶不仁者。好仁者，无以尚之；恶不仁者，其为仁矣，不使不仁者加乎其身。有能一日用其力于仁矣乎？我未见力不足者。盖有之矣，我未之见也。"（4：6）孔子说这段话的具体背景不清楚，也许是对这个世界上人的不道德行为的感慨，也许是批评他的学生，也许是暗含其他意义。在这里，我们不管当时孔子是在什么场合说的这句话，也不管其目的和动机是什么，单就字面上看，孔子似乎是在强调道德与实践的问题。

第一，他把道德的人分为两种，一种是真正爱好仁义的人，一种是仅仅在语言和行为外表上不使自己违反礼仪的人。前者是最高境界的人（至少在这段话里），因为他的"好"指示着他用无限的情感来实践道德，做道德的事情和他的情感上的爱好一样，是令人愉悦的事情。同样的，他对恶也是深恶痛绝的。这类人和道德之间几乎没有缝隙。或者说，"仁"在他们身上自然体现出来，或者道德真理在他们身上自然显现出来。而后者是在思想上知道自

---

[1] 实际上，整个《论语》都与之有关。

己应该做什么，不应该做什么的人。这类人努力使自己避开不道德的事情。虽然他们不使不道德的东西在自己身上体现出来，或者自己不做不道德的事情，但是，他们还是和道德之间有一道缝隙，不能和道德融为一体。仅仅符合道德规则和礼仪，也是一种仁的行为。但是，在这种行为中，自己是否被道德和礼义转化成了一个君子，这是有疑问的。仅仅符合"礼仪"，还是没有把"仪"的具体内涵给表现出来，因为"仪"要求"义"在人身上表现出来，从而把人改造成符合礼义的人。人是"义"所造成的，是"义"的成就者[1]。

第二，"义"的体现是不是需要英雄行为呢？不需要，"义"是在人的日常生活中表现出来的（这一点与后来中国的禅宗非常相似）。孔子还说，无论如何，"仁"是体现在具体的日常生活中的，是和人的"力"有关的。人有聪明愚笨之分，人的能力有大有小。人对事物的知识的掌握也有程度好坏之分。但是，仁就如同金子，一两纯金和十两纯金在质上都是一样的。道德行为也是如此：大事，小事，只要是道德的行为，都是道德的。所以，不是人没有能力和知识做道德的事情，是人根本不愿意去做。做一件道德的事情，不是去做一件惊天动地的伟大事业，只要每日都在小事情上修炼自己就够了。但是，人总是为自己不做道德的事情找借口。这里孔子作了一个很重要的区分：道德或仁义指的是如何成为人的那些路标或者指导，与人有着"本质"的关系。金子总是金子；而人的能力、知识、财富、机遇、出身、名气等都是与人的本质（如果我们用西方哲学语言来表达的话）无关的，是偶然性的东西。一个人能带领一批人马攻占一座坚固的城堡，一个人能在科学上作出惊人的发现，一个人能够将财富从几块钱积累到几亿元，这些都不足以定义出他们是什么。令人可悲的是，在这个世界上，人们往往把这些非本质的东西看成是人生最重要的东西[2]。这也许是孔子所哀叹的吧。

---

[1] 这里我们思考一下当代西方伦理学中的"道德幸运"（moral luck）概念。孔子认为这个词语是对什么是真正道德的一种误解：道德的行为不是说在外在表现上是正确的就可以了，真正的道德行为是表现在转化整个人的过程之中的。"偶然性"，或者"幸运"，这是与道德无关的概念。

[2] "本质"、"非本质"或"偶然性"是西方形而上学语言，因为它们预设了一个不变的东西。严格说来，不适用于儒家哲学。我们在这里仅仅是为了语言上的方便而利用这些词汇。我们可以看到，现代汉语中已经渗透了形而上学的思想。我们觉得很自然的语言背后其实具有深刻的哲学假设。下面，我们会看到"灵魂"的字眼，也同样是形而上学的语言。

"子曰：文，莫吾犹人也。躬行君子，则吾未之有得。"（7：33）他说，我所知道的东西和别人也许差不多。但是，在实践中躬行所知我却做不到。只有在实践中体现出礼义的人才是君子。这里孔子也许是自谦或者说的反话。不过，孔子明确强调，书本和脑子中的东西与实际生活中自己所学的东西之间有本质的差异。君子不是学习死记硬背出来的。对古代的礼仪细节的熟练把握，不等于就是一位君子。君子会在生活中实践道德真理。不是在生活中符合道德真理，而是在符合礼仪的言行中转化自己。礼仪不是空洞的规则，它的灵魂是通过千万人的生命延续和发展的。换言之，每个人都在用礼义成就自己。礼仪的"灵魂"就是成就人。

"子曰：盖有不知而作之者，我无是也。多闻，择其善者而从之；多见而识之，知之次也。"（7：28）由于没有具体的语境，这段话的意思不是很清楚。我试着这么解读：孔子说，有的人也许会做一些事情，但不知自己为什么这么做，即仅仅在行为中符合道德标准。孔子觉得自己不是这样的人。他觉得自己是通过向人学习，选择什么是善的，然后在自己的行为中把它体现出来，即"从之"。择善而从之的"善"是在"从"之中体现出来的，"善"不是什么理念或者实体。行为对于孔子是很重要的。所以他说，那些只会死记硬背的人，是属于更次的认知的阶段。第一种人是什么人呢？"子曰：民可使由之，不可使知之。"（8：9）也许是指平民百姓。对于老百姓来说，你只能让他们遵守规则和服从命令，无法使他们明白其中的原因。这里孔子区分了三种人：第一种人，只会机械地行为，而不知道为何如此行为；第三种人只知道死记硬背，不知道在实践中修炼自身。这两种人都是知和行的分离。简单地遵守道德规则和礼仪以及仅仅在脑子里对于礼仪熟记，这些都不是真正的"知"。真正的君子应该自觉的转化自己，其行为是知和行的统一[1]。这是第二种人。

"孔子曰：生而知者上也，学而知之者次也；困而知之者，又其次也；困而不学，民斯为下矣。"（16：9）这里区分了四种"知"，而不是三种。这里的"知"也不是我们今天所说的掌握真理和科学知识。他也许是想说，有的人生来就具有道德之心或者说是孟子后来所说的"本心"，比如尧、舜、禹等。什么是"知道"？仅仅有良心和本心还不够，知"道"者在于行道。"生

---

[1] 在《卫灵公篇》第三章中，孔子明确否认自己是"多学而识之者"。

而知者"可以理解为：生来就知道如何做一个道德的人。中等人是通过学习才慢慢知道如何做人的。另外一些人在生活中碰钉子后，才知道做人的道理，比如人生失意或者犯罪等。最下层次的人就是在任何情景下都不努力改造自己的人。这可能是多数下层人的行为。最后一种人也许是孟子所说的。在《孟子》的《尽心章句上》第5章中，"孟子曰：行之不著焉，习矣而不察焉，终身由之而不知其道者，众也。"孟子认为，大多数人是习惯性的遵循一定的规则，而不知道自己为何这么做。这实际上没有被转化，因为道德转化是内在和外在的统一，是知和行的统一。

"子曰：二三子以我为隐乎？吾无隐乎尔。吾无行而不與二三子者，是丘也。"（7：24）在技艺方面，比如工匠、医生、武术等行业，老师也许为了自己的饭碗和安全要留一手。但是，在道德知识上，老师和学生是没有区别的。帮助他人成为有道德的人，这本身就是自己的道德成就。苏格拉底（Socrates）在《尤斯弗罗》（*Euthyphro*）中也说，只有和恶人在一起，人才会感到威胁。人不会教别人成为恶人的，除非是无意的。孔子的学生也许没有区分出"技艺之知"与"道德之知"。也许孔子的学生觉得自己的老师没有把自己的真知识显露出来。孔子说，我没有任何事情向你们隐瞒；我所做的都体现了我所知道的。道德上的真知是体现在外在方面的，是内在与外在的统一。关于道德知识，就其形式上看，是人人皆知的。没有什么秘密和神秘的地方。关键是你是不是真正实行它。不实行的人等于无知[1]。

"孔子曰：君子有九思：视思明，听思聪，色思温，貌思恭，言思忠，事思敬，疑思问，忿思难，见得思义。"（16：10）孔子认为，君子应该在九个方面注意自己的行为是否得体，是否符合礼仪。在观看的时候，要明察秋毫，分清是非；在听他讲人话的时候，要专心，分清所说的话是媚言还是真话；在表情上，对人要温和；在容貌上，对人要恭敬；对人说话要忠信；做事要精心敬业；有疑问，要请教他人；在愤怒的时候，要考虑对他人有什么后果；有好处可得，一定要考虑是否得之有道。这里的"思"很重要：这个字在这

---

[1] 实际上这里孔子还阐述了一个很关键的问题：在个人与社会之间，在个人情感与伦理道德之间，伦理道德要求个人表达自己的情感，以便证实它是否合乎伦理道德的要求。个人必须把自己转化为伦理主体，在这个转化过程中成就自身。对于儒家而言，社会化过程是一个绝对的过程，即个人必须通过社会化来完成自身。但是，我们将在墨子和道家哲学中看到个人如何在宗教的层次上超越社会，超越人类世界。宗教的个人不是自然的个人，是比社会化更高的个人。

里不是思维和思想的意思,而是指君子考虑如何与周围的人和事打交道,如何使得自己言行等符合礼仪。君子是什么?君子就是体现在这些活动当中的人。"九"代表多的意思,不是说君子就只考虑这九件事情。

需要注意的是,孔子上面说到的"九思",不是指一个人的独立活动;"九思"已经暗含了人的关系特征。"子曰:老者安之,朋友信之,少者怀之。"(5:26)孔子用很平实的语言来表达自己的志向:自己希望能做到让长者安逸、朋友信任,做到爱护年轻人。孔子表现出的爱心具体内涵我们将在以后探讨。这里,我们只是强调人的行为中所涉及的关系性。"明"、"聪"、"温"、"恭"、"忠"、"敬"、"问"、"难"、"义"这些品德不是概念,是路标,是教人在具体生活中如何按照这些路标转化自己。它们的含义一方面体现了人和人之间的关系,另一方面还体现了人如何在行为中成就自身。自我是关系性的,是一个过程,而关系和过程都是立体性的。

注重实践和行为,把真理看作是人的所有活动,这与美国实用主义的真理观很相似。詹姆斯说:"一个观念的真理不是内在于观念本身僵硬的特性。真理发生在观念上。它成为真的,事件使得它成为真的。它的真理性事实上是一个事件,一个过程,一个验证自身的过程,它自身的验证过程。"[1]对于儒家而言,人不是一个实体,人是一系列事件组成的过程。我们之所以对于过去的某些行为感到羞耻,那是因为过去的那个行为是我的一部分。我不是目前这个通过视觉看到的肉体或者具有大脑活动的有机体。

马克思对于实践和劳动的重视,也与孔子的哲学有着相似性。在《关于费尔巴哈的提纲》(马克思1845年稿本)一文中[2],马克思说:"从前的一切唯物主义(包括费尔巴哈的唯物主义)的主要缺点是:对对象、现实、感性,只是从客体的或者直观的形式去理解,而不是把它们当作感性的人的活动,不是当作实践去理解,不是从主体方面去理解。"传统唯物主义哲学把对象看作是离开人的意识和实践活动而存在的东西,它没有看到,对象性、现实性以及人的感性都是实践中产生的。在实践中,既产生了对象,又产生了人。传统哲学的主客体关系是统一在实践范畴之中的。所以,马克思说:"人

---

[1] William James, *Writings*1902~1910, New York: The Library of America, 1987, p. 823。

[2] 我下面引文来自这个网址:http://www.marxists.org/chinese/Marx/marxist.org-chinese-marx-1845.htm.最后访问时间:2009年4月。

的思维是否具有客观的（gegenständliche）真理性，这不是一个理论的问题，而是一个实践的问题。人应该在实践中证明自己思维的真理性，即自己思维的现实性和力量，自己思维的此岸性。关于思维——离开实践的思维——的现实性或非现实性的争论，是一个纯粹经院哲学的问题。"单纯在理论上是无法确定一个命题的真理性的，就如同黑格尔所说的游泳的例子一样（马克思没有把黑格尔的哲学颠倒过来），真理性问题是去实现的问题。黑格尔也强调，真理不是一个硬币，等待你去发现，真理是需要去实现的。这个观念在康德关于"谓词"含义的论述中已经表达的很清楚："我口袋里有一百元人民币"，这个命题是否是真的，不是通过理论和概念分析能够得出来的，其真实与否，需要我们用手指指出来，在那里，或者不在那里。马克思认为，讨论主观是否与客观相符合，这是个经院哲学的问题，因为在理论上，你永远无法确认它们之间的一致性，因为所谓的客体不是一成不变的东西，所谓的主体也不是不变的，在改造客体的同时，我们也改造了我们自己（主体）。马克思说："环境的改变和人的活动或自我改变的一致，只能被看作是并合理地理解为革命的实践"。哲学家犯的错误是，"哲学家们只是用不同的方式解释世界，问题在于改变世界"。因为他们没有意识到，"人的本质不是单个人所固有的抽象物，在其现实性上，它是一切社会关系的总和"。所以，要理解人，就要从实践和生活以及关系性中来寻找，在这一点上，马克思与孔子是一样的。在《马克思1844年经济学哲学手稿》中，"劳动"的概念与这里"实践"的概念是一样的意思。劳动改造了人，改造了对象，劳动的结果即产品还体现了人和人之间的关系。马克思还宣称，人的感官是人类历史的产物，没有什么一成不变的抽象的感官。

1.6 君子理想人格与平凡生活

君子人格不是纯粹的内在心理和精神；它是人从内到外，从自己到他人的一个显现过程。君子作为道德行为的产物（不是主体），是人自我改造的结果。"子曰：君子义以为质，礼以行之，孙以出之，信以成之。君子哉。"（15：18）

"子曰：回也，其心三月不违仁，其余则日月至焉而已矣。"（6：7）颜回三个月心不违背仁，其他人只是偶尔能达到仁的程度。这段话很容易让人把"仁"理解为纯粹的思想和精神活动，好像道德的最高体现是心理性和内在性的。这种解读与《论语》的中心思想是矛盾的。人的道德生活在人的心理上有表现,但是,道德生活是对人自然心理的改造和雕塑。这主要体现在上面所说的"九思"上。那么,我们如何理解这句话呢?有句俗话说:"人非圣贤,孰能无过?"这里实际上涉及到的是荀子和韩非子后来所说的人的自私性:人以自我为中心,拒斥社会化过程,就如同小孩子想逃学一样。社会化过程不是一件愉悦的事件,伴随而来的是情感上的痛苦和不愉快。在道德修养上,不是说一旦下决心改造自己,就如同坐上了过山车,一下改变到底,不回头,不脱轨。人的行为和思想在两个中心之间徘徊,是选择一己之私还是公(家庭国家)?孔子这里所表达的意思是没有私心杂念很难。因此,这里的问题是人的行为和思想的中心问题是"方向性"问题。

"曾子曰:可以托六尺之孤,可以寄百里之命,临大节而不可夺也,君子人与?君子人也。"(8:6)意思是可以把年幼的君主托付给他,可以把国家的政权托付给他,面临生死存亡的紧急关头而不动摇屈服,这样的人就是一个君子,因为他的行为显示了仁义道德。曾子所说的临危不惧的君子,其含义是,道德是体现在人的所有行为中的,更多的是平凡生活中。正是基于这一点,我们说《乡党篇第十》是理解整个《论语》的钥匙。在这一篇中,我们可以看到孔子本人是如何待人接物的,它所描述是孔子的道德人生。

在本乡:"孔子于乡党,恂恂如也,似不能言者。其在宗庙朝廷,便便言,唯谨尔。"(10:1)孔子在本乡的地方上显得很温和恭敬,像是不会说话的样子。但他在宗庙里、朝廷上,却很善于言辞,只是说得比较谨慎而已。这里描述的是孔子如何对待乡亲父老,在重要的地方比如宗庙和朝廷如何说话。孔子对人非常恭敬。"乡人饮酒,杖者出,斯出矣。"(10:13)行饮酒礼后,要等老年人出去了,自己才出去。

在朝廷上:"朝,与下大夫言,侃侃如也;与上大夫言,訚訚如也。君在,踧踖如也,与与如也。"(10:2)孔子上朝的时候,国君还未来时,他和官僚们闲谈,同下大夫说话,侃侃而谈,显得从容不迫;对上大夫则和颜悦色,非常恭谨。等君主来了,则显得局促不安,非常恭敬。孔子的言行是符合礼仪标准的。如何对待下级和上级官员,如何对待君主,这些都是礼仪规定了的。而这里所描述的是孔子如何体现这些礼仪。在10:4篇章中,描述了孔子如何会见君主。当他经过君王座位时,面色矜庄,不敢出大气,等走下的堂来,面色放松,怡然自得。等回到自己的位子上,面对君主时,又显得恭敬、内心局促不安的样子。"君命召，不俟驾行矣。"（10：20）君主召唤，孔子不等车辆驾好马，就立刻步行前往。"疾，君视之，东首，加朝服，拖绅。"（10：19）孔子病了，君主来看他，他就马上按照君臣礼节接见君主。[1]

对待国外宾客："君召使摈，色勃如也，足躩如也。揖所与立，左右手，衣前后，襜如也。趋进，翼如也。宾退，必复命曰：宾不顾矣。"（10：3）君主派孔子去接待外宾。孔子面色持重，脚步快盈，向两旁人作揖拱手，衣冠整齐。向前快步行进，表示敬意。外宾离开后，孔子回来报告说外宾已经回去了。在10：5篇章中，是这么描述孔子到国外去的。"执圭，鞠躬如也，如不胜。上如揖，下如授。勃如战色，足缩缩如有循。享礼，有容色。私觌，愉愉如也。"到国外出使，孔子非常的恭敬谨慎，小心翼翼。给对方献礼物，满脸的和气。但是，当和国外君王以私人身份说话时，就显得轻松愉快。场合不同，行为不同。

我们看到，乡礼、朝礼、宾礼等礼仪，孔子都在自己的行为中体现的淋漓尽致。"礼"之中的道德和政治含义是水乳交融的。

孔子又是如何对待朋友的呢？"朋友死，无所归，曰：於我殡。"（10：22）朋友死了，没有人埋葬，孔子就负责料理葬礼。"朋友之馈，虽车马，非祭肉，不拜。"（10：23）由于朋友之间是平等的，朋友送礼，只要不是祭肉，就不行礼。在其他场合，孔子也如此。"食不语，寝不言。"（10：10）吃饭的时候，不说话，以免显得不礼貌。在就寝时，不说话（含义不清楚）。

"虽疏食菜羹，瓜祭，必斋如也。"（10：11）在吃饭前祭祀，无论是祭祀自己的祖先、祖辈，还是发明食物的人，这种祭祀活动，都是一种关系性，不是纯粹的个人行为。人每天要吃饭，吃饭似乎是人的最平常的动作，饿了就吃。但是，吃饭前的祭祀，使得吃饭者的吃饭行为具有新的含义。西方基督徒吃饭前的祈祷，具有类似的意义。

《乡党篇》虽短，一个君子的形象却栩栩如生的显现在我们面前。

---

[1] 这里把孔子的行为和韩非子关于孔子和哀公的关系对比一下是非常有意思的："民者固服於势，势诚易以服人。故仲尼反为臣，哀公顾为君，仲尼非怀其义，服其势也。故以义，则仲尼不服於哀公；乘势，则哀公臣仲尼。"（《五蠹》）按照韩非子的理论，就道德知识和为人而言，孔子胜过哀公，孔子应该在哀公面前觉得自己很骄傲。但是，就权力而言，哀公为孔子的君主，是因为哀公有武力和权力作后盾。在这个世界上，道德礼仪是没有用的，权力和武力才有威力。这里的问题是，如果孔子因为自己的道德而傲于哀公，即使哀公是一个平庸的君主，那么，孔子还是一个君子吗？

阅读《论语》，应该学习的是，在一定的环境下，我们应该做什么事，不应该做什么事情。孔子和他的学生也许不仅仅是为了传播知识或者信息，也是为了鼓励或者提示人在不同环境下如何采取行动。具体环境不同，我们的行为也应该相应改变。但是，无论如何，把礼仪或者道德贯穿在自己的生活中，这是最根本的法则。

第二节 孔子的道

"道"字在中国文化中是一个基本概念。道家因为突出"道"而得名。在不同的哲学家那里，道的涵义也是不同的。孔子说，"道"具有三个含义：一是存在于古代的历史现实的"道"，二是在人的头脑和知识中的"道"，这个"道"是任务，是理想，三是实现和完成了的道德和政治理想的"道"。对于孔子来说，过去的黄金时代曾经是有道的世界，比如夏、商、周时代。而到了孔子那个年代，道已经失去了其现实性，仅仅存在于人的头脑和继承下来的知识中。所以，儒家的任务就是要让世人知道，道不仅仅是古代的东西（如韩非子所说的那样），而且是我们每个人的道德任务，是依赖于我们去实现和完成的，在实现道的历程中弘扬古之道，发展古之道，改变历史，进而改变我们自己。下面，我们从四个方面谈谈《论语》中道的含义。

2.1 作为观念的"道"与作为成就的"道"的区分

"子曰：朝闻道，夕死可矣。"（4：8）一般的翻译是，"早上得知道，晚上死去，也不遗憾"。这样的翻译与下面话不对应："子曰：士志於道，而耻恶衣恶食者，未足与议也。"（4：9）意思是有志于实现道的人，却以艰苦生活为耻辱，对于这样的人，不值得我们和他们商讨。士显然知道"道"是什么，关键在于如何实现道。如果仅仅在口头上说自己要实现道，而在躬行上却表现出与道背离的倾向，不愿意在艰苦的生活中弘扬道，不愿意改变自己，这实际上是没有真正懂得"道"在于行。根据4：9的意思，我们可以说，4：8应该做如下理解：如果早上得知"道"实现了，即使晚上死去也不遗憾了，或者是，如果早上看到道实现了，那么，即使晚上死去，也不遗憾。用一句非常现代和革命的话说，如果早上看见共产主义实现了，那么，晚上去世也不遗憾，因为我们看到了我们共同奋斗的目标达到了。所以，"道"对于孔子来说，同时具有两个含义，一个是作为观念和任务的"道"，一个是作为实现了的社会和政治现实的"道"。"朝闻道"的"道"是实现了的道，而"志于道"的"道"是观念上的道，是路标，是任务和理想。

孔子在知识上是很清楚"道"是什么的。"子张问：十世可知也？子曰：殷因于夏礼，所损益可知也；周因于殷礼，所损益可知也。其或继周者，虽百世，可知也。"（2：23）孔子认为，从夏到商再到周，礼的传承是很清楚的，其所增所减，没有改变实质精神，所以，即使百世之后，只要继承周之礼，应该是什么样的，是很清楚的。这一节也有助于我们理解4：8的意思。"子曰：夏礼，吾能言之，杞不足徵也；殷礼，我能言之，宋不足徵也。文献不足故也。足，则吾能徵之矣。"（3：9）这里孔子很清楚地表明，他对于夏和殷的礼很熟悉，只是没有足够的历史记录和贤人来证实他的话。所以，在他头脑里，他对古代社会中所包含的道是很熟悉的，只是在他所生活的杞国和宋国不能够得到证实。因为在孔子的时代，已经民风不古，道已经不存了。我们可以说，孔子美化了古代社会，尤其是夏商周朝，但是，孔子本人认为，夏商周是礼仪的时代，是道实现的时代，是人类文明辉煌的时代。显然，道在过去曾经存在过。因此，我们怎么能说孔子不知"道"而愿闻"道"而死呢？

孔子所说的"闻道"是希望他所处的时代能再次实现古代的礼仪社会，把头脑中的礼仪变成现实。"仪封人请见，曰：君子之至于斯也，吾未尝不得见也。从者见之。出曰：二三子何患于丧乎？天下之无道也久矣；天将以夫子为木铎。"（3：24）意思是封地的官员对孔子的学生说，你们为什么为你们的老师失去官位而沮丧呢？世界上已经很久没有道了（暗含着过去曾经有道）。天将用你们的老师作为木铎来警醒世人。过去曾经有道，而现在很久没有道了，道仅仅是存在于人的头脑中。孔子的任务就是警告世人，去实现道，在道德行为中体现道。这里，我们可以看出对"述而不作"的一个新解：孔子是一个木铎，是天用来警醒世人的。"道"对于孔子而言，是使命，是任务。作为"警钟"，孔子不仅仅是传递书本上的知识而已。

正是因为上面所说的使命感，我们才能理解下面的话："道不行，乘桴浮于海。从我者，其由與？"（5：7）如果道不实现于天下，我将乘木筏漂于海上。所以，这里非常肯定地说，"道"的实现是孔子的理想，也是古代辉煌时代的重现。这对于"朝闻道"有着明确的注释。在18：6篇章的最后一句话里，孔子说"天下有道，丘不与易也。"如果天下有道的话，即如果天下已经实现道的话，我就不与你们一起改变它了。孔子之所以朝不闻道，是因为天下无道。

孔子关于"有道"和"无道"的言论，值得我们重视："子曰：笃信好学，守死善道。危邦不入，乱邦不居。天下有道则见，无道则隐。邦有道，贫且贱焉，耻也；邦无道，富且贵焉，耻也。"（8：13）对于"道"要坚信（因为它是个信念和信仰），要真诚的学习和身体力行。为了完善"道"，坚持到死。如何才能做到这一点呢？不进入危险的国家，不居住在混乱的国家。因为它们和道是格格不入的。当天下有道的时候，即当政府是按照礼义治理国家的时候，他就出来为国家做贡献；当天下无道的时候，即当统治者昏庸，丧失礼义的时候，他就隐藏起来。当国家政治体现了古之礼时，生活贫穷地位低下是自己的可耻；当国家政治抛弃礼仪的时候，生活富裕地位高贵，这是自己的耻辱。孔子在这里强调对于道的实现涉及两个方面，即个人和国家政治生活方面。当国家有道时，国家和个人是和谐的统一体，国家的昌盛也意味着个人生活的富足。每个人都过着一种奋发向上的生活，官民同乐。在这样人人丰衣足食的时代，而你却贫穷和社会地位低下，这只能证明你自己懒惰。当国家无道时，你个人却过着奢侈的生活，享有很高的地位，这证明国家成了你掠夺个人财富的手段。这时，你应该觉得耻辱。最理想的社会是天下有道。这是孔子政治哲学的核心。有道和无道是就现实社会生活而言的，不是在知识上的区分。在《孟子》中，有类似的表达："孟子谓宋勾践曰：子好游乎？吾语子游。人知之，亦嚣嚣；人不知，亦嚣嚣。曰：何如斯可以嚣嚣矣？曰：尊德乐义，则可以嚣嚣矣。故士穷不失义，达不离道。穷不失义，故士得己焉；达不离道，故民不失望焉。古之人，得志，泽加于民；不得志，修身见于世。穷则独善其身，达则兼善天下。"［《尽心章句上》第九章，(13：9)］[1] 人如何可以快乐呢？崇尚德行，喜爱仁义，在任何情况下都会快乐。贫穷的时候，不失去义，富有时不背离道义。得志（政治上成功），就泽惠于民，不得志，就独善其身。

2.2 道与人

上面我们最后引用的篇章已经讨论了道与个人的关系，特别提到了政治生活。道与政治生活、与人是分不开的。孔子总是把政治生活看作道德生活

---

[1] 杨伯峻：《孟子译注》，中国书局1988年版。

第二章　孔子：道德、政治与人的塑造

的最高点；一个完全实现了的道德生活是政治生活。天下无道时，个人不参与政治，是为了保持道德的纯洁性，是在个人生活中体现道和礼义。这只是无奈的举动，不是最高的理想和生活。所以，孔子说，天下有道时，个人应该和国家融为一体，积极参政。在国家有道的时候，个人生活却穷困潦倒，到处奔波，这不是国家的错，应该是个人道德生活上有问题。在国家无道时，个人生活富贵豪华，这说明个人没有道德。对于孔子来说，个人道德生活应该延伸和扩展到政治领域。道德涵盖了个人、家庭、国家三个方面，而家庭和个人一般是一体的。

　　正是基于上述道理，孔子一再表示，实现道不仅仅表现在教书育人上，还在于从事实际的行政事务。"子曰：苟有用我者，期月而已可也，三年有成。"（13：10）孔子对自己的行政能力非常自信，认为倘若给他一年的时间，他就能初见成效，若给三年的时间，他就能把一个国家治理得非常好。道，作为真理，不仅仅体现在某一个方面，比如教书。也许在孔子看来，他招收学生，讲授古代礼仪是无奈之举。他教书的目的也是为了培育青年，改造世界，当然，同时也是改造自己。但是，孔子很可能认为，如果政治条件成熟，从政更能实现道，更能在自己与国家的关系中，在主持国际政事中，使道得到更广更深的发展。

　　这也是孔子所说的"人能弘道，非道弘人"（15：29）。上面我们说了，对于孔子而言，道德真理和规则，其真理性主要体现在实际行动之中。在道德知识问题上，"是什么？"的问题取决于"如何做？"的问题。这里，黑格尔有名的关于游泳的例子很有帮助。一个人不跳进水里，在岸边上熟读关于游泳的知识，无论他对书本知识掌握如何，他还是与游泳的真理无关，还是不会游泳。也就是说，关于游泳的知识还没有把他转化为一个会游泳的人。对于礼仪精神的掌握也是如此：人在自己的日常生活中，努力使自己的言行符合礼仪，把自己彻底社会化；这个社会化过程就是人弘道的过程。作为道德主体，我和礼仪或者道有什么关系呢？仅仅是在脑子中熟记硬背关于礼仪或道德知识吗？如果一个人认为人应该服务于国家，献身国家的伟大事业。如果他仅仅在口头上这么说，那么，他关于服务国家的责任和义务的真理体现在哪里呢？我们都知道，人应该通过具体的行动中来报效祖国。没有这个实现道的过程，就不可能有关于道的真理。古代的礼仪是需要人来继承和发扬的，不会自然而然使人变得更加文明更加高尚。用当今现象学的语言说，道是在人的行为中构成的；道不是独立于人的行为而存在的客观实在。道的真理性就体现在人的实践过程中。孔子关于道与人的关系，也非常符合美国实用主义关于真理的定义。真理是一个过程，一个自身验证的过程。真理是在实践中体现出来的，不是被发现的。注意：实践不是检验人的观念与客观实在是否符合的过程，而是产生真理的过程。仅仅存在于人的头脑中的关于道的观念，不是道本身。那是关于道的开端。道需要在人类生活中体现出来，变为现实的存在。"人能弘道"，这一方面表明，孔子对于在人类社会中实践道的理念具有乐观的态度。另一方面也说明，正是通过人类活动，道才出现、发展、直至完成。

对于个人而言，道德生活的最高境界是与道合一，即自己成为道的艺术品。"子曰：知之者不如好之者，好之者不如乐之者。"（6：20）三种境界：知道某物；热爱某物；陶醉于某物（生活在某物中）。理性上的把握不如情感上的热爱，情感上的热爱不如在实践中体现。理性上的认知，也许与自己没有关系。情感上的热爱加上理性的认知，那是不一样的关系。如果不仅理性上有认知，情感上有关系，而且生活于其中，陶醉于其中，其结果肯定是不一样的。当然，孔子在这里讨论的是关于道德和礼仪的问题，也是关于道的问题。这就引出了第三点：道德与实践。

2.3 道德与实践

"子贡曰：我不欲人之加诸我也，吾也欲无加诸人。子曰：赐也，非尔所及也。"（5：12）在这个篇章中，孔子所关注的不是"恕之道"（己所不欲，勿使于人），而是子贡的言与他的行。在子贡说了"恕之道"后，他们师徒没有就这个命题的特性，以及我们为什么需要这个道德规则展开讨论。孔子说，你还没有到达这个境界[1]。子贡陈述了一个道德法则，但是，他的行为揭示出他还没有实践这个真理。换句话说，子贡仅仅知道真理的形式，不知道真理的内容。如果参看15：24和15：3篇章，这里的意思就更清楚。在15：24篇章，子贡问有没有终身贯彻的原则："有一言而可以终身行之乎？"孔子说：

---

[1] "非尔所及"不应该理解为"这不是你所做得到的"，因为忠恕之道作为行为准则，人人都需要努力做到。它也假设人人都应该这么做。如果说子贡做不到，说某些人做不到，这就不是一个普遍的道德准则，也不应该对违反这个规则人进行批判。孔子的意思似乎是，子贡意志不坚强或者懒散等，不去努力做，而不是他做不到。参看15：24篇章，子贡问孔子什么是终身可用的原则，孔子就用同样的话回答。子贡很可能也是鹦鹉学舌，没有切实办到。

"其恕乎！己所不欲，勿施于人。"在15：3篇章中："子曰：赐也，女以予为多学而识之者欤？对曰：然，非欤？曰：非也，予一以贯之。"这里的一以贯之的东西就是在行为和实践中实现忠恕之道。子贡仅仅是在理解上知道恕之道的含义，而没有真切的在行为中体现。"子张曰：执德不弘，信道不笃，焉能为有？焉能为亡。"（19：2）德与道是需要来笃行来发扬的。

人要想成为一个有道德的人，一个仁人，一个君子，需要在自己生活的方方面面体现出来。我们不能以一个行为来界定什么是道德或者仁。与之相反，正是因为仁的精神才使得行为成为道德。孔子虽然强调实践或者生活是实现道的方式，但是道不等于某些实践活动。在理解道德和实践的问题时，这是特别需要注意的。道必体现于言行，但是，道不局限于某些言行。"子张问曰：令尹子文三仕为尹令，无喜色；三已之，无愠色。旧令尹之政，必告新令尹。何如？子曰：忠矣。曰：仁矣乎？曰：未知。焉得仁？崔子弑齐君，陈文子有马十乘，弃而违之。至于他邦，则曰：犹吾大夫崔子也。违之。之一邦，则又曰：犹吾大夫崔子也。违之。何如？子曰：清矣。曰：仁矣乎？曰：未知。焉得仁。"（5：19）尹令子文和陈文子的行为体现了某些道德品性，即忠和清，但是，他们是不是仁人，这是很难说的。所以，孔子回答说"未知"。仁，作为道德的核心精神，和其他的道德品质不一样。如何在实践中体现仁，这是君子所关心的问题。

那么，什么是君子呢？从前面孔子关于"有道"和"无道"的言论中，似乎君子和道德的关系有两种。如果天下无道，君子如何行为？假如天下无道，君子只好完善自己个人的道德生活。"子曰：贤哉，回也！一箪食，一瓢饮，在陋巷，人不堪其忧，回也不改其乐。贤哉，回也。"（6：11）根据8：13篇章，颜回的生活代表的是无道的年代。假如天下有道，颜回还是如此贫困潦倒，那就是可耻的行为。这也是不得已而为之。因为弘扬道绝不止于个人生活。改变社会才是仁的真正体现。"子贡曰：如有博施于民而能济众，何如？可谓仁乎？子曰：何事于仁！必也圣乎！尧舜其犹病诸。夫仁者，己欲立而立人，己欲达而达人。"（6：30）这里的话，显然与赞美颜渊的话不一样。圣人应该是博施于民、济众助世的人。而仁者仅仅是自我完善的人。圣人与仁者不是一个层次上的，仁者应该发展为圣人。真正的自我完善与改变世界是一体的。仁者的任务是无穷的，即使尧舜（仁者）也不是完美无加的。从个人到国家，到世界，这是一个无休止的过程。当然，后面所说的仁人能做的话需要一个前提，那就是天下有道。6：30 篇章也说明，对于孔子而言，大道行于世比个人道德生活重要得多。他似乎强调，全世界的福利不是某个人可以做得到的，尽管这是仁人应该努力的方向。但它仅仅是一个理想，一个连尧舜都没有实现的理想。这里就涉及到道德理想和个人生活的关系问题。

这里把"博施于民而能济众"突出出来，并说连尧舜也没有达到，是非常有意义的。道德的含义不是空洞的，要表现出来。而其中最高的理想表现在物质利益上，但是，这个物质利益不是我自己的物质利益，而是天下大众的。这与"君子喻于义，小人喻于利"的抽象的片面的理解道德是不同的。这在孟子哲学中也非常明显。墨子哲学中就更加突出。判断一个社会是不是正义，要看这个社会民众的物质生活是不是都得到了提高，而不是看少数人的生活状况。这是正义或者仁义的一个核心内容。把这个内容应用到政治生活中，我们就会明白民主政治本身不是衡量社会状况的标准，民主政治本身需要更基本的标准来衡量，那就是"博施于民而能济众"。这里，孔子的话延伸以后与儒家哲学未必是一致的。连尧舜也达不到，这是不是意味着"博施于民而能济众"的道德和政治理想超越了儒家哲学呢？我们在墨家将会看到对这一政治的理性阐述。

2.4 作为道德理想的道与个人生活

"子曰：志士仁人，无求生以害仁，有杀身以成仁。"（15：9）仁，作为道体现在个人生活之中，是对道的弘扬和发展。但是，道或者仁不始于个人，不终于个人。道是通过千千万万的人弘扬光大的，但它又是独立于个人的。人的生命，在生物学上是可以终结的，但是，个体生命的永恒性或者持续性因其道德使命而超越了生物学上的生命。肉体的痛苦和快乐固然重要，但是，道德的生命更加重要，因为它是超越时空的。如果说个体的生命是最重要的，个体的利益（包括痛苦和快乐）是第一位的，那么，人为了避免死亡可以做一切事情，而事实上，人不是这么做的。孟子对此有更多的论述。为国捐躯最能表达这个观点。生命是个人最宝贵的，而比个体生命更重要的是国家和家庭利益。正因为生命可贵，为了更高的目的而牺牲个体生命就说明道德是超越一定时间性的，可以说，是永恒的东西。

个体生活和实践在时间中发展和成就了道和仁，而道和仁在永恒的意义上成就了个体的自我。这也是人与使命感的关系的意义。

第三节 人是一个学习的过程

从前面两节我们可以看出，孔子所说的学习不是现代学术研究和职业训练意义上的学习；学习，对于孔子以及很多传统中国哲学家而言，是人之成为人的过程。学习不是手段，学习本身就是目的。学习是一生的任务，学习和人生是等同的。当然，孔子所说的学习在多数情况下是指道德学习。"子夏曰：百工居肆以成其事，君子学以致其道。"（19：7）这句话非常典型地表明了孔子的工匠模式思想：人是通过学习来成就其道的。那么，学习的含义是什么呢？

3.1 孔子哲学中"学习"的道德和政治含义

"学习"在《论语》中主要是指实践和修养的过程，而不是现代意义上的理论学习。学做人，类似成为一个工匠的过程：从导师和师傅那里学到技艺，从而把材料转化为工艺品。道德学习与学徒的不同之处就在于，在道德学习中，学习的目的是转化自身，而不是对象。

"子曰：学而时习之，不亦说乎？有朋自远方来，不亦乐乎？人不知而不愠，不也君子乎？"（1：1）《论语》中的这三句话，妇孺皆知。但是其含义，却不是人人都清楚。这三句话之间有联系吗？因为没有孔子说话时的具体语境，我们很难了解它最初是什么意思。不过，从第三句话，我们可以猜测，在孔子退出仕途之后，其政治抱负和道德理想并不为人知。但是，孔子认为，自己虽然在政治上失意，但这并不影响自己的道德修养和生活。教书育人也是件很快乐的事情，也是道德的责任。况且，即使对于自己，教书也同时是学习的过程，是"温故而知新"（2：11）的过程。教书育人，既是一个自我提高的过程，又是帮助别人的过程，是"己欲立而立人，己欲达而达人"（6：30）的过程，这未尝不是件快乐的事情呢？这可以和8：13中有关天下有道和无道联系起来，也可以和"二三子何患于丧乎？"（3：24）联系起来。在天下无道时，注重个人道德上的纯洁性。丧失了官位，为什么要沮丧呢？把1：1和其他四个篇章联系起来看，这段话很可能是孔子对他的学生说自己的。把"学"和"习"与古书中的"习礼乐"和"习射"的"习"的意义联系起来理解，就知道学习更是修养的过程。把"朋"理解为"弟子"[1]。孔子的意思是：一个君子，即使在天下无道的情况下，也不要丧失自己的道德追求，要在个人的自我修炼中不断完善自己，这难道不是很快乐事情吗？有弟子从远方来求学，不是件令人很愉悦的吗？别人不知道自己而不闷闷不乐，这不是君子应该做到的吗？即使自己没有为世人所知所用，自己也应该乐于道。他的话更像是对自己说的，同时对他的学生也有指导意义。"子曰：古之学者为己，今之学者为人。"（14：24）这句话与"人不知而不愠，不亦君子乎"联系起来看，我们就明白道德修养是为了自己，不是为了给别人看的。他人是否理解我，并不是很重要。

"子曰：诵《诗》三百，授之以政，不达；使于四方，不能专对；虽多，亦奚以为？"（13：5）在这章中，孔子意思是，即使你能全部诵读《诗经》，如果在处理实际事务（政治与国际的）中，你不能运用所学到的，那学的再多也无用。学以致用，学习是为了贯彻到政治生活和实践中的。因此，孔子所讲的学习，和我们现在说的学习书本还是有区别的。为什么要学习《诗经》呢？我们从中能学到什么呢？"子曰：小子何莫学夫诗？诗，可以兴，可以观，可以群，可以怨。迩之事父，远之事君；多识于鸟兽草木之名。"（17：9）学习《诗经》除了能增加自己的日常知识外，更重要的是能提高自己的能力，以便侍奉父亲和效忠君主。学习《诗经》不仅仅是要欣赏，而且善于利用其中的知识，提高自己的道德修养。侍奉父母，效忠君王和国家，这是自己的道德责任。政治与道德是一体的。这也与儒家所理解的人的定义是分不开的。因此，学习《诗经》就是要转化自己，把自己社会化。把这两个篇章联系起来，可以看出，即使你对于道德和伦理知识非常精通，甚至能写出很好的伦理学文章和著作，如果你写的东西与你自己的生活无关，那么，你还是不懂得道德真理是什么。道德真理是在政治实践和社会生活中成为现实的；书本上的命题和论证是纸上谈兵的形式。正是在这个意义上，我们才能理解孔子下面的话："子曰：吾尝终日不食，终夜不寝，以思，无益，不如学也。"（15：31）每天沉迷于理论思考之中，对于道德真理进行论证和思辨，这对自身没有任何益处。道德真理不是在纯粹的理论层次上实行的。克尔凯郭尔（Kierkegaard）的话有助于理解孔子的思想："一个小孩，一个头脑最简单的人，一个最有智慧的人，他们都知道什

---

[1] 参看杨伯峻：《论语译注》，中华书局1980年版，第1页。

第二章 孔子：道德、政治与人的塑造

么是最高的任务，都理解的是同样的意思，因为，如果我敢这么说的话，它是派给我们所有人的同样一个学习任务。但是，造成他们之间不同的是，我们是否在一定距离之外理解它，即我们不在行为中去做，或者在手中理解，即我们在行为中体现，'不能做其他的'，不能不做它"。[1] 这里，克里凯郭尔谈的也是道德命令：爱他人如同爱自己。对于道德命令和责任，人人都知道它的含义；关键是怎么去做。做与不做，不是体现在"什么样"的问题上，而是体现在"怎么样"的问题上。在道德问题上，实践或者如何做成就了道德命题的真理性。与道德命令和规范保持一定的距离，尽管在理性上理解是完全正确的，但在真理性上等于零。康德（Kant）在论证"存在"一词的意义的时候，用关于如何区分语言上的一块钱与实际上的一块钱来解释：在纯粹的语言或者命题上，你永远无法区分是真正拥有还是实际拥有一元钱。区分的标志就是指出来。如果我们把存在理解为"去实现"的话，康德的话也适用于说明孔子的话的含义。

"子曰：由也！女闻六言六弊矣乎？对曰：未也。居！吾语女。好仁不好学，其弊也愚；好知不好学，其弊也荡；好信不好学，其弊也贼；好直不好学，其弊也绞；好勇不好学，其弊也乱；好刚不好学，其弊也狂。"（17：8）"好知不好学，其弊也荡"，这句话表明"学"不是学习的学。孔子在这里说，对于"仁、知、信、直、勇、刚"六言即"六德"，如果没有学习，就会流于六弊"愚、荡、贼、绞、乱、狂"。道德品行需要学习或者道德修养来打磨。经过一个学习修养过程"六德"才能在行为中表现的恰如其分。只知道爱好仁德，具有爱心，而不知道如何表达爱心，这会倾向于愚笨。一味追求知识和智慧，而不知道它在实际生活的具体应用，这种爱好也会使得"好知"成为沉迷于辩论而不求真理。下面同理：没有学习锻炼的过程，对诚信的爱好就会成为伤害自己，对于耿直的爱好就会成为尖刻，对于勇敢的爱好就会成为捣乱，对于刚毅的爱好就会成为狂妄。品德不是人的纯粹的心理特征或活动。品德需要用行为来体现。孔子在论述六言六弊时，强调它们是体现了人和人之间的关系。单纯的追求刚毅，就会表现为狂妄自大，目中无人。单纯的追求耿直，就会说话尖刻，伤害他人。因此，道德品性体现了人和人之间的关系以及自身的道德修养。对人来说，"六德六恶"（"六言六弊"），不是物质本身的特性。人与石头不同：

---

[1] Soren Kierkegaard, *Works of Love*, edited and trans. Howard V. Hong and Edna H. Hong, Princeton, NJ: Princeton University Press, 1995, p. 78.

人是在关系性和过程中成就自身的。所以说，道德修养不仅仅是个人的私事；它在根源上就是关系性的。从"六言"上看，品德不是概念，而是路标。

3.2 学习的例子

为了能更好的理解孔子所说的学习的含义，我们这里先举几个例子。

学习就是要学会如何改造自身，如何成就自我，如何待人。"子夏曰：贤贤易色；事父母，能竭其力；事君，能致其身；与朋友交，言而有信。虽曰未学，吾必谓之学矣。"（1：7）子夏在这里对于孔子的学习给了非常明确的回答：学习就是如何正确地对待父母、君主、朋友。侍奉父母，效忠君主，诚实待友，这是学习的主要内容。这里讲的是"我"如何对待君主，如何对待父母，如何对待朋友。"竭其力"是"孝"的外在表现，"致其身"是"忠"的外在表现，诚信是对待朋友的行为。诚信不仅仅是心理活动，更重要的是行为，是涉及他人的行为。如果说父母和"君主"都具有权威性的话，"我"是位于下方的，是一个服从的角色。在朋友关系上，就没有权威性可言，是平等关系。平等关系如何处理呢？没有外在的权威，就要靠自己的良心和诚信。"孝"、"忠"、"信"都涉及人与人之间的关系并体现在行为之中。（这里请注意儒家所说的主要关系是指父母、君臣、朋友之间的关系。）在这一章中，"贤贤易色"的意思争议很大，也许是个衍文。"贤贤易色"中的"色"是不是美色的意思很难判断。"子曰：巧言令色，鲜矣仁。"（1：3）"子曰：色厉而内荏。"（17：12）这里的"色"是外表和脸色的意思。在《诗经》中还有"和颜悦色"的意思："载色载笑。"（《诗经·鲁颂·泮水》）如果把它和礼仪中的"仪"联系起来，我们可以做个大胆的假设："贤贤易色"指的是，以贤为榜样（贤贤）就是要改变自己的言行举止（易色）。"色"既然可以指容貌，"易色"可以理解为改变自己的言行[1]。在"事父母"、"事君"、"待友"中，把自己的自然欲望进行社会化。学习就是在行动中改造自然的人，使之成为道德的人。

学习就是遵从礼仪："子曰：麻冕，礼也。今也纯，俭，吾从众。拜下，礼也；今拜乎上，泰也。虽违众，我从下。"（9：3）学习是根据礼仪的实质来行为的，不拘于形式。在礼帽的材料上，今天的人节俭不违背礼的精神，孔子觉得可行，他赞同。但是，在臣为君行礼上，大家都把礼简化，他认为

---

[1] 我们还可以根据字面理解为，对圣贤之人的尊重会"达于表"。色即表的意思。

这是不对的，他觉得少了一拜实际是不尊重君主。所以，他说，在这点上，他不愿从众。从这个篇章，我们可以看到，孔子在对待古代礼仪的问题上，不拘泥于外表，而是看重精神实质的东西。这里有一个问题：礼帽的材料是外表的问题，不影响礼仪的精神。那如何行礼的步骤的问题是不是也是不固定的？是不是只要内心忠诚，就不必拘泥于礼数呢？孔子认为，内在和外在的表现是一致的。外在行为上礼数不够也表达了内心对对方的轻慢。礼仪对人的改变和改造不是一个纯粹内心学习的过程。这里可以看到孔子对外在性是很重视的。

学习就是向他人学习。"子曰：三人行，必有我师焉。择其善者而从之，其不善者而改之。"（7：22）这里的"三"不是实指，是"多"的意思。在道德学习上，孔子认为，楷模或者模范是最重要的。礼仪不仅仅体现书本上，在他人身上也可以体现出来。这就如学习武术和技艺一样，仅仅依靠书本上的东西是不够的。在实践中学习，在生活中学习，处处都有我们学习的地方。在这里，孔子还特别强调，道德学习首先是一个完善自身的过程，而不是批评他人。学习不仅仅是从书本上学，不仅仅是跟随自己的老师学，在学习上，"学无常师"（19：22），因为学习的根本目的是根据"善"来改造自己。这就是儒家常说的"为己之学"的含义。什么是善，如何模仿善的行为，这是学习的核心问题。"子曰：见贤思齐，见不贤而内自省也。"（4：17）意思是看到别人好的地方，自己要努力做到；看到别人不好的地方，自己要反省，看看自己有没有犯同样的错误。别人是自己的一面镜子。善与不善，也首先是个实践的问题。[1]

---

[1] 有人可能会质疑说，看到别人，我能"择其善者而从之，其不善者而改之"，这说明预先我就知道什么行为是善的，什么是不善的。善恶的标准在我心中。如果我是非不明，怎么能够知道何者为善，何为不善呢？与之有关的问题是，既然我本来就知道什么是善什么是不善，我为什么等到看到别人的行为后而模仿别人呢？"择其善者而从之，其不善者而改之"是不是自相矛盾？"见贤思齐，见不贤而内自省"就给这个问题提供了一个答案。善与不善，在生活中的含义就好比如声音和光的强度一样。太阳与萤火虫都会发光，但它们之间的差距是非常大的，一个养育万物，一个在黑暗中勉强被看到。还有一个问题，什么是善，什么是不善，在实际生活中，有时候是非常难分辨的。他人生活中的善与不善会影响到他周围人的生活。就其影响而言，善与不善的含义就显得很清楚。一个人伤害了我或者其他人，从我或其他人的痛苦中，我们可以学会不做类似伤害人的事情。我们还要反省，自己是不是做过类似的行为。比如，看到别人开车时很不礼貌地抢你的车道，你会觉得这是不善之举，你就要反省自己是不是也有过同样的错误。这是"其不善者而改之"。别人在自己困难的时候帮助自己，这是善举。这样的行为自己要模仿。这是"择其善者而从之"。美国哲学家心理学家詹姆斯（James）说，我们人性有这么一个非常奇异的特性，那就是，在我们自身看来很满意的东西，当别人表现出同样的行为时，我们感到非常难以容忍，比如愚蠢、傲慢、嫉妒等行为。参看 William James, *Writings* 1878~1899, New York: The Library of America, 1992, pp. 186~187.

学习古代文献是为了帮助自己理解礼仪。"子曰：君子博学于文，约之以礼，亦可以弗畔矣夫。"（6：27）在《子罕篇》中，颜渊说，"夫子循循然善诱人，博我以文，约我以礼，欲罢不能。"（9：11）看来"博学于文，约之以礼"的确是孔子本人所说，他的学生重复了他的话。孔子在教导学生时，用"文"增加他们的知识，用"礼"约束他们的行为。结合孔子对《诗经》的看法，我们可以说，"博学于文"指的主要是学习古代礼仪，当然还包括其他知识。用我们今天的话说，书本上的学习是不够的。君子之所以学习古典文献，是想用古代之礼来约束自己，锻炼自己，从而在行为上不违背"礼"。约束自己，不应该简单地理解为被动的行为。"约之以礼"，这里的"之"是指什么呢？就是自己。这个自己不是成就了的道德自我，而是自然禀赋所表现出来的自我。工匠需要材料才能制造出工艺品，同样地，人需要自然材料才能成为道德的人。"约之以礼"中的"之"不是指人完成了道德人格，不是指君子本人。在《子罕篇》中，颜渊对君子之道是这样描述的："仰之弥高，钻之弥坚。瞻之在前，忽焉在后。""君子"作为道德理想，对于追求者而言，越追求，越完善自身，越是觉得自己的差距在变大。道德任务是无限的。

这里的问题是，为什么孔子强调"约之以礼""可以弗畔矣"呢？这里的话实际上印证了韩非子关于人的自私性的观点的正确性。人之所以需要礼来规范自己的行为，那是因为人具有一种对社会化过程抵制的倾向。"畔"就如同河水越过河岸一样。礼的一个功能就是"河岸"的作用，就是规范人的自然欲望和情感。因而是外在的强迫性。"约"（约束）和"畔"（背离）都有一个前提：人不会生而就是人；自然的人是一个半成品，是需要打造的。在《礼记》的"经解"篇中，有这么一句话："夫礼，禁乱之所由生。"这恰恰证明了学习的重要性。这和荀子的观点也一样。社会化的过程或者社会改造的过程有一个被改造的对象，这就是人的自我中心主义。儒家所反对的是个人自我中心主义。

这里需要特别指出的是，"博学于文，约之以礼"是学习的初级阶段。这也是为什么在《子罕篇》中颜渊感慨说："既竭吾才，如有所立卓尔。虽欲从之，末由也已。"当自己似乎感到可以独立行事时，却不知道如何去做。颜渊在这个时候还没有掌握学习之道。我们下面将谈到什么是学习之道。

学习体现在日常生活之中。"子曰：君子食无求饱，居无求安，敏于事而慎于言,就有道而正焉,可谓好学也已。"(1：14)什么是好学呢?好学就是不图安逸,不懒散,勤于做实事,慎于言说,跟随有道德的人来改正自己。学习不是表现在口头上,更应该体现在行为中。"子曰:古者言之不出,耻躬之不逮也。"(4：22)所以学习贵在身体力行。

3.3 学习是一个"如切如磋、如琢如磨"的过程

"子贡曰:贫而无谄,富而无骄,何如?子曰:可也。未若贫而乐,富而好礼者[1]也。子贡曰:诗云:'如切如磋,如琢如磨',其斯之谓欤?子曰:赐也,始可与言诗已矣,告诸往而知来者。"(1：15)这里为什么说"贫""富"呢?与"礼"有什么关系?人类社会从古至今,贫富差距是一个永久的现象。从某种意义上可以说,贫富差距是人类社会的一个根本问题。这个问题与人的自然欲望和社会价值问题紧密联系在一起。即使在文化大革命时期,小孩子在学校也互相比较谁家富裕,谁家贫穷。小孩子从小就是"势利眼",攀附有权有势的同伴,看不起穷人家的孩子。贫富现象已经脱离了它的自然含义,具有丰富的社会内涵。人的体态、体型以及疾病都体现了贫富之别。在过去,穷人又瘦又黑,富人又胖又白。在农村,年轻妇女找婆家,看到相亲的对象又白又胖,会觉得肯定是个好人家(富人)。糖尿病那时是富人才得的病。社会的变迁使穷人和富人的体态等都发生了变化:当今社会(特别是美国),穷人才得肥胖病,因为他们吃的是"垃圾"食品,高蛋白,高能量,而且好吃懒做。穷人才得糖尿病等。富人吃的精致,注意锻炼,比如打高尔夫球等,因而身材好。

在传统社会,贫穷不仅仅意味着生活艰难,更意味着社会地位低下。贫苦的人自然生命也成了一个社会符号,他们依赖富人的恩赐生活下去。富人历来被看作高人一等。社会等级的划分一个很重要的标准就是占用社会财富的多少。贫穷差距所反映的是人和人之间的关系问题。贫穷的人为了生存,有时会奉承巴结富人。所谓"人穷志短"就是这个意思。巴结富人的穷人一旦成为富人马上就会骄人傲物,觉得自己比别人强。从某种意义上说,似乎

---

[1] 孔子在这里提到"乐"与"礼",礼乐在儒家哲学中同等重要。我们将在《孟子》中,特别是《荀子》中看到礼乐对于塑造人的作用。礼是与人欲有关的,而乐与人情有关。人欲和人情都不是孤立的人体现象,而是关系性的现象。欲望和情感不纯粹是心理现象。

贫富是不变的，而穷人富人是可以变化的[1]。

孔子和他的学生这里讨论的不是贫富社会问题，而是作为一个"士"，在贫穷和富有时，应该如何行为。

"无陷"、"无骄"仅仅是从否定的方面来说的，是最基本的要求。"陷""骄"，说明在这个社会，富有的人被看作是高人一等的。孔子认为这是不对的。君子与小人的问题，与贫富是两个问题[2]。如果贫而乐礼，富而好礼，那就更高一个层次。（这是不是意味着常常发生为富不仁的现象？）无论穷还是富，人都不应忘记"礼"；人应该在环境中，改造自己的自然天性，对自然欲望和情感进行控制和塑造。当子贡用"如切如磋，如琢如磨"来形容人对自然情感和欲望进行雕塑时，孔子对他大加赞赏。自然的人就如"骨、角、象牙、玉石"一样是材料，需要经过一定的耐心打磨和工艺流程才能成为工艺品。在别处，他用木头来形容自然天性："宰予昼寝。子曰：朽木不可雕也，粪土之墙不可杇也；于予与何诛？子曰：始吾于人也，听其言而信其行；今吾於人也，听其言而观其行。於予与改是。"（5：10）这里，孔子把朽木和粪土比喻成不可救药的"懒惰"，用"雕"和"杇"比喻"行"。我们看到，无论是自然形状的玉石象牙还是朽木和粪土，用来比喻自然人性，完全符合孔子的工匠模式的思想。这与后来的孟子和荀子是不同的：孟子用"种子"，荀子用"野性"来比喻人的自然天性。

把道德修养理解为打磨玉石或者象牙的过程，把人理解为这个过程的结果，这与古希腊哲学家把人理解为某种不变的东西是非常不同的。在柏拉图（Plato）那里，人的身体是灵魂的监狱，是灵魂临时居住的地方。灵魂是不朽的，是永恒的，与时间性的肉体和欲望是格格不入的。真正的自我是灵魂。

---

[1] 也许有人说，贫富是私有财产造成的。但是，私有财产又是如何产生的呢？贫富本身就是关于占有财产多少的问题，而造成对财产占有欲望的不是财产本身。马克思认为，私有财产的产生与生产力发展水平有关。而事实证明，贫富差距随着生产力的发展而加大，富人永远不会满足于自己的所占有的财富。生产力发展水平仅仅是为占有财富的多少提供了条件。贫富现象背后隐藏的，或者更准确地说，贫富现象本身就是一个价值问题，是人的自私性的表现。更准确地说，对财富的占有，一旦超出了维持生命存在的底线，就成了获得他人认可的标准。黑格尔在主奴辩证关系中所描述的运动适用于贫富关系。

[2] 日常生活中，人们未必都这么看。比如，在北京，很多人把北京的社会治安问题归因于外来打工的人："民工"贫穷，所以他们犯罪。人总希望自己高人一等。贫富差距是一个非常现实的问题。即使自己贫穷，也希望找到高人一等的理由，比如老北京人，以自己的北京口音为傲，看不起别人的外地口音。

灵魂作为永恒的实体，肉体作为可以毁灭的实体，它们是两个完全不同的东西。在他的学生亚里士多德（Aristotle）那里，尽管试图把灵魂与肉体结合起来，亚里士多德还是用生物学的模式来理解人。他把人看作是理性的动物。人与动物的共同点是有情感和欲望等。人之所以为人是人的理性。就实践理性而言，人的品德是使自己的行为不过无不及，例如，勇敢这个品德就是人既不胆怯也不鲁莽。在人的生活中，亚里士多德认为，最困难的就是如何击中靶心。这一点，尽管与儒家有相似之处，但就其实质来看，还是不一样的。亚里士多德把人的理性作为最终的评判标准，而儒家把外在的"礼"作为标准，把人理解为一个过程，理解为学习的过程，这是亚里士多德所不具有的观点。因为在亚里士多德的伦理学背后是他的形而上学思想，是关于共相和个体的如何统一的思想。所以，对于亚里士多德来说，最高的品德是理性沉思自身，是理性品德（intellectual virtues）。道德品德（moral virtues）低于前者。思，而不是做，是最高的境界。特别需要注意的是，亚里士多德的品德伦理学关注的是人的内在特性，而不是人的某些活动或者行为。这与孔子的伦理思想是不同的。

我们应该如何准确理解"如切如磋，如琢如磨"的思想呢？"颜渊问仁。子曰：克己复礼为仁。一日克己复礼，天下归仁焉。为仁由己，而由人乎哉？颜渊曰：请问其目。子曰：非礼勿视，非礼勿听，非礼勿言，非礼勿动。颜渊曰：回虽不敏，请事斯语矣。"（12：1）颜回是孔子最得意的门生，对于仁的理解应该是非常深刻的。这里颜回所问的"仁"的问题应该是触及到核心思想的问题。这里的话，印证了本章一开始就说的"礼"对于孔子而言是中心问题的观点。在"礼"中体现仁和义，在"礼"中成就"人"。"己"是指人的自然情感和欲望。在人的视、听、说、动中包含着人的自然情感和欲望。这与西方认识论中所说的"感觉"和"知觉"的含义是非常不同的。"己"就是人的自然素材，自然材料。它需要外在的礼来规范。而人如何才能做到这一点呢？必须靠自己。当然人在视、听、说、动中体现"礼"的时候，人就做到了"仁"。"仁"就是依据礼仪来塑造自然的人，把自然人社会化，把自然欲望的表达礼仪化。对于孔子来说，正常的人都有一双眼睛，但是是否能够按照礼仪来看东西，这是需要学习的。任何人都可以运动他的身体，但是，按照礼仪来动，需要学习。这和（16：10）篇章中的"九思"思想很相近。用工匠的模式来比喻人的道德修养，其结论就是：人是工艺品。

3.4 人是工艺品

与上面的表达很类似的还有:"子曰:质胜文则野,文胜质则史。文质彬彬,然后君子。"(6:18) 一件精致的雕刻工艺品,其素材和工艺设计必须是和谐统一起来的。一篇优美的散文,既不能完全平铺直叙,也不能满眼的华丽词藻。穿衣戴帽也应如此,满身的珠宝翡翠,透出的只能是铜臭和庸俗;衣冠不整、邋遢,并不是简朴风格。自然的朴实和外在的雕饰要协调起来。太朴实了,就显得粗糙;太雕饰了,就显得古板和虚浮。君子就如一件非常精致的工艺品,要做到不华丽,不粗野,朴实和文采相得益彰。对于什么是"文",什么是"质",我们可以在如下篇章中得到更明确的回答:"子曰:恭而无礼则劳,慎而无礼则葸,勇而无礼则乱,直而无礼则绞。君子笃于亲,则民兴于仁;故旧不遗,则民不偷。"(8:2)[1]在17:8篇章中,有类似的表述。与6:18篇章对照起来看,"文"是指"礼",而"质"可能具有两个层次的含义。一是指人依据礼而形成"勇、直、慎、恭"等品性的自然天性。二是说,人仅仅具有这些品性,如果没有礼的约束,还会失去它们。人的品性也应该在适当的场合按照礼的规定表现出来。比如,率直固然很好,但如果不分场合就容易变成尖刻。所以,"质"是一个相对"概念"。

当然,孔子在这里没有强调"文胜质"的情况,可能是因为在当时,孔子觉得人不是犯了"文胜质"的错误,在大多数情况下,人们犯了"质胜文"的错误。如果片面强调符合礼仪,强调礼仪的形式,那么,人就会显得古板,会忘记礼仪的精神实质。在9:3篇章中,孔子认为,对于礼帽的材料,我们不必拘泥于古代礼仪所说的材料。同样的,如果过分强调形式,就会忘记礼仪是改造和塑造人的自然情感和欲望的。君子应该是这样的人:他的一举一动,音容笑貌,待人接物,都很自然的符合礼仪,把礼仪内在化。这才是"文质彬彬"。

"子曰:兴于诗,立于礼,成于乐。"(8:8)"礼"与"乐"在古代是同等重要的。从某种意义上可以说,"礼"与人的行为(欲望)有关,与"身"有关,而"乐"与人之情有关。在17:9篇章中,孔子说,如果你能背诵诗

---

[1] 这个篇章的前后所说的不是一个主题。后半部分关于亲情友情等,我们在关于"孝"的讨论中要提到。

三百，却不能侍奉父母和效忠君主，那有什么用呢？"子曰：诗三百，一言以蔽之，曰：思无邪。"（2：2）这里是的"思"不是"思想"的思，不是指理性的思考，而是指"九思"的思。"思无邪"与"非礼勿视，非礼勿听，非礼勿言，非礼勿动"是一样的含义。《诗经》要求人不偏离正道。在儒家看来，诗、礼、乐都是用来感化人的自然情感的，用来协调人与人之间的关系，提升人的精神境界，改善人的行为，具有强烈的道德功能。在8：8篇章中，孔子实际上是对人如何改造自己和塑造自己的过程作了概括：诗经使人的道德情感觉醒，礼仪规范人的行为，而音乐（舞蹈）则使人的行为与礼仪融为一体。从启蒙到训练和修炼，到行为自然符合音乐，这个过程是人的生成过程。"乐"体现的是人与人之间的精神境界。"乐"的功能是和，是协调人与物（包括人）之间关系的。有关"乐"（音乐和快乐），在《孟子》中也有专门的章节强调，即统治者应该与民同乐。所谓同乐，就是在精神上应该形成一体。"乐"（音乐舞蹈等）以及与之有关的情，不是纯粹的内在的东西，是关系性的。乐是感于物而发的。人是在礼与乐中形成自身的，人是一个内在和外在的统一体。这也就是我们为什么说对孔子而言人是工艺品。宋代的程颢对此有很形象的表达。

正是基于上面的意义，我们来看孔子下面的话："子曰：吾十有五而志于学，三十而立，四十而不惑，五十而知天命，六十而耳顺，七十而从心所欲，不逾矩。"（2：4）"志于学"相当于"兴于诗"，"三十而立"相当于"立于礼"，"不惑"、"知天命"、"耳顺"、"从心所欲不逾矩"相当于"成于乐"。如果我们把8：8和2：4与《乡党篇》联系起来看，我们就会更加明白孔子对人的概念的理解。理解这一点，是理解孔子哲学的关键。

3.5 学习之道

上面，我们看到"学习"一词在孔子哲学中的含义。整个《论语》的核心讲的也是如何学习。《论语》中有很多学习的事例。现在有一个问题：生活和生命是复杂的，人总会遇到非常特殊的情况，有没有普遍的规则可以在不同的具体情况下都适用呢？

一个学徒跟从他的师傅学习手工艺，比如学习木匠活，这个学徒如何才能够"出师"呢？所谓"出师"，即可以独立于师傅而工作。当他向师傅学习工具的运用、材料的选取，图纸的制作等技艺时，他的目的是什么呢？他能够顺利完成师傅交待的任务，是不是就可以"出师"了呢？能够胜任师傅交待的任务，并不见得他就可以是出师。所谓"出师"就是要在面对新的木材时，能自己看出这个木材可以成为什么工艺品。换句话说，木材所蕴含的工艺品能够显现在这个学徒的头脑中。没有"出师"的徒弟只会按照师傅的意图来制作材料。这就是海德格尔（Heidegger）所说的技艺。所谓技艺精湛，就是能够听到被制作工艺品的呼唤，不是人凭自己的想像制作，而是让工艺品自己显现出来。工匠的作用就是把要出现的工艺品带出来。这是他在"艺术品的根源"一文中所表达的基本观点[1]。孔子所说的中庸之道也有类似的含义。

"子曰：中庸之为德也，其至矣乎。民鲜久矣。"（6：29）最高境界的德就是中庸，中道而平常。但是，已经很久没有人实践它了。那么，这个中庸之道究竟是什么意思呢？我们下面先看看其他几个篇章，然后再来讨论它的含义。

"夫仁者，己欲立而立人，己欲达而达人。能近取譬，可谓仁之方已。"（6：30）"仁之方"，即实践仁之道，就是"能近取譬"。那么，什么是"能近取譬"呢？这是指由己及人的过程。自己就是最近的尺度。如果把"立"理解为"立于礼"（8：8），把"达"理解为完善自我，那么，"仁之方"就是在改造自己的同时也帮助他人提高；至于如何帮助他人，那就由自己来定尺度了。这是一个非常灵活，或者可以说是万能的方法。在《中庸》中，引用《诗经》"伐柯伐柯，其则不远"来解释中庸之道，即"能近取譬"。这是中庸之道的肯定式的表达。

"仲弓问仁。子曰：出门如见大宾，使民如承大祭。己所不欲，勿施于人。在邦无怨，在家无怨。"（12：2）在第十二篇中，孔子针对不同的学生，不同的情景，对同样的问题给予了不同的回答。仲弓也许志在做高官，也许是位个性非常刚烈的人，是位容易把自己的意愿强加给别人的人。在12：2篇章中，无论其具体情景和语境是什么，似乎孔子对于"仁之方"有另外一种表述，即否定性的表述。如何做到仁？仁就是在待人接物方面，要尊重他

---

[1] Martin Heidegger, "The Origin of the Work of Art" in *Basic Writings: From Being and Time* (1927) *to the Task of Thinking* (1964), revised and expanded edition, ed. David Farrell Krell. New York: Harper-Sanfrancisco, 1993. p. 96.

人，要把他人的意愿看的高于自己的意愿，就如会见高级宾客和协助大的祭祀活动一样，小心翼翼，不莽撞行事，不一意孤行。要知道自己不喜欢的，别人也不喜欢。

"子曰：参乎！吾道一以贯之。曾子曰：唯。子出，门人问曰：何谓也？曾子曰：夫子之道，忠恕而已矣。"（4：15）

一般来说，学者倾向于把6：30和12：2看作是对4：15的"忠恕"之道的解释。为什么"恕"是否定性的？"子贡问曰：有一言而可以终身行之者乎？子曰：其恕乎！己所不欲，勿施于人。"（15：24）在5：12篇章中，子贡的话以及孔子的评论以及15：3篇章，孔子非常强调"忠恕"之道必须贯彻到"行"之中。讲"忠恕"之道，不能没有"行"。仅仅讨论规则，就犯了和子贡一样的错误。

实际上，上面的篇章也是对6：29中所讲的中庸之道的解释。在这两个表达中，中庸之道不是强调什么金规则、银规则、铜规则，它讲得是一个参照系的问题。以"我"为参照系，我就知道该如何对待别人。"忠恕"之道就是"我"之道。就如同徒弟向师傅学习那样，最终的目的是徒弟能够独立于师傅，自己真正掌握技艺。

《中庸》一书中所表达的中庸之道和《论语》中的很相近。《中庸》说："道不远人。人之为道而远人，不可以为道也。《诗》云：'伐柯伐柯，其则不远'，执柯以伐柯，睨而视之，犹以为远。""忠恕违道不远，施诸己而不愿，亦勿施于人。"《中庸》借用孔子的口气说："君子之道四，丘未能一焉。所求乎子，以事父未能也。所求乎臣，以事君未能也。所求乎弟，以事兄未能也。所求乎朋友，先施之未能也。"[1]意思是如果我希望我的儿子如何对待我，我就应该以同样的方式对待我的父亲。言传身教，我的儿子也会这么做的。以此类推，在君臣关系、兄弟关系、朋友关系[2]的处理上，人往往以自己对于别人的期望为准则。无论是正、负的方面，衡量的标准尺度是"我自己"。

我们将要看到，中庸之道和墨子的兼爱思想是对立的：兼爱是爱人如爱

---

[1] 参见《中国文化精华全集》·哲学卷（一），中国国际广播出版社1992年版，第？页。
[2] 这里没有包括夫妻关系。这不是个遗漏。在儒家哲学中，面对着一夫多妻制，夫妻关系是"契约"式的，是可以随时解除的，妻子与丈夫没有本质性的关系。参看杜维明：《〈中庸〉洞见》，段德智译，人民出版社2008年版。

己，人人平等；而中庸之道是爱有差等，以"我"为中心。当然，这里的"我"不是一个超时间性的实体。

3.6 道德与能力

在现代教育中，讲到学习，就自然会把它和能力联系起来。一般意义上的学习的确应该培养人的技能和能力。但是，在孔子哲学中，讲学习时，不是讲能力。对于孔子而言，道德是人的生活的本质层面。比如一个人可以在打篮球上不如姚明，但是这并不妨碍他成为一个道德的人。人具有这样或者那样的能力，这与天分和后天学习都有关，但有没有能力不能决定一个人是否是一个道德的人。理性思考属于人的一种能力，有的人聪明，有的人一般，有的人愚笨，但是，理解力和理性思考能力不是规定人本质的东西。学习如何提升道德修养，才是人成就自身的本质内容。这与亚里士多德的思想是不同的。"子曰：如有周公之才之美，使骄且吝，其余不足观也已。"（8：11）即使你的才能与周公可以媲美，你是一个骄横吝啬的富人的话，也没有什么可以值得称道的。"太宰问于子贡曰：夫子圣者欤？何其多能也？子贡曰：固天纵之将圣，又多能也。子闻之，曰：太宰知我乎！吾少也贱，故多能鄙事。君子多乎哉？不多也。"（9：6）一位高级官员问子贡，你的老师是圣人吗？是不是有很多技能？孔子的回答是，这位官员哪里了解我啊。我年少时由于地位卑贱，才学了很多技能。至于君子，是不需要这些技能的。孔子的意思是，技能的多少与是不是君子无关。就如人的长相一样，每个人都是独一无二的，人在其他很多方面也是千差万别的，但是，无论你做什么，会什么，只要体现出你的道德修养，你就可以成为圣人。我们可以认为圣人的思想后来为孟子和荀子所继承发扬。当然，在这一点上，儒家并不是始终一致的，因为他们有着根深蒂固的等级思想。

第四节 治之道（政治生活与道）

根据上面三节所谈到的，治理国家应该体现出"礼"、"道"、"学"的精神。政治生活应该是体现"礼"的最高的生活，是"道"的最高发展境界，也是"学"的最后阶段。政治生活是道德理想实现的地方。只是在天下无道时，个人的道德修养与政治生活分离开了，这是不正常的现象。所谓"不正常"是从理论上来讲的，不是就实际情况而言的。父子关系，君臣关系属于社会的基本关系。"礼"所规范的主要也是这两种关系。君臣关系既是政治关系也是道德关系。对于儒家来说，政治生活不是体现在与私人生活分开来的公众领域里；政治生活乃是个人道德生活的延续和展开。对于国家统治者而言，治之道与他们的个人生活是分不开的。政治生活是统治者道德修养的最高体现。治之道也是学习的一个部分。

4.1 圣王的理想

在孔子哲学中，道德不是个人特征，不是内在的心理和精神状态；道德与你的行为和你是谁是等同的。正是因为这种实用主义的理解，孔子认为最高的道德生活应该是圣王的生活，君主或者统治者应该是最高道德的体现。

"为政以德，譬如北辰居其所而众星共之。"（2：1）以自己的品德来治理国家，君主与臣民的关系就如北极星和群星的关系：群星围绕着北极星转，臣民也跟随着君主而动。君主以其道德之光，吸引臣民。君主是道德上的楷模。

"君子之德风，小民之德草。草上之风，必偃。"（12：19）君子或者君主之德的如风，百姓跟随道德之君就如草随风动一样自然。

"子曰：上好礼，则民易使也。"（14：41）"曰：修己以安百姓。修己以安百姓，尧舜其犹病诸？"（14：42）当统治者热爱古代之礼的时候，老百姓就容易为他服务。道德修养的目的在于使百姓安乐幸福。

从上面四个篇章来看，孔子所说的统治者与被统治者的关系与韩非子的观点很不同。在孔子看来，道德修养的目的是提高和改造自身，是为百姓谋福利，是用古代之礼转化国家，百姓的幸福和安乐是君主或者统治者道德修养的最高境界和体现。"修己以安百姓"，这充分说明了道德与政治的关系，道德与实践的关系。没能够实现"安百姓"的道德修养不是彻底和完全的道德修养。这样看来，统治者与被统治者的关系类似于老师和学生的关系：转变自身就是转变别人。由此看来，一个统治者之所以能够成为统治者，不是依赖他的血缘关系或者门第出身，而是因为他是一个圣人，一个道德高尚的人。"圣"必"王"，"王"是"圣"的最高体现和实现。仅仅是"内圣"是不彻底的，"内圣"必须"外王"。这个儒家的道德真理观是分不开的。在理论上看，没有仅仅是圣人而不"王"的。从实践上看，圣人不仅仅是内在的，而且在政治生活中表达自己和成就自己。这种内圣外王的观点，是儒家的革命思想。后来被孟子进一步发扬。不过，这里需要提出的是，这个理论很容易成为意识形态上的东西，因为在历史上，我们往往看到的是这样的情景：圣王被理解为王圣，君王是神圣的，是最高权力的代表者。道德的光辉被用来掩盖和保护武力和权力的拥有者的合法性。

这里，很明显，孔子眼中的君臣关系和韩非子眼中的君臣关系是迥异的。对于韩非子来说，君王的统治是为了谋求自己的利益，而臣民也都以自己为中心。由于君王的地位代表了最大的利益，群臣对于君王往往虎视眈眈。君王为了能更好的统治群臣，把自己隐藏起来。君王和群臣的关系就如同狱卒与犯人的关系一样。这个与北极星与群星关系的比喻是非常不同的。

"齐景公问政于孔子。孔子对曰：君君，臣臣，父父，子子。公曰：善哉。信如君不君，臣不臣，父不父，子不子，虽有粟，吾得而食诸？"（12：11）这里所说的君君、臣臣、父父、子子是指按照礼仪上的规定，每个人都应该尽自己的道德职责。在政府机关，一个君主就应该依照礼仪来说话和行事，百官也应该依据礼仪来说话和恪守职责。在家里，父亲就应该像个父亲，儿子就应该像个儿子。礼仪对每个角色的责任和义务都规定得很清楚。但是，"君君、臣臣、父父、子子"不是说行为上符合礼仪就可以了，而是说，通过言行把自己转化为君、臣、父、子。君臣父子不仅仅是一个角色，是需要在言行中体现出来的。用简单的规则和角色来解释"君君、臣臣、父父、子子"与在言行中体现出这些角色是不一样的。君要成为君，臣要成为臣，父要成为父，子要成为子。君臣父子是任务，是责任，是目标，是不断变化的永无止境的过程。

与韩非子哲学相比，孔子的"君君、臣臣、父父、子子"的意义更加突出。韩非子认为，臣之所以服务于君主，是时势使然，是因为自己还不够强大。人总是谋求最大的利益，而社会等级制度限制了人的追求。一个国家只能有一个国王。对于韩非子来说，君臣父子仅仅是角色，是追求自己利益的工具。君王就是要让百官职责分明，互相之间不能狼狈为奸。在韩非子眼中，各个角色之间没有道德职责。

4.2 正名

有了上面关于"君君，臣臣，父父，子子"的思想，我们就容易理解孔子所说的"正名"的理论了。正名思想在现代的语境下被很多学者误解，认为与西方认识论有某些关系。名实相副似乎与反映论思想有关。我下面看看，《论语》中"正名"究竟是什么意思。

"季康子问政于孔子。孔子对曰：政者，正也。子帅以正，孰敢不正。"（12：17）政治上的领导和管理与"正"有关：领导者应该以身作则，起模范带头作用。"正"就是符合礼，就是正己。先正己，后正人。所以，"正"字与孔子所说的道德修养是有关的。那么，"正"的具体内涵是什么呢？

"子路曰：卫君待子而为政，子将奚先？子曰：必也正名乎！子路曰：有是哉，子之迂也！奚其正？子曰：野哉，由也！君子于其所不知，盖阙如也。名不正，则言不顺；言不顺，则事不成；事不成，则礼乐不兴；礼乐不兴，则刑罚不中；刑罚不中，则民无所错手足。故君子名之必可言也，言之必可行也。君子于其言，无所苟而已矣。"（13：3）这个篇章的根本是"名正言顺"。那么，"正名"是什么意思呢？孔子的话包含有对当时"挟天子以令诸侯"的现象的批评。不在其位，则没有权威性，说话底气也不足。在《左传》中，载有孔子的话："唯器（礼器）与名（名义、名分）不可以假人。"[1] 政治权力和地位是不能随便借用他人的。对照 6：25 篇章看："子曰：觚不觚，觚哉！觚哉！"觚不像个觚，这是觚吗！这是觚吗！所以，"正名"不是说的用词是否得当的问题，而是有关身份与官位的问题。"子曰：不在其位，不谋其政。""曾子曰：君子思不出其位。"（14：26）正名与官位和谋政有关。政（正）与（官）位应该是相符合的。

名正言顺就是说官员的言行要符合职位和身份，即"君君臣臣"。如果君主不像个君主，他的命令和话语也就没有权威（"不顺"），没有人会认真对待他的命令，他也就不可能成就任何事业。行政上无所作为，政治混乱，哪里来的礼乐兴隆呢？如果没有礼乐的基础，哪里来的刑罚得当呢？没有礼乐和刑罚，百姓就无所适从。名正言顺是与官位的权威和命令相关的。从"名正"，到"言顺"，到"事成"，到"礼乐兴"，到"刑罚中"，到百姓有所依据，这是一个链条性的过程，是为政（正）之道。我们对于 13：3 的解释可以从 13：6 和 13：3 两个篇章得到印证：

"子曰：其身正，不令而行；其身不正，虽令不从。"（13：6）如果你君不像个君，虽然你发布命令，因为言不顺，没有人听从你。如果你在实际生

---

[1] 参看杨伯峻：《论语译注》，中华书局 1980 年版，第 134 页。

活和行为中体现了君主应该是什么样子,即使你不发号施令,别人也会自觉地去做自己应该做的事情。这与2:1北极星与众星之间的关系相似。"正名"与"正身"是一回事。

"子曰:苟正其身矣,於从政乎何有?不能正其身,如正人何?"(13:13)"从政"与"正身"是有关的,因为,只有先正己身,才能正人。如果一个人连自己都不能"正",连自己都不转化改造不了,哪来的能力改造别人呢?

"正名"就是"正身"。君主"正名",就是说话做事像个君主;各级官员"正名",就是说话做事像个官员。君主和官员的"正名"是与老百姓的命运联系在一起的。与前面我们已经叙述的联系起来看,"正名"就是孔子之道,就是学习之道,就是社会化的过程。"正名"包含着"正己"和"正人"。"正名"是"己欲立而立人,己欲达而达人"的过程。这与西方传统认识论的反映论思想没有丝毫关系。

4.3 孔子的道德理想与政治现实

上面所说的治之道都是理论上的,而历史和政治现实并非如孔子所设想的那样。孔子强调"正身"与"为政"的关系,但是,在现实生活中,他们还是有区别的。当时,已经有人给孔子指出了这一点:

"或谓孔子曰:子奚不为政?子曰:书云:孝乎惟孝,友于兄弟,施于有政。是也为政,奚其为为政。"(2:21)有人对孔子说,既然你那么重视道德和政治的一体性,你为何不从政呢?孔子回答说,对于父母的孝顺和对于兄弟的友爱,这样的道德行为可以影响到政治生活。为何一定要把从政机械地理解为做官呢?

"有子曰:其为人也孝弟,而好犯上者,鲜矣;不好犯上,而好做乱者,未之有也。君子务本,本立而道生。孝弟也者,其为仁之本欤!"(1:2)这是《论语》中有关孔子伦理思想的最好的概括和总结:仁之本,道之始,在于孝悌。孝悌是儒家伦理道德思想的核心。政治以道德为本,为基础,为根源。一个孝悌的人,是不会犯上作乱的。主张孝悌,也是为了从政,是为政治立根基。[1]

---

[1] 第五节,我们要详细论述1:2篇章中的思想。这里仅是简要一提。

孔子对于政治和从政的重要性观点还可以从这些例子中看出。在《阳货》的第五和第七章中，孔子想到不道德的国家参政。"公山弗扰以费畔，召，子欲往。子路不说，曰：末之夜，已；何必公山氏之之也？子曰：夫召我者，而岂徒哉？如有用我者，吾其为东周乎？"（17：5）意思是公山弗扰依据费地叛乱，召孔子，孔子欲往。子路很不高兴，这么不好的人怎么能服务于他呢？不去也罢了。孔子回答说，召集我的人难道是白白让我去的吗？肯定是让我做事情的。如果能有人用我的话，我可以兴起东周之道。"佛肸召，子欲往。子路曰：昔者由也闻诸夫子曰，亲于其身为不善者，君子不入也。佛肸以中牟畔，子之往也，如之何？子曰：然，有是言也。不曰坚乎，磨而不磷；不曰白乎，涅而不缁。吾岂匏瓜也哉？焉能系而不食？"（17：7）这里孔子的理由是，自己不会被坏的环境污染，就好像最白的东西染也染不黑。他自己不能像匏瓜一样被悬挂起来，不被食用。孔子还是具有强烈的参政欲望的。这与他把政治看作是道德的最高体现是分不开的。

如果说，前面四节所论述的是《论语》哲学中具有普遍意义的内容，那么，下面我们要论述的孝悌思想是儒家独特的道德哲学。"礼仪"、"道"、"学习"、"为政"都以"孝悌"为核心内容。我觉得，有必要先论述《论语》中的普遍性的思想，然后看它们是如何与儒家特色的道德观念联系起来的。这主要是为了分辨出儒家哲学中哪些东西是值得我们今天学习和借鉴的，哪些东西还需要我们慎重思考。

第五节　孝与爱有差等

孝悌是儒家道德哲学的核心。其他思想都是围绕着孝悌展开的。不理解儒家的孝悌概念，就无法理解儒家哲学。儒家认为，孝悌作为道德品德，体现了在生物学、心理学、精神层面上的人和人之间的根本纽带关系：谁无父母？谁无兄弟？这种血缘上的关系成为儒家理解人在心理和精神层面上的意义的根基。这也是儒家和韩非子的根本不同之处。人不是荒野中孤独的野兽，人不是一个自转的行星，人不是原子的存在；人在其本质上是关系性的。家庭、家族、姓氏对于人来说定义了人的本质关系。中文的姓名的次序和西方名姓的次序不同，这也不是偶然的。在这一节，我们来看看《论语》中是如何阐述儒家的"亲亲之爱"的。

在论述"孝"的哲学之前,我们简单提一下儒家为什么重视孝道。"君子笃于亲,则民兴于仁;故旧不遗,则民不偷。"(8:2)在上位的人能够对于自己的亲族感情深厚,老百姓就容易做仁德之事。地位高的人如果不遗弃他的老部下和老朋友,那百姓之间的关系就不会冷淡。表面上看,其含义是在上位的人做个道德榜样,在下位的人就会效仿。而实际上孔子的话无意间揭露了一个残酷的社会现实:人对自己的亲族都没有什么情感,更不要说老同事老部下老朋友了。这句话恰恰印证了韩非子的话:人都是自私自利的。儒家重视孝道,那是因为人不孝。儒家的道德哲学是以韩非子的哲学为前提的。不过,儒家的"亲亲之情(爱)"是不是提供了满意的答案和出路,这是个疑问。我们这里需要强调的是,儒家哲学针对的是如韩非子所揭示的自私自利的特性,是个人的自私性。

5.1 孔子的政治道德思想体系

《论语》中认为人从其根本上是关系性和过程性的,人是在政治实践和社会生活中体现和实现道德真理的,这是它的观点普遍性意义。"君君、臣臣、父父、子子",非常典型地表明了上面的道理:人是在家庭关系和国家关系中定义自身的,而且是在完成自己的道德角色任务中成就自身的。君、臣、父、子都是相对性概念,是关系性概念。君要成为君,臣要成为臣,父要成为父,子要成为子。这些词都有任务和责任的含义。道德品性是围绕着这些角色而展开的。比如,勇敢或者正直,不仅仅是一些恰如其分的行为和心态,更重要的是,它们是任务和责任。勇敢不仅仅是为了自己而表现出来的,勇敢是在捍卫君主和家庭利益上表现出来的。有时在看起来仅仅是个人的行为上——比如一个人的勇敢和懦弱,我们也能看出它们对所关涉到的有关人的影响。更不要说那些能明显影响人的关系性存在的行为了。比如,一个家庭成员的荣辱与这个家庭和家族都有关连。再比如,一个大学里的成员,本来互相不认识,不相干,甚至共处多年都没有见过面,但是,一个成员的荣辱,会波及到与这个大学所有有关联的人的荣辱。大学不仅仅是物质上、空间上的概念,更是精神性上的概念。一个已经毕业20多年的校友,当她听到母校的校长书记因腐败被逮捕时,心中一定会感到不自在,好像自己犯了什么错似的。这是什么原因呢？因为"我们"是一个共同体，荣辱共存。仔细体会和理解儒家道德的关系性问题，这是理解儒家学说与亚里士多德品德伦理学的根本区别的方法。

那么，这些关系的内涵是什么呢？是亲亲之爱，是仁爱。

"有子曰：其为人也孝弟，而好犯上者，鲜矣！不好犯上，而好作乱者，未之有也。君子务本，本立而道生。孝弟也者，其为仁之本欤！"（1：2）这个篇章可以说是对《论语》中儒家核心的道德和政治思想的概括。我们来看看它的含义：

（1）君子是一个孝顺和尊敬兄长的人。这是根本，因为它体现了儒家的最基本的信念。

（2）家庭关系，特别是父子关系和兄弟关系，是最基本的道德关系。

（3）因此，孝敬父母、尊敬兄长，这是儒家"仁爱"的内容。

（4）君臣关系类似于父子关系，上下级官员之间的关系类似于兄弟关系。家庭关系是国家关系的摹本。这和柏拉图哲学中把灵魂的三个组成部分——理性、意志、欲望——看作是国家中国王、士兵、工匠三个组成部分的摹本是不一样的。国家的基本组成部分是灵魂的三个心理学组成部分的投射。在柏拉图道德和政治哲学中，正义的品德就是智慧、勇敢、克制三个品德之间的和谐关系，体现的是灵魂的三个部分之间的和谐关系。其道德和政治思想背后是以关于灵魂这个实体的形而上学为基础的。而在《论语》中，政治关系是家庭关系的延伸。人和人之间的关系是最基本的关系。这体现了中西哲学很重要的区别。《论语》认为，家庭、国家是最基本的道德事实。

（5）正是因为上述家庭关系和政治关系之间的相似性，即政治关系是家庭关系的延伸，一个道德的人，一个孝敬父母、尊敬兄长的人，在政治上也应该是效忠于君主，服从上级的道德臣民。

（6）"道"生于本，而这个"本"就是父子、兄弟之间的关系。家庭道德生活是一个人的道德核心，是他的立人之本，但是，这不是道德的全部。在天下有道时，"道"应该实现于政治生活。因此，对孔子来说，政治生活的核心是应该建立在道德基础之上的。

当然，儒家学者也看到，政治生活和家庭道德生活之间有时候是会发生矛盾的，孟子用舜来说明。这里，我们先不论述这个问题[1]。

5.2 人在尽孝道中成为自我

前面我们提到，对于儒家来说，人不是原子，人是关系性的。品德，就其本质特性而言，不是西方哲学中主体所具有的纯粹的心理或者精神状态，而是在人的具体事务中显现出来的人的活动。"曾子曰：吾日三省吾身——为人谋而不忠乎？与朋友交而不信乎？传而不习乎？"（1：4）曾子说：我每天多次反省自己的言行，为别人办事没有尽心尽力吗？和朋友交往不诚心诚意吗？我是不是没有将老师传授给我的东西在实践中贯彻呢？这里讲到与人共事，与朋友交往，讲师生关系。忠和信的品德实际是在"习"之中。这三者不是并列关系。

孔子注重道德品德的关系性和实践性，从下面的句子也可以看出："子曰：巧言令色，鲜矣仁。"（1：3）仁，作为道德品德的总称，是泛指。仁人不是指他的精神和心理状态。如果一个人总是花言巧语，对待别人总是投其所好，一味显现媚态，这表明他对人是不真诚的，是自私的。他的自私性不是内在的特性，也是显露在外的。我们常常听到说，眼睛是一个人心灵的窗口。这好像是说，透过人的眼睛和眼神能看出一个人的心理和精神世界，从外在的生理活动能看出人的心理的内在世界。实际上，我们可以这么理解：一个人无论具有什么样的品性——善也好，恶也罢，都会自觉不自觉地显现在外。所谓"在外"，是指这个人在和人打交道时的一举一动，包括眼神。眼睛或者眼神具有心理和精神上的意义是因为它们体现了

---

[1] 人们会很容易地注意到，即使在理想的环境中，政治关系和道德关系也不是那么容易协调的，特别是有关权威性的问题。一般来说，政治权威应该建立在道德权威的基础上。这里就会出现一个问题。假如说一个人在家里是儿子，而在国家是国王，就像舜一样。按照道德关系，这个国王应该服从自己的父母，因为父母是最高权威。而在政治关系上，他作为国王是最高权威，不仅是最高的政治权威，更应该是道德权威。当他的家庭角色和政治角色（公众角色）发生矛盾时，他应该如何做选择呢？如果他不听从自己的父母，他就是不孝，就失去了道德权威。如果他服从自己的父母，而自己的父母为了家庭利益决定牺牲国家利益时，他就失去了政治权威，因为那样的话他把国家作为谋取家庭私利的工具了。如果他不听从父母，而从大局出发，他就是不孝之子，就失去了道德上的权威。失去了道德权威，也就失去了政治上的权威。我们将看到，孟子对此有一个不是办法的解决办法。儒家道德哲学和政治哲学是不可能解决这个问题的，因为对于儒家来说，父子关系是神圣的，而父亲的权威是高于一切的。没有超越于人的更高权威，这也是儒家哲学中缺少正义概念的原因。在中国民间流传的"大义灭亲"的故事，实际上是对儒家传统道德的一种反动，一种对正义的渴望。包青天翻脸不认人的做法，在现实生活中是无法普遍存在的。基于中国文化，人情世故胜过正当性和正义性是一个普遍现象。

第二章 孔子：道德、政治与人的塑造

人和人之间的关系。巧言令色，是人和人之间交往活动的一种表现。会说话的眼睛，也是人和人交往活动中的一种状态。

"子曰：弟子，入则孝，出则悌，谨而信，泛爱众，而亲仁。行有余力，则以学文。"（1：6）在这个篇章中，孔子很明显地强调"行"，而对于纯粹的学习，即书本学习，他认为是第二位的。孔子教育他的学生说，对父母应该孝顺，对兄长应该敬爱。要把这种爱进一步推广到其他人身上。人所爱的对象首先是父母，其次是兄长，再其次是其他人。爱有先后、轻重之分。这就是爱有差等。"泛爱众"的"泛"是有起点、有重心的。一个人首先应该爱自己的父母，其次爱自己的兄长，再次，对他人也应该有爱心。

"行有余力，则以学文"的意思是在道德问题上，实践或者践行是第一的，理论是第二的。这种态度与我们前面所说的道德真理的问题是一致的。

"子曰：父在，观其志；父没，观其行；三年无改于父之道，可谓孝矣。"（1：11）一个人如何才算是孝顺呢？孔子认为，孝顺包括两个组成部分：一个是内在服从，一个是外在的活动。这两者应该统一起来。仅仅在表面上听从父亲的命令和指示，不是真正的孝。因为这没有内在的精神实质，是慑于外在的权威而不得不如此行为。因此，他的外在行为是没有道德意义的。在这种情况下，就要看他在主观上是否是真诚的服从自己的父亲。当他父亲去世以后，由于不再有外在权威的威慑，我们只要看他此时的行为就知道他是否是一个孝子。因为这个时候他的内在和外在是统一的。由于第二个人（父亲）对于第一个人（儿子）的影响，在第二个人活着的时候，对第一个人的观察是非常困难的，不能仅仅看他的外在表现，还要特别留意他人格、特性、品德等内在因素。当第二个人去世后，对第一个人的观察就非常容易了[1]。更重要的是，他在孝道中是否转变了自己。如果"三年无改于父之道"，这才显示他发生了真正的转变。当然，这里的"三"是泛指很长时间。这句话的

---

[1] 克尔凯郭尔在（The Works of Love）一书中对类似的现象作了非常精辟的分析："如果你想确定在你或者另外一个人心中的爱是什么，那么，你就注意他是如何处理他与死者的关系的。如果你想观察一个人——为了达到观察他的目的——非常重要的是，从他单独的状态看他在与人的关系中是什么样的。当一个人和另外一个人处于现实的关系中的时候，其结果是两个[需要考虑的对象]，即这种关系是构成性的，因此，对于这个人的单独观察就变得很困难。换言之，第二个人掩盖了第一个人的某些东西；而且，第二个人可以对于第一个人产生如此大的影响以至于第一个人表现的就不是本来面目"。用孔子的例子，当父亲在世的时候，儿子很可能表现得不是本来面目。所以要观察内在的心理的

意思是，要通过长期的观察看他是否真正发生了改变[1]。

真正的道德行为必须达到内在和外在的统一。"子游问孝。子曰：今之孝者，是谓能养。至于犬马，皆能有养；不敬，何以别乎？"（2：7）[2]孔子对于行为和实践的强调不是表面的。人的实践和行为是人的道德品行的体现。对父母，仅仅在他们年老时养活他们，这不是孝。"能养"是一种上对下的态度，而"敬"则是下对上的态度。如果没有内存敬心，没有对父母充满爱心，那供给他们食物与喂养犬马有什么区别？这里孔子谈的还是有关道德真理的问题：我们不能把某些言语或者行为确定为道德的行为；如何做的问题决定了做了什么的问题。做了什么要在如何做中获得意义。因此，一个行为的孝与不孝，既不是简单看其是否符合礼仪规则，也不是单看其结果如何。心中充满爱、具有爱的源泉的话，一言一行都会是爱的表现。这与当代西方伦理学中义务论和结果论思想都是不同的。

5.3 父亲意志的绝对性，家庭的神圣性

在孔子看来，父母（尤其是父亲）的意志，对于儿子来说，是绝对的。

"因此，这里有必要进行双重的观察；观察必须特别注意第二个人对于被观察的对象所产生的影响，要特别留意他的人格、特性、品德以及他的缺点"。但是，当第二个人消失以后，比如父亲去世以后，就非常容易观察他与第二个人的关系，与他父亲的关系。他接着说，"如果在与一个活着的人对话的时候，你懂得如何把自己扮演的好像不存在似的艺术，你就可以最好地了解那个人心理想的是什么"。（参看 Kierkegaard (1995). *The Works of Love*. Trans. H. V. Hong and E. H. Hong. Princeton University Press. p. 347）。孔子和克尔凯郭尔这里说的与韩非子的思想很相似。不同的是，韩非子让君主隐藏自己，从而达到君主的无形化、无处不在的效果。人在两种情况下表现自身：一是觉得自己是一个人的时候；二是觉得自己不得不表现自身即无法隐藏的时候。

〔1〕当然，这里"三年"也可以理解为亲人去世后，守灵三年的意思。"子曰：三年无改于父之道，可谓孝矣。"（4：20）

〔2〕在《孟子·尽心章句上》第三十七章中，孟子是这么说的："食而弗爱，豕交之也。爱而不敬，兽畜之也。恭敬者，币之未将者也。恭敬而无实，君子不可虚拘"。养猪，是喂它，而不爱它。养狗马，爱它们，而不恭敬。所谓恭敬，这不是表现在送礼上，而是在礼未到达之时，已经有恭敬之心。有恭敬的形式，而没有恭敬的实质性表现，君子不拘泥于虚假的形式。在这段话中，孟子区分开了三种情感关系：人把猪仅仅看做是如植物一样的东西，没有情感上的关系，这是人对物的关系，一种无情的关系；人对狗马之类的动物就有一种喜爱的感觉，但是，觉得不会对它们有恭敬之心；人和人之间的恭敬之心，是一方把另外一方看得比自己高。这种情感可以表现在送礼的活动中。送礼是恭敬之心的外在表现，是在送礼之先的。孟子最后一句话的含义不是很清楚。如果和前面的话结合起来看，他也许是说，恭敬之心不仅仅是一种内在的情感，不仅仅是一些言行上的虚假形式，它也需要表现在实质的行为上，比如送礼。当然，我们还可以这么理解，仅仅送礼，而无恭敬之心，这也是个虚假的形式。恭敬之心可以表现在多种形式之中。爱可以表现在所有的言行之中的。

第二章　孔子：道德、政治与人的塑造

家庭是神圣的社会机构。我们将看到，这与墨子哲学很不同的。

"子曰：事父母几谏，见志不从，又敬不违，劳而不怨。"（4：18）对于这段话现在有不同的理解，但是大意都差不多：在侍奉父母的时候，他们有过错，要非常婉转地指出他们的过错，如果他们还是不采纳的话，仍然恭敬有加，不要有任何怨言。这里，孔子首先强调，父母的权威是至上的。子女对父母要百依百顺。无论父母的行为怎样，子女都要保持恭敬的心态。在儒家哲学中，特别是在《孝经》中，我们看到，由于父母给了子女的生命，父母对子女的生命权的掌控都是绝对的。

这里，孔子没有提到假如父母的行为不符合礼仪怎么办？但是，在另外一个篇章中，孔子说得非常明白：在任何情况下，父子关系都是不容动摇的。家庭的益是最高的。当家庭利益和国家利益发生冲突时，人应该毫不犹豫地保护家庭利益。

"叶公语孔子曰：吾党有直躬者，其父攘羊，而子证之。孔子曰：吾党之直者异于是：父为子隐，子为父隐。直在其中矣。"（13：18）这个篇章的语境不是很清楚。我们不能百分之百地肯定其确切含义。普通意义上的解释是不是完全正确，我们持保留的态度。不过，从《孟子》关于舜的论述中，我们可以比较肯定的是，孔子这里的的确确主张父亲对儿子的爱和儿子对父亲的爱是人类社会的根基。这无论在任何情况下都是不能动摇的。家庭作为最基本的单位，作为人的最核心的内容，类似于韩非子哲学中的个人。我们从这个意义上，理解儒家的父子之爱[1]。

那么，这里所说的"直"的含义是什么呢？一个"直"是指儿子对父亲

---

〔1〕《孟子·尽心章句上》第三十五章："桃应问曰：舜为天子，皋陶为士，瞽瞍杀人，则如之何？孟子曰：执之而已矣。然则舜不禁与？曰：夫舜恶得而禁之？夫有所受之也。然则舜如之何？曰：舜视弃天下犹弃敝屣也。窃负而逃，遵海滨而处，终身䜣然，乐而忘天下。"（13：35）在孟子看来，舜为了保护自己的父亲，宁可抛弃王位而隐居。孟子也知道，舜不能阻止国家的执法者对舜杀人行为的审判，因此这是不符合君王的职责的。作为君主，舜应该批准逮捕他的父亲。但是，作为儿子，他不能看着父亲被投进监狱或者流放或者被砍头。在国家和家庭之间出现矛盾的时候，孟子认为，我们应该选择家庭作为第一。孟子也许认为，舜选择隐居，可以避免家庭和国家的矛盾。而把君主的职责看作如敝屣一样，这与儒家关于政治是道德的最高体现的观点是矛盾的。如果舜允许他的父亲受到国家法律的惩罚，这是不是就意味着舜不孝呢？恰恰相反。对他父亲的尊重，不是掩盖他父亲的罪责，而是帮助他认识到自己的错误。每个人都应该对自我负责，对自己的儿女也要负责。舜的父亲杀人，这不仅伤害或者毁坏了其他家庭，也是对自己的不负责任，对舜的不负责任。与他父亲一起隐居，这不仅使他的父亲逃避了自我，还使舜逃避了自我，逃避了自己对于自己父亲的责任以及对于天下人的责任。

的盗窃行为不仅不袒护，还检举揭发。一个"直"表现在父子之间真诚的爱护对方，保护对方，因为如果损害了对方，也就损害了自己。第一个"直"是建立在正义的基础上的，超越了个人情感。第二个"直"是个人情感的直接表露，是自私的表现。亲情，亲亲之情，在父子互隐的例子中得到了很好的印证。

我们现代人也许觉得孔子的"父为子隐，子为父隐"太过于露骨，太自私。那么我们是不是已经超越了孔子的"父子互隐"的境界了呢？如果我们想一想国家与国家之间的利益关系方面，所谓国家利益高于一切，所谓爱国主义，这些都具有"父子互隐"的痕迹。我们所说的国家英雄，很可能是损害别的国家人民利益的人。我们之所以赞同这些人的行为，这是因为我们处于一个利益集团之中。

孔子对于家庭和国家之间的利益是如何看待的呢？根据儒家哲学，每个人对于父亲的权威都是绝对服从的，家庭利益是最高的利益。即使是国王，他也是家庭的一员。如果他的家庭利益和国家利益冲突的时候，他所能做的选择就是牺牲国家利益，保护家庭利益。或者，如果他不是一个道德上的君子的话，国家利益就成了他的家庭利益，或者国家成了服务于他家庭利益的工具。所以，儒家的国家理念有两个：一是天下无道时，国家代表的是统治者家庭的利益；一是天下有道时，国家代表是这个国家内所有的家庭利益。

我们可以说，儒家的国家观念具有普遍意义：一个国家的敌人是这个国家中所有群体、所有阶级、所有肤色、所有性别等等亚群体的共同敌人。但是，在这个国家内部，又存在着这些利益群体之间的冲突。从这一点，我们可以看出，儒家的"我们"的概念和韩非子"我"的概念的距离不是很远。[1]

5.4 孝与时间性、不朽

孔子意识到，随着时间的推移，父母和儿女之间的关系是动态的。孝的内容也应该有所不同：生，要尽孝；死，要安葬好；祭祀，要敬且重。"孟懿子问孝。子曰：无违。樊迟御，子告之曰：孟孙问孝于我，我对曰，无违。

---

[1] 这一点，是为讨论墨子哲学作准备的。等我们讨论墨子对儒家批判的时候，我们将非常清楚墨子批判儒家的原因。

樊迟曰：何谓也？子曰：生，事之以礼；死，葬之以礼；祭之以礼。"（2：5）孝是一生的任务和责任。父母在世的时候，子女应该依据礼仪来尽孝心，侍奉父母，这已经是很不容易的事情了。但是，父母和子女的关系不仅仅限制于生的关系。父母去世的时候，子女应该依据礼仪来举行葬礼。子女对于父母去世的悲痛，不应该仅仅表现为眼泪和痛苦，还应该依照礼仪，使得父母的一生有一个很好的结局。举行葬礼，这也是孝的内容。同样的，父母去世之后，也并不意味着父母和子女的关系已经结束了。在另外的篇章中，孔子说，父亲去世后，"三年无改于父之道，可谓孝矣"（1：11；4：20）。这是说儿子如何自觉地遵守和听从父亲的教诲。这是一个方面。另外一个方面是儿子如何表现出对于逝去的父母的缅怀和思念。在每年的一定时间，根据礼仪的规定，对父母进行祭祀。祭祀活动也是父母精神存在的一种方式。祭祀活动是去世的先辈和在世的后代联系的一个重要的形式。这里涉及到香火延续问题。

"曾子曰：慎终，追远，民德归厚矣。"（1：9）对于父母的葬礼，一定要办的非常慎重。对于祖先，一定要祭祀和缅怀，这是非常重要的。葬礼和祭祀，对于儒家来说，是孝的重要内容，不是可有可无的。为什么呢？生、死、祭，这是人存在的三种状态。从生物学的意义上看，人的生命的结束，对于这个人来说，是一切的完结。但是，父亲的生命并没有因为自己个体的生命的结束而完结，因为，儿子继承了父亲的家业。父亲的生命在儿子身上得到了延续。这种延续性主要体现在道德的关系上。首先，是姓氏的继承。对于家族姓氏的继承，从而使得这个家族生命不断延续下去，这是人成为不朽的一种方式。儿子和孙子的诞生，是家族生命延续的基础。但是，仅仅如此还不够。光宗耀祖，这是每个儿孙的责任和义务。儿孙的不道德行为也会为祖辈的名声抹黑。所以，个体的存在，在这个家族的生物链条上获得了新的意义。续家谱的意义即在于此。其次，父母精神的存在和祖先灵魂的存在不是在另外一个世界。他们的存在主要表现在祭祀活动之中。没有子女，死后无人在坟墓祭祀，这是很悲哀的事情。随着时间的推移，父母精神和祖先灵魂的存在也就被人淡忘了。正是祭祀活动一再表明祖先灵魂的存在和延续。当代中国，尤其是20世纪60年代到90年代，由于意识形态和土地紧张的原因，对于死和祖先的轻视，这与古代儒家文化中人对于"不朽"的追求的欲望是相违背的。

我们可以说，在儒家哲学中，人的不朽是依靠葬礼和祭祀来实现的，因为正是在葬礼和祭祀的仪式中，活着的人看到了自己将来会得到同样的待遇，也会被人爱戴和惦记。葬礼和祭祀，都是关于死亡的仪式，是有关他人死亡的仪式，是活着的人能够看得到的活人对死者所表现出的行为。

第六节　《论语》中"天"、"鬼神"观念

从以上孔子对于父亲的权威、家庭的绝对性以及祭祀与不朽的关系的思想看，"天"在孔子的哲学中是可有可无的，或者，更准确的说，可以没有。尽管《论语》中至少19处提到"天"以及"鬼神"等字眼，很多学者认为，"天"在孔子的思想中没有多少重要地位。这一点是正确的。但是，《论语》中为什么多处提到"天"，甚至"鬼神"呢？尽管可以把孔子描述为一个"无神论"者，但是《论语》中的"天"的观念多处出现，是一个需要解释的现象。

我认为，在《论语》、《孟子》、《荀子》中，关于"天"的文字可以反映出从春秋到战国"天"的概念的演变。《论语》和《孟子》中所描述的"天"与墨子（介于孔子和孟子之间）的"天"非常类似。和普通老百姓一样，他们都认为"天"是一个具有意志的权威。不仅仅是《墨子》中才具有独特的"天"的概念。

6.1　天的概念

6.1.1　具有意志的天

"王孙贾问曰：与其媚于奥，宁媚于竈。何谓也？子曰：不然。获罪于天，无所祷也。"（3：13）王孙贾问，有这么一句话，与其巴结奥（房屋西南角）神，不如巴结灶神，这是什么意思？孔子回答说，不能这么说。得罪了天，没有任何地方去祷告。这个对话没有具体语境，意思不是很清楚。但是，从结构和句子上看，孔子似乎认为，天是比奥神和灶神都高的神，是最高的权威。得罪奥神也罢，灶神也罢，都有其他地方求助。但是，如果得罪了天，对天不敬，那么，你就不可能再到其他神那里求助了。王孙贾和孔子也许在这里讨论的是当时普遍的信仰，认为有很多神。孔子自己在理论上，也许未必相信这些神，但是，在现实生活里，也许和普通老百姓一样，有众

神的观念。

6.1.2 天与天命

"二三子何患于丧乎？天下之无道也久矣，天将以夫子为木铎。"（3：24）这里是说，天用孔子来警示世人，传递先王礼仪。

"子畏于匡，曰：文王既没，文不在兹乎？天之将丧斯文也，后死者不得与于斯文也；天之未丧斯文也，匡人其如予何？"（9：5）孔子受困于匡地。孔子感慨而言：文王以后，礼仪的存续职责难道不是由我来承担？如果天认为夏商周的礼仪没有存在的必要了，我，作为后来人，也就没有可能与古代礼仪发生关系了。天意不会使得礼仪存续的事业断掉，匡人能把我怎么样？

从上面的两个篇章中，我们看到，天不仅是个具有意志的存在者，也是个具有目的的存在者。天利用孔子来传递信息，这也许可以看作是"述而不作"的另外一个解释吧。孔子也许用普通人所说的天来表明自己传递古代礼仪的责任和使命，觉得自己责无旁贷。改变当时的礼乐崩溃的局面，这也许是孔子存在的唯一意义，也可能是孔子对自己改变世界具有很强的信心和决心。

"颜渊死。子曰：噫！天丧予！天丧予！"（11：9）这里的意思不是完全明了。大概是说最得意的弟子颜回早逝，孔子非常悲痛。他感慨说，唉，难道天抛弃了我吗？这里情感表达也非常类似于普通人失去亲人时所用的句子。我做了什么不对的事情了？为什么天这么惩罚我？难道天觉得我不仁义吗？天为何让我这么痛苦？

"子曰：莫我知也夫！子贡曰：何为其莫知子也？子曰：不怨天，不尤人，下学而上达。知我者其天乎。"（14：35）孔子说，没有人知道我啊。子贡不解其意。孔子解释说，对天没有什么抱怨的，对人也没有什么责备的。平时的学习和实践具有深远的意义。这恐怕只有上天才能理解我吧。这个篇章恐怕和《论语》第一篇章中说的是一样的。其中写道"子曰：学而时习之，不亦说乎？有朋自远方来，不亦乐乎？人不知而不愠，不也君子乎？"（1：1）

"孔子曰：君子有三畏：畏天命，畏大人，畏圣人之言。小人不知天命而不畏也，狎大人，侮圣人之言。"（16：8）意思是君子应该敬畏三种权威：天命、王公大人、圣人之言。这是礼仪上规定了的。也许孔子这里所说的等级制度，是依据权威来划分的等级制度。"小人"是指那些无所畏惧的人，是目中无人的人。在"小人"眼中，只有利益驱使他们的行为，没有其他值得他们尊敬的东西。所以,他们对于天命、大人、圣人之言持不屑一顾的轻慢的态度。

"司马牛忧曰:人皆有兄弟,我独亡。子夏曰:商闻之矣:死生有命,富贵在天。君子敬而无失,与人恭而有礼。四海之内,皆兄弟也。君子何患乎无兄弟也。"(12:5)司马牛的问题也许和孝悌概念有关。孔子讲孝顺父母和尊敬兄长。司马牛可能是独子。司马牛无法践行"悌"的品德。子夏安慰他说,有没有兄弟,这不是人决定的,就如人的生命和死亡不可预料、人的富贵不可求一样。我们所能够做的就是在自己的生活中尽职尽责,待人接物符合礼仪。天下人都是你的兄弟,哪会没有机会实践"悌"呢?"天"和"命"在这里似乎是普通人通常所具有的观念,是超乎人力的东西。

"尧曰:咨!尔舜!天之历数在尔躬,允执其中。四海困穷,天禄永终。舜亦以命禹。"(20:1)上天赋给你权力,你要正确地使用。

6.1.3 天无时无刻不在观察人类世界

"子见南子,子路不说。夫子矢之曰:予所否者,天厌之,天厌之。"(6:28)孔子见卫灵公的夫人,可能是为了通过她影响政治改革。卫灵公的夫人南子的名声不好。所以子路知道后不高兴。孔子发誓说,如果我会见南子时,做了不恰当的事,天是知道的,天将抛弃我。这个篇章对理解墨子的思想很重要。因为在墨子哲学中,天是时时刻刻观察着人类社会,对人的行为进行奖罚。孔子这里说的和墨子的观点很相似。这说明当时人对天有着相似的理解。

孔子病重,子路以为他将不久人世,就让人按照诸侯的礼仪安排治丧的事务,这是违背礼仪的。孔子知道后,非常生气,说:"吾谁欺?欺天乎?"(9:12)我欺骗谁呢?能欺骗上天吗?我们是永远不可能欺骗上天的。

"曰:予小子履敢用玄牡,敢昭告于皇皇后帝:有罪不敢赦。帝臣不蔽,简在帝心。朕躬有罪,无以万方;万方有罪,罪在朕躬。"(20:1)意思是上天无时无刻不在观察天下发生的事情。如果我有罪,就不要牵连天下人,如果天下人有罪,就归我个人来承担。

当然,上面的三个篇章中的"天"还可以用道德良心来解释。人的行为对错,自己心里自然明白。道德良心和天的关系是非常微妙的。在墨子哲学中,良心的根源或者兼爱的根源在于天。

6.1.4 天与语言

"子曰:予欲无言。子贡曰:子如不言,则小子何述焉?子曰:天何言哉?四时行焉,百物生焉,天何言哉?"(17:19)孔子这里的意思也许是强调,他关于道德礼仪的教诲都体现在他的具体生活中,体现在他的一举一动之中。这个与前面我们看到的学习都是一样的意思。子贡不明白。孔子用天的例子来说明:天说话了吗?天之语言在于行,在于使得四时更替,万物生长。第一个"天何言哉"是说,天说了什么?第二个"天何言哉"是说,天以自己的行为表明了自己的言语。真理在于行为。言行一致。对于这段话,我们到了老庄哲学中,可以理解到更为深刻的无我的思想。

6.1.5 天与道德

"子曰:天生德于予,桓魋其如予何?"(7:23)我们除开具体的语境,单就这句话来看,它和《中庸》开头第一句很相似:"天命之谓性。"无论其具体含义如何,可以肯定的是:孔子认为,天与人之德有关。

"子曰:大哉尧之为君也!巍巍乎!唯天为大,唯尧则之。荡荡乎,民无能名焉。巍巍乎其有成功也,焕乎其有文章。"(8:19)这个篇章和17:19非常类似。尧之德来自于学习天之德。其德无名,无法用语言来表达。这里,圣人显然不是最高的准则。天才是最高的准则。这两个篇章与孔子的伦理思想不相符。可能来自于道家。孔子可能没有意识到"天何言哉"与"唯天为大"所具有的超越性。也许,他把"天"理解为比喻和修辞。"巍巍乎,舜禹之有天下也而不与焉。"(8:18)舜禹是多么的伟大,治理天下而不与天下人争利,不分享天下之富。这里孔子所说的与8:19相似,不过具有明显的墨家思想。

"子贡曰:固天纵之将圣,又多能也。"(9:6)这里子贡称赞孔子是天所赋予的圣人。这也与孔子的主导思想不一致。

6.2 鬼神的观念

"子不语怪、力、乱、神。"(7:21)孔子不讨论怪异之事,非常之力,迷乱之思,鬼神之事。这四个字虽然意思不是很清楚,但应该是指超自然的非同寻常的事件或东西。"乱"好像不能理解为"叛乱"。"力"更不能理解为"勇力"。

很多学者用这句意思模糊的话来赞美孔子的世俗哲学和清醒的理性主义。

孔子虽然不讨论这些话题，但是，并不表明孔子认为这些东西是不存在的。就如上面所说的"天"的几个含义，与孔子的核心思想是无关的，但是，他还是多次提到。

"祭如在，祭神如神在。子曰：吾不与祭，如不祭。"（3：12）祭祀祖先，态度要显得如同祖先真的在场一样恭敬；祭祀神，就要觉得神真的在场一样。若是我们不能亲自参加祭祀活动，那是不能请别人代祭的。不能参加的祭祀，就如同不祭祀一样。这里很明显的意思是，孔子认为祖先和一般意义上的鬼神是存在的。这和前面看到的关于祖先和祖辈存在于祭祀活动中的思想是一致的。很多学者把这段话理解为，孔子的意思是，你祭祀的时候，就认为鬼神是存在的，这并不表明你真的以为鬼神是存在的。祭祀仅仅是表达后人对先人的怀念。这样的理解似乎符合无神论思想，但问题是：如果你对祭祀活动非常认真，但在内心深处，你根本就不觉得鬼神的存在和在场，你所做的祭祀仪式不是虚伪的吗？不是自欺欺人的吗？

"季路问事鬼神。子曰：未能事人，焉能事鬼？曰：敢问死？曰：未知生，焉知死？"（11：12）现在一般的解释是，孔子认为对于鬼神的事情和死亡的事情不要考虑，因为它们没有人和生重要。学者往往引用这句话赞美孔子注重此世的态度。这恐怕是一种明显的误解。虽然文本的语境不是很清楚，我们做如下的猜测也是有道理的：孔子很可能认为季路连如何侍奉父母和对待朋友都不知道，还问有关如何祭祀鬼神的事情干嘛？连活人都不知道如何尊重，哪来的对鬼神的敬重和畏惧？同理，季路连如何做人都不知道，为什么问死亡的问题？孔子的回答并不暗含着鬼神和死亡问题不重要。如果鬼神和死亡不重要，孔子干嘛强调孝包含三种含义："生，事之以礼；死，葬之以礼；祭之以礼。"（2：5）下面的话，非常清楚地表明孔子对于鬼神的态度："子曰：禹，吾无间然矣！菲饮食而致孝乎鬼神，恶衣服而致美乎黻冕，卑宫室而尽力乎沟洫。禹，吾无间然矣。"（8：21）大禹作为圣王，他自己吃喝的很简单，但是在祭祀鬼神上办的很丰盛，自己穿的很朴实，却在祭祀的礼貌和服装上非常考究，他自己住的很简陋，却把力量都用在治理水利造福天下人民上。禹没有任何缺点可以说的。很显然，禹是先侍奉鬼神，然后是天下人民。这与"子曰：未能事人，焉能事鬼？"在字面上是矛盾的。禹是先事鬼神，然后事人民的。可以有这么几种理解。一是，前面11：12篇章是孔子针对季路的缺点而言的，不具有普遍意义；二是，禹作为圣王，对待当世人和先辈都尽孝道，也就是说，禹的行为符合了2：5篇章所说的孝。

对于上面大禹侍奉鬼神的态度的话，也可以做如下理解。这里孔子所说的话，很可能出于墨家之口。墨家可以自己要求自己这么做：牺牲自己，侍奉鬼神和人民。墨家不是不讲祭祀，而是反对形式主义，反对统治者不顾老百姓的死活，在祭祀自己祖先的时候铺张浪费。禹，作为圣王，可以说，遵循了墨家的哲学核心理念：尊天，事鬼，爱人。

这一节所提到的《论语》中的思想，也许是对于儒家哲学的解构。

第三章
孟子的王道思想

在这里，我们有必要简短的介绍一下孟子生活的时代背景。春秋时期开始于公元前770年，结束于公元前481年。战国时期开始于公元前480年，结束于公元前221年。孔子生活在公元前551年到公元前479年，春秋后期。孟子（前372年~前289年）生活在战国中后期。荀子生活在战国后期。孟子生活的时代是诸侯争霸的时代，每个国家都为了自己生存和扩张而争斗。与孔子时代不同，周王朝的权威已经成为了记忆。当时政治和国际关系的重心是"利"的问题。在那个时代，我们可以这么形容，对于统治者来说，适者生存是非常现实的问题，也是他们考虑和处理问题的中心原则。孟子时代已经显示出军事和国力（人口数量以及国土大小等）成为衡量一个国家的标志。在《孟子》中，从统治者与孟子的对话能够看出，在统治者的心中，争霸或者军事和国力的强大是唯一现实的东西。古代的礼仪和道德，已经没有用处了。称霸是每个大国的梦想。苟延残喘是每个小国的命运。

因此，在人们的生活中，古代圣王和圣贤的道德典范作用已经不重要了。它们成了古董、守旧的东西。人们的态度的变化，还反映在不把统治者和高级官员看作是道德模范，而看作是些唯利是图的人。一个清醒的现实的政治家或统治者，心中时刻都在算计着如何谋求更大的利益。这种思想表现在与孟子对话的诸侯王身上。经过战国后期，到韩非子（思想和理论）和秦始皇（实践）时代达到了顶峰。私利，一方面表现为个人存在的追求目标和动机，另一方面成为社会政治生活的动力。在孟子思想中，已经出现了内圣与外王之间的裂痕，即政治不再是道德的最高体现；政治直接表现为个人欲望的工具。生与死的问题，这是政治的核心问题。在生死问题背后是力量的较量。春秋战国的历史一再证明，道德理想主义在政治生活中是幼稚和危险的。放弃军事力量、放弃武器，就时刻存在着等人宰割的危险。

第三章 孟子的王道思想

在孟子的时代，由于统治者的光环在人们眼中已经消失，从《孟子》和《庄子》（庄子与孟子同时代）中可以看出，当时人们的思想中有一种反对偶像崇拜的倾向。传统道德受到了严重的挑战。这也影响到了孟子的思想。也许这就是为什么孟子试图在人性中为道德寻找基础的原因。与孔子不同，孟子不再简单的把周朝时代的礼义和礼仪（道德）看作是前提、是思想和行为不可动摇的标准。其原因很简单：当你开始对于你的信念进行辩护的时候，这意味着这些信念在人们心中的地位已经动摇。孟子面临的另外一个挑战是，政治生活与道德生活之间的距离越来越大。这也很可能是孟子对传统圣王理念重新进行思考的动力。现实的统治者不见得是圣人，圣人也不见得能成为现实的统治者。孟子更强调圣人的道德人格。任何人都可以为圣人。

对于孟子的时代背景的了解有助于我们理解孟子的思想。这里，我们有必要简单提一下：一个思想家的思想和著作与其生活的历史和社会现实有着不可分割的关系，但是这并不意味着其思想是历史和社会现实的反映。把思想与时代、与历史联系起来考察，这并不意味着陷入"一个决定另外一个"的因果思维方式。思想与时代（社会生活状况）同时都揭示或者显示了人存在的维度。我们可以通过对当时的思想和社会生活状况的理解，进而看看人是如何展示自身的。这不是历史主义或者其他类似的观点。历史或者社会决定论，或者社会环境决定论，其背后的假设与自然主义是一样的。自然主义哲学认为，人的思想是自然界在人们头脑中的折射或者反映；人思想中的一切东西都可以在自然界中找到其根源。自然界就是人类思维的界限，因为自然存在是唯一的存在形式。历史或者社会决定论者认为，人的思想是时代在精神中的反映，人的思想的界限是受历史和社会现实决定的；历史现实和社会事实是人们思想的唯一对象。对于自然主义或者历史主义的批判，胡塞尔的现象学可以给我们启示：人们的所有活动，包括与自然打交道以及人与人之间的关系，都属于所谓的意识活动范畴，它们都内在地具有意向性和时间性结构。意识活动与意识所指是不同的。比如，有关"天"的观念，一定的时代对于"天"的理解有其独特的内容，但是这并不表明"天"是受时代和社会结果限制的或者天是人们历史发展的产物。由于人们思想深处根深蒂固的因果关系观念，人很容易在思维方式上按照因果关系来思考问题，从一个东西推导到另外一个东西。从历史主义中解放出来与从自然主义的樊篱中解放出来，是同等重要的，尤其是在考察和论述人的精神生活的时候。

第一节 义与利的问题

《孟子》一书开头的几篇是理解孟子思想的关键，因为它们反映了孟子所关心的中心问题。《论语》中所关心的夏商周的"礼义"和"道"的继承问题，已经不是很重要的了。重要的是人们现实生活中追求物质利益和幸福与道德的关系。孟子的时代已经不是"述而不作"的时代，是战乱频繁、民不聊生的年代。统治者为了满足自己腐化堕落的生活，劳民伤财，撕下了道德的伪装，赤裸裸地满足个人的私欲。古代礼义的存续问题已经演变成了道德本身是否有必要存在的问题[1]。我们先举《孟子》中几个描述百姓疾苦的例子，"父子不相见，兄弟妻子离散"（2：1）[2]；"今也不然：师行而粮食，饥者弗食，老者弗息"；"方命虐民，饮食若流"（2：4）。意思是说国王出巡，兴师动众是为了筹备军粮，发动战争。饥饿的老百姓没有吃的，劳苦的民众没有歇息的时候。诸侯国王违背天意，虐待百姓，浪费饮食就如流水一般[3]。在这个时代，孔子所倡导的"无道则独善其身"的观念已经成了道德上冷漠的表现。生存问题成了道德问题的中心内容。

我们下面通过孟子与统治者的对话，可以看出孟子以及先秦儒家在关于"什么是人"的问题上，是如何强调礼与利（欲）之间的关系，乐与情之间的关系的。这也是区分儒家伦理学与西方的德性伦理的根本性标志。欲望和情感不是纯粹的心理因素，它们是在人的关系之中体现出差等与和谐的意义的。纯粹的自然情感和欲望是一种抽象的理解。孟子对于礼与乐的解释充分体现了人的欲望和情感的社会性特征。

---

[1] 在《韩非子》中，对于道德的批判证实了战国时期人们对于道德的怀疑。

[2] 见《梁惠王章句下》第一章。杨伯峻：《孟子译注》，中书局1988年版。引文出处都以杨伯峻版本的标示为准。比如，"2：1"是指《梁惠王章句下》第一章。

[3] 这里所引的几句话很明确的表明，当时的统治者为了满足个人的私欲，不顾他人家庭生活（不是按照"己所不欲勿施于人"的原则办事），把国家看作是泄私欲的工具。抢劫他人口中粮食，拆散他人的家庭，这人的欲望极度膨胀的表现。我们应该对于这种暴君的思想做深刻的理解：当人把自己看作高于一切的时候（方命：违反上天的意志），人就容易把自己的快乐、满足建立在他人的痛苦之上，对于他人的痛苦"视而不见"。那么，是什么让人成为一个"睁眼瞎"的呢？是什么让人成为如此残忍的怪物的呢？人为什么即使自己浪费粮食，也不让他人为了生存而吃一口呢？这是很重要的哲学问题。

1.1 政治的基础：利还是礼？

当代法国伦理现象学家莱维纳斯（Levinas）在他的第一部巨著《整体与无限：论外在性》的序言中，一开头就说："所有人都会认为，我们是否被道德所欺骗，这是最重要的问题。""战争状态把道德给悬置起来了。""战争不仅仅是道德所经历的最严重的苦难；它还是使得道德显得可笑。因此，预示战争的艺术，以及不惜一切手段赢得战争—即政治—就被看作是作为理性的真正运用。政治与道德相对立，就如哲学与幼稚相对立一样。"[1]在战争和战场上谈论道德就如同幼稚的人与具有深奥哲学智慧的人探讨问题一样，显得很天真。我们阅读《孟子》的时候，就会看到孟子遇到同样的问题。

《梁惠王章句（上）》开头是这样的："孟子见梁惠王。王曰：叟！不远千里而来，亦将有以利吾国乎？"对于梁惠王而言，政治的问题就是"利"的问题，是如何使自己强大的问题。

孟子作了如下的回答："孟子对曰：王！何必曰利？亦有仁义而已矣。王曰，'何以利吾国？'大夫曰，'何以利吾家？'士庶人曰，'何以利吾身？'上下交征利而国危矣。万乘之国，弑其君者，必千乘之家；千乘之国，弑其君者，必百乘之家。万取千焉，千取百焉，不为不多矣。苟为后义而先利，不夺不厌。未有仁而遗其亲者，未有义而后其君也。王亦曰仁义而已矣，何必曰利？"（1：1）。孟子谈了两种情况，一种以利为中心的情况，非常类似于韩非子所说的；一种是以道德或者义为根基的情况。以利为中心的情况是，在个人的层面上，人们互相危害，其目的是获得利；在国家层面上，是一个国家试图吞并其他国家，成为帝国。韩非子哲学仅仅就这个政治现实进行了描述。可以预见的是，孟子关于道德的说教在现实生活中是没有多大力量的。

孟子说，如果国王只关心自己国家的利益，大夫只关心自己封地的多少，平民百姓只关心自己个人利益，那么，人们就会互相争夺利益。而人们对于利益的追求是没有止境的，千乘之家的大夫想成为拥有万乘之国的国王，百乘之家的大夫想成为千乘之国的国王。在一个万乘之国，拥有千乘的产业，一个千乘之国中拥有百乘的家产，这不能说不多了。但是，他们都不满足。

---

[1] 参看 Levinas（1969）. *Totality and Infinity: An Essay on Exteriority*. Trans. Alphonso Lingis. Pittsburgh, PA: Duquesne University Press. p. 21.

这里，孟子说出了一个非常重要的哲学道理。人的欲望是没有止境的，所谓欲壑难填，揭示的就是这个道理。利令智昏，讲的也是同样的道理。在人为欲望所统治的时候，人是被动的，是为欲望所生活，是为欲望而生存的。尽管人的理性可以为欲望服务，但是，欲望会摧毁人的理性，使人做出自己理性上拒绝的行为。比如打麻将，喝酒，吸毒等，在这些行为中，人有一种被奴役的感觉，人觉得自己与自己的欲望是分不开的。赌瘾和毒瘾使人发狂，使人无法控制自己，而当人满足了赌瘾和毒瘾的时候，人在自己快乐中又体验到了自我的存在。贪官为什么从来不嫌弃钱多，不适时收手。表明人们对于官位的追求也是如此。欲望就如同在高山上滚雪球，越滚越大，越滚越不能停留，直到陷入深渊。人作为欲望性的存在，始终是在虚空与满足之间摇摆，在虚空和满足之中肯定自己。更准确地说，人的自我就是在这种摇摆之中显现的。春秋战国时代，所揭示的就是在人欲横流的时代，欲望是如何显现自身的。由于每个人都以自己为中心，人和人之间必然是欲望之间的争斗。在论韩非子的一章，我们已经提到，这就是霍布斯（Hobbes）所说的"自然状态"，是所有人对所有人的战争。以利为中心的国家是非常危险的，因为不可能有和平而言。孟子以前的墨子和孟子以后的韩非子对此有敏锐的观察。这里，我们看到，历史的东西如何展示出人的结构上的一个层面。

孟子认为，作为国王，首先应该考虑的是仁义。从来没看到一个仁义的人会遗弃他的双亲，一个仁义的人会把君主放在次要的地位。为什么呢？有的人为了赌博，把家产都卖掉，根本不考虑自己老婆孩子的生存，也不考虑父母的生活。有的赌徒还打骂父母，因为父母不给钱。有的人为了吸毒，进行偷盗、抢劫和卖淫等活动。因为，欲望是在满足自己的过程或者满足自己的瞬间肯定自己的。欲望的自我是当下的，是短暂的。人在欲望中看不到他人，还可以从这个例子中看出：如果一个男人和一个女人仅仅是性关系的话，在这个男人满足性欲之前，他也许会用各种办法讨好这个女人，但是，一旦满足了欲望，他马上就对这个女人失去了兴趣。因为对他来说，欲望的对象是谁无关紧要，关键是满足欲望。在欲望的眼中，根本没有家庭，没有父母，没有君臣关系。国王主张利，其结果是自己给自己制造敌人。孟子这里实际上说的是，孝悌是政治的基础。在《论语》中，我们看到，"有子曰：其为人也孝弟，而好犯上者，鲜矣；不好犯上，而好做乱者，未之有也。君子务本，本立而道生。孝弟也者，其为仁之本欤！"（1：2）孝悌是儒家伦理道德思想

第三章　孟子的王道思想

的核心。政治以道德为本、为基础、为根源。一个孝悌的人是不会犯上作乱的。孔子认为，提倡孝悌，也是参政的活动，是为政治立根基。同样，《孟子》也开始把儒家的核心思想提出来。

上面的引文中，孟子作了如下的论证：①仁义或者道德和利的关系是我们应该考虑的首要问题。②如果统治者关心的东西是自己的利的话，他的人民也会如此，从而追求各自的利益。③由于对于利的追求是贪得无厌的，人们必然会互相发生利益冲突。④如果一个国家处于一种互相之间都是争斗的情景，这是与国家的安危和统治者的利益不相符合的。⑤因此，如果统治者把利作为追去的核心，其结果是事与愿违。⑥如果统治者把道德或者义放到第一位，人们就会孝顺父母和忠于君王。⑦如果百姓把君王看作和自己的父母一样，这就是统治者最大的利益。

与韩非子不同，孟子不认为道德是无用的。上面的推理是说，梁惠王明确把利摆在中心位置，并直接追求，其结果会适得其反。这也许不是孟子论证的初衷。他可能是用类似苏格拉底的方法来说服梁惠王把道德作为第一位：我顺着你的思路走，看看你的想法和思想是否有矛盾。梁惠王以利为出发点和目标，结果是他的思想只能导致他失去根本利益。孟子给他提出了一个解决问题的办法。当然，我们可以理解为这样的意思：孟子试图表明，利应该在义的语境中来考虑。不过，这似乎与上面看到的原文不太相符——尽管这是孟子的基本观点。

在《告子章句下》第四章有类似的思想。宋牼（keng）将要去说服秦国和楚国不要进行战争。孟子与他的对话如下："曰：轲也请无问其详，原闻其指。说之将何如？曰：我将言其不利也。曰：先生之志则大矣，先生之号则不可。先生以利说秦楚之王，秦楚之王悦于利，以罢三军之师，是三军之士乐罢而悦于利也。为人臣者怀利以事其君，为人子者怀利以事其父，为人弟者怀利以事其兄，是君臣、父子、兄弟终去仁义，怀利以相接，然而不亡者，未之有也。先生以仁义说秦楚之王，秦楚之王悦于仁义，而罢三军之师，是三军之士乐罢而悦于仁义也。为人臣者怀仁义以事其君，为人子者怀仁义以事其父，为人弟者怀仁义以事其兄，是君臣、父子、兄弟去利，怀仁义以相接也，然而不王者，未之有也。何必曰利。"（12：4）孟子的意思是，如果你以利的观点来说服大家，即使当时他们因你对于利弊得失的分析而停止了战争，这也仅仅是暂时的。你的理论的最终结果很可能是灾难性的。这是因为，如果他们被你关于利的道理说服后,利就成了他们行为的最后准则。君臣之间,父子之间,兄弟之间,把利作为自己的信念,抛弃了仁义道德。一个人人为己,事事为利的社会,不是一盘散沙,还会是什么呢?每个人都以自我为中心,都在打自己的小算盘,这个社会还会有凝聚力吗?孟子前半部分的论证是说,你以利为核心的说服可以避免一场战争,但是,你的思想将腐蚀社会的根基,其危害比战争更大。利的原则是个人主义,是原子主义。如果每个人都把自己看作是绝对的,是以自我为中心的,那么,这个社会的基本单位,即父子关系(家庭—道德关系)和君臣关系(国家—政治关系),就不再是最基本的单位,而成为个人之间松散的联合体。父子之间,君臣之间的关系,就如同现代社会中公司老板和员工之间的关系。

这就是为什么在后半部分孟子认为,如果把仁义作为最根本的理由来说服秦楚之王的话,人类的基本关系——君臣、父子、兄弟关系,就会稳定。道德和仁义,对于孟子和儒家来说,关系到"什么是人"的问题,关系到"我是谁"的问题。人的归属感应该是家庭和国家。欲望的自我是抽象的,人是生活在社会之中的。《论语》之中,有类似的思想:人是关系性的,是一个过程,是在家庭关系和国家关系中定义自身的[1]。

美国实用主义哲学家詹姆斯(James)在他的《心理学简明教程》中,认为我们的肉身固然是我们最内在的物质性自我,但是,我们的衣服,我们家庭成员比如父母,妻子,孩子等都是我们的自我,因为我们如果失去了他们中任何一个,我们就感到痛苦。"如果他们做错任何事,也是我们的羞耻。如果他们被侮辱了,我们就如同自己站在他们的位置上一样燃烧着愤怒。"同样,我们的房子也是我们物质性自我的一部分。他说:"我们都有这么一种盲目的冲动,即爱护我们的身体,用漂亮的衣物装饰它,爱护自己的父母,妻

---

[1] 我将在适当的时候指出,无论是把个人作为基本单位,还是把家庭和国家作为基本单位,其背后都是利益问题:儒家把家庭作为绝对的和基本的单位,因而儒家思想始终存在着家庭与个人之间的张力关系、家庭与国家之间的张力关系。一个人,纯粹为了自己的个人利益就是不道德的,但是为了家庭的利益,就是道德的。一个人,为了捍卫家庭和国家利益牺牲自己的利益就是英勇的。一个为了自己的利益而杀人的话就是杀人犯,然而,一个为了国家和家庭利益而杀人的人就是英勇的。这里有两个问题。首先,是不是个人所有的一切都要在家庭和国家之中体现呢?其次,当国家利益和家庭利益冲突时,是牺牲家庭利益还是国家利益呢?关于第一个问题,我们在墨子和老庄思想中看到了解决的方式。关于第二个问题,我们将看到孟子有他自己的解决方式。

子和孩子，为自己找一个属于自己的家，在其中居住并改善。"[1]依据詹姆斯的观点，孟子所讲的仁义实际上是让仅仅关注肉身的自我看到还有其他的自我的形式，如父子关系，夫妻关系，君臣关系都是自我的一部分。因此，孟子的利与义的问题就成了小利和大利的问题，或者说，小我和大我的问题。詹姆斯还提到社会的自我与精神的自我。从詹姆斯的观点看，孟子没有涉及到其他两个更高的层次——至少在上面的话中没有。

1.2 物质生活与乐（le 与 yue）

在《梁惠王章句上》第二章，我们可以更清楚地看出梁惠王以及当时的统治者只关心自己的物质生活，不关心老百姓的苦难。"孟子见梁惠王。王立于沼上，顾鸿雁麋鹿，曰：贤者亦乐此乎？孟子对曰：贤者而后乐此，不贤者虽有此，不乐也。""文王以民力为台为沼，而民欢乐之，谓其台曰灵台，谓其沼曰灵沼，乐其有麋鹿鱼鳖。古之人与民偕乐，故能乐也。汤誓曰：时日害丧，予及女偕亡。民欲与之偕亡，虽有台池鸟兽，岂能独乐哉？"（1：2）这里的"乐"是指一种心境，具有审美的意境。

孟子在这里区分了两种统治者以及与之相对应的两种乐：一是夏桀的自私自利之乐；二是文王的与民同乐。夏桀自喻为太阳，其自我中心主义达到了极端的地步。他是那种"我死后哪管它洪水滔天"的人物。只顾自己享乐，不顾百姓死活，把自己的幸福建立在众人的苦难之上。百姓对之恨之入骨，他能如太阳一样长久吗？所以，"不贤者虽有此，不乐也"。即使一时拥有丰富的物质资源，也不会长久拥有，因为百姓会起来造反的。而周文王为百姓谋福利，百姓也拥戴他，心甘情愿为他服务。"贤者而后乐此"。圣贤之王先为百姓谋幸福，百姓也乐意看到国王幸福快乐，因为国王的安康也是平民百姓的安康。《大学》第十一章："《诗》云：乐只（之）君子，民之父母。民之所好好之，民之所恶恶之，此之谓民之父母。"所谓"与民同乐"，用詹姆斯的话说，就是看到了更大范围的自我。

孟子上面的话与《梁惠王章句上》第一章是一样的意思，是说如果你的出发点是自私的，你所追求的幸福快乐不仅在道德上是错的，而且在现实生活中你的追求也会适得其反，是自取灭亡的。只有把对物质利益的追求建立

---

[1] William James, Writings 1878~1899. New York: The Library of America, 1992, pp. 175~176.

在仁义道德的基础上,人才能既保障自己的利益,又为大家谋求幸福。对于孟子而言,没有道德基础的政治是长久不了的。即使从纯粹的政治性角度看,它也不可能是稳定的。这一点,虽然孟子没有看到历史来证明他是对的,但是,秦王朝的建立和灭亡的短暂历史,充分说明了"民欲与之偕亡"的必然结果。其道理与《告子章句下》第四章所说的完全一样。

需要特别注意的是,孟子在这里对于道德内容给予了非常明确的说明:当你仅仅追求自己的利益和幸福的时候,你在道德上就是错的,在现实生活中也是注定要失败的。这和《中庸》中所说的一致。但是,当你自己生活,也让他人生活,即"己欲达而达人"的时候,这就是"义"。因而,道德所关心的是如何获得真正的物质性的快乐。孟子也许会说,那些唯利是图的人是目光短浅的人,是头脑简单的人,因为他们没有意识到,要想为自己获得永久的快乐和幸福,必须得之有道[1]。

"乐"还有另外一个含义,读为音乐的"乐"。中国古代注重礼乐。所谓"礼崩乐坏",从反面也强调了乐(音乐和舞蹈)和礼仪具有同样的作用,都是人成为人所必需的(音乐舞蹈和礼仪不仅仅能净化人的心灵,更是塑造人格和行为的过程,是造就人的手段)。如果说礼是规范人的欲望的话,乐则是塑造和抒发人之情的。《中庸》第一章就说:"喜怒哀乐之未发,谓之中;发而皆中节,谓之和。中也者,天下之大本也;和也者,天下之达道也。致中和,天地位焉,万物育焉。"(《中庸》)《礼记·乐记》有下面的话:"乐者,天地之和也。礼者,天地之序也。""夫乐者乐也,人情之所不能免也。""王者功成作乐,治定制礼。其功大者其乐备,其治辩者其礼具。""乐"(音乐舞蹈等)不是对自然界中声音的反映,而是人与自然,人与人,人与祖先,人与神之间的一种情感的交流。人在"乐"中成长。从礼乐在中国哲学中的地位可以看出,中国古代哲学不把人理解为理性的动物。理解了礼乐的含义,就能把儒家哲学与亚里斯多德哲学区分开来。

在《梁惠王章句下》第一章中,齐王喜欢音乐,孟子就用对于音乐(包括舞蹈)的爱好来给齐王讲王道的思想。孟子和齐王的对话中,有如下的话:

---

[1]《孟子》探讨利与义的问题时,给人的感觉是,统治者没有意识到什么是最大的利,什么是最大的乐。只有与民同乐,你才能获得永久的快乐和幸福,否则,就将适得其反。这很有些功利主义的味道。很多学者没有注意到这一点,反而认为墨子的思想是功利主义的。

"独乐乐,与人乐乐,孰乐?""与少乐乐,与众乐乐,孰乐?""今王与百姓同乐,则王矣。"意思是自己一个人欣赏音乐快乐多呢,还是与他人一起欣赏快乐多?是与少数人欣赏快乐多呢,还是与多数人一起欣赏快乐多些呢?如果齐王能与民同乐,则可以使王道流行,天下皆归。孟子设想了两种情境:一种是齐王独自欣赏音乐时百姓的反应;一种是与大家一起欣赏音乐时百姓的反应。"臣请为王言乐。今王鼓乐于此,百姓闻王钟鼓之声,管籥之音,举疾首蹙頞而相告曰:吾王之好鼓乐,夫何使我至于此极也?父子不相见,兄弟妻子离散。""此无他,不与民同乐也。""今王鼓乐于此,百姓闻王钟鼓之声,管籥之音,举欣欣然有喜色而相告曰:吾王庶几无疾病欤,何以能鼓乐也?""此无他,与民同乐也。"从国王喜欢音乐以及百姓对于国王的爱好的反应可以看出国王与百姓的关系。如果国王只顾自己享乐,不关心民生疾苦,国王欣赏音乐,把自己的幸福建立在百姓的痛苦之上,其结果只会是招致百姓的反感和厌恶。那样国王就成了真正的孤家寡人了,没有了民众的基础。国王个人的幸福和安危也就成了问题,更不要说欣赏音乐了。但是,如果国王关心民生疾苦,提高老百姓的生活水平,国王欣赏音乐时,百姓也非常高兴,因为这可以看出国王的身体和心情都很好。此时百姓与国王成为一体。快乐,作为情感的抒发,不仅仅表现了个体层面,更体现出人与人之间的关系,人与人的融合和分离的问题。与他人分享痛苦和快乐,是精神层面的,也证明了人与人之间的一体性关系。所以,"乐"在中国哲学中是很重要的概念。在《论语》中,我们看到:"子曰:兴于诗,立于礼,成于乐。"(《论语·泰伯》)诗、礼、乐,三者作为成就人的方式,这是儒家哲学区别于西方德性伦理学的重要标志。

在《梁惠王章句下》的第四章,孟子说的很明白:"齐宣王见孟子于雪宫。王曰:贤者亦有此乐乎?孟子对曰:有。人不得,则非其上矣。不得而非其上,非也;为民上而不与民同乐者,也非也。乐民之乐者,民也亦乐其乐;忧民之忧者,民也忧其忧。乐以天下,忧以天下,然而不王者,未之有也。"(2:4)齐宣王炫耀自己的雪宫,这既是欲望(得到他人的认可)的表现,也是情感的表露。齐宣王非常欣赏自己的宫殿,他有一种洋洋得意之感。齐宣王向孟子炫耀他的富丽堂皇的别墅说,圣贤之人是不是也有如此的快乐?孟子回答说,当然有的。人们得不到这样舒适的住所而指责国王是不对的。但是,作为人民的统治者而不与民同乐,这也是不对的。如果国君能以百姓的快乐为快乐，那么百姓也会以国王的快乐为快乐；假如国王以百姓的忧愁为自己的忧愁，那么百姓也会把国王的忧愁作为自己的忧愁。与天下人同乐，与天下人同忧，假如这样还不能称王天下的，从来也没有过。换句话说，与民同乐，与民同忧，这是圣王应该做的。孟子对于国王的道德、政治责任和义务的规定具有鲜明的时代特征。孟子比孔子更加鲜明地把道德与政治的关系凸显出来。

在《梁惠王章句下》第五章中，齐宣王说："寡人有疾，寡人好货。"孟子说："王如好货，与百姓同之，于王何有？"齐宣王又说："寡人有疾，寡人好色。"孟子说："王如好色，与百姓同之，于王何有？"财富和女人，这是人们所理解的物质生活的基本内容。孟子没有说，一个国君喜欢钱财和女人是低级趣味，这是人的自然倾向和爱好。"好货""好色"，这是物质自我的表现。齐宣王为什么敢于赤裸裸地表达自己内心的想法呢？在那个特定的历史时期，人们（齐宣王）到了可以被称为恬不知耻的地步：明目张胆地说自己贪婪财色。齐宣王所生活的时代使他说出了人的一个基本层面的东西，或者更准确地说，正是处于一个道德崩溃的年代，欲望才赤裸裸地表现自己，借齐宣王之口来说话。其他历史时期，欲望被压抑下去，或者寻找其他途径来表达出来，比如梦。这体现了我们应该如何理解社会历史背景与人的思想之间关系。喜欢财富和女人不是什么坏事情，关键是你仅仅是为了满足自己的私欲呢，还是想让老百姓也满足他们的欲望。仅仅满足自己的私欲，这是不道德的。但是，让老百姓也满足他们的欲望，这就是道德的。换言之，帮助别人满足他们的物质生活，这是我的道德责任和义务。

从以上的段落可以看出，孟子认为，统治者不应该仅仅考虑自己的利益，更应该考虑如何与民一起分享物质的快乐。只考虑和追求自己的快乐，这不仅是自私的，而且其结果也会事与愿违，其手段是南辕北辙。与民同乐同忧，才能获得最大的快乐和长久的幸福。这似乎使得孟子的论证带有强烈的功利主义色彩。我们同时应该看到，在孟子的思想中还有理想主义的成分：与民同乐同忧，这表明自己不是原子式的存在，而是关系性的。吾国吾民的快乐和痛苦与我自己的快乐和痛苦应该是一体的。比如篮球比赛。对于一个篮球队而言，球队不是个别队员简单的拼凑在一起。球队整体的输赢和荣誉是与每个队员联系在一起的。即使像姚明一样的明星队员，也绝对不会觉得自己球队的输赢与自己无关。球队的整体精神是超越了队员的素质与球艺的。在比赛中，个人英雄主义不仅会伤害球队整体的水平，还会伤害自己的名誉。一荣俱荣，一败俱伤。

1.3 道德权威与政治权力

称王称霸是当时诸侯国的梦想。孟子很清楚地意识到，在王道和霸道之间有着根本的区别。如何回答义与利的问题，构成了王道与霸道的区别。在《公孙丑章句上》第三章中，孟子说："以力假仁者霸，霸必有大国。以德行仁者王。王不待大；汤以七十里，文王以百里。以力服人者，非心服也，力不赡也；以德服人者，中心悦而诚服也，如七十子之服孔子也。诗云：自西自东，自南自北，无思不服。此之谓也。"（3：3）依仗军事实力，借仁义之名，征讨其他国家，是为了称霸。称霸是需要有大国的基础做后盾的。但是，依靠道德，实行仁政的，这是称王。称王不必以大国作为基础——汤王以七十里方圆领土，文王以方圆百里的疆土，施行了仁政，达到了称王的目的。依仗武力征服世界，被征服的人不是真心服从，只是因为他们的实力还不够强大。依靠德行来征服世界，世人是真正的服从，这就好比孔子以道德权威征服了七十多位弟子之心一样。诗经里所说的：从西到东，从南到北，无不心悦诚服，就是这个意思。这才是王道。

王道与霸道的区别是：霸道为了私利征服世界，奴役他人；王道推行仁政，其目的不是私利，而是为了世界和平。霸道是为了满足个人的私欲，王道是为了天下公利。以霸道统治世界，其政权是不稳固的，因为被统治者口服心不服。以德服人，国土不必辽阔，人口不必众多，也会国泰民安，因为百姓口服心服。远者慕名而来归附这与武力征服是完全相反的效果。

那么，王道和霸道政治思想有什么样的哲学与心理学基础呢？假如说，这个世界上只有一个人，他拥有整个世界的财富，对于他而言，这些财富具有什么意义呢？假如又出现第二个人，要与他平分财富，他愿意吗？对于他们二人来说，这么多的财富已经远远超越了消费的层次。孟子在这里说出了一个非常深刻的哲学问题：赢得他人的认可（recognition of the other），这是詹姆斯所说的"社会的我"（the social me）的层面。这也是黑格尔（Hegel）在其《精神现象学》中所叙述的主奴关系核心问题。人只有在无法通过精神层面来赢得他人的认可与尊重时，才会诉诸于武力。而武力一开始就是注定要失败的，因为以武力所获得的认可是表面的，是当前的形势所迫的结果。这不是认可和尊重，是屈服。一旦对方的力量聚集起来、强大起来，势必会造反。按照詹姆斯和黑格尔的看法，人的自我内在固有一种获得他人认可的欲望——被他人所爱。詹姆斯把这种需求称为社会的自我。詹姆斯说："如果当我们进去的时候，没有人转过头来看，当我们说话的时候，没有人回应，或者没有人介意我们做什么。如果我们遇到的每个人都'把我们看作死人'，他们的行为就如同我们不存在似的，一种愤怒和无能的绝望不久就会在我们内心深处升起，最残酷的肉体上的折磨会成为一种解脱。因为这时会使我们这么想——无论我们的处境如何之坏，我们也不至于沦落到没有任何人注意的深渊。"[1]

詹姆斯还指出，"对于被他人'认可'的欲望是这样，它的力量与是否值得认可几乎没有关系"。有的人为了达到这个目的——被别人注意的目的，无论是什么样的名声，丑闻也好，谣言也好，只要出现在公众媒体上就可以，甚至自己制造丑闻[2]。奥古斯丁在他的《忏悔录》的第二卷里讲了一个很著名的故事：少年奥古斯丁和他的伙伴偷邻居的梨的时候，不是因为饥饿或贫穷，而是为了偷窃而偷窃。奥古斯丁反复地问自己，他为什么那个时候乐于作坏事呢？他的答案是："如果我是自己一个人的话，我是不会干那种事情的。""因此，在那种行为里面我所爱好的是与那个帮派厮混在一起，而且是在他们的陪伴下我做了那样的事情。""但是我的快乐不是在于享用那些梨，而是在与在一个有罪的团伙的陪同下所犯下的罪本身。""但是，只有我自己的话，我是不会干的，也无法想像我自己会干这种事情。"[3]"然而，如果我是自己的话，做这样的事将绝对不会给我任何快乐，我也不会犯这种罪。友谊可能成为危险的敌人。"[4]当中年的奥古斯丁回忆自己少年时的恶作剧的时候，他认识到，自己当时之所以为了恶而作恶并不是因为作恶的行为本身会快乐，而是因为对于当时的他来说，他的行为在他的伙伴眼里是值得骄傲和"尊敬"的。他反复说，如果只有我一个人的话，我是不会那样做的。当这个世界上只有一个人的时候，是不会出现善或者恶的，因为道德就其本性而言是关系性的。勇敢作为一种道德品质，在少年的奥古斯丁的团伙里，是一种

---

[1] William James, *Writings* 1878~1899. New York: The Library of America, 1992, pp. 176~177.
[2] William James, *Writings* 1878~1899. New York: The Library of America, 1992, p. 181.
[3] St. Augustine, *Confessions*, Henry Chadwick (trans.), Oxford: Oxford University Press, 1991, p. 33.
[4] St. Augustine, *Confessions*, Henry Chadwick (trans.), Oxford: Oxford University Press, 1991, p. 34.

好的品质。但是，他当时的勇敢在成年人眼里，或者在另外的人的关系里，却表现为恶的品质，是没有价值的，是人们所反对的。判断善与恶始终要通过他人的眼睛，不单是自己的道德情感或事物的内在本质。当亚当把夏娃看作是对自己认可的天平时，原罪也就开始了。原罪的含义不在于偷了知识之果，而在于违背上帝的命令，把另外一个人看的高于上帝。为了自己的另一半，违背上帝的命令，这实际上就是把自己作为中心。

这对于解释孟子所说的霸道有很大的帮助。王道与霸道的区别就在于：一个依靠自己的精神吸引力赢得他人的尊重和服从；一个依赖自己的武力和权力来征服别人。而武力的征服往往是软弱的表现，是对自己的失败的认可，因为武力征服已经预设了自己无法赢得别人，无法吸引别人，只是强迫他人注视自己。"以力服人者，非心服也，力不赡也；以德服人者，中心悦而诚服也。"

孟子王道与霸道的划分是继承了《论语》思想中有道与无道的区分的思想。天下无道时，朝廷中的官员是如何表现的呢？在《告子章句下》第九章中，孟子说："今之事君者皆曰，我能为君辟土地，充府库。今之所谓良臣，古之所谓民贼也。君不乡道，不志于仁，而求富之，是富桀也。今之事君者皆曰，我能为君约与国，战必克。今之所谓良臣，古之所谓民贼也。君不乡道，不志于仁，而求为之强战，是辅桀也。由今之道，无变今之俗，虽与之天下，不能一朝居也。"（12：9）今天所谓的好官员，在古代人眼光中看，就是残害人民的敌人，是助纣为虐。他们很自信地说，我能为君主开拓领地，富足国家仓库，我能为君主邀结盟国，每战必胜。这些人服务于一个不讲道德不讲仁义的君主，就如同协助一个暴君残害百姓。这样的政权与人民为敌，即使它拥有整个天下，也是一天都坐不稳的。这里孟子的最后一句话，预见了秦王朝飘风骤雨的命运。

我们可以看出，孟子对于当时诸侯国的统治者及其官员是持猛烈的批判态度的。他用古代的桀纣来形容当时的统治者，其言辞之激烈和分析之深邃，是中国历史上少有的。对于孟子而言，没有道德基础的政权是没有存在的权力的，人民有权推翻它。在《梁惠王章句下》第八章有这样的对话："齐宣王问曰：汤放桀，武王放纣，有诸？孟子对曰：于传有之。曰：臣弑其君，可乎？曰：贼仁者谓之贼，贼义者谓之残。残贼之人谓之一夫。闻诛一夫纣矣，未闻弑君也。"（2：8）桀纣都是自私自利的人，是以自我中心的人，是个人主义者。他们只知道自爱，只爱自己，只关心自己的快乐。对于他们而言，死后哪怕洪水滔天也无所谓。用现代的语言来说，他们自与人民为敌，成了"一夫"。这样的君主完全失去了"君君臣臣"礼仪所规定的君的职责。也就是说，他们自己放弃了作为国王的道德权威。推翻这样的政权，杀死这样的国君，在道义上是正当的。

孟子在这里所说的与韩非子所说的没有矛盾：韩非子认为，人人都是自私的，国君把自己的利益作为国家利益在追求，同样的，百官也在觊觎国王的地位、权力和财富。百官弑君是很正常的。所以，国王应该做的就是时时刻刻提防百官勾结起来推翻自己。在争夺利益面前，国王和百官以及平民百姓都是平等的。孟子与韩非子的不同观点在于，对于孟子来说推翻暴君是革命，是正义的行为，而对于韩非子而言，推翻暴君是赤裸裸的利益之争，是暴君的无能造成的。孟子与韩非子对于推翻暴君的行为有不同理解基于这样的原因：对于韩非子而言，所有人都是独立的个体，都在为自己的利益而战，推翻暴君无非是为了满足自己的私欲；对于孟子来说，个人与社会是一体的，如果把自己看作纯粹的个体，把其他人看作满足自己利益的工具，这就是与"我们"为敌，把自己作为天下人的敌人。这是不仁不义的。这也从一个方面说明了在孟子哲学中什么是仁义的，什么是不仁义的。凡是仅仅为了个体利益的行为，都是不仁义的，凡是为大家的都是仁义的。更准确地说，一己之私，非仁义；大家之私，仁义也。

那么，在孟子看来，什么样的政府才是理想的道德的政府呢？在《离娄章句上》第二章，我们看到，"孟子曰：规矩，方员之至也；圣人，人伦之至也。欲为君，尽君道；欲为臣，尽臣道。二者皆法尧舜而已矣。不以舜之所以事尧事君，不敬其君者也；不以尧之所以治民治民，贼其民也。孔子曰：道二，仁与不仁而已矣。暴其民甚，则身弑国亡；不甚，则身危国削，名之曰'幽'、'厉'，虽孝子慈孙，百世不能改也。诗云：殷鉴不远，在夏后之世，此之谓也。"（7：2）圆规和曲尺是圆方的标准，而圣人则体现了人伦典范。要想做君主，就要遵循礼仪所规定的君主的职责并尽君主的义务；要想做百官，就要遵循礼仪所规定的臣的职责并尽臣民的义务。君臣关系已经很完美的体现在尧君舜臣关系之中，只要以他们为法即可。不能做到像舜效忠尧王一样来服务于自己的国君，那就是对国君的不敬重。不能像尧王管理臣民一样来管理自己的臣民，那就是残害老百姓。孔子说，治理国家有两种方法和道路，一种是仁政，一种是不仁之政。孟子这里特别强调了不仁之政的

第三章　孟子的王道思想

后果，因为当时的世界是不仁的世界。残害老百姓，重者，身死国亡；轻者，身处百危之中，国力下降。关于这一点，殷商可以拿夏朝作为自己的镜子。因此，在孟子看来，王道与霸道就是仁政与不仁之政的区分：王道视天下与己为一体；霸道视天下与己相对立。仁与不仁是两种获得认可的方式。

对于儒家来说，最高的权威是理想的圣人，如尧舜禹等，他们是后世的道德楷模。对于孟子来说，人和人之间的区别就是仁人与不仁之人之分。两种人的区别是儒家的根本区别。这是儒家与墨家哲学的根本区别。在墨家哲学中，天与人的区别是根本的区别。道德之人是敬畏天意，服从天志的，不道德之人则是以己之私为天下之标准。

在《离娄章句上》第七章，孟子把仁政与不仁之政做了区分："孟子曰：天下有道，小德役大德，小贤役大贤；天下无道，小役大，弱役强。斯二者，天也。顺天者存，逆天者亡。"（7：7）[1]天下有道即仁政，天下无道即不仁之政。这也是王道与霸道的区别。王道的中心是"德"，是道德高尚的人指挥道德上不高尚的人。霸道的中心是"力"，是强大的人奴役弱小的人，是强者剥削弱者。这两者的区别是恒定不变的，即"天也"。施行仁政，就是顺天，就会长久；施行暴政，就是逆天，就会很快灭亡。这一篇的最后，孟子引用孔子的话说："仁不可为众也。夫国君好仁，天下无敌。"仁政的力量不是以人口多寡来衡量的。君主爱好仁政，就会无敌于天下。然后孟子感慨说，如今想统一天下而不施行仁政，这不等于苦于热而不肯洗澡吗？

对于孟子的"顺天者存，逆天者亡"，还可以在《离娄章句上》第九章找到如下的解释："孟子曰：桀纣之失天下也，失其民也；失其民者，失其心也。得天下有道：得其民，斯得天下矣；得其民有道：得其心，斯得民矣。得其心有道：所欲与之聚之，所恶勿施尔也。"（7：9）仁政是什么呢？就是得民心。如何得民心？就是满足人民的物质需要，不给他们增添赋税之类的东西。简单地说，让老百姓饥者有食，劳有所得，安居乐业，就会得到百姓

---

[1] 关于天下有道与天下无道，孟子与孔子有相似的观点。在《尽心章句上》第九章，我们看到："孟子谓宋勾践曰：子好游乎？吾语子游。人知之，亦嚣嚣；人不知，亦嚣嚣。曰：何如斯可以嚣嚣矣？曰：尊德乐义，则可以嚣嚣矣。故士穷不失义，达不离道。穷不失义，故士得己焉；达不离道，故民不失望焉。古之人，得志，泽加于民；不得志，修身见于世。穷则独善其身，达则兼善天下。"（13：9）人如何可以快乐呢？崇尚德行，喜爱仁义，在任何情况下都会快乐。贫穷的时候，不失去义，富有时不背离道义。得志（政治上成功），就泽惠于民，不得志，就独善其身。

的拥戴，就是得民心。这是仁政的核心。这也是孟子与孔子的区别：把物质利益与道德仁政联系起来，认为道德的内涵就是正确处理人和人之间，尤其是统治者与百姓之间的物质利益关系。这也是对《论语》中"己欲达而达人"、"己所不欲，勿施于人"的新解。得民心者就顺天。逆天就失去民心。桀纣为何灭亡呢？是因为用天下之公来谋取个人私利。

如果我们用功利主义的语言来解释孟子关于仁政、仁义的理论，就能显示出孟子思想的现代意义。对于孟子来说，民心是什么呢？民心就是自然地趋利避害，就是逃避痛苦、寻求快乐。这和韩非子一样。不同的是，孟子认为，仁政应该满足人民趋利避害的天性，而不是为了满足自己趋利避害的天性而妨碍他人满足自己的天性。称霸的先决条件是拥有一个人口众多的大国。但是，霸道之治不能做到这一点，因为人们的天性是归附仁政者，仁政能给他们带来生活上的快乐。所以孟子接着说："民之归仁也，犹水之就下，兽之走圹也。故为渊敺鱼者，獭也；为丛敺爵者，鹯也；为汤武敺民者，桀纣也。今天下之君有好仁者，则诸侯皆为之敺矣。虽欲无王，不可得已。"（7：9）这里所说的"民之归仁"，是指老百姓归附统治者。普通老百姓都想寻找生活富裕和快乐的地方。当今社会也是如此。比如，很多第三世界国家的人的想移民到美国，主要就是经济原因。人们甚至利用政治庇护为自己的经济原因找借口。对于孟子来说，施行仁政，其疆土不必很大，其国力不必很强，只要满足本国人民的物质利益和生活需求，人民就会团结，会为君主而战，因为君主的利益与人民的利益是一致的。其他诸侯国的人民也会前来投奔，因为人人都希望过富裕快乐的生活。人心所向，不欲称王也会王于天下。那时不费吹灰之力，就能统一天下。称霸的人依靠武力为何不能统一天下呢？因为他给人民带了灾难和痛苦，人民会憎恨他，远离他。孟子认为，在当时的情景下，如果有一个人施行仁政，那么，其他所有的诸侯国都会因霸道而被动地把人民驱赶给他。从孟子的观点看，韩非子的二柄理论是驱赶人民的政策。

这种隐藏在仁政背后的功利主义思想是孟子在这里（7：9）论证王道与霸道之间哪个更有利于统治的原因。所谓"民心"就是趋利避害的倾向。所谓"得民心"就是满足这种欲望。

当然，当孟子说"民之归仁也，犹水之就下，兽之走圹也"，他也许还想表明，人之所以能从善如流，那是因为人的本性是善的。人并非是仅仅为了获得自己的物质利益而投奔仁政之王的。人在天性上本能的知道什么是善,什么是恶。在王政的体制中,人性的光辉将进一步闪耀,人将逐步成为有道德的人。而在暴政之下,人的自然良心被摧残并将一步步磨灭。

由于时代的原因,孟子对于义利问题的思考,具有独到之处。他的功利主义色彩与他的"性本善"的原伦理学学说似乎有矛盾之处。我们将会看到,孟子在道德理论上做了多方面的探讨,其理论的多面性也许是因为当时的不同实际情况迫使他从不同的角度论证和阐述儒家道德理论。

第二节 孟子论人性(一)

2.1 本心与本真存在

对于道德与人的关系,韩非子所代表的观点在孟子时代已经出现,而且似乎非常流行,即人们对于道德持怀疑态度或者漠视态度。韩非子认为,仁义道德是过时了的工具,古代社会也许有用,在战国时代,提倡仁义道德就是不合适宜的,是迂腐的表现,其结果是对社会和君主利益的损害。孟子对于道德的辩护以及为道德寻找基础,从反面可以反映出在战乱时代道德被战争所悬置,人们会觉得道德是不是欺骗了自己(莱维纳斯)。孟子的回答是,人在本质上就是道德的存在者。在《离娄章句下》第十九章,孟子说,"人之所以异于禽兽者几希,庶民去之,君子存之。舜明于庶物,察于人伦,由仁义行,非行仁义也。"(8:19)人与禽兽之间的区别是很微小的,却是决定性的。一般人丢掉了人之所以为人的决定因素,而君子则保留并发扬之。舜王对于事物有很深的了解,对于人伦之情有着明晰的观察。他是依据人本身所具有的仁义而做事的,不是去创造仁义。仁义内在地存在于人性之中,但是如果你不去保护和培养它,就会丢掉它,就会和一般动物没有任何区别。禽兽是按照自己的自然本能行为的,而人应该是遵循仁义之道的。在原初状态下,人与禽兽的区别也许很微小,但是,人的行为使得人与动物之间的差距变得越来越大。舜所做的也是弘道(仁义)而已,不是无中生有,创造仁义。对于仁义的核心内容,我们将会看到,是指人的亲情,是父母和子女之间的爱[1]。这与亚里士多德把人定义为理性的动物是不一样的。

在《告子章句上》第十章中,孟子论述了在人与人之间有比自然生命更重要的东西,那就是义。对于自然人而言,趋利避害,喜欢快乐,厌恶痛苦,是自然的选择。特别是在生死之间,人很自然的选择生,避免死。这是韩非子"二柄"理论的基础。但是,孟子认为,实际情况并非如此。这一章可以看作是孟子对韩非子的反驳。孟子说:"生亦我所欲也,义也我所欲也;二者不可得兼,舍生而取义也。生亦我所欲,所欲有甚于生者,故不为苟得也;死亦我所恶,所恶有甚于死者,故患有所不避也。如使人之所欲莫甚于生,则凡可以得生者,何不用也?使人之所恶莫甚于死者,则凡可以辟患者,何不为也?由是则生而不用也,由是则可以辟患而不为也。是故所欲有甚于生者,所恶有甚于死者。非独贤者有是心也,人皆有之,贤者能勿丧耳。一箪食,一豆羹,得之则生,弗得则死,嘑尔而与之,行道之人弗受;蹴尔而与之,乞人不屑也。"(11:10)如果人把生命看作是最重要的,那么人为了保存生命,什么都可以做。如果死亡是最令人讨厌的,那么,为了避免死亡,人会不惜一切手段来避免灾难。而事实上,并非如此——有的人本可以为了生而那样做,但是他没有;有的人为了避免死亡可以那样做,但是他没有。比生死更宝贵的东西人人都有,只是圣贤之人从来没有失去它。如果以鄙视的方式给过路的饿人和乞丐食物,他们宁可饿死,也不愿接受。这种极端的情景显示出人人都具有尊严。

孟子的论证是这样的。一般而言,人们是爱惜生命、讨厌死亡的。最大的利莫过于生命;最大的害莫过于死亡。但是,在有些时候,人是宁愿失去生命,选择死亡,因为有比生命更值得捍卫,有比死亡更可怕的东西,这就是道德尊严和羞辱。[2]道德比个人的生命价值更高。个体生命不是绝对的:人为了道德尊严、家庭国家安全和利益可以牺牲自己的生命。正是在道德的

---

[1] 有的哲学家会反驳说,亲情不是人与动物之间的根本区分,在动物之中也有我们在人类中看到的母爱等亲情。人与人之间真正的无私的爱才是定义人的本质的东西。持这种观点的人有克尔凯郭尔等。有的学者把亲亲之爱看作是人的情感,是人和动物所共有的,只有人的理性才是区分人的本质特征。这恐怕是西方哲学的主流观点。

[2] 苏格拉底在《申辩篇》中有类似的语言:耻辱比死亡更可怕。参看 Plato (2002). *Five Dialogues*. Trans. G. M. A. Grube. Revised John M. Cooper. Indianapolis/Cambridge: Hackett Publishing Company, Inc. p. 33.

语境中，在社会生活中生物学意义上的生命发现了它的价值和意义。从哲学的角度看，个体的自我存在于在社会生活中与他人的统一之中。

孟子认为，人们都会理解上面的思想实验，但是，人们的行为却让人感到非常迷惑：一个乞丐能做到的，人们在日常生活中却做不到。乞丐都知道不惜生命来捍卫自己的尊严，而在日常生活中，人们却会为了比生命价值小的利益而抛弃道德。有什么利比生命更宝贵？人们可以为没有生命宝贵的小利而牺牲比生命更重要的东西——人的尊严和本心："万钟则不辩礼义而受之。万钟于我何加焉？为宫室之美，妻妾之奉，所识穷乏者得我欤？乡为身死而不受，今为宫室之美而为之；乡为身死而不受，今为妻妾之奉而受之；乡为身死而不受，今为识穷乏者得我而为之，是亦不可以已乎？此之谓失其本心。"（11：10）我为什么要接受万钟的俸禄呢？难道是为了豪华的住宅吗？是为了妻妾成群吗？是为了帮助自己的穷亲戚和朋友吗？这几句话的意思：难道我是为了在别人眼中得到认可，为了让人羡慕吗？在面临生死与尊严之间的选择时，我们为了尊严而不怕死。难道我们会为还没有生命重要的东西而牺牲尊严？在日常生活中，人对于义利关系的思想是多么的糊涂。孟子这里所说的，与海德格尔在《存在与时间》中所说的本真存在与非本真存在的关系非常相似。人在日常生活中，生活在"他们"（Das Man）的世界之中，依据"他们"的看法和意见而行为，完全失去了个人的本真存在。人在走向死亡的存在中意识到自己的独一无二性，意识到没有任何人能替代自己的死亡，自己必须为自己的存在做出果断的抉择。这就是本真存在。对于孟子来说，本心就是本真存在，是人类的本性，只是人们在日常生活中把它忘记了。前面我们看到，霸道产生的根源就在于以自我为中心的希冀和获得他人认可的欲望。

孟子在这里所说的人的本心究竟是什么呢？是道德良心，即意识到与他人的一体性，本心不是外在塑造的结果；它深深地根植于每个人的生命之中。我们面临的问题是，我们是否意识到了这个一体性。我们下面看看孟子是如何论证人的道德之心的。

为了更好地理解孟子的本心概念，在本节通过告子与孟子之间的争论，我们来看看孟子是如何理解人性的概念的。有关什么是人性，孟子对告子的观点进行了反驳。告子对于人性的理解在当时是非常流行的观点之一。在《告子章句上》第六章，我们可以看到："公都子曰：告子曰，性无善无不善也。或曰，性可以为善，可以为不善。是故文武兴，则民好善；幽厉兴，则民好暴。或曰，有性善，有性不善。是故以尧为君而有象；以瞽瞍为父而有舜；以纣为兄之子，且以为君，而有微子启、王子比干。"（11：6）公都子说，告子主张人性既不是善，也不是不善。有的人主张人性可以成为善的，也可以成为不善的。这两种观点实际上是一样的，或者说区别甚微。所以，公都子接着说，在好的君主统治下，则人民善良；有恶的君主，则人们不善良。有人说，有的人性是善的，有的人性是不善的。比如在尧的时候，也有如象一样的坏人；舜是圣贤，他父亲则是不善之人；纣是恶人，他叔叔则是圣贤之人。孟子与告子有直接的对话。我们来看看孟子是如何通过反驳告子的观点阐述自己对于人性的理解的。

2.2 工艺品比喻论证

在《告子章句上》一开始，我们看到："告子曰：性犹杞柳也，义犹桮棬也；以人性为仁义，犹以杞柳为桮棬也。"（11：1）告子认为，人性就如做杯盘的所用的木头材料，是等待加工的东西。而义就如杯盘等形状或者形式，是外在于材料的，是强加在材料之上的。如果把人性等同于仁义，那么，就如同把木头材料看作做成了的杯盘。这显然混淆了两种不同的东西。告子的话好像是针对孟子的性善论批评的。我们可以说，告子在这里所表达的观点非常类似于孔子的工匠模式。人性（自然情感欲望等）在道德的意义上是中性的，是不善不恶的。木头可以做成杯碗，人也可以改造成道德的人。告子这里的观点可以说是社会化理论。我们已经看到，尽管孔子对于人性没有明确阐述他的观点，但从他如切如磋如琢如磨的思想看，他应该不反对告子的观点。

针对告子的批评，孟子的回答是这样的："孟子曰：子能顺杞柳之性而以为桮棬乎？将戕贼杞柳而后以为杯棬也。如将戕贼杞柳而以为桮棬，则亦将戕贼人以为仁义欤？率天下之人而祸仁义者，必子之言夫。"（11：1）孟子的意思，你难道能顺着杞柳本来的特性做成杯棬吗？你一定是残害了杞柳的本性而制作杯棬，因为在杯棬之中我们看不到杞柳本来的面目。同理，如果仁义是指强加在人性上的外在的东西，那么，道德就成了对人性的彻底的制造。把人性纳入仁义之中就等于是残害人性（戕贼人以为仁义）。如果人们和你一样认为仁义道德是对人性的摧残，他们就会抛弃仁义。你的学说将会产生如此不好的效果。

孟子为了反驳告子，就把告子的思想作了解释。他认为，如果告子是对的，把杞柳制作成杯盘就是残害杞柳的本性。当然，孟子在这里没有意识到亚里斯多德关于相对质料的思想：相对于杯盘的形式而言，杞柳是材料；而杞柳本身也有杞柳之性与杞柳之质料。就其相对意义而言，杞柳成为杯盘是从其潜在性变为现实性，即杞柳本身就具有成为杯盘的潜在性。这不是对于杞柳本性的残害或者暴力。当然，我们还可以用非形而上学的观点解释为什么杞柳做成杯盘不是对杞柳本性的残害。杞柳有其自然属性，有其社会属性。就其自然属性而言，杞柳的生长作为一个自然事件有其自身的过程。同时，杞柳不是仅仅作为自然界中的植物显现在人的意识中的，它们还会作为审美的对象显现出来。除了这两个层面之外，杞柳在人的意识中，尤其是在工匠的意识中，还会显示出工具性的一面。所谓工具性的一面，就是杞柳如何成为人类生活中的一部分。杞柳之性在工匠眼中与在植物学家眼中是不一样的。工匠必须根据杞柳之才来制造相应的木制品。在木制品中，杞柳的作用就在于把自身隐藏起来。用现象学的语言说，杞柳的现象性就在于隐藏自己。同理，在木制品成为审美对象的时候，杞柳的自然属性与功用性都被悬置起来了。因此，所谓的杞柳自在之物，这是"自然视野"（把自然物自身看作是独立于人类社会的）的狭隘性所造成的幻觉。

我们还可以借用黑格尔的观点来说明这个问题。面对着感觉材料，动物也不会思考它的实在性，而是会毫不犹豫地把眼前的绿草吃掉。肯定感觉对象的实在性的哲学家应该"学习吃面包和喝葡萄酒的秘密意义"。他说："即使动物也不会把自己封闭在这种智慧之外，相反地，表明它们自己非常深刻地进入了这种智慧；因为它们不是在感性事物面前悠闲地站立着——好像感性事物拥有内在的存在一样——而是对于它们的实在性的绝望，并完全肯定它们的虚无性，很不客气地低头把它们吃掉。"[1]感性事物的它在性在吃喝行为里很快消失掉了。我们可以这么解释黑格尔的话：相对于认知者的客观事物的实在性是抽象意义上的，因为它假设了主客之间认知关系的永恒性。在另外一个层面上，即欲望与欲望的对象的关系上，欲望的对象的实在性或者现象性就在于其满足欲望的过程，就在于使自身消失或者成为欲望的一部分。

---

[1] G. W. F. Hegel, *Phenomenology of Spirit*, trans. A. V. Miller, oxford. university press. 977 p. 65.

因此，我们可以说，孟子的反驳建立在这么一种具有现代性的假设上：对于事物本性的残害或者暴力是反自然的行为，是不应该做的[1]。如果告子关于仁义与人性的观点是对的，即仁义是外在力量对人性的改造，那么，这就是一种施加在人性上的暴力。没有人喜欢暴力。当人把道德理解为外在暴力的话，人就会批判道德。这种错误思想一旦流行起来，人们就会放弃道德。这是非常危险的。

那么，孟子反对告子的观点究竟有没有理论上的说服力呢？我们可以这样理解孟子的观点：道德对于人性不是异己之物。也许孟子这么说更具有理论上的说服力：道德不可能与人性异质，因为如果是那样的话，社会化过程也能够把动物转化为道德的存在者，比如把狗训练成导盲犬。仁义道德必须和人性有着某种内在的联系。人固然具有可塑性，但是，这应该是有关道德修养的比喻。如何理解道德根源的基础性和外在性，这是道德哲学的根本问题。下面我们将看到，孟子用本心本性来论证道德的基础。而本心本性在孟子哲学中就是自然之爱。这个问题在这里我们先不探讨。

2.3 流水比喻论证

告子用了第二个例子来说明自己的观点。他似乎意识到，上面的例子不能很好的说明他的观点，因为的确如孟子所说，用杞柳和杯盘做例子很容易给人一个印象：道德和人性是两个东西。告子就用流水来说明。"告子曰：性犹湍水也，决诸东方则东流，决诸西方则西流。人性之无分于善不善也，犹水之无分于东西也。"（11：2）水流无方向，流向哪里靠外在的引导。这类似

---

[1] 令人感兴趣的是，在现代理论中，有这么一个观点，即社会化过程是对人的自然天性的摧残，是对人性的束缚，因此，自由和解放就是从社会习俗和历史包袱中解放出来，释放人性的光辉。这种理想化的人性就如同柏拉图哲学的灵魂，被囚禁在肉体生活着的社会之中。如果把人性理解为人的自然情感和欲望，理解为传统形而上学所批判的非理性主义（因为传统形而上学假设理性是人的灵魂本质），那么，这种人性论也是传统形而上学思想的延伸。当然，这里是孟子对告子的观点的解释，并非是告子原意。我们可以看到很多当代文献用这种理论在解读《庄子》。对于《庄子》的误读，主要是人们的思想局限于这种自然个体与社会集体之间的对立说。其根源是把自然和社会这两个东西绝对化了，没有意识到还有高于社会和自然的层面。人首先是一个自然的个体，具有自然的生物和心理特性，这是需要社会化的。在社会化过程中，人成为社会的人，成为道德的人，这是从抽象到具体的过程。但是，社会化本身不是绝对的。人在与超越于这个世界（自然和社会）的永恒发生关系时，在人的精神生活中，再次与社会拉开距离，但是这次不是低于社会，而是高于社会。由于把自然或者社会绝对化，人们就自然而然假设庄子提倡一种脱离社会的追求个人的自然本性和自由的哲学。

第三章 孟子的王道思想

俗语说的"近朱者赤、近墨者黑"的思想。人性也如此,善与不善是后天发展的结果。在《论语》中的《颜渊》篇第十九章,我们看到孔子说了类似的话:"子欲善而民善矣。君子之德风,小人之德草。草上之风,必偃。"草摇摆的方向与风的方向一样;小人为善是受君子如暖风一样的德行的影响。

如何理解告子的流水比喻论证?如果我们用流水来比喻小孩子的道德成长,告子的比喻就有较强的说服力。人生下来,不能说是善或恶。善或恶是后天培养的结果。孟母三迁,也说明环境对于一个人成长的巨大作用。我们甚至可以说,孟母三迁正是要说明人善或恶是环境造成的。"公都子曰:告子曰,性无善无不善也。或曰,性可以为善,可以为不善。是故文武兴,则民好善;幽厉兴,则民好暴。"(11:6)告子不是不承认人有善恶之分,他认为,人刚生下来是不能用善或不善来形容的。准确地理解告子的观点是:告子认为人生而无善或不善可言。善与不善是后天教育的结果。这与我们现代人的看法是很相似的。下面我们看到,杞柳与流水的比喻是一个意思,都包含了这么一种观点,人生下来没有善恶可言,即所谓的"生而谓之性"的论证。

孟子觉得告子这个流水的例子很好,不仅能反驳告子自己的观点,还可以用来说明孟子自己的观点。"孟子曰:水信无分于东西,无分于上下乎?人性之善也,犹水之就下也。人无有不善,水无有不下。今夫水,搏而跃之,可使过颡;激而行之,可使在山。是岂水之性哉?其势则然也。人之可使为不善,其性也犹是也。"(11:2)孟子说,水确实没有东西之分,在水平方向,可东可西。但是,水没有上下之分吗?水之性自然向下,就如人之性自然向善一样。水总是有向下流的趋势。同样,没有人不具有向善的倾向。外在的力量使水向上扬起,或可高过额头,或可高过山峦。但是,这都是与水性不相符合的,是外在力量作用的结果。在自然的状态下,水总是向下流的。同理,人也会择善而行之。人之所以为恶,那是社会和生活环境等外在因素造成的[1]。

---

[1] 事实上,孟子关于水性的上下之论也可以用来反驳孟子:一个人要想成为道德素质高的人,必须经过长期艰苦的道德修养过程。这就是说,学坏容易,学好难。学习和修养之所以是痛苦的过程,是因为人有天性的懒散和懒惰。没有学习的意志,人就会如水一样放纵自己的欲望,成为道德上的恶人。荀子可以用这点来解释他的性本恶学说。一个流水的例子,可以同时说明孔子(告子)、孟子、荀子的观点。

孟子也承认人易受外在环境的影响。但是，他认为人之恶与人的本性无关，是外在影响造成的，而人之善则是内在善心发展扩充的结果。告子则把善与恶都归结为外在的原因。他们都认为"近朱者赤、近墨者黑"这句话有道理，不过，他们的理解不一样。对于告子来说，原材料是无色的，有这样那样的颜色是外在作用的结果；对于孟子而言，原材料本来就有倾向于红的色彩，近赤就变得更红，但是，近墨则会变黑，会污染本来的颜色。虽然孟子并不否定外在因素的影响，但他不是一个完全的外在决定论者。这一点在他的种子比喻中我们会看得更明确。

2.4 生之谓性论证

告子在用两个例子论证自己的观点时，都没有达到自己的目的，没有使得孟子信服自己的观点。他接着就直接给出了关于性的定义："生之谓性。"（11：3）他好像是说，杞柳也罢，流水也罢，我指的是生之谓性。在古文中，"生"与"性"是可以互通的，古音相同。这里告子引用的也许是古代人常说的话。性就是生而具有的。这两个字的读音相同性也许是有原因的。现代哲学家也经常采用这样的论证解释方式。对于性的具体内容，他没有给出具体规定。我们可以把这个定义和孔子联系起来看：人生而具有的自然天性包括人的情感、人的欲望、人的智力高低等。尽管告子没有明确说出下面的话，他也许是说，这些东西仅仅是人的原初材料就如同杞柳一样，是需要被加工制作的。人的自然天性在道德的意义上是中性的，是可以塑造的。一块木料，在一个手艺高超的木匠手中，会成为一件非常精美的手工艺品。而在一个技艺低劣的人手里，会白白的被浪费掉。

告子这里不是说人的自然天性是不可改变的。根据上面的例子，告子不会认为"江山易改、秉性难移"，"攻占一个城堡容易，改变一个人的脾气很难"。自然禀赋仅仅是半成品。

孟子的反驳是建立在字的读音上的。他的反驳似乎是一种有意的误解。不过，也不完全是。我们来看看孟子是如何反驳告子的："孟子曰：生之谓性也，犹白之谓白与？曰：然。白羽之白也，犹白雪之白；白雪之白犹白玉之白与？曰：然。然则犬之性犹牛之性，牛之性犹人之性与？"（11：3）孟子说，"生"与"性"相同，就如白色与白色相同吗？因为它们发音都一样。告子回答说，是的。孟子进一步说，白色羽毛的白与白雪的白一样，白雪的白与白玉的白一样，对不？告子回答说，是的。孟子就说，这样看来，是不是狗之性与牛之性一样，牛之性与人之性一样呢？孟子最后的话是说，依据告子的意思，我们最后得出一个显而易见的谬论，即人与动物是一样的天性。这样，人与动物如何区别呢？就本性本身而言，人与动物也是不一样的，更不用说我们把社会性考虑在内。孟子在这里反驳告子的理由很可能是这样的：如果把性定义为自然禀赋，是出生时所获得的东西，那么，就"性"这个字的含义而言，我们如何区分人之性与动物之性呢？这就如同你说白色一样，发音一样，含义也应该一样。我们不能说这个白不同于那个白，白雪之白与白玉之白是一样的白。正是因为孟子的这种反驳，促使告子对于性进一步作了具体的规定。

这就是为何紧接着《告子章句上》第四章的一开始告子所说的"食色性也"这一句应该放在第三章的末尾说。也许这句话本来就在第三章，后人编辑时误把它放到第四章了。性是指人作为饮食男女，性是人的基本需求。上面告子用"杞柳"、"流水"来比喻性，也就是食色的意思。这三个论证实际上是说人如何把自然欲望和情感社会化，用礼乐来规范对饮食男女的需求的满足方式。告子的观点实际上也可以看作是孔子与荀子思想的桥梁[1]。

2.5 仁内义外的论证

由于告子的思想比较类似于孔子的思想，他认为仁义之士应该是道德培养的结果，是外在修炼和锻造的结果，不是先天就具有的。从他和孟子的对话中，我们看出，他显然是反对孟子的仁义内在说的。所以在《告子章句上》第四章和第五章有仁义内在外在之争。在第四章一开始，告子就说："仁，内也，非外也；义，外也，非内也。"这可能是当时流行的一种哲学观点，与孟子的思想是不一样的。所以孟子就问告子"仁内义外"是什么意思。

告子做了如下回答："曰：彼长而我长之，非有长于我也；犹彼白而我白之，从其白于外也，故谓之外也。"（11：4）告子的意思是：因对方年长，我

---

[1] 令人感到有趣的是，不知道是何故，告子的"食色性也"的话被经常戴到孔子的头上，让人们觉得好像是出于《论语》。这虽是一个错误，但是，根据我们对于《论语》的解读，孔子对于此话恐怕不是很反对。杨伯峻在对此句的注释中也指出，在《礼记》的《礼运篇》中有这么一句话："饮食男女，人之大欲存焉。"杨伯峻说"儒家之意与告子同"。由此可见，今人虽张冠李戴，在学理上也没有犯大的错误。

就对他恭敬，并非是因为对年长者恭敬出于我之本心；这好比一个物体是白色，我就把它看作是白色，是因为物体的白色在我心之外，这就叫做外在。在这里，告子是把恭敬之心与所恭敬的对象区别开的：恭敬之心是因对方年长于我而引起的；不是我先有恭敬之心，才去恭敬长者。在这里告子所说的符合现代道德现象学所讲的现象：我对他人的道德责任是因为他人对我的命令而引起的；道德命令和责任来源于外在。现象学中现象有两个部分组成：显现和被显现者；用意向性的结构说，显现总是显现者的显现。用告子的例子说，恭敬之心与被恭敬者是一个现象，二者是一个意向性结构。这里所表达的思想也非常类似于墨家的思想，即义的源泉是外在的。下面我们将看到，孟子对于类似的现象有着敏锐的观察，但是他的解释与告子截然相反。

孟子又是如何反驳告子的呢？孟子说："异于白马之白也，无以异于白人之白也；不识长马之长也，无以异于长人之长与？且谓长者义乎？长之者义乎？"（11：4）孟子的意思是：白马和白人之间同为白色，这没有什么区别；对于老马的怜悯和对于老者的恭敬是一样的吗？你所说的义是在于长者本身呢，还是在于恭敬长者的人呢？孟子敏锐地看到，白马之白与白人之白，就其物理特性而言，在人的眼里是没有区别的。但是，长者的概念是不同的，这是道德上的概念，不是物体特性的概念。年长的对象在意识中显现与白色在意识中的显现不同。告子把两者混淆起来说是不对的。孟子在这一点上显示出了哲学上的洞察力。他还看到，老马和老者在人的意识中显现的含义显然是不一样的：人可以对老马感到同情和亲切，但是不会对老马脱帽敬礼或者躬身施礼。老马之长与老者之长的意义是不同的；这和白色的概念也是不一样的。孟子背后的含义实际上是：马之白色与人之白色固然是外在的，是没有区别的，但是，人之长与马之长在我们意识中引起的反应是不一样的，那么，这种不同又是如何造成的呢？年长者，无论是马还是人，就其年龄而言，是一样的。我们对此却有不同的反应。这种不同是由恭敬者本身造成的，因为老者与我同是人，而马与我不同，因此我自然就知道如何作出不同的反应。对于老者的恭敬才是道德意义上的，对于老马的怜悯不是道德上的。所以，孟子问：义是在长者本身呢？还是恭敬者呢？

孟子对于告子的回答有两种意义值得重视。首先，在人的意识与对象之间，不同的对象在意识中显现的方式是不同的。告子没有作这个区分是不对的。其次，人对动物和对人的意识关系、意向性关系是不一样的，即使我们

第三章　孟子的王道思想

强调动物伦理学，也应该注意到动物伦理学和人的伦理学是具有不同的含义的。这对于我们的研究是非常有启发意义的。在《孟子》中，有关人与动物的伦理关系，孟子几次都点到了，但是没有做任何深度的论述，这是因为他把注意力集中在人和人之间的关系上。如果把上面告子的伦理现象学思想与孟子的两个区分结合起来，这对于研究道德现象学是很用帮助的。

我们接着来看告子对于孟子的反驳是如何回答的。孟子的意思是，尽管长者的年龄是客观的，我之所以能对老者躬身施礼是因为我内心知道这种区分。义来源于我自己的内在道德之心。马与人是异类，人与人是同类。告子的回答具有非常浓的墨子哲学的色彩。"曰：吾弟则爱之，秦人之弟则不爱之也，是以我为悦者也，故谓之内。长楚人之长，亦长吾之长，是以长为悦者也，故谓之外也。"（11：4）我爱我的弟弟，不爱秦人的弟弟，这是因为我自己高兴这么做，所以是"内"。这就是仁。我对于楚国的长者恭敬，对于我国的长者也恭敬，这是因为长者的原因，即因为他们对于我来说都是长者，所以义是"外"。这里告子对于仁内义外中的每个词都作了解释：仁是有关我和我的亲属的关系，这是自然的情感，所以是"内"。而义涉及到一般人，是我和他人的关系，比如长者，任何人只要是比我年龄大，都是我的长者，哪怕是外国人。对于他们的恭敬不是出于自然内心的，是外在道德的要求，所以叫做"外"。如果把"仁"理解为自然的亲情，把"义"理解为与自然情感悖逆的道德命令，那么，告子的"仁内义外"就很容易理解了。用墨子哲学的语言说，仁是自爱，而义是兼爱。当然，告子未必是这么想的。

孟子最后的反驳是这样的："曰：耆秦人之炙，无以异于耆吾炙，夫物则也有然者也，然则耆炙亦有外欤？"（11：4）无论是秦国人的烤肉还是我们自己的烤肉，我们都喜欢吃。各种事物都有类似的情形。难道喜欢吃烤肉的心也是外在的吗？也就是说，难道是烤肉使得我们想吃它们吗？孟子的意思：我们自己喜欢吃烤肉，无论是哪里的肉，吃还是不吃，都是由我们自己决定的，不是肉决定我们吃还是不吃的。乍一看，孟子的回答好像是与告子的话没有关系。吃肉的欲望怎么能与道德之心联系起来呢？孟子这里的回答可以从两个方面理解。首先，孟子用吃肉的例子来说明，无论是谁做的肉，肉的不同是在外的，而吃肉的欲望是一样的，是内在的。对象可以变化，但是欲望是不变的。如果说前面告子强调了意识意向性结构中的被意识到的对象一端的话，那么，孟子在这里强调的是意向性的这一端，即指向（signification）

或者意向性（intentionality）。欲望与所欲，敬与所敬者，爱与所爱是应该分开的，但是两者不是分离的，是一个整体。"所欲"可以不同，但是，欲望是不能没有的。孟子在此的论证仅仅强调了自己欲望的一方。

其次，孟子对于上面告子所说的话，前面是同意的，而后面他是反对的。因为对于孟子而言，爱有差等，我不可能同等程度地爱本国的老者和外国的老者。爱谁不爱谁，就如我爱我自己的弟弟，不爱秦国人的弟弟一样，是一种自然的情感，和人喜欢吃烤肉的心理是一样的。万事万物都是如此。人人如此。喜欢吃什么，不喜欢吃什么，是我自己内在的需要和情感。孟子哲学背后的一个假设是，人的道德情感与人的自然情感是一样的。而孟子强调的自然道德情感是父母与孩子之间的自然感情，是根植于血缘的情感。特别自私的人忘记了这一点，比如韩非子学说主张的那样。

这里，孟子和在其他地方一样，试图要给儒家的伦理学找一个心理的基础。如果纯粹从心理的方面谈道德，不考虑道德心理的具体社会内容，即礼仪所规定的内容，心理方面的论证是很弱的，达不到说服对方的效果。这在第五章就证明了这一点。

2.6 义内论证

上面是孟子反驳告子的义外之论。在第五章，孟季子持"仁内义外"的观点，他反驳公都子"义内"的思想（公都子是孟子的弟子）。我们先看看《告子章句上》第五章前半部分是什么："孟季子问公都子曰：何以谓义内也？曰：行吾敬，故谓之内也。乡人长于伯兄一岁，则谁敬？曰：敬兄。酌则谁先？曰先酌乡人。所敬在此，所长在彼，果在外，非由内也。公都子不能答，以告孟子。"（11：5）孟季子问公都子"义内"是何意。公都子说，因为恭敬从我发出，所以说是内在于心的东西。孟季子又问：假如有本乡人比你大哥年长一岁，那你恭敬谁呢？公都子回答：恭敬兄长。孟季子又进一步问：如果和他们一起喝酒，你先给谁倒酒？他回答说：先给本乡长者斟酒。孟季子就说：你的恭敬行为在你自己，而年龄不同，所以你根据年龄而有不同的恭敬行为，显然，这不是由你内在的心决定的。在家你先恭敬你兄长，在外你先恭敬乡里长者。恭敬之心没变，而你所恭敬的对象发生了变化，你的恭敬行为也发生了变化。就"敬"而言，作为义的内容之一，它究竟是由谁决定的呢？前面我们分析了敬与所敬，两者是敬的道德行为的两端，是不可分离的。敬之义是通过敬与所敬这个意向性结构表现出来的。义既不在敬者也不在所敬者。在家与在外，为什么敬者的行为不同呢？这是敬者的本心决定的（公都子）还是所敬者的年龄决定的（孟季子）？都不是。实际上是当时的社会礼仪和风俗决定的。在家，弟弟要尊敬兄长；在外，要尊敬本乡长者。这是人应有的礼貌。本乡长者既年长于这里的"弟弟"也年长于其兄。所以在本乡长者面前，兄弟实际上是一人，都是年轻人。自然应该先敬年长者。先敬长者，这是根据具体的情景和礼仪来行为的，不是首先抽象决定的。

公都子不能回答孟季子的话，就告诉了孟子。在本章的后半部分孟子作了回答。"孟子曰：敬叔父乎？敬弟乎？彼将曰：敬叔父。曰：弟为尸，则敬谁？彼将曰：敬弟。子曰：恶在其敬叔父也？彼将曰：在位故也。子亦曰：在位故也。庸敬在兄，斯须之敬在乡人。"（11：5）孟子这么教公都子：你问问对方，是先敬叔父呢还是先敬弟弟？对方必然说，先敬叔父。你再说，如果弟弟是受祭的代理者，那又先恭敬谁呢？对方一定说，敬弟弟。你就问他，那为什么不恭敬叔父而恭敬弟弟呢？他会说，因为弟弟在那个应该受恭敬的职位上。你就也说，刚才先敬本乡长者，也是因为他在那个应该先被恭敬的职位上。一般在家是先敬兄，在那个场合（社交聚会）就应该先敬本乡长者。孟子这里所说的"应该先敬谁"这个问题不是对方年龄或者辈分决定的，而是场合不同礼仪不同，所敬对象也应该不同。但是，"敬"则是在己，是不变的。通过孟子的话，我们就更加清楚，孟子所强调的义内实际上是指人的道德之心，这里也更多的是心理学上的。但是，他更倾向于：既然我有恭敬之心，那恭敬之义就内在于我心，因为无论对象是谁，我都会具有恭敬行为。他没有看到，恭敬作为道德行为，是不可能单方面成立的，因为倘若没有对象之分，何来恭敬行为之不同。同样的，恭敬之义也不是由对象年龄大小或者辈分高低决定。一般而言，人应该先敬叔父因其辈分高，但是，在祭祀仪式上，如果弟弟作受祭人，那么应该是先敬弟弟，因为弟弟这里扮演的对象不是他自己。这种不同完全是礼仪所决定的。

孟子的话，实际上没有证明义在内或者敬之义在内，在自己。因为敬叔父或者扮演受祭之人的弟弟都是因为外在角色不同而有先后之分。所以，当孟季子听说了孟子的反驳后，反而觉得孟子在证实他的观点："季子闻之，曰：敬叔父则敬，敬弟则敬，果在外，非由内也。"（11：5）他是说，敬叔父也罢，敬扮演受祭的弟弟也罢，都是由外在的东西决定敬德行为的。在道德行为中，对方是高于你的，而不是低于你。这个高低是道德上的涵义，不是仅指年龄等。辈分就是一个例子：年长不见得辈分高。敬之义不在内，在外。"公都子曰：冬日则饮汤，夏日则饮水，然则饮食亦在外也？"（11：5）公都子反驳孟季子说，你冬天喝热水，夏天喝凉水，难道喝热喝冷也是由水决定的？显然是由你自己的感觉决定的。孟季子可以回答说，喝热水还是冷水是因为季节不同，还是外在决定的。

尽管他们各持一方，他们仍给我们阐释了一个道理：道德行为总是发生在具体的情景中，具体的礼仪决定道德行为的内容。而且，道德行为总是涉及两项，比如，敬者与所敬者。所敬者可以是人，也可以是鬼神或者其他精神性存在。敬者与其叔父和长者的关系，敬者与鬼神的关系，这是两种不同的关系。这也类似于老者与老马在敬者眼里是不一样的这个道理。

第三节 孟子论人性（二）

孟子的义内论是什么意思呢？就是著名的性本善理论。在《告子章句上》第六章，公都子（我们在上面第五章看到的与孟子观点一致的弟子）叙说了几种有关人性的观点。他最后问孟子："今曰性善，然则彼皆非與？"他的问题是：我们现在说性本善，难道其他观点都是错的？孟子下面作了经典的回答。我们下面一层一层地分析他的话的含义。

3.1 性善定义与四善端

"孟子曰：乃若其情，则可以为善矣，乃所谓善也。若夫为不善，非才之罪也。"（11：6）孟子说，就其本性（"情"）而言，人人都有做善的倾向，有为善的能力，这就是所谓的性善。做不善的事情，这不是人的本性（"才"）的过错。孟子在这里明确给出了性善论的定义：人都有善端，有善质，但是这不是说善端就决定了人的一切行为，或者善端就是一切。善端仅仅是个开始。如果人做不善的事情（现实社会给人们的教训是，人经常做不善的行为，孟子对此很清楚），那不是人的本性的过错，是因为其他原因。所以说，性善是指人的道德行为根植于人的善良心底；性善是一种心理倾向。这与后来荀子把"性恶"定义为人的欲望有放纵作恶的倾向是一样的。

对性善有了初步定义后，孟子进一步给出了性善的内容："恻隐之心，人皆有之；羞恶之心，人皆有之；恭敬之心，人皆有之；是非之心，人皆有之。恻隐之心，仁也；羞恶之心，义也；恭敬之心，礼也；是非之心，智也。仁义礼智，非由外铄我也，我固有之也，弗思耳矣。故曰：求则得之，舍则失之。或相倍蓰而无算者，不能尽其才也。"（11：6）孟子说，人人都有恻隐之心，都会对他人的遭遇起怜悯之心，这就是礼仪上所说的仁；人人都会对自己的不好的行为感到羞耻和厌恶，这就是礼仪上所说的义；人人都会对他人恭敬而有礼貌，这就是礼仪上的礼；人人都有分辨是与非、善与恶的能力，这就是道德上的智。孟子认为，仁义礼智这四种品德是天生的，不是后天学习而获得的。（在《公孙丑章句上》第六章，孟子明确地说，四心是四德的开端，是四德的萌芽。）只要反思一下，我们就会意识到它们是深深根植于人的灵魂深处的。人与人之间的差异不是先天决定的，是后天的行为造就的。你忘记了自己的善端，就会失去它，即把它淹没在自己的恶的生活和行为之中。不能尽其才（材或者性），这是普通人不如圣人的根本原因。在《尽心章句（上）》第十六章，我们看到："孟子曰：舜之居深山之中，与木石居，与鹿豕游，其所以异于深山之野人者几希。及其闻一善言，见一善行，若决江河，沛然莫之能御也。"（13：16）舜与深山中的普通人没有什么太大的差别；他之所以后来是圣人是因为他后天的行为造就的，即尽其性，尽其情，尽其材而已。

这里有个问题，为什么人人都具有道德上的善端呢？他接着给出一个可以被称为道德形而上学的理论。

"诗曰：天生蒸民，有物有则。民之秉彝，好是懿德[1]。孔子曰：为此诗者，其知道乎！故有物必有则；民之秉彝，故好是懿德。"（11：6）孟子引用《诗经》的话来解释性善论：《诗经》说，天创造了众多的人，而且对于人的行为规定了法则。人类掌握和尊崇这些规则（彝），就会喜爱这些美好的德性。孔子对于这句诗的解释是，作这首诗的人是真正了解道的人！所以，每件事情都有它的法则；人类遵从这些法则，就会喜爱这些美好的德性。《诗

---

[1] 这句话还可以理解为自然法理论。在阿奎那（Aquinas）的自然法理论中，上帝创造万物并赋予万物以法则，这是神圣法。而人类具有特殊的法，这是自然法。自然法是神圣法的一部分，即有关人类的神圣法。"有物有则"，可以理解为神圣法。"民之秉彝"，可以看作是自然法。

经》里说的"有物有则"应该是针对人类社会而言的。天创造人类,并赋予他们一定的行为规则和法则。孟子在这里似乎是要强调,人作为人是具有自身的特殊规则的,这就是道德法则。这是"天生"的东西:天生,既是天给予的也是内在的。

在这个篇章里,我们看到,孟子试图给人类道德赋予两个基础,一个是"心理学"上的,一个是"形而上学上"的[1]。我们后面将详细论述。这里我们把注意力集中在性善论的定义本身。

3.2 性善论核心概念:亲亲之爱

如果说在《告子章句上》第六章谈的人性善的内容比较抽象的话,那么,在《尽心章句上》第十五章孟子对于性善内容给出了比较具体的界定。"孟子曰:人之所不学而能者,其良能也;所不虑而知者,其良知也。孩提之童无不知爱其亲者,及其长也,无不知敬其兄也。亲亲,仁也;敬长,义也;无他,达之天下也。"(13:15)在这里孟子把道德建立在自然情感的基础上。道德就是指亲亲之爱。所谓良知、良能就是人不学而知、不学而能。小孩子在父母的怀抱中时就知道爱他的父母,等他长大就知道尊敬自己的兄长。这是人的自然情感。孟子虽然没有说这种自然情感是建立在血缘关系上的,但他是不反对这样的说法的。所谓"仁"就是爱自己的父母,所谓"义"就是尊敬自己的兄长。这是人类共有的情感:谁无父母? 谁无兄弟? 孟子认为,这种血亲关系基础上的情感,以及建立在这种情感基础上的道德,或者说,以这种情感为内容的道德,是人类社会的核心内容。如果人类能够推而广之,人人都真正具有"赤子之心",那么,世界就能和平[2]。

---

[1] 这里我把"心理学"和"形而上学"加了引号,主要是提醒读者,孟子哲学中没有我们今天所说的心理学和形而上学的词汇,无论就词汇还是含义而言。我们这里仅仅是想用今天的汉语来表达古代哲学中的思想。所谓"心理学的基础",这里是指孟子关于人类四心的观察,从某种意义上可以说是"经验性"的,但不是自然科学意义上的经验。这到孟子的不忍之心的思想中就变得非常明确了。这种"心理学的基础"是超越了我们今天所说的心理学和形而上学的。所谓"形而上学的基础",这里是指孟子引用《诗经》来表达道德的基础或根源在于天的思想。这与西方的关于世界的形而上学思想是完全不同的。

[2] 《离娄章句下》:"大人者,不失其赤子之心者也。"(8:12)所谓君子,就是说能将自己的赤子之心(爱父母和兄长)扩充而已,是在自己的行为中贯彻这种爱心。"不失",这里不是说人内在具有一个不变的东西。孟子的意思是说,这种爱心体现在君子的所有言行之中。

孟子所说的爱，是有差等的。《尽心章句上》第四十五章："孟子曰：君子之于物也，爱之而弗仁也；于民也，仁之而弗亲。亲亲而仁民，仁民而爱物也。"（13：45）君子对于自己的父母和兄弟，是亲亲之情。对于百姓，是仁爱，而不是亲情之爱。对于万物，则是爱，而不是仁爱。在《尽心章句上》第三十七章中，孟子是这么说的："食而弗爱，豕交之也。爱而不敬，兽畜之也。恭敬者，币之未将者也。恭敬而无实，君子不可虚拘。"孟子用恭敬之心来说明爱的差等性：人对于猪没有什么怜爱之心，杀之而不会心有戚戚之感。人对于狗马之类的动物，是有喜爱之心的，但只有对人类才有恭敬之心。在《尽心章句上》第四十六章，孟子说："知者无不知也，当务之为急；仁者无不爱也，急亲贤之为务。尧舜之知而不遍物，急先务也；尧舜之仁不遍爱人，急亲贤也。"（13：46）有智慧的人可以知晓任何事物，但是，他最先知道的是眼前最重要的。仁者泛爱一切事物，但是，他以爱亲人与贤者为先。尧舜具有很高的智慧，却也不能遍知万物，因为他们注重最重要的东西；尧舜爱一切人，但是他们最先爱的是自己的亲人和贤者。

在《离娄章句上》第二十七章，孟子是这么说的："仁之实，侍亲是也；义之实，从兄是也；智之实，知斯二者也；礼之实，节文斯二者是也；乐之实，乐斯二者，乐则生矣；生则恶可已也，恶可已，则不知足之蹈之手之舞之。"（7：27）这里孟子非常明确地说出了仁义礼智乐的本质内容：仁的实质（果实）就是侍奉双亲，义的实质就是尊敬兄长，智的实质就是意识到这两种良知良能，礼的实质就是来规范和节制这两种情感的表达，乐的实质就是这种亲情之爱的表达。道德的最高境界就是对于亲情之爱能做到乐在其中。对于孟子而言这是多么自然的事情。凡是违背这种自然亲情的表达的就是恶，就是后天影响造成的。

仁义礼智乐的核心思想就是孝悌。爱自己的父母和尊敬自己的兄长，天下没有比这更自然的事情了。怀抱之童皆知。这是人的自然本能（或者说最自然的社会本能）。礼乐作为后来的发明仅仅是用来规范这种亲亲之情的。对于什么是性善，孟子明确的回答：人自然而然地爱自己的父母和兄长。这就如同人吃肉感到香，喝水能解渴一样，是非常自然的事情。这两个篇章以及其他类似的篇章（比如《离娄章句上》第二十八章）所说的观点代表了孟子哲学的核心思想。可以说，这是理解孟子哲学的钥匙。

如果有人对于《告子章句上》第四章孟子所说的吃肉的例子以及第五章

孟子的弟子公都子所说的夏喝凉水冬喝热水的话感到疑惑的话，我们上面所说的能够帮助大家理解他们为何用这些例子。在《告子章句上》第七章，我们会明白为什么孟子把亲亲之爱的自然情感与人的自然欲望联系在一起。孟子说"圣人，与我同类者"是什么意思呢？孟子举出例子说人类如何具有相似的感官，相似的爱好。然后说："故曰，口之于味也，有同耆焉；耳之于声也，有同听焉；目之于色也，有同美焉。至于心，独无所同然乎？心之所同然者何也？谓理也，义也。圣人先得我心志所同然耳。故理义之悦我心，犹刍豢之悦我口。"（11：7）人是同类的，人人都应该一样。人感官所喜欢的东西都非常相似：喜欢相似的音乐，喜欢相似的美色，喜欢相似的美味。我们还穿相似尺码的鞋子。我们为何会觉得心之所思所爱不同呢？我们应该和圣人一样。人心对于理和义的喜爱就如同人喜欢吃牛羊猪狗肉一样。

　　人们很自然地会有这么一个疑问：如果说人心对于理的爱好就如同人的感官对于美食美色的爱好一样，是很自然的事情，那么，这两种自然爱好是不是具有同等地位呢？在与告子的辩论中，孟子和他的学生提到"吃烤肉"与"喝水"的例子，难道自然欲望与道德心是一样的吗？这两种意欲就是孟子所谓的"大人"、"小人"之分的原因。在《告子章句上》第十五章，公都子（孟子的学生）问为何人有道德高尚和道德平庸之分。"公都子问曰：钧是人也，或为大人，或为小人，何也？孟子曰：从其大体为大人，从其小体为小人。曰：钧是人也，或从其大体，或从其小体，何也？曰：耳目之官不思，而蔽于物。物交物，则引之而已矣。心之官则思，思则得之，不思则不得也。此天之所与我者。先立乎其大者，则其小者不能夺也。此为大人而已矣。"（11：15）人的身体有两种欲望，这就看你是满足身体地位低下的欲望还是高尚的欲望，由此决定你是大人还是小人。人的耳目之官不能思考，不能反思，其自然倾向是寻求物质的东西来满足自己。说人的感官为物所蒙蔽，这是指人的感官为感官对象所吸引，感官欲望的本性是缺失，需要外物来满足。索取是其本质。自然欲望与欲望对象的关系是一种被吸引和吸引的关系。这是人的利欲的问题。

　　但是，人还有另外一面，即心。心可以思考，可以反思。只要人反思一下，就会意识到自己原本有恻隐之心。这是天所给予我们的。如果人能够立足于心，那么就不会被感官欲望引向迷途。这就是君子。人　心，与人欲不同，其本质不是缺失，而是溢满，是给予。这里孟子的"心之官"与西方哲学的理性或者心智是不一样的。孟子的"思"不是理性思考，而是意识到或者领悟到自己的本心。耳目之官与心之官都处于"体"的范畴，即都是身体的一部分。关于这一点，《告子章句上》第十四章说得很明白。"孟子曰：人之于身也，兼所爱。兼所爱，则兼所养也。无尺寸之肤不爱焉，则无尺寸之肤不养也。所以考其善不善者，岂有他哉？于己取之而已矣。体有贵贱，有小大。无以小害大，无以贱害贵。养其小者为小人，养其大者为大人。"（11：14）人对自身都很爱护，无论是什么地方。看一个人善还是不善，很简单，就是看其对身体哪个部位更看重。因为人的身体部位不同，贵贱不同。小大之分与贵贱之分是一样的。参考第十五章，我们就明白孟子所说的"小"是感官欲望，所说的"大"是本心本性。人不应该因满足感官欲望而损害本性本心，不应该因低下的欲望而伤害高贵的品质。如果仅仅注重满足感官欲望，就是小人；如果注重本心本性的修养，这就是大人或者君子。小人就是迷失于物质欲望和利益之中的人。

这里需要指出的是，孟子没有否定感官欲望满足的合法性：人对身体的每个部位都珍惜爱护，这就是"兼所爱"的意思。但是，孟子认为，兼所爱应该让位于贵大体贱小体的爱有差等上。在人心人性与耳目之官的问题上，要有区分的爱，不是一视同仁。所以，在本章中，孟子接着说："养其一指而失其肩背，而不知也，则为狼疾人也。饮食之人，则人贱之矣，为其养小以失大也。饮食之人无有失也，则口腹岂适为尺寸之肤哉？"如果一个人为了保存一个指头而失去整个肩膀，却不知道这是因小失大，这是最糊涂的人了。专讲究吃喝的人，被人瞧不起，这是因为他顾小失大。如果讲究饮食，而不失去本心，那么，饮食还仅仅是为了满足身体的需要吗？换言之，对于饮食的讲究不影响本心的培养，这就把饮食的需求转换成服务于道德培养了。

在《告子章句上》第十二章，孟子是这样谈"大体""小体"之贵贱的："孟子曰：今有无名之指屈而不信，非疾痛害事也，如有能信之者，则不远秦楚之路，为指之不若人也。指不若人，则知恶之；心不若人，则不知恶，此之谓不知类也。"（11：12）无名指不能伸直，虽然无大妨碍，也要千里迢迢去求医，因为它不好看。但是，如果心性不如人，却不知道自己有缺陷，这就是不知道什么东西更重要。这和本篇第十章讲的人在生死选择中知道什么是最重要的，而在日常生活中却忘记了什么最重要是一个道理[1]。

如果从"大体"与"小体"的区分，从本心与感官的区分，我们再来理解孟子哲学中的义利之辨就有了新意：义是由本心本性决定的，而利则是人的感官所追求的。只有先立其大，即立足本心，我们才能够正确对待感官欲望的满足和追求。

在《尽心章句上》第二十五章，我们看到，"孟子曰：鸡鸣而起，孳孳为善者，舜之徒也；鸡鸣而起，孳孳为利者，跖之徒也。欲知舜与跖之分，无他，利与善之间也。"（13：25）利与善的区别就是人的小体与大体的区别，是追求自己的利益呢还是追求集体的利益。前面我们讲了，孟子所说的义不是抽象的，是有具体内容的，是与利联系在一起的；义还是不义，关键看你在追求谁的利。

人有两种自然倾向，一个是自然欲望（自爱），一个是亲情之爱。两者都是人固有的。但是孟子很清楚地意识到，自然欲望所追求的东西，能否获得不是完全取决于人自身的因素，还有外在的因素；而人的道德情感对象是永恒不变的，为之则得之。由此，我们可以理解《尽心章句下》第二十四章的话："孟子曰：口之于味也，目之于色也，耳之于声也，鼻之于臭也，四肢之于安佚也，性也，有命焉，君子不谓性也。仁之于父子也，义之于君臣也，礼之于宾主也，知之于贤者也，圣人之于天道也，命也，有性焉，君子不谓命也。"（14：24）人的感官相对于自己的满足对象，是人的本性，这是人改变不了的，但是，君子不强调天性，认为其中有命的作用。体现在父子、君臣、宾主、天道中仁、义、礼、智、圣人的东西，这是本质性关系，不是可有可无的。但是，君子不强调命，认为其中也有天性的作用。这里的性、命都有自然禀赋的意思。命是不可改变的东西。对于孟子而言，性更是决定人之为人的那部分，是可以努力发展的。孟子似乎是说，命既是先在的，也是

---

[1] 克尔凯郭尔曾说，有的人因失去五块钱，失去一个手臂，失去妻子，而感到无限的悲伤，但是对于失去自己却无动于衷。"所有危险之中最为危险的就是失去自我，而这可以在世界上悄悄地发生，就如没有似的。没有任何其他的失去可以如此的悄悄地发生；其他任何一个损失，比如一个胳膊，一个腿，五块钱，一个妻子，等等，都一定会被注意到"（Soren Kierkegaard, *The Sickness Unto Death*, ed. and trans. Howard Hong and Edna Hong, New Jersey: Princeton University Press, 1983, pp. 32~33）。孟子在这里所说的与克尔凯郭尔是一样的意思，人们应该首先意识到自己的自我，而不是一些不太重要的事情。在现实生活中，人们往往注重那些不重要的东西，比如金钱，房子，社会地位，容貌等，却忘记了什么是自我，或者如何成为自我。

不可改变的；性是先在的，却是可以发展和改变的。"性"和"命"都有先在的意思，其区别表现在是否可以扩充，以及是否代表人之为人者。我们可以用西方斯多葛学派的理论来理解孟子的区分。对于斯多葛学派来说，人对于财富、权力、名声等的追求是由外在因素决定的，这不是人可以改变的。人所能够做的就是依据自己的理性来改变自己和外在世界的关系。斯多葛学派对人的理解也分为两个部分，感性欲望和理性能力。人应该回到理性，在自己的道德生活中，追求对外在世界不动心的境界。

为了强调孟子所说的道德情感的含义，我们再看看这个例子。在《尽心章句下》第十七章，"孟子曰：孔子之去鲁，曰，'迟迟吾行也，去父母国之道也。'去齐，接淅而行，去他国之道也。"（14：17）孟子说，孔子在离开鲁国的时候说，我们慢慢走，这是离开自己的祖国啊。在离开齐国的时候，不等把米沥干水就急切地登程。这表明，在孔子和孟子的心中，虽然认为你我之分不是根本的，但是，"你们"和"我们"之分还是非常根本的。

这里揭示出孟子哲学的根本基础：人在心理上有你我之分和你们、我们之分。韩非子把你我之分看成是绝对的，而孟子把你们和我们之分看成是绝对的。墨子对于儒家批判的靶子就在这里：儒家和韩非子（杨朱）没有根本上的区别。

3.3 性善与有机物比喻

性善是指善端，而且其核心内容是亲亲之爱。要充分理解性善思想，我们还要对孟子的有机体比喻的重要性有着深刻的认识。善端与婴儿的亲情之爱，仅仅是开始，就如种子一样，不是植物体，也不是果实。孟子与孔子一样，认为道德真理是一个过程，是在道德生活中体现出来的。孟子的性善论与西方的本质主义是有着根本区别的：他不把人性看作一成不变的东西；人性是需要呵护、培育、发扬的，是一个过程。

在《告子章句上》第十一章开头，孟子说："富岁，子弟多赖；凶岁，子弟多暴，非天之降才尔殊也，其所以陷溺其心者然也。今夫麰麦，播种而耰之，其地同，树之时同，浡然而生，至于日至之时，皆熟矣。虽有不同，则地有肥硗，雨露之养，人事之不齐也。故凡同类者，举相似，何独至于人而疑之？圣人，与我同类者。"（11：7）孟子说，丰年的时候，年轻人多半懒惰；灾年的时候，年轻人多作恶。这并非是天（这里"才"与"性"同义）生资质有什么不同，而是因为他们的本心（即性）被外在的环境所遮蔽。这就如同种大麦，播种之后，把土地整平。如果土地相同，种植时间一样，它们便会应时而勃然生长，到了夏天，都会成熟结实。如果不同的话，那也是土地的肥沃贫瘠之别，雨水供养之不同，以及人力培育之分所致。孟子的意思是，种子是一样的，生长出来的植物不同是外在因素造成的。但是，外在的因素不是可有可无的偶然性东西，而是与植物能否成为其所是有着直接关系。种子不等于果实。从种子到果实需要一个过程，而这个过程不是像梯子一样用后可以抛弃的。果实是种子的内在本性在培育和成长的过程中逐步形成的最终结果。孟子认为，人们仅仅看到了果实之间的好坏之分，没有看到造成这种好坏的原因不是种子的差异，而是成长过程的不同。圣人与普通人以及恶人之间在本性上或者潜在性上没有什么根本区别，其不同人格是由道德修养和社会环境造成的。孟母三迁的故事，其寓意也是强调这一点：社会和家庭环境是与道德人格的形成分不开的。人人皆可以为尧舜，这是指在本性上如此，其关键是"为"：如果仅有其潜在性，没有"为"，没有道德修养和培育的过程，没有学习的过程，那么，成为尧舜一样的人物是不可能的。在《尽心章句上》第十六章，孟子说舜"闻一善言，见一善行，若决江河，沛然莫之能御也"（13：16）。舜与普通人之间的差异就是他个人道德修养的结果。在《尽心章句下》第六章，孟子说："梓匠轮舆能与人规矩，不能使人巧。"（14：5）工匠能够把规矩准则传授给你，但是却不能使你成为一个技巧高超的木工师傅。规则是必要的，但是如果没有体现在实践中，它就是空的。对于工匠所应该遵守的准则和规则能够熟记的人未必能是个好工匠。孟子这里说的和黑格尔有关学习游泳的例子表明一样的道理：真理是在具体的实践中实现和体现出来的。在《公孙丑章句上》第八章，我们看到，"孟子曰：子路，人告之以有过，则喜。禹闻善言，则拜。大舜有大焉，善与人同，舍己从人，乐取于人以为善。自耕稼、陶、渔以至于帝，无非取于人者。取诸人以为善，是与人为善者也。故君子莫大乎与人为善。"（3：8）舜在善的问题上，没有他人与自我的区分，非常乐意吸取他人的优点来提高自己。从他种庄稼做渔夫直至做天子，没有一处优点不是从别人那里吸取来的。吸取别人的优点来行善，这是与人一道行善。与人一起为善，这是最高的德行。孟子这里强调学习的重要性：学习是自我提高和提高他人的过程。仅仅意识到自己的善心还不够，更主要的是发展自己的善心，让自己在学习和修养的过程中，把自己与他人联系起来。善是共同体的行为，不仅仅是个体的行为。

对于孟子而言，人之为善至少有两个方面的意义。首先，舜没有丢弃本心，其次，是他有道德修养过程。两者缺一不可。在《告子章句上》第十九章，孟子说："五谷者，种之美者也；苟为不熟，不如荑稗。夫仁，亦在乎熟之而已矣。"（11：19）种子毕竟仅仅是种子，有待成熟。结果是其目的，如果不能成熟，还不如稗子之类的杂草。真理就是果实，是种子成长的目的。种子不是真理。这是从肯定方面来说的。在《尽心章句上》第五章中，"孟子曰：行之不著焉，习矣而不察焉，终身由之而不知其道者，众也。"孟子认为，大多数人是习惯性的遵循一定的规则，而不知道自己为何这么做。这实际上还没有被道德转化，因为道德转化是内在和外在的统一，是知和行的统一。

从否定方面讲，人性或本心因后天原因可以丢失。在《告子章句上》第十三章，"孟子曰：拱把之桐梓，人苟欲生之，皆知所以养之者。至于身，而不知所以养之者，岂爱身不若桐梓哉？弗思甚也。"（11：13）这里的"身"是指自己，也可以说是"大体"，是本性本心。人们知道要想让树木长大，必须精心浇灌施肥，细心护养。但是，说到自己却不知道如何爱护和培养。这是一个很简单的道理，人们却往往忽视它。这里讲的"思"不仅仅是领悟到本心本性，而且更强调修养的过程。农夫明白，种子下地，不是工作的结束，而是劳动的开始。同样地，树苗不是大树，要想树苗成才需要常年累月的浇灌，不断地修剪。但是到人身上，人们就忘记了这个最明显的道理或者真理：人不是现成的，人需要一个成长过程，人是"做"出来的。"为人"者说的就是这个意思。孟子与孔子都注重道德真理的实践性。人是一个修养的过程，就如同黑格尔所说的真理是历史的意思。在真理问题上，黑格尔与儒家有相似的地方。

在《告子章句上》第八章，孟子用砍伐树林来比喻人如何失去本心。仅仅有人心人性是不够的。虽然人之异于禽兽者为本心本性（也许对于孟子而言，禽兽只有感官之能），但人们很容易失去它。如果说人本来没有仁义道德，这是把后天对于人性残害的结果视为先天的秉赋。所以，孟子认为，仁之端固然是界定人的一个标准，但是，如果听任感官的支配，人就会失去本心。由此看来，后天所为对于人是什么也非常重要：要么做人，要么变为禽兽。我们来看看孟子在这一章如何论述人之后天所为与人之为人的关系。"孟子曰：牛山之木尝美矣，以其郊于大国也，斧斤伐之，可以为美乎？是其日夜之所息，雨露之所润，非无萌芽之生焉。牛羊又从而牧之，是以若彼濯濯也。人见其濯濯也，以为未尝有材焉，此其山之性也哉？"（11：8）这里关键词是"材"。孟子说，牛山本来森林茂密，只是因为与临淄相近，被大面积砍伐，还能保持繁茂吗？即使它日日夜夜都有新芽新树苗生长，有露水滋润，但牛羊进而吃掉这些嫩芽嫩树苗，这是它变得光秃秃的原因。人们看到它光秃秃的样子，就以为牛山本来就没有树木。没有树木，难道是牛山的本来特性吗？牛山之土质是可以生长树木的，目前光秃秃的人为的破坏造成的。孟子想说的是，战国时期，诸侯混战，人们丧失仁义道德不是人性的本来面目，而是战争造成的。但是，人们因为看不到仁义道德在人们生活中的作用，就误认为道德与人的本性无关。这也是韩非子的观点。

　　孟子进而论述人如何失去本性，成为禽兽一样的动物。"虽存乎人者，岂无仁义之心哉？其所以放其良心者，亦犹斧斤之于木也，旦旦而伐之，可以为美乎？其日夜之所息，平旦之气，其好恶与人相近也者几希。则其旦昼之所为，有梏亡之矣。梏之反复，则其夜气不足以存；夜气不足以存，则其违禽兽不远矣。人见其禽兽也，而以为未尝有才焉者，是其人之情也哉？故苟得其养，无物不长；苟失其养，无物不消。孔子曰：操则存，舍则亡；出入无时，莫知其乡。惟心之谓欤。"（11：8）孟子说，属于人的难道不是仁义之心吗？假如人丧失了他善心，这就如同斧头砍伐树木一样，日日损害，哪还能够茂盛成长？日日夜夜人之本心也会生长，天亮之时也会接触到清明之气（有助于它的生长），他的爱好与人的本性非常相近，但是非常微弱，犹如嫩枝细苗。然而，他白天的所为，把这些微弱的善心给梏梏死。反复地梏梏人之本心，即使夜间之气也不足以恢复它。如果连夜间之气也不能维持它的存在，那就与禽兽无别了。人们看到他的行为如同禽兽，就以为他不曾有人性（才），这难道是人的本性（情）吗？所以，假如得到适当的滋养和培育，没有东西不生长，失去滋养和培育，没有东西不消亡。人心的得失在于后天的滋养和培育。对于人心的滋养和培育的功夫不能理解为如同卫兵看护一个东西一样，两者是截然不同的。后天的滋养和培育是人心成长结果的内在过程。没有这个过程，人心或者本性就会失去。心之存亡与后天的道德修养和学习过程是分不开的。因此，孟子认为，恶不仅仅是对善心或者本来的澄明之心的掩盖或者遮蔽，而是把善之端摧残而死。善心或者本性不是一个完成了的或者完美的东西，是一个需要生长发育结果的东西，是一个过程。

在《公孙丑章句上》第二章，孟子用揠苗助长的例子说明道德修养有一个渐进的过程。"宋人有闵其苗之不长而揠之者，芒芒然归，谓其人曰：今日病矣，予助苗长矣！其子趋而往视之，苗则槁矣。"（3：2）道德修养和修炼需要一定的过程，不能操之过急。人需要在日常生活中依据礼仪规范自己的行为和思想，逐步把本心扩充和发展起来。在《论语》中，我们看到，做人是一生的任务。

在《告子章句上》第九章，孟子明确说出人和人之间的差距是后天造成的。这一点与孔子的"性相近，习相远"是一致的：人本性都有善端，后天的学习造成了人和人之间的区别。"孟子曰：无或乎王之不智也。虽有天下易生之物也，一日暴之，十日寒之，未有能生者也。吾见亦罕矣，吾退而寒之者至矣，吾如有萌焉何哉？今夫弈之为数，小数也；不专心致志，则不得也。弈秋，通国之善弈者也。使弈秋诲二人弈，其一人专心致志，惟弈秋之为听。一人虽听之，一心以为有鸿鹄将至，思援弓缴而射之，虽与之俱学，弗若之矣。为是其智弗若与？曰：非然也。"（11：9）这一篇章的话语背景不是很清楚。很可能是这样的，一个诸侯王对于孟子的言语不认真对待，很少会见孟子，聆听他的开导。即使国王偶尔见孟子一面，也没有益处，因为他每天被道德败坏的群臣包围。所以，孟子说，即使天下最容易活的植物，让它见一日阳光，然后冷它十天，它也是不会活下去的。我很少见到国王，他已经处于极端寒冷的状态很久了。国王善良之心如萌芽，哪能经得起这样的寒冷呢？这一章的前半部分讲的是外在条件的影响。后半部分讲的是内在条件的影响。虽然孟子很少见到国王，但在仅有的机会中，国王对孟子的言语也是三心二意的。孟子通过二人学习围棋来暗示国王对于道德修养不专心致志，一心想着别的事情。这种外在和内在的因素决定了国王在行为和思想上是不明智的。造成这种情况的原因是国王自己不愿意学习。孟子在这里所说的"智"不是指人的聪明与愚笨之分，不是指智力上差别。人有愚笨和聪颖之别，但是，在道德上，在本性上，人人都是一样的。关键是如何对待本心。

孟子有时候用仁与义表示善端与道德修养之间的内在联系，一个是开端，一个是过程，两者本质上是一样的："孟子曰：仁，人心也；义，人路也[1]。舍其路而弗由，放其心而不知求，哀哉！人有鸡犬放，则知求之；有放心而不知求。学问之道无他，求其放心而已矣。"（11：11）仁就是人的本心本性，义就是人之道，人之路。悲哀的是，人丧失本心于物欲而不知返，有为人之道而不行。对于鸡犬，丢失了知道去寻找，而对于本心的丧失，却没有意识到要去找回来。学习的道路就是寻找丧失掉的本心本性。求"放心"，寻找迷失的本心，并非指本心为一成不变的东西。这与前面孟子关于人注重手指的美与丑，而忽视了人的精神的事情，在思想上是一样的。

性本善理论并没有使学习和道德修养成为偶然的外在条件。"求其放心"不是指回忆说中的灵魂。孟子关于内在善的萌芽是不能和柏拉图哲学中的苏格拉底的回忆说混为一谈的。孟子在《尽心章句上》第三章区分了两种"求"的行为："孟子曰：求则得之，舍则失之，是求有益于得也，求在我者也。求之有道，得之在命，是求无益于得也，求在外者也。"（13：3）"求"的过程与得失不分，即求则得之，不求则失，这是人的道德行为和善心的关系。"求"是对于善心的发扬和光大。放弃这个过程就是失去善心。求放心就是把心从物质欲望的追求中找回来。但是，对于财富荣誉官爵等东西，这些是外在的，是与人的本性无关的。你追求这些东西，并不意味着你可以得到它们。因为它们本来和你的本性没有必然的联系。得还是不得，是偶然因素决定的。

在《尽心章句下》第十六章，孟子明确指出，仁与人是一个意思，它是一个过程。"孟子曰：仁也者，人也。合而言之，道也。"（14：16）所谓"仁"就是指的人。所谓道就是指人与人之间的关系，指亲情关系。人之道或者仁之道，就是如何在生活中体现亲情关系。仁心本心不是指什么实体，而

---

[1] 在《尽心章句上》第三十三章，孟子对"尚志"做了如下的解释："仁义而已矣。杀一无罪非仁也，非其有而取之非义也。居恶在？仁是也；路恶在？义是也。居仁由义，大人之事备矣。"（13：33）尚志就是要以道德为根基。仁是家，而义是路。对于士而言，杀无罪者非仁也，占有自己不应该得到的，这不是义。孟子对于士的要求要比墨子对于士的要求低多了。我们来比较一下。孟子说："杀一无罪非仁也，非其有而取之非义也。"而墨子说，杀一人利天下，非利天下也；杀己利天下，利天下矣。对于墨子而言，士不仅不占有不属于自己的东西，不仅不杀无辜者，而且要牺牲自己的生命来为天下人谋福利。

是指人与人之间的关系。[1]

柏拉图认为,人的灵魂内在地具有永恒不变的真理,具有永恒的善,只不过是在肉体的监禁下忘记了这些真理。灵魂与肉体,灵魂与学习,两者是分开的。老师对于学生仅仅是外在的偶然的因素;学生的学习也仅仅是回忆起永恒不变的东西。但是,在孟子的性善论中,后天的学习是人成为善人或者恶人的关键。孟子强调性本善是针对道德怀疑主义的。如果没有道德怀疑主义,那么,孟子很可能和孔子一样,注重学习和道德修养对人成为人的决定性作用。

当然,孟子农夫模式中的劳动对象与孔子工匠模式中的材料(情)是不一样的。作用对象本身就具有潜在的可能性。这样在理论上,我们更容易理解人为什么可以通过社会化过程成为道德的存在者。

第四节 孟子论人性(三)

前面两节我们看到,孟子认为道德是内在于人性的,是天生的,正如人的自然欲望一样。孟子的核心思想是,我们天生具有自然欲望的"小体"和仁义道德的"大体",对于人来说,关键是注重大体还是小体。[2]春秋战国时期,人们把"小体"作为人的全部存在,忘记了人的"大体"。如果人只知道满足自己的感官欲望,就会把自己与亲人和其他人隔离开来,就会认为人

---

〔1〕 孟子把"仁"解释为两个人的关系,进而将其等同于"道,"这可以从另外一个角度理解:仁意味着人在其本性上是群体性的,是需要爱和被爱的。这和克尔凯郭尔所说的人性深处根植于一种对于爱的需求道理是一样的。他认为《圣经》中亚当夏娃的故事,暗示上帝向人类昭示人是需要陪伴的,需要伴侣和陪伴是人的根本特性。爱和被爱是人的本质,是人的关系性的具体规定性(Kierkegaard, *Works of Love*, trans. Howard Hong and Edna Hong, Princeton University Press, 1995, pp. 154~155.)。

〔2〕 从某种意义上,我们可以说,告子与孟子不是矛盾的,两者都强调人的两个层面。在告子看来,人性是指"生之谓性",是"食色性也",而义是外在的,因此,性无善或不善,善恶是后天培养引导的结果。而孟子所说的性是指道德,因而他们在定义上是不同的。孟子所说的"小体"相当于告子的"食色性也",而"大体"相当于告子的"义"。孟子与告子的根本区别在于,"义"到底是后天社会造就的结果,还是人本来就具有的倾向。孟子可以这么说,告子所谓的"性"仅仅是抽象的东西,他只看到了肉体的感官欲望,没有看到人还有另外一种欲望,那就是向善的欲望。两者是统一于我们所说的"身体"的,所以才有"大体"、"小体"之分。那么,人的第二种倾向是什么呢?就是童心或者说赤子之心所揭示的亲情之爱。告子的"性"是自然的自我,而孟子的"性"是社会的自我。

人都是自私的；如果人在本心上体验到和亲人融为一体，就会明白人在本性上是关系性的。

在《孟子》中，有两个人性善的论证值得注意，一是不忍人之心的论证，一是尽心尽性论证。有关不忍人之心的论证，孟子有两个例子，一个是负面论证，一个是正面论证。我们先来看看负面的例子。

4.1 不忍之心与性善

我们首先看看孟子是如何把真正的不忍之心（返其本）与仁术区别开来的。不忍之心不是仅仅表现在对禽兽的同情上。面对天下百姓的苦难和死亡麻木不仁，而对一头牛的死亡却心有怜悯，这是一种仁术。真正的不忍之心应该是救百姓于水火之中。

孟子认为，人皆有不忍之心，即不忍心看到别人的痛苦。换言之，别人的痛苦会引起我内心的痛苦。不忍之心是一种现象，是性善的外在表现之一。在《梁惠王章句上》第七章，孟子与齐宣王的对话以齐宣王询问如何称霸开始。孟子对齐宣王说，应该使用王道来统一天下。王道是什么呢？"保民而王，莫之能御也。"孟子说，只要让老百姓的生活安定，积极体察民情，为老百姓着想，这样就没有人能阻止你统一天下了，因为那样的话天下百姓都会投靠你。这是从根本上征服民心，不是用武力胁迫他人服从你。齐宣王对自己是否能做到"保民"有疑问，因为他知道自己比较自私。在孟子与齐宣王接下来的对话中，孟子试图向齐宣王表明，人人都有善心，只不过我们自己不自觉而已。我们的善心会偶尔显现出来。孟子说，他听说在齐宣王身上发生了这么一件事情："王坐于堂上，有牵牛而过堂下者，王见之，曰：牛何之？对曰：将以衅钟。王曰：舍之！吾不忍其觳觫，若无罪而就死地。对曰：然则废衅钟欤？曰：何可废也？以羊易之！不识有诸？曰：有之。曰：是心足以王矣。"（1：7）孟子说，听说当您坐在大堂上的时候，看到一人牵牛而过，问他做什么，那人回答说是用牛祭祀钟。您就说，放过它吧！我不忍心看到它惊恐颤栗的样子，没有犯罪而要被送到受刑的地方。您让那个人用羊来替代牛去祭祀钟。孟子问有没有这件事情，齐宣王说，有。孟子说，有如此仁爱之心可以施行王道。

然而，对于齐宣王的行为，有两种不同的理解。孟子接着说："百姓皆以王为爱也，臣固知王之不忍也。王曰：然；诚有百姓者。齐国虽褊小，吾何爱一牛？即不忍其觳觫，若无罪而就死地，故以羊易之也。曰：王无异于百姓之以王为爱也。以小易大也，彼恶知之？王若隐其无罪而就死地，则牛羊何择焉？王笑曰：是诚何心哉？我非爱其财而易之以羊也。宜乎百姓之谓我爱也。"（1：7）老百姓都以为您是吝啬（请注意：孟子这里说，所有的百姓都这么认为），但是，我早就知道您是不忍看到牛的痛苦。齐宣王回答说，确实如此，有一些百姓是这么想的（孟子和齐宣王在百姓数量上用词不同，说明孟子暗示齐宣王是爱财之人）。齐国虽然不大，我怎么会吝啬一头牛呢？我是因为不想看到牛无罪而被处死的痛苦的样子，所以用羊来换它。孟子说，您对百姓认为您是爱财之人不要觉得奇怪。用小的换大的，这是他们不了解的。但是，如果您真的是因为不忍心看到无罪者被处死，那用牛和用羊有什么区别呢？孟子这里是说，老百姓那么看齐宣王的行为是有道理的。真有不忍之心的话，就应该对羊也有怜悯之心。因此，百姓的怀疑是有道理的。齐宣王笑着回答说，那我到底是什么心理呢？我的确不是因为爱财才以羊换牛的。当然，百姓说我爱财也有道理，因为我无法解释在怜悯之心的面前，牛羊有何区别。

（从后面的对话可以看出，孟子还有别的意思在里面。当齐宣王说，"吾不忍其觳觫，若无罪而就死地"，可是他的怜悯之心仅仅用于牛身上，而没有用于羊身上，这意味着什么呢？孟子的意思当然不在牛羊之分，而在于这一点：为什么齐宣王能对牛的痛苦有深切的怜悯之感，而对于天下百姓的痛苦却熟视无睹呢？孟子要说的是，为什么齐宣王"恩"泽及动物，而没有到人身上呢？）

"以小易大也，彼恶知之？"以小易大，究竟是什么意思呢？为什么百姓认为用羊换牛表明齐宣王贪财呢？如果一个国王在百姓眼中，居然因为牛羊之间的差异，而以羊换牛的话，这位国王在更大的财产上该会多么贪婪。从这件小事情上，百姓看出了齐宣王的贪婪特性，或者说，百姓之所以这么理解，那是因为他们认为齐宣王是一个贪婪之徒。当然，百姓没有理解到，齐宣王"以小易大"还有其他的原因。

孟子明白齐宣王最大的欲望是称霸，是统一天下，而不是关心百姓的生死。在后面孟子明确批评了齐宣王为了称霸，对天下百姓进行剥削："然则王之所大欲可知已，欲辟土地，朝秦楚，莅中国而抚四夷也"；"今也制民之产，仰不足以事父母，俯不足以畜妻子；乐岁终身苦，凶年不免于死亡。此惟救死而恐不赡，奚暇治礼仪哉？"（1：7）。为了实现吞并诸侯的梦想，齐宣王压榨百姓，在百姓财产制度上，使百姓上不足以侍奉父母，下不足于养活自己的老婆孩子。收成好的年头百姓也艰难困苦，荒年更是死路一条。齐宣王对牛能感到其"若无罪而就死地"，为什么没有看到百姓是"若无罪而就死地"呢？

由于孟子的目的是要引导齐宣王施行仁政，他在这一章的目的主要不是批评齐宣王[1]，而是向他指出王道应该如何建立在不忍之心的基础上。孟子对齐宣王的行为的解释与百姓的理解似乎是不同的。但是，其含义却是多层次的。在齐宣王承认自己确实有爱财的嫌疑之后，孟子是这么说的："无伤也，是乃仁术也，见牛未见羊也。君子之于禽兽也，见其生，不忍见其死；闻其声，不忍食其肉。是以君子远庖厨也。"（1：7）孟子的话很微妙。孟子认为，老百姓仅仅看到齐宣王爱财的贪婪特性。但是，还有一种利，一种看不见的利。齐宣王行为的背后有更深的政治动机。所以，孟子说，百姓那样理解也没有任何妨碍，齐宣王的行为是仁之术，即通过见牛未见羊的行为表明自己的不忍之心。对于飞禽走兽，看到它们活着，君子就不忍心看到它们死去；听到它们的悲号之声，就不忍心吃它们的肉。这就是君子远离厨房的原因。

我们如何理解孟子的话呢？孟子这里说的就是齐宣王不忍之心的表露，是对不忍之心的描述。根据上面的理解，有人批评孟子不忍之心的虚伪，远离庖厨是一种自欺欺人的行为。根据上下文，我们可以明白，孟子这里不是简单地肯定或者否定齐宣王的行为。首先，孟子用了仁术这个概念。仁术不等于仁爱。仁术是指齐宣王的行为是一种作秀的行为。韩非子说过，君王可以利用道德来为自己的私利服务，是一种统治的技巧。道德面目下掩盖了自己的私利。这是欺人的行为。其次，齐宣王的行为之所以是仁术，还因为他看到了牛没有看到羊。君子远离庖厨是因为君子不忍心看到餐桌上的佳肴刚才还是活生生的动物。这实际上是一种自欺行为。最后，即使齐宣王就如孟子这里所说的君子，即对于眼前的牛表示怜悯，他的"恻隐之心"也是虚伪的，因为他对自己百姓的苦难熟视无睹，百姓的命运就像羊的命运一样。所以，孟子的话是反讽，不是正面赞扬。但是，这三点并没有否认不忍之心的存在。君子远庖厨不是孟子对不忍之心的定义。

---

[1] 孟子对于齐宣王的批评是很严厉的。比如在《梁惠王章句下》第六章："孟子谓齐宣王曰：王之臣有托其妻子于其友人而之楚游者，比其反也，则冻馁其妻子，则如之何？王曰：弃之。曰：士师不能治士，则如之何？王曰：已之。曰：四境之内不治，则如之何？王顾左右而言他。"（2：6）孟子居然当着齐宣王的面说因他治国无能，理应被罢黜。

第三章 孟子的王道思想

在接下来的对话中，孟子的意思逐渐变得很明显。"王说，曰：诗云：他人有心，予忖度之。夫子之谓也。夫我乃行之，反而求之，不得吾心。夫子言之，于我心有戚戚焉。此心之所以合于王者，何也？"（1：7）齐宣王听了孟子的解释，非常高兴，因为他觉得孟子为他开脱了百姓的指责。齐宣王把孟子的话理解为是表扬他有不忍之心，有同情之心，他的行为是君子的行为。齐宣王的意思是，您比我更了解我自己的行为啊。他马上问，我的心怎么与王道一致呢？齐宣王的问话表明他根本不理解孟子的话的含义，不理解什么才是真正的不忍之心。孟子只好给他点明什么才是真正的不忍之心。

"有复于王者曰：吾力足以举百钧，而不足以举一羽；明足以察秋毫之末，而不见舆薪，则王许之乎？曰：否。孟子曰：今恩足以及禽兽，而功不至于百姓者，独何欤？然则一羽之不举，为不用力焉；舆薪之不见，为不用明焉；百姓之不保，为不用恩焉。故王之不王，不为也，非不能也。"（1：7）孟子这里的话意思很明显，齐宣王能够恩泽禽兽，却不能施惠于百姓。这说明对牛的大赦肯定是仁术。齐宣王知道自己应该如何做，只是他不做而已，就如同一个人说自己能举千斤之重，却不肯举一羽毛。齐宣王不实行王道不是他没有能力，而是他不愿意这么做。

在《论语》、《墨子》中我们都看到类似的话，人找借口说自己没有能力做道德的事情。道德行为与人的能力是无关的。"曰：不为者与不能者之行何以异？曰：挟太山以超北海，语人曰，我不能。是诚不能也。为长者折枝，语人曰，我不能。是不为也。非不能也。故王之不王，非挟泰山以超北海之类也；王之不王，是折枝之类也。老吾老，以及人之老；幼吾幼，以及人之幼。天下可运于掌。诗云，邢于寡妻，至于兄弟，以御于家邦。言举斯心加诸彼而已。故推恩足以保四海，不推恩无以保妻。古之人所以大过人者，无他焉，善推其所为而已矣。今恩足以及禽兽，而功不至于百姓者，独何与？"（1：7）孟子间接批评齐宣王，他对动物有怜爱之心，却不管老百姓的死活，这是什么原因呢？做道德的行为就像折断树枝一样容易（给长者行礼），齐宣王却不愿意做。这里还是小体与大体之别的问题。

"今恩足以及禽兽，而功不至于百姓者，独何与？"看到一头牛将要面临死亡而感到同情，却看不到羊也会面临同样的痛苦。能看到动物的痛苦，却对天下人的苦难熟视无睹，这是什么原因呢？如果真有不忍之心，那就应该首先惠及天下百姓，而不是仅仅泽及禽兽。当然，孟子在这里所说的不是让齐宣王把对动物的怜悯之心推广到人身上，而是说如何把自己的亲人之心推广到天下百姓身上。王之道是什么呢？把对自己长辈的尊敬之心推广到尊敬其他人家的长辈，把对自己幼儿的爱护之心推广到爱护别人家的幼儿。孟子的意思是，不要把壮年人征去服兵役劳役，要让他们在家里劳作，侍奉自己的父母和养育自己的妻儿。这样做，治理天下就很容易了。齐宣王自己享受天伦之乐，也应该让天下人享受同样的快乐。

不忍之心的具体内涵体现在如下的政治行为之中："王欲行之，则盍反其本矣：五亩之宅，树之以桑，五十者可以衣帛矣。鸡豚狗彘之畜，无失其时，七十者可以食肉矣。百亩之田，勿夺其时，八口之家可以无饥矣。谨庠序之教，申之以孝悌之义，颁白者不负戴于道路矣。老者衣帛食肉，黎民不饥不寒，然而不王者，未之有也。"（1：7）。对这段著名的话，我们首先应该看它背后的含义。什么叫返本？孟子强调返本，这证明当时齐宣王和其他诸侯一样，征用民力，扰乱百姓的正常生活和农业次序。"无失其时"、"勿夺其时"、"无饥饿"、"颁白者不负戴于道路"、"不饥不寒"，这些词语非常鲜明地说明，当是齐宣王的执政是"失其时"、"夺其时"，使得百姓饥饿。由于家里没有劳动力，头发斑白者在路上劳作，百姓处于饥寒交迫之中。这就是孟子所说的齐宣王的"仁术"，不忍心看到一头牛痛苦，却使老百姓处于极度的苦难之中。如果说，对一头牛具有"吾不忍其觳觫，若无罪而就死地"的同情心，那么，对百姓的苦难，更应该感到悲悯，因为是同类。这段话的正面含义是，面对百姓的苦难，一国之君，应该如何做才能表明自己真正具有不忍之心。这就是本。

概括起来说，在百姓饥寒交迫挣扎在死亡边缘的时候，自己把不忍之心表现在一头牛身上，这是仁术，这不是真正的不忍之心；真正的不忍之心是做到"老者衣帛食肉，黎民不饥不寒"。"反其本"就是指人所应该具有的不忍之心。

在这一章中，孟子通过与齐宣王对话，试图说明人都有不忍之心，但是在自己的生活中，人们倾向于自欺欺人，就如同以羊换牛一样。齐宣王以羊换牛的行为，即使是伪善的，也证明人人都知道善就是不忍之心。否则，齐宣王没有必要用这个行为来伪装自己。

从现代哲学的角度来看，孟子的"不忍之心"具有什么意义呢？

孟子对不忍之心的描述主要是指，人心具有敏感性，特别是对痛苦的敏感性。而这种关于痛苦的敏感性是对他人或者动物所遭受的痛苦的敏感。更准确地说，是人心对别人的痛苦而感到痛苦的敏感性。人心在这个意义上是被动的。这种痛苦完全是精神意义上的，不是肉体或者心理上的。齐宣王对牛将被屠宰后祭祀大钟的反应是："王曰：舍之！吾不忍其觳觫，若无罪而就死地。"人心的被动性变为主动性，那是指消除对方的苦难或痛苦（大赦这头牛）。而孟子对齐宣王的批评是他只看到了眼前一头牛的苦难，而忽视了天下民众生活在水深火热之中。"孟子曰：今恩足以及禽兽，而功不至于百姓者，独何欤？"对于一头牛不忍看其死去，却对于天下百姓妻离子散的凄惨生活无动于衷，这是为什么呢？人为什么自欺欺人呢？所谓自欺，就是假装看不到自己应该看到的东西。感受到他人的苦难，这就如同看到牛将要死亡一样，是被动的关系。而人忽视这一点，是自欺的结果。所谓欺人，是指把对牛的同情作为政治资本来炫耀，欺骗天下人。

齐宣王见牛不见羊，以及孟子所说的"君子远庖厨"，在现象学上究竟有没有积极意义呢？撇开意识形态理论，单就人心层面来看，这种反应属于一种自我保护。面对巨大的痛苦，人心感到无比巨大的冲击；这种冲击力可以击垮人心，使人疯狂。这在现象学上叫做伤害，是对主体的伤害。

在孟子哲学中，对大体和小体的划分，已经表明人的身体同时具有感官和心之官，两者都是感受性的。人的肉体感官在遭遇痛苦的时候，比如手触摸到一个烙铁，或者被石头砸到头上，人所感觉到的是自己无可逃避的存在，人与痛苦成为一体。这种痛苦是被动的，不是自己所能预料的（因为如果能预料到痛苦的发生的话，自己会主动避免痛苦的）。在痛苦中，我意识到我不能逃脱，我无法使自己脱离痛苦，我与痛苦是一体的。在这里，痛苦者与痛苦是一体的，而造成痛苦的外在原因似乎是不重要的[1]。我对造成痛苦的根源（火、石头、刀子，甚至恋人或敌人）是什么样子，其物理特征是不关心的，因为在痛苦之中，我只是感到痛苦。火已经熄灭，恋人已经离开，但是，我所感到的痛苦却不断地袭击我，痛苦袭击我（不是火或者恋人袭击我）。当被热水或者火灼伤以后，当被人深深地伤害以后，痛苦完全是一种内在的体验。"我不是痛苦于火或烙铁，但是，因为它们直接地伤害了我，它们仅仅伤害我。因为它们我痛苦自己。在火、烙铁与我（被它们伤害）之间，间隙消失了。"[2]

---

[1] Jean-Luc Marion, *In Excess: Studies of Saturated Phenomena*, trans. Robyn Horner and Vincent Berraud, New York: Fordham University Press, 2002, pp. 99~100.

[2] Jean-Luc Marion, *In Excess: Studies of Saturated Phenomena*, trans. Robyn Horner and Vincent Berraud, New York: Fordham University Press, 2002, p. 82.

基于以上现象学的描述，孟子对齐宣王的诊断是正确的：齐宣王是自欺欺人。他不是没有看到天下百姓的苦难，而是隐藏或者麻痹自己的敏感性。以羊换牛，这是典型的自欺欺人行为。

4.2 不忍之心与四端

在《公孙丑章句上》第六章，孟子对他关于道德上的现象学意义给予了经典性的概述。在这一章，孟子认为：①不忍人之心是人的根本特征，是人区别于动物的地方。这是与亚里士多德有关人是理性的动物的定义是不一样的。②不忍人之心包括四心，即恻隐之心、羞恶之心、辞让之心、是非之心。③仁、义、礼、智的品德对应于人的四心。④仁政基于仁义，同时也是基于四心。从四心到仁义礼智到仁政，这是一个不断成长扩充的过程。道德基于不忍之心（开端、萌芽），成长为仁政的果实。这与我们前面讲的有机物的比喻是一样的含义。下面，我们看看孟子是如何论述这五者的关系的。

首先，不忍之心是人之所以为人的规定性。"孟子曰：人皆有不忍人之心，""所以谓人皆有不忍人之心者，今人乍见孺子将入于井，皆有怵惕恻隐之心——非所以内交于孺子之父母也，非所以要誉于乡党朋友也，非恶其声而然也。"（3：6）孟子认为人人都有不忍看到他人痛苦的心，都有怜悯之心。为什么这么说呢？假如现在一个小孩子将要掉到一口井里去，每个看到的人人都会有惊恐、惧怕、痛苦的反应。这种心情的产生并非出于想结交孩子的父母的缘故，也不是为了在乡里朋友中博取名誉。不忍人之心的产生是被动的，是瞬间的，是很自然的。这种情感不是建立在其他基础上的。"今人乍见孺子将入于井"，突然看到一个小孩子将掉到井里，这个事实的发生是非常突然的。人的惊恐恻隐之心，我们可以说，是先于任何思考的，是源初性的反应。

小孩子将掉入井里的事例与前面齐宣王看到牛被带去衅钟是不一样的。同样都是无辜的对象，但是，人们对小孩子的例子不会怀疑人的怜悯之心背后的动机，而对齐宣王的行为背后的动机却充满了质疑。后者可以被怀疑为仁之术，可以怀疑是捞取政治资本。以羊换牛，这是说不过去的。孟子与其他儒家学者一样，特别强调动物和人之间的区别："鸡豚狗彘之畜，无失其时，七十者可以食肉矣。"（1：7）动物是为了供给人食用的；家畜与庄稼是一样的意义。人的生命就是另外一回事了。所以，齐宣王对牛的不忍之心被怀疑具有两种动机：贪财和捞取政治资本。恻隐之心用于动物而不用于人，更显示了它的政治动机和虚假性。

但是,看到一个小孩子将掉进井里,第一反应是如何去救他,而不是询问这是谁家的孩子啊。在日常生活中,碰到一个孩子,人们也许会先问这个孩子是谁家的,他父母是做什么的,背后的动机就有攀高的心理。同样,日常生活中的行为,比如给一个乞丐钱或者食物,很可能是为了博取他人的赞扬。但是,在孩子即将掉入井里的瞬间,第一反应应该是如何把孩子救到安全的地方。任何其他的考虑都会是灾难性的。救孩子是不容许任何犹豫和思考的。用现象学的语言说,孩子发出的道德命令是无条件的,是必须立刻执行的。不忍人之心是对不忍人之心的对象的被动的反应。尽管小孩子不会说话,或者他没有意识到你的存在,但是,他的危险行为给你发出了道德的命令。这就是道德主体的被动性和单向性。被动性可以这么解释,一个是吸引者,一个是被吸引者。吸引者没有意识到自己在吸引对方。而被吸引者感觉自己对对象具有不可推卸的责任,无论对方是谁,是否对自己有利。这就是单向性:被救的人没有责任和义务回报救人者。不求回报的行为才是真正的道德行为。孟子这里所说的救孩子的行为,既不是为了结交孩子的父母(因为不知道孩子父母是谁,也没有时间去考虑),也不是为了博得名声。这体现了救孩子的人是不求回报的,无论是物质性的(孩子父母的感激)还是精神性的(名声)[1]。

人的不忍人之心是先于人的私利的。同理,它也是先于人的恶的。救孩

---

[1] 这种道德上的单向关系会遇到与东郭先生与中山狼或者农夫与蛇相同的悖论。中山狼的故事大意如下:春秋时期,赵简子打猎于中山,一狼中箭而逃。此狼路遇一墨家学者东郭先生,乞求东郭先生救它,东郭先生把此狼藏于书囊之中,使狼躲过一劫。此狼一出来,就说,虽然我躲过了一劫,但我现在很饥饿,如果饿死,还不如死于富贵之家。你救了我的命,那就救到底,让我把你吃了吧。你是墨家,主张舍己利天下,牺牲你的躯体,算得了什么?后遇到一老者,巧设计,使狼又钻进书囊中,杀死此狼。农夫与蛇的故事与此类似:一农夫看到一条冻僵的蛇,用身体把它暖热,等蛇恢复生命后,此蛇咬死了农夫。东郭先生与农夫所遇到的情景在现实生活中并非罕见。比如一个现实案例,一年轻人看到路上有位老太太跌倒,于是扶她起来,并送她去医院,还垫付了一定的医疗费。等此老人的亲属来后,此老太太对亲属说,此年轻人碰倒了自己,所有医疗费都应该他来出。后经法院判决,也是此年轻人负有责任。如果说义先于利的话,我们是不是如圣经上所说,你打我的右脸,我把左边也伸给你打呢?救人不仅得不到回报,反而还被伤害。在现实生活中,当我们遇到类似的情形时,该如何做呢?有人说,东郭先生和农夫迂腐,因为他们救了恶人,但是在现实生活中,当你面临着道德上的命令和呼唤时,你怎么知道你所救的人是恶人呢?这里提出的问题是,在道德关系中,我对对方的道德责任是不是应该达到忽视我自己的利益和权利的地步?我是不是对方的人质?对这一问题我们在论述墨子哲学的时候,再详细讨论。

子并不是因为厌恶他的哭啼声。人在一般情况下是根据自己的好恶行事的，趋利避害，是我们的行为准则。有人帮助别人，并非是出于道德上的善，而是因为别人妨碍了他。帮助他人，在主观上很可能是因为自己的厌恶之情，而在客观上看起来是善举。比如，有的人给乞丐施舍，并非因为不忍之心，而是因为想快点让脏兮兮的乞丐离自己远远的。这种表面上"利人"的行为在本质上是利己。这种行为在现实生活中也是不少见的。

所以，对于孟子而言，不忍人之心是先于人的利害考虑的。义是先于利的。不忍人之心，作为源初性的本质，不是个体人内在固有的独立的东西，而是指人与人之间的根本性关系，是"我"对他人的内在反应。只有这么理解，才能引出四心说。

其次，不忍人之心包括四心。"由是观之，无恻隐之心，非人也；无羞恶之心，非人也；无辞让之心，非人也；无是非之心，非人也。"（3：6）我们来分析一下这四心的意义。

（1）恻隐之心。孟子认为，不忍人之心，不是抽象的，而是有具体内容的。孟子所说的四心，实际上都是人与人之间的关系。他人的痛苦和苦难在我内心能引起共鸣，这是恻隐之心。上面关于牛羊以及小孩子的反应，都是恻隐之心。

（2）羞耻之心。我对我自己的言行能够意识到羞耻和厌恶，这是因为我能意识到他人在看我，在对我进行评价。我之所以对我自己的行为感到羞耻和厌恶，那是因为在他人眼里我的言行得到了否定性的评价，即他人不赞许我的言行[1]。羞恶之心是意识到自己的言行被他人否定了。在《尽心章句上》第六章，"孟子曰：人不可以无耻，无耻之耻，无耻矣。"（13：6）人不应该对自己的不道德行为不感到羞耻。没有羞耻感的人，即羞耻感麻木的人，是真正的无耻。所谓真正的无耻，无耻之耻，是指人完全把对方看成物，从而也把自己看成物。人在多数情况下，会对自己的不道德行为感到羞耻，只是有时候不表露出来而已。在《尽心章句上》第七章，"孟子曰：耻之于人大矣。为机变之巧者，无所用耻焉。不耻不若人，何若人有？"（13：7）具有羞

---

[1] Merold Westphal 认为"有罪感"与"羞耻感"可以被理解为一样的：它们都是赞同他人对我的不赞同，即认可别人对自己的批评和评价。参看 Merold Westphal, "Inverted Intentionality: On Being Seen and Being Addressed" in *Faith and Philosophy* (2009), Vol. 26, No. 3, p. 240, ft. 23.

耻之心，对人来说这多么的重要。孟子非常重视人的羞耻感。那些擅用阴谋诡计的人是用不着羞耻之心的。为什么呢？因为对于搞计谋的人来说，在他的眼里，其他人都是工具，都是为他服务的。他只看到别人的有用性，而看不到别人在看他。意识不到别人在看他，当然没有羞耻之心。人只有在羞耻感中才能意识到别人对自己的监督，才能避免自己做不道德的事情。羞耻感和高傲，这两者体现的是与他人相反的关系：在羞耻感中，他人的评价高于我；在高傲中，觉得自己比别人强，觉得别人在仰视自己。恻隐之心，羞恶之心，作为人的本心，在其根源上不仅仅是人的心理活动，更重要的是它们体现了人是关系性的。

（3）辞让之心。在和人交往中，要懂得对他人谦让，优先他人，这是对他人的尊重，这表明他人是高于自己的。比如，在出门时，让长者先走。辞让之心不是以客观公正的角度来计较我和他人的平等关系，而是把别人放到了比自己高的地位。一句"您先！"的话语，一个为别人开门的行为，都是没有平等观念的。这是与自我中心主义不一样的。严格来讲，辞让之心是反自我中心主义的，其普遍意义是超出了儒家哲学思想的。孟子所说的辞让之心，是指年幼者对年长者的尊重。更准确地说，是成年人对年长者和幼小的儿童的谦让。一个最恰当的例子是坐公共汽车时的让座行为。辞让之礼是指对老、弱、病、残、孕、幼等让座位。如果按照人的力气和力量来看，那应当是谁第一个挤上车，谁坐最好的位置。按照自然的法则，谁让你是老弱病残幼呢？那么，孟子的辞让之心包不包括对妇女的谦让呢？在当时，由于妇女几乎不上街，不参加集体性活动和集会，所谓辞让是不涉及到男女关系的。需要说明的是，比如，在等公共汽车时，先来先上，这不是辞让之心。所谓辞让，是指在自己有能力和"自然权力"获得某种东西或服务的前提下，把方便让给他人的行为。同理，在没有他人辞让的情况下，后来先上的，抢座位的，这些行为是符合"自然法则"的，但是，是不符合人类关系的。在这个意义上，我们可以说，辞让之心，或者道德之心，是反自然的。

有人会问，辞让之心为什么那么重要？让长者先出门，这不是浪费时间吗？我先一步跨出去，根本不影响长者出门，这有何不可？这里讲的不是经济法则。辞让之心表明你对对方的尊重，对对方的认可，对对方的爱心。你慢走几分钟，在经济上也许是一种损失，但是，在道德的天平上却是巨大的收获：成就了道德上精神上的自我。辞让之心可以衡量人是自然的存在者呢还是社会的存在者，是二者的分水岭。

（4）是非之心。是非之心是指人应该知道什么是对的，什么是错的，什么是应该做的，什么是不应该做的。如果与前面三心联系起来看，是非的标准来源于他人对我的命令和禁止：恻隐之心所引导的行为就是"是"的行为，而羞恶之心所不赞许的行为就是"非"的行为。道德上的"应该"与"不应该"根源于人的恻隐之心和羞恶之心。这里有个问题，什么是"是"？什么是"非"呢？其具体内容是什么呢？从某种意义上，我们可以说，孟子的良知良能告诉一个人什么是道义上的是非。孝悌，是"是非"的核心内容。这是孟子所关心的具体的是非观。如果我们把是非之心进行形式化，其内容就会随着具体的情境而变化。一个人应该做什么，不应该做什么，自己的良心会告诉自己的。但是，这个良心上的驱使与指责，都是与一种命令联系在一起的。

当然，是非之心也与一定的历史和社会环境有关，与道德教育有关。一定的社会环境中的道德规则也会因为教育等功能而内在于人的是非之心中。是非之心，不是指人对道德上的命令的认识应该超越具体的历史社会环境，如不是指康德的绝对道德命令。在古代社会是不存在着公共汽车上的道德问题的。不仅如此，即使就目前来看，让座在不同的情境下，其含义也不同。具体情况中的是与非，不存在一个绝对的普遍规则。

孟子认为，人应该具有这四心。没有这四心，人就不成其为人。我们可以把孟子的话解释为，这四心是人和人之间最根本的关系。这是道德的根源。如果世界上只有一个人，就不可能有四心。四心说可以被看作孟子的元伦理学（metaethics）。但是，孟子的元伦理学与当代西方的伦理学不同，他不是从抽象的角度来思考善与恶有没有实在性。

然后，四心外在表现为仁、义、礼、智四德。"恻隐之心，仁之端也；羞恶之心，义之端也；辞让之心，礼之端也；是非之心，智之端也。"（3：6）人的四心仅仅是萌芽，是开端，不是果实。道德基于此，但是不终于此。孟子在这里把四端（萌芽）和四心联系起来谈道德的根源，是具有理论上的普遍意义的。

这与他在《离娄章句上》第二十七章所说的"仁之实，侍亲是也；义之实，从兄是也；智之实，知斯二者也；礼之实，节文斯二者是也"（7：27）是不一样的。"实"具有果实的含义。孟子认为，仁义礼智的核心东西是如何孝顺父母和尊敬兄长，是如何落实到具体的行动之中。这里需要区分开孟子哲学中具有普遍意义的现象学描述与儒家特有的哲学思想内容。

　　这里需要指出，孟子对于仁义礼智等品德的含义有不同的解释。这可能是因为他说话的具体语境不一样，或者年代不一样造成的。在《尽心章句下》第三十一章，孟子对仁义的解释就不一样。"孟子曰：人皆有所不忍，达之于其所忍，仁也；人皆有所不为，达之于其所为，义也。人能充无欲害人之心，而仁不可胜用也；人能充无穿踰之心，而义不可胜用也；人能充无受尔汝之实，无所往而不为义也。士未可以言而言，是以言餂之也；可以言而不言，是以不言餂之也，是皆穿踰之类也。"（14：31）孟子这里说话的语境后人无从知道。这里所说的"不忍"好像不是"不忍人之心"。不忍好像与"无欲害人之心"有关。"所不忍"也许是指"不能容忍的事情"。人人都有看不过去的事情，不能容忍别人做某些事情。也就是说，人都或多或少会感觉到有些事情是过分的。如果把这种觉得过分的感觉推广到他所容忍的不应该做的事情上，那么，这就是仁。人总会觉得某些东西是不应该做的。"人皆有所不为"，这说明人不是十恶不赦的恶魔，其背后有一种隐隐约约的是非观。如果把这种不应该做的"是非之心"推广到自己所做的不好的行为上，这就是义。孟子认为，道德上的是非人人都知道，比如跳墙是错误的。如果把这种是非之心，贯彻到自己的所有生活中，义就会得到无限制的扩充发展。人知道跳墙是不对的，是不道德的，但是，当时的诸侯大夫却不知道僭越官位违背礼仪是不对的。人都觉得被直接称呼为"你"是不礼貌的，会觉得小看自己了。如果把这种感觉推广到自己对人的称呼上，这也就是义。这里所说的"仁义"更注重是非之心。"士未可以言而言，是以言餂之也；可以言而不言，是以不言餂之也，是皆穿踰之类也。"这好像是孟子说这段话的起因，孟子好像是在批评某些人。作为士人，不该说话的时候说话，这是想以言语获得好处，比如对权贵者谄媚奉承；该说话的时候不说话，这是想以沉默获得好处，比如不敢向高位者进言，不敢指出他们的过错。这些都是明知故犯的事例。

　　最后，仁政基于仁义，同时也是基于四心。"先王有不忍人之心，斯有不忍人之政矣。以不忍人之心，行不忍人之政，治天下可运之掌上。"（3：6）孟子与孔子一样，认为政治是建立在道德基础上的。孟子认为，道德基础上的四心，是不忍人之心。这里，孟子认为，政治应该是道德的体现，应该是不忍人之心的扩充和完善。所以孟子说："人之有四端也，犹其有四体也。有是四端而自谓不能者，自贼者也；谓其君不能者，贼其君者也。凡有四端于我者，知皆扩而充之矣，所火之始然，泉之始达。苟能充之，足以保四海；苟不充之，不足以事父母。"（3：6）道德之心是道德品行的根基，但是人需要培养和发展它们。"事父母"是道德之心扩充的第一个果实，治理天下是它的最高实现。"事父母"、"保四海"，就如同火的燃烧和泉水的流溢一样，是道德品质实现的过程和结果。真理是过程，不是命题和事实的简单对应。我们可以说，在孟子的哲学中，心是性之端，而性是发展的过程。据此，我们来看看孟子是如何论述心、性、命的关系的。

第五节 孟子论人性（四）

5.1 尽心、知性、事天

从上面所说的，我们可以看出，孟子所谓的性善是指人的品德根植于人之善端，即四心。不忍人之心是人之所以为人的根本原因。孟子认为，性本善的理论就是讲的心本善，这是人所固有的，不是外在强加给我们的。孟子把四心理解为天所给予的，即人生而具有的，不是后天通过学习获得的；学习和道德修养仅仅是在扩充和发展本心。

我们还看到，在孟子看来，人有大体与小体之分，即道德与自然欲望都是人天生所具有的倾向。满足小体者为小人，扩充大体者为君子。讲究吃喝的人是被人看不起的。追求精神的人不是舍弃小体，而是把满足吃喝欲望等看作是服务于更高的目的——道德。生死是大事，但是，有时候，人为了自己的尊严可以不回避死亡，不贪生，这说明，义是大于利的。孟子并不是说，生命不宝贵，死亡不可怕。他的意思是，正是因为生命的可贵，死亡的可怕，才显示出为了道德上的尊严，人牺牲小体，牺牲天所赋予给我们的自然生命有多么难得。

人的自然欲望如何才能获得道德上的意义呢？孟子不是否定人的自然欲望，而是否定"从小体"，即把人的自然欲望作为人的本质性活动，作为定义人之为人者。自然欲望，作为人的一部分，要在社会（道德）关系中才能获得意义。独乐呢，还是与人乐更乐？独乐，与人乐，这两种乐，不是加减的关系，是从抽象到具体，从低级到高级，从物质到精神的过程。我们不妨用黑格尔关于性爱与婚姻的关系来说明人的自然欲望与道德的关系。韦斯特法尔（Westphal）是这样概括黑格尔的观点的："黑格尔对于性爱做过两种完全不同的论述。一方面，在婚姻中，'肉体的激情沉落为肉体的时刻的水平，注定在满足之后消失'。换句话说，'与肉体生活相对应的感性的时刻，在伦理的空间仅仅被当作某种结果性和偶然性的东西……婚姻是爱的伦理层面，高级的层面，它限制纯粹的感性冲动，把它放到后面"。另外一方面，在婚姻中，性爱被提升了，'自然的性的结合…被转化为一种精神层面上的结合，一种自我意识的爱。'"黑格尔用这么一个词汇来表达上面两种不同的论点：性生活就是"伦理关系的外在体现"。作为"外在"的东西，性是在背景之中的，其地位是次要的；作为"体现"，它被提升到了精神层面。这就是黑格尔的辩证的否定（Aufhebung）[1]。当性爱被转化为婚姻中的爱（婚姻中的结合，有责任和义务的结合）的话，性爱一方面就被提升了，成为精神之爱的一种具体体现，另一方面，它仅仅是婚姻中爱的表现的一个方面而已。夫妻之间的爱，不仅仅体现在性关系上，还体现在很多日常生活的行为中。所以说，在婚姻中，性关系成了一种偶然的关系。这种偶然的关系仅仅是婚姻之爱的一种表达而已。以此类推，我们的物质和感情生活中所有方面，都可以成为婚姻中夫妻感情的表达方式。这就是人的自然欲望如何获得道德意义的途径。

同理，人的自然生命也如此，只有在道德关系中，自然生命才能获得精神上的意义。生命的尊严，不在它本身的自然层次上，而在于道德关系之中。宁可失去生命，也不能容忍被羞辱，这充分说明自然生命不是绝对的东西，而需要在更高的精神关系中获得意义：作为精神的我，不能容忍对方把我作为物质的对象来羞辱；道德上的尊严命令我冒着失去自然生命的危险捍卫我的精神自我。孟子所说的乞丐不受嗟来之食就是这个意思。

因此，在孟子的哲学中，人分为两个层次，一个是自然的层次，一个是社会的层次。或者说，一个是物质的，一个是精神的。物质欲望的追求，其意义应该体现在道德关系之中。比如，在上节中我们看到，齐宣王的不忍之心应该体现在关心天下百姓的苦难，使百姓过上物质上幸福精神上惬意的生

---

[1] Merold Westphal, "Vision and Voice: Phenomenology and Theology in the Work of Jean-Luc Marion", *International Journal for the Philosophy of Religion* (2006), Vol. 60, pp. 117~118.

活上。这就是"反其本"。

所以，孟子认为，人之有四心，这是人性的根源性存在。人所要做的就是扩充此心而已。正是在这个意义上，我们来理解《尽心章句上》第一章的含义："孟子曰：尽其心者，知其性也。知其性，则知天矣。存其心，养其性，所以事天也。夭寿不贰，修身以俟之，所以立命也。"（13：1）孟子认为，充分发扬本心，这才是真正懂得人性是什么的人。懂得了人性是基于人心的道理，就真正懂得了天的含义。保持本心，培养人的本性，即在学习和修养中把根植于人心的人性发扬光大起来，这就是侍奉天。孟子在这里有明显的把天非意志化的倾向，不把天理解为对人进行奖罚的外在的存在者。无论寿命长短，都以修身为本，等待天年的来临，这就是立命。孟子的意思是，人的寿命长短与人的道德修养无关。道德修养关系到的是自己的本心和本性，时时刻刻都可以体现在人的行为中，这是人所要关注的事情。对于那个外在的东西，比如寿命的长短，这不是人能够把握的。但是，它们也不影响人之为人。真正懂得命运的人，不是忧虑那些在人的控制范围之外的东西，而是会注重培养身心。

为什么说，"尽其心，知其性"就是知天呢？而知天就是立命呢？在这个世界上，有很多不定的因素，而在所有的不定的因素之中，最不确定，最令人担心的就是生死问题。无论有什么样的能力，无论你有多少知识，无论你有多大的权力，无论你有什么样的宏伟计划，你都无法知晓自己什么时候死亡。人寿命的长短不是人所能够把握的事情，任何人都无法预知。面对死亡，人所面对的是虚无和黑暗，是无知，是恐惧。在现实生活中，可以说，每件事情都是不确定的，都有无数的变数。人如何才能够掌握自己的命运，获得永久的快乐呢？孟子的回答是，我们的人生不应该建立在不确定的因素上，而应该建立在坚实的根基上。这个坚实的根基就是人心，就是人性。人心是什么呢？就是孝悌。这是良知良能，关键看你做还是不做。如果你扩充自己的爱心，孝敬自己的父母和尊重自己的兄长，并且"老吾老以及人之老，幼吾幼以及人之幼"的话，这是在扩充上天所赋予人的本性本心。知道扩充本心，这是知天；实际生活中扩充本心，这就是事天。如果无论你做什么，处于什么样的境地，你都在扩充本心的话，哪里还有不确定的因素存在呢？即使你死的很早，这也不是死于非命，因为在道德的意义上，你没有什么没有完成的事业（the unfinished business）。人最担心的是死亡给自己带来的是遗憾，是没有完成的事业。做为一个道德的人，关键不是你做了什么，而是能在你的所有行为中都体现你的仁爱，这不是永恒又是什么呢？所以，存心养性，这才是真正的立命——把命运建立在坚实的基础上。这就是事天的含义。

5.2 天爵与人爵

我们可以用西方哲学的语言说：孟子认为，关系到人心人性问题的是人的本质性的东西，是人可以把握的东西，而命运、寿命长短、财富、名誉等是偶然性的东西，与人之为人无关。在《告子章句上》第十八章，"孟子曰：有天爵者，有人爵者。仁义忠信，乐善不倦，此天爵也；公卿大夫，此人爵也。古之人修其天爵，而人爵从之。今之人修其天爵，以要人爵；既得人爵，而弃天爵，则惑之甚者也，终亦必亡而已矣。"（11：16）有两种官位，一种是天爵，一种是人爵。天爵就是指人的道德职责。天爵的核心是善，而人在这个职位上是乐善不倦息，这是永久性的快乐。人爵就是公卿大夫，是政治等级和社会地位。古代人是如何做的呢？古代人把道德修养看作是第一位的，社会地位和政治权力是服务于道德修养的，是体现道德修养的一种方式。孟子批评战国时期人们讲仁义忠信，但不是把仁义忠信看作是目的本身，而是手段，是获得政治地位和社会财富的梯子。一旦达到了目的，就丢弃了仁义道德的面具。这是多么愚蠢的事情。人追求的是不确定的、非本质的东西，而放弃了简单易行、永恒快乐的事业[1]。

前面我们看到，在《尽心章句下》第24章中，孟子把命和性都理解为先天所具有的，一个是人可以把握到的，一个是超越了人的能力范围的。在《尽心章句上》第三章，孟子把它们分为"求则得之，舍则失之"和"求之

---

[1] 这里需要注意的是，为什么孟子区分开了天爵与人爵呢？这与孟子的"民本"思想有关。在第七节，我们将看到，对于孟子来说，民为本，就在于其根源于天：服务于天下百姓，这实际上是服务于天；从这个意义上看，这是天职，是上天所赋予的责任。人爵是什么呢？如果我们结合孟子在《告子章句上》第十章所说的话，我们就会明白："万钟则不辩礼义而受之。万钟于我何加焉？为官室之美，妻妾之奉，所识穷乏者得我欤？乡为身死而不受，今为官室之美而为之；乡为身死而不受，今为妻妾之奉而受之；乡为身死而不受，今为识穷乏者得我而为之，是亦不可以已乎？此之谓失其本心。"（11：10）人爵就是自己在他人眼中的地位和重要性，其具体内涵是官位的高低、财富的多少、荣誉和名声的大小；这些既有詹姆斯所说的物质性的自我，也有社会性自我。人爵的根本思想是以我为中心：我如何能在他人面前获得认可，而这种认可不是基于道德上的考虑，追求的是私利。

有道，得之有命"两种追求。一个是依赖于我自己，一个是依赖于外界。在《尽心章句上》第二章，孟子认为，人在这个世界上只要是以道德修身为本，寿命长短都是正常死亡，即使是早死如颜渊者，也不是死于非命。触犯刑法而死者，即使是长寿，也是死于非命。孟子认为，从正命和非命的角度看，命运也是掌握在自己的手中的。死而无憾即是正命。"孟子曰：莫非命也，顺受其正；是故知命者不立乎严墙之下。尽其道而死者，正命也；桎梏而死者，非正命也。"（13：2）如果从命的观点看，什么都是命，关键是顺受其正，即按照事物正常的状态行为。所以，如果你知道命的话，就不应该站立在危墙之下。认为事事都由命运决定，生死也是如此，即使站在危墙之下，命不该死也不死。这是对于命的误解，是愚蠢的行为。不是顺受其正，而是非命。做一个道德的人，无论死于何时，都是正命。犯罪而死，即使年过百岁，也是死于非命，因为他没有按照人的本性行为。因此，对于孟子而言，命是掌握在自己手中的。正命就是要把自己的行为立于本心。安身立命的命，应该是本心和本性，而不是命运的命。

5.3 万物皆备于我矣

根据以上的讨论，我们可以看出，在孟子哲学中，尽心、养性、立命三者是一样的意思，都体现在修身上。理解了孟子关于心性关系动态的观点，我们就容易明白孟子下面的话："孟子曰：万物皆备于我矣。反身而诚，乐莫大焉。强恕而行，求仁莫近焉。"（13：4）孟子的意思是，我自身已经具有了一切，本心和本性虽是萌芽，但是它们的发展能够成就一切。对于自己反省，就会意识到本心和本性。忠实地扩充本心，这是最大的快乐。何为善，何谓不善，自己应该做什么，不应该做什么，都在本心之中。依据本心而行为是达到仁德最近的捷径。己欲立而立人，己欲达而达人，推己及人，就是求仁和做人的道路。

"万物皆备于我"可以被理解为人都具有四心四端，这是人最根本的东西。四心就是爱。实行仁爱，这是最容易的事情，关键是看你做还是不做，比如，你是否愿意为长者行礼。"求仁"不是寻找丢失的物件，而是"反身而诚"，是求放心，把沉迷于物质享受的心找回来。

第六节 道德修养与道德责任

6.1 道德行为与道德语境

对于孟子而言，人都具有同样的善端，因此，人与人之间的差异性是自我修养造成的。那么，什么是道德修养呢？道德修养是不是限定了某些特殊的行为和事情呢？判断一个行为是不是道德的，即是否具有道德上的意义，不是单独依据行为本身。道德修养是指一种精神关系，或精神境界。道德修养不是指人们一定做某些事情，或者行为与常人不同。人们可以做同样的事情和具有同样的行为，但是，行为的意义却依据不同的背景而有区别。

我们来看看《离娄章句下》第三十二章："储子曰：王使人瞷夫子，果有以异于人乎？孟子曰：何以异于人哉？尧舜与人同耳。"（8：32）储子对孟子说，国王派人来窥探您，看看您是不是与别人有不同之处。孟子回答说，我和别人有什么不同的地方呢？尧舜也和平常人一样。

上面这个篇章可以有至少两种理解。第一种理解：孟子可能想说，一个圣人或者有道德的人，在行为和外表上与常人无不同之处。从人的外表，你不可能看出有道德的人与非道德的人之间的区分。一个有道德的人没有独特的外表。他很可能与其他人一样，做同样的平常的事情。道德是一种精神关系。有道德的人所做的具有不同的意义：他的动机和他对于自己的行为的理解是与非道德的人不一样的。根据休谟关于价值与事实的区分，我们可以说，道德，作为价值，在纯粹的事实这个层面是无法显示出来的。行为是否具有道德意义要看其是否是在道德语境之中发生的。这并不是说事实比价值客观，价值是相对的。这也不等于说，有这么一个纯粹的行为或事实，在它之上可以强加上价值或者道德意义。纯粹的事实或行为是与抽象的意识相关联的。如果我们用抽象与具体来谈论休谟所说的事实与价值的关系，我们可以说，休谟所说的"事实"（fact）是抽象的事实，而充满了价值的事实是具体的事实[1]。克尔凯郭尔曾说，信仰就是激情。信仰的激情不纯粹指人的心理活动，而是人与超越于这个世界（事实）的上帝之间的精神关系。如果从我们

---

〔1〕 参看郝长墀："对于价值的形而上学根源的分析"，载《人文论丛》2005年卷。

世俗的观点看，作为激情的信仰就是人的生理和心理活动或状态，因为这种世俗观点把物质的世界当作绝对的东西来看待了。但是，在信仰之中，人以及人所生活的世界都因为信仰的精神关系而获得了新的意义，这就是价值。这里价值比把这个世界作为唯一对象和实在的形而上学理论中的事实更具有事实性，因为这个世界是变化着的，是时间之中的，而信仰的关系是永恒的。在中国的禅宗思想中，所说的觉悟以前，山是山，水是水，觉悟之后，山还是山，水还是水，其意义与克尔凯郭尔所讲的信仰是一样的。觉悟以前，山是山，水是水，这时的山水在未觉悟者眼中是实在的东西。觉悟之后，山仍然是山，水依然是水，这时山水就不是绝对的实在了，而其本质是空的。宗教的精神关系与道德关系是一样的。在《论语》中，我们看到，孔子认为一个道德的行为，比如孝的行为，有两个构成因素：内在的服从和外在的行为。外在的行为因内在的服从（服从是精神关系）而获得了意义。

第二种理解：就道德而言，所有人都是平等的。首先，所有人都具有同样的善端或本心。其次，所有人都能通过自己的道德修养和行为成就自己，成为圣人。道德行为导致了人与人之间的差异。对于这一点，在理论上，儒家都是认同的。

6.2 道德修养是人与人之间差异的根源

《尽心章句下》第三十三章："孟子曰：尧舜，性者也。汤武，反之也。动容周旋中礼者，盛德之至也。哭死而哀，非为生者也。经德不回，非以干禄也。言语必信，非以正行也。君子行法，以俟命而已矣"。孟子说，尧舜是顺着本心本性而做事情的。汤武是经过修身而返于本心，然后力行。他们的动作容貌没有不合乎礼义的，可以说达到最高的道德境界了。对于死者的恸哭，不是做给活着的人看的。依据道德而行，不是为了获得官位。说到做到，不是因为要让人知道自己行为端正。君子依据法度而行，直到生命的最后时刻。按照孟子的性善论，道德修养是善端的扩充和发扬光大。用今天时髦的话说道德修养和行为不是作秀。所谓作秀，是指仅仅具有外在的行为，没有精神实质。

《滕文公章句上》第一章中，孟子说了这么一句话："颜渊曰：舜，何人也？予何人也？有为者亦若是。"（5：1）颜回说，舜是什么样的人？我是什么样的人？只要去做，就可以成为舜一样的人。颜回的意思是，舜是圣人，我是普通人。但是，我和舜之间没有不可逾越的鸿沟。只要自己勤勤恳恳进行自我修炼，就可以成就自己。做（有为者）与不做，是人与人之间的根本差异。

在《公孙丑章句上》第七章中，孟子说了如下的话："夫仁，天之尊爵也，人之安宅也。莫之御而不仁，是不智也。不仁、不智、无礼、无义，人役也。""仁者如射：射者正己而后发；发而不中，不怨胜己者，反求诸己而已矣。"（3：7）仁是天下最为尊贵的爵位，是人最安全的住处。没有人能阻拦你实行仁义，而你却不仁，这不是智慧的表现。孟子是说，人在道德上是最自由的，没有人可以阻止你成为道德的人。不道德的行为是自己选择的结果。如果不仁不智无礼无义，那只能被别人所奴役。一个没有道德的人只能需要外在的力量来控制自己。或者说，不道德之人是受制于自己。人自己可以选择最自由和最安全的生活，却放弃它，这是人类自己奴役自己啊。后面一句讲的是如何进行道德修养。道德修养就如同射箭的人一样，要目标准确，一心一意。所谓正己，就是要站稳脚跟。道德修养是一种自我提高的过程，不是与他人竞赛，试图超越别人，看看谁更道德。一个有道德的人从来不怨恨他人比自己更道德，而是努力提高自己，使自己更为道德。

从上面的引文可以看出，孟子认为，尧舜是自然而然地发扬本心本性。汤武是经过努力才认清本心本性。但是，就道德境界而言，他们没有差异，这主要是因为道德或者仁义是人的行为的结果，不是不变的东西。舜与颜回之间也没有根本性差异。孟子也许想说，尧舜禹等圣贤之王从来没有忘记自己的本心，他们的行为是自己本心外在的显现。而后来由于人们失去了本心，汤武就需要寻找本心。无论如何，对于孟子来说，最重要的是橡树的种子成为橡树。仅仅有对本心的觉醒是不够的。

6.3 道德修养不需要特殊技能

要成为歌剧歌唱演员，你也许需要特殊的才能，而且，并非所有的人都可以成为帕瓦罗蒂那样的歌唱家的。同理，你需要特殊才能才会成为画家、演员、运动员或者科学家。并非所有的人都能和姚明一样成为篮球明星。当然，姚明也许在科学研究方面或者文学创作方面连一般的学生还不如。每个人都在某个方面有着独特的才能。有的人比常人聪明些，有的人要慢一些。人与人自然禀赋上的差异性，由于社会环境的不同，使人与人之间有时产生很大的差距。对于孟子来说，无论是自然禀赋还是社会环境，都不能影响一个人成为道德上的人[1]。前面我们已经看到孟子关于这方面的观点。

我们先看看《告子章句下》第二章:"曹交问曰:人皆可以为尧舜,有诸?孟子曰:然。曹交曰:交闻文王十尺,汤九尺。今交九尺四寸以长,食粟而已,如何则可?曰:奚有于是?亦为之而已矣。有人与此,力不能胜一匹雏,则为无力人矣。今曰举百钧,则为有力人矣。然则举乌获之任,是亦为乌获而已矣。夫人岂以不胜为患哉?弗为耳。徐行后长者谓之弟,疾行先长者谓之不弟。夫徐行者,岂人所不能哉?所不为也。尧舜之道,孝弟而已矣。子服尧之服,诵尧之言,行尧之行,是尧而已矣。子服桀之服,诵桀之言,行桀之行,是桀之而已矣。曰:交得见于邹君,可以假馆,愿留而受业于门。曰:夫道若大路然,岂难知哉?人病不求耳。子归而求之,有余师。"(12:2)

曹交问孟子,您是不是说过人人都可以成为尧舜的话?孟子说,是的。曹交就说,周文王10尺高,汤王9尺高,而我9尺4寸高,吃的也很普通,怎么才能成为像尧舜一样杰出的人呢?曹交把人人都能成为尧舜理解为人在外表上如何像尧舜。他完全误解了孟子的话。孟子指出,你所说的与我所说的有什么关系。接着孟子就用两个例子来说明"人人皆可以为尧舜"究竟是什么意思。首先是能力。一个人说自己不能举起一只鸡,这的确是无力之人。一个人能举百钧(三千斤),这的确是大力士。一个人能像乌获(大力士)那样,举起很重的东西,他也仅仅能成为如乌获一样的人,人的能力有大小,但是,道德上没有这样的能力之分。

这段话到这里,似乎孟子应该转折一下,加进去这样的话:能力的确有大小,这是我们都看得到的,也是人们都承认的。但是,在道德问题上,人们为什么担心自己不能呢?答案是,不愿去做,不愿践行。道德上的能与不能,与前面所说的能力大小是不同的。为什么呢?让长者先走,自己在后面跟着,这是悌的含义。跑到长者前面,这是不悌(不尊重长者)的表现。慢慢行走,谁不会呢?只是不为而已。尧舜之道,是很简单的,就是孝悌。如果你在言行上模仿尧舜,你就能成为像尧舜一样的人。如果你在言行上和桀纣一样,你就会成为和桀纣一样的人。成为尧舜,还是成为桀纣,这是一个很简单的问题。当时这不是一个理论上的问题,是一个践行问题。道德真理

---

[1] 关于这一点,可以对照宋明理学中试图用人所禀赋的气之清浊来说明善人与恶人的区别。

在实践和生活中实现。当曹交听了后,表明希望成为孟子的弟子时,孟子最后的回答可以说在伦理学研究中具有很重要的理论意义:道德的含义就如同宽广的大路一样,没有什么难以理解的地方。什么是道德的,什么是不道德的,这是每个人都知道的。在道德的问题上,关键是你是否把道德的真理实现出来。孝悌,人人都知道。它们是路标,是道路。它们的含义要在生活实践中才能表现出来。尧舜一样的善,桀纣一样的恶,这不是一个理论问题。抽象地讨论善恶问题是没有意义的。人在道德上所犯的毛病就是只说不做。什么是真知,这不是理论问题。所以,孟子对曹交说,你不必在我这里,你只要回去实践,就可以发现很多人是你的老师。

在论述《论语》的伦理学时,我们引用了克尔凯郭尔的话。这里,我们有必要提醒自己,再来温习他的话,使我们能够真正理解道德真理的含义。克尔凯郭尔的话有助于理解孟子的思想:"一个小孩,一个头脑最简单的人,一个最有智慧的人,他们都知道什么是最高的任务,对于道德都理解的是同样的意思,因为,如果我敢这么说的话,它是派给我们所有人的一个同样的学习任务。但是,造成他们之间不同的原因是,是否我们在一定距离之外理解它,即我们不在行为中去做,或者在手中理解,即我们在行为中体现,'不能做其他的',不能不做它。"[1]这里,克里凯郭尔谈的也是道德命令:爱他人如爱自己。对于道德命令和责任,人人都知道它的含义;关键是是否去做。做与不做,不是体现在"什么样"的问题上,而是体现在"怎么样"的问题上。在道德问题上,实践或者如何做成就了道德命题的真理性。孟子说,"尧舜之道,孝弟而已矣。""夫道若大路然,岂难知哉?人病不求耳。"道理多么相似。

在《离娄章句下》第十一章有类似的话。"孟子曰:道在迩而求诸远,事在易而求诸难。人人亲其亲,长其长,而天下平。"(7:11)天下太平之道就在脚下,人们却往往看不到。亲亲(孝),敬长(悌),多么简单的事情。但是,大家却做不到。由此可以看到,战国时人们的道德生活已经堕落到什么地步。人人都知道的事情,为什么不照着做呢?这是韩非子所要回答的。

---

[1] Soren Kierkegaard, *Works of Love*, edited and trans. Howard V. Hong and Edna H. Hong, Princeton, NJ: Princeton University Press, 1995, p. 78.

6.4 道德修养之路与家的观念

上面关于亲其亲，长其长的话，已经包含了道德修养之道。对于孟子来说，天下没有比这更容易的事了。即使你手无缚鸡之力，你也能扩充自己的亲情之爱。然而，令孟子感到悲哀的是，人们放弃最舒适的住宅不住，放着最宽广的路不走，偏要选择破烂的房屋，走偏狭之小道。

《离娄章句上》第十章："孟子曰：自暴者，不可与有言也；自弃者，不可与有为也。言非礼义，谓之自暴也；吾身不能居仁由义，谓之自弃也。仁，人之安宅也；义，人之正路也。旷安宅而弗居，舍正路而不由，哀哉。"（7：10）对残害自己的人，你不可能有什么话说。对抛弃自己的人，你不可能和他一起共事。什么是自己残害自己呢？就是诽谤礼义。什么是自弃呢？就是不能居于仁而行义之事。仁爱是人最安适的住宅，义是人应该走的大路。放弃安适的住宅不住，舍弃大路不走，这是多么悲哀的事情啊。

这里我们可以把孟子所说的仁义做如下理解：仁是人的根基，而义则是人实现自己应该走的路，是仁之道。说仁是安宅，这是指人在仁之中才能真正找到自我，找到快乐，感到"在家"，没有不安的感觉。结合《离娄章句下》第十一章，我们会看到，所谓仁就是孝悌，就是亲亲长长。这是人的精神住宅，失去了这个安适的住宅，人就无家可归。因此，对于孟子来说，"家"的概念，不仅仅是指一个物质性的房屋和院子，更是指家里所包含的亲情关系。家的温暖，既是物质性的，也是精神性的。面对现代文明的困惑，孟子会说，不是没有家，而是我们忘记了家，抛弃了自己的家。所谓"无家可归"是"旷安宅而弗居"所造成的。这是自己选择的结果，是自暴自弃。抛弃了家，抛弃了仁义和亲情，人就抛弃了自我，就是对于自我的残害。

从某种意义上，我们可以说，"家"是孟子哲学的核心概念。道德修养正是在家庭中开始的。你不必寻找超越家的东西。道德修养不是一件困难的事情，道德修养就在于家庭生活。在《论语·学而》篇中，有子的话可以为孟子的思想做一个注解。"有子曰：其为人也孝弟，而好犯上者，鲜矣；不好犯上，而好做乱者，未之有也。君子务本，本立而道生。孝弟也者，其为仁之本欤！"（1：2）"本"就是孝悌，而孝悌就是亲人之间的关系，亲人之情。这是仁之本。

6.5 被选中的意义与道德责任

与孔子有些相似，孟子相信自己被赋予了历史使命。孟子的使命感比孔子在语言上更强烈些。

《公孙丑章句下》第十三章："孟子去齐，充虞路问曰：夫子若有不豫色然。前日虞闻诸夫子曰：君子不怨天，不尤人。曰：彼一时，此一时也。五百年必有王者兴，其间必有名世者。由周而来，七百有余岁矣。以其数，则过矣。以其时考之，则可矣。夫天未欲平治天下也。如欲平治天下，当今之世，舍我其谁也？吾何为不豫也。"（4：13）孟子离开齐国的时候，他的学生充虞问他：您好像不快乐。您过去说过，君子应该不怨天，不尤人。孟子回答说，那个时候和这个时候不一样（孟子也许是暗指孔子说这句话的时候，和孟子说处的时代不一样了）。从历史上看，每过五百年，就有一位圣贤之王出现，而且其间还有命世之才出现。从周王朝到现在，已经七百多年了。论年数，已经超过了五百。论时势，现在应该是圣君贤臣出现的时候了。大概老天不想让世界太平吧。如果老天想的话，在今天的社会里，除了我，还有谁呢？我为什么不快乐呢？

孟子坚信，如果上天要这个世界太平，那除了他，没有其他人能做到这一点了。他所处的时代之所以混乱，那是因为上天还不想看到这个世界太平。孟子说这样话，也许会被人看作是自负。但是，从孟子的理论以及他与很多君主的交往中，他相信，如果他是君主，他比任何人都要强。孟子也许想说，如果上天希望世界平治，他就是圣王的唯一人选。令孟子感到郁闷的是，为何上天不欲天下平治呢？这也许是他深思的问题。

如果结合《离娄章句上》第四章中孟子的话，我们可以给出新的理解：孟子认为，在道德理论中，不仅仅要讨论什么是对的，更重要的是要讨论自己如何才能实现道德真理。如果说道德真理与己无关的话，那么道德真理就是空话，是没有意义的话。"孟子曰：爱人不亲，反其仁；治人不治，反其智；礼人不答，反其敬。行有不得者，皆反求诸己，其身正而天下归之。诗云：永言配命，自求多福。"（7：4）孟子的这些话也许是对一个君主说的。但是，孟子把道德上的真理与自己的行为结合起来，这是符合儒家的真理观的。我们在论述《论语》的时候已经强调了这一点。对别人好，而别人不亲近自己，治理别人而没有治理好，对他人以礼相待，而没有得到礼貌的回应，这些都要反思自己的仁、智、敬的行为是否到位。

《离娄章句上》第十七章:"淳于髡曰:男女授受不亲,礼与?孟子曰:礼也。曰:嫂溺,则援之以手乎?曰:嫂溺不援,是豺狼也。男女授受不亲,礼也;嫂溺,援之以手者,权也。曰:今天下溺也,夫子之不援,何也?曰:天下溺,援之以道;嫂溺,援之以手。子欲手援天下乎?"(7:17)

现在一般把淳于髡前面关于男女授受不亲的说法作为单独的观点来理解礼与权重的关系,这是割裂文本的做法。淳于髡的目的不在于阐述男女授受不亲,而在后面。按照礼义规定,男女授受不亲。孟子说是的。那么,在嫂子掉进水坑的时候,是不是弟弟还应该遵守礼义的规定呢?孟子说,这个时候,不援手以助,那是禽兽的行为。这个时候,援手以助虽然不符合礼仪规定,但是,这是符合礼义背后的精神的,所以是权。这里的权,不是权宜之计的意思。这里的权是指突破死板礼仪的规定,因为礼仪不可能把所有的情况和情景都考虑在内。况且,制定礼仪,也是有依据的,那就是爱或者义。

当孟子被淳于髡引导出在紧急情况下可以突破古代礼仪的时候,淳于髡就说出了自己真正想说的话。孟子出身于普通人家,不是王公贵族,按照礼仪规定,他是永远成不了君主的。但是,战国时期,诸侯混战,生灵涂炭,天下渴望和平久治,而孟子也说过"如欲平治天下,当今之世,舍我其谁也"的话,很自然,孟子成为君主与礼不合法,但与义却是权之所需。孟子还说,"天下溺,援之以道",这个道有谁比孟子更清楚呢?孟子很清楚淳于髡的意思,但是,社会的现实,连孟子也不知道如何才能成为君主领导世界。所以他很无奈地说,难道你让我空手救助世界?这句话与"夫天未欲平治天下也"是一样的意思。孔子是木铎,孟子是君主的最理想的候选人,但是,为什么天不让圣人成为君王?孟子和孔子一样的无奈和疑惑。

虽然说按照当时的礼仪,孟子不能成为君王,但是在古代,像孟子这样的人成为君王是完全可能的。《告子章句下》第十五章:"舜发于畎亩之中,傅说举于版筑之间,胶鬲举于鱼盐之中,管夷吾举于士,孙叔敖举于海,百里奚举于市。故天将降大任于是人也,必先苦其心志,劳其筋骨,饿其体肤,空乏其身,行拂乱其所为,所以动心忍性,曾益其所不能。"(12:15)舜是从田野之中被发现的,而其他圣贤之人也出身于社会底层。他们之所以生来处于艰苦的生活环境中,那是上天在锻炼他们的意志和增强他们的能力,以便他们将来能胜任上天所赋予的责任和使命。所谓"大任",根据孟子这里所举的例子,是指救国救民的社会责任。这些人在芸芸众生中被发现,完全是天意。孟子在这里的思想与墨子有相似之处:天意就是某天下之大利与和平,天意也超越了礼义的约束。

　　孟子的这些话表明,他始终认为自己对于天下和平久治承担着不可推卸的责任。这是上天所赋予的。让他做君王的话,完全是天意。

　　上面的几段话,有助于我们理解道德感。首先,孟子相信,他所处的历史时代赋予了他一种不可推卸的责任。历史在召唤他担当起平定乱世,治理国家,造福人民的重任。孟子深深感受到这种责任的不可推卸性("如欲平治天下,当今之世,舍我其谁也?")。他在等待一种召唤或者命令。这种命令或者召唤具有超越性,因为他不知道为什么天没有像对待舜等圣贤一样赋予他政治权力。道德感根源于天。其次,这种来自于天的召唤是政治基础,是政治权力和制度合法性的保障。对于孟子而言,现存的政治制度都是不合法的,因为如果天欲平治天下,必然选孟子来承担这项任务。然后,这种召唤也不是起源于社会历史流传下来的礼义制度。它要突破当时的礼义制度的封闭性。这种召唤是礼义制度及其变革的根源。最后,正是在这种召唤面前体现了人人平等,因为它超越了社会的等级制度。

　　《孟子》中关于道德感或者道德责任的呼唤(召唤)的观念是否与《孟子》中的儒家哲学思想一致,这是值得探讨的。如果把孟子所说的"天"作为比喻,作为孟子自己赋予自己的道德责任,这不仅与文本不相符,更重要的是,孟子将在理论时击败自己,因为天成了他为自己的政治野心辩护的工具。

　　我们将在下一节看看孟子是如何理解天的,或者说在《孟子》中,关于天有哪些含义。

第七节　《孟子》中天与政治的关系

　　《孟子》的对话中所涉及到的天并不比《论语》少,其含义有时候更加突出和强烈。把《论语》和《孟子》中的天的观念与《荀子》中的天的观念对比[1]，这是了解先秦儒家哲学发展的很重要的线索。古典文献也折射出当时社会人们头脑中对于天的态度的变化。在《论语》、《墨子》、《孟子》中，我们可以清晰地看到，"天"所具有的含义与《荀子》中的"天"有着很大的差别。孟子对于天与政治的关系的论述尤其值得我们今天研究政治哲学的人重视。下面，我们可以看到，尽管孟子是墨家哲学的激烈批判者，但在《孟子》中，具有与《墨子》非常类似的神权政治思想。对于孟子而言，"天"是人的道德和政治行为的根基。孟子的政治思想可以被概括为如下一句话："书曰：天降下民，作之君，作之师，惟曰其助上帝宠之。"（2：3）我们先来看看"君"的含义（天子），然后看看圣贤之师在政治生活中的道德和政治义务。

7.1 天与政治

在《孟子》中，"以大事小"与"以小事大"讨论的是大国与小国的关系。大国如何侍奉小国，小国如何侍奉大国，在对这两个问题的回答中，孟子阐述了自己的国际政治与国内政治的根本基础。"事"在这两句话中非常重要："以大事小"与"以小事大"都是讲的如何侍奉天以及天下人民。这是"天子"（"君"）的含义。

在《梁惠王章句下》第三章中，齐宣王问孟子，与邻国打交道有没有什么策略和方式？孟子回答说："有。惟仁者为能以大事小，是故汤事葛，文王事昆夷。惟智者为能以小事大，故太王事獯鬻，勾践事吴。以大事小者，乐天者也；以小事大者，畏天者也。乐天者保天下，畏天者保其国。诗云：畏天之威，于时保之。"（2：3）仁爱的人可以其大国的身份服侍小国，就如商汤服侍葛伯，文王服侍昆夷一样；有智慧的人可以其小国身份服侍大国，就如太王服侍獯鬻，勾践服侍夫差一样。以大国身份侍奉小国，这是"乐天"。以小国身份事大国，这是"畏天"。乐天的人能庇护天下之民，畏惧天的人能保护他的国家。就如《诗经》中所说："畏惧天之威怒，因此能得到安定。"这里，"乐天"与"畏天"是什么意思呢？

仁爱的人为什么要服侍小国呢？按照一般人的看法，这不是令人感到羞辱的事吗？大国服侍小国与天有什么关系呢？又如何服侍？在《滕文公章句

---

[1] 参看附录二"荀子论天与性"。

下》第五章,孟子是这么叙述汤王如何服侍葛伯的:"孟子曰:汤居亳,与葛为邻,葛伯放而不祀。汤使人问之曰:何为不祀?曰:无以供牺牲也。汤使遗之牛羊。葛伯食之,又不以祀。汤又使人问之曰:何为不祀?曰:无以供粢盛也。汤使亳众往为之耕,老弱馈食。葛伯率其民,要其酒食黍稻者夺之,不授者杀之。有童子以黍肉饷,杀而夺之。书曰:葛伯仇饷。此之谓也。为其杀其童子而征之,四海之内皆曰:非富天下也,为匹夫匹妇复仇也。汤始征,自葛载。十一征而无敌于天下。东面而征,西夷怨;南面而征,北狄怨。曰:奚为后我?民之望之,若大旱之望雨也。归市者弗止,芸者不变,诛其君,吊其民,如时雨降。民大悦。"(6:5)

汤王居住在亳地,与葛国为邻。葛伯非常放肆,不守礼法,不祭天祀鬼。汤王询问他是什么原因。葛伯的回答是,没有供祭祀用的牛羊。汤王于是派人把祭祀所需的牛羊送给他。而葛伯却把送来的牛羊自己吃掉了,没有用来祭祀。这对于天地鬼神是非常不敬的行为,是无法无天的行为。在葛伯的脑中根本没有天地鬼神的概念。可以说,葛伯是一个地地道道的无神论者[1]。但是,汤王又一次容忍了他,问他为什么还不祭祀?葛伯回答说,没有祭祀用的谷米。汤王便派亳地的老百姓去替葛伯耕种,让亳地的老弱之人为种田的人送饭。葛伯却带着自己的人掠夺送饭的人,抢劫酒食饭菜,杀戮不交出酒饭的人。有一个小孩子送饭菜,葛伯居然把他给杀掉,抢了他的饭菜。汤王因为葛伯杀害了这

---

〔1〕 葛伯之所以把送来的供祭祀用的牛羊吃掉,这是因为他根本不相信天地百神的存在。他把祭祀看作是纯粹的荒诞行为。牛羊是供人食用的,杀牛宰羊祭祀天地鬼神,然后自己吃掉,他认为完全是一种多余的行为,不如干脆自己直接吃掉。葛伯如此放肆,这是因为他觉得自己没有必要自欺欺人。不祭祀天地与祭祀天地,在他看来没有差别:两种行为的结果都是人自己把牛羊吃掉了。葛伯对于祭祀的含义提出了挑战:既然牛羊终归是人吃的,而不是天地百神享用的,我们为什么要举行祭祀的礼仪呢?祭祀,就其实用价值看,确实是纯粹的人的行为。但是,祭祀的意义不在于牛羊如何被吃掉,而在于人对天地百神的敬畏。祭祀表明在人之上有更高的权威。这就好比儿女逢年过节给自己的父母送礼物和拜访父母一样,礼品名义上是送给父母的,结果很可能父母把礼品让自己的儿女享用,也许儿女的拜访不仅没有增添父母的物质利益,反而还使父母赔了很多。父母与子女之间的关系,不是用谁最终享用了这些礼品来衡量的,而是这种行为本身代表了爱的关系,儿女对父母的孝顺和爱戴以及父母对子女的慈爱。逢年过节拜访父母,这是表达爱的一种方式。同理,祭祀也是人对天地百神的敬畏的一种表达形式。在具体的政治活动中,也应该体现人对天的敬畏。如果说,政治家对天地百神进行亵渎,那么,在他眼里,还有什么比他更高级的呢?他对普通百姓更会视若敝屣。祭祀的含义就在于人类是否承认人类之上的权威。中国过去那种战天斗地精神,那种大无畏精神,实际上是不承认人的世界之外有更高的权威。你斗我,我斗你,人和人之间完全陷入一种残忍的战争状态。对于这段历史的反思,是不是需要古代人的智慧来帮助我们呢?

个儿童而征伐葛伯。四海之内人们都说,汤王征伐葛伯不是贪图他的财富,而是为老百姓报仇雪恨。至此之后,汤王征伐他国,无敌于天下。天下民众都把汤王视为及时雨。汤王所到之处,除掉暴君,安抚百姓。"救民于水火之中,取其残而已矣。"(6:5)是说把天下老百姓从水深火热之中解救出来,除掉他们头上的暴君。

作为大国之君主,汤王为什么要服侍小国的不德之君呢?汤王对于邻国的葛伯,首先是给他送去祭祀需要的牛羊,汤王送牛羊让葛伯祭祀天地等。由此,我们可以看到,汤王实际上是出于对天之敬畏而送牛羊的。牛羊是用来祭祀天地的,不是给葛伯食用的。汤王是为了帮助葛伯祭祀天而送牛羊的。这里,把汤王和葛伯联系起来的是天。所以,这种大国服侍小国的行为,是以天为目的的。这叫乐天。乐天者,乐于侍奉天也。在葛伯把牛羊吃了后,汤王派人去给葛伯耕地,其目的也是为了能够使得葛伯有谷米祭祀天地。让人耕田不是为了葛伯,而是为了祭祀天地。但是,葛伯的行为,不仅仅表现在对天的不敬(把祭祀用的牛羊自己吃了)上,更为亵渎神灵的行为是,他还残害老百姓。为什么残害老百姓是最大的恶呢?在《梁惠王章句下》第三章最后一部分,孟子引用《书经》的话来表达这一点:"书曰:天降下民,作之君,作之师,惟曰其助上帝宠之。"(2:3)天生百姓,并安置了君主和圣贤之师来协助上帝爱护人民。葛伯杀害儿童的行为,这是滔天大罪。葛伯吃了牛羊,没有激怒汤王。葛伯杀戮百姓和残害儿童,汤王就征伐葛伯。可以说,汤王是在替天行道。这一点很重要,因为它表明汤王征伐诸侯的原因,不是为了自己获得天下的财富,而是为了救民于水火之中。如果商汤仅仅因为葛伯不祭祀天地百神而马上讨伐他的话,天下百姓很可能认为商汤是借天的名义来寻求自己的利益。美国2003年侵略伊拉克就是一个非常典型的例子。葛伯不仅对天地百神不敬畏,他还把天下百姓视为自己的工具。在他眼里,只要能满足他的欲望和利益,没有什么不可以做的,因为他实际上是生活在自己的世界之中。他的残忍是与他不敬畏天联系在一起的。用今天的话说,汤王的征伐是正义的战争,是基于天所赋予的道义的战争。这就是乐天。乐天能保护天下之民。因此,大国侍奉小国,是乐天,这是因为乐天就是要保护天下的老百姓不受苦难。"乐天者保天下",大国服侍(征伐)小国,是基于天意的。

那么,有智慧的人为什么要小国服侍大国呢?这是什么意思呢?我们来看看《梁惠王章句下》第十五章:"滕文公问曰:滕,小国也;竭力以事大

第三章 孟子的王道思想

国,则不得免焉,如之何则可?孟子对曰:昔者大王居邠,狄人侵之。事之以皮币,不得免焉;事之以犬马,不得免焉;事之以珠玉,不得免焉。乃属其耆老而告之曰:狄人之所欲者,吾土地也。吾闻之也:君子不以其所以养人者害人。二三子何患乎无君?我将去之。去邠,逾梁山,邑于岐山之下居焉。邠人曰:仁人也,不可失也。从之者如归市。或曰:世守也,非身之所能为也。效死勿去。君请择于斯二者。"(2:15)[1]

当滕文公问孟子如何才能侍奉大国的时候,孟子给他讲了个故事。古时候,太王居住在邠地的时候,狄人侵略他的国家。太王把各种珍贵物品献给狄人,都不能满足他们的欲望。最后,太王知道了狄人想要的东西,即他的疆土——邠地。他召集邠地长老说,狄人所想要的就是我们的土地。土地是用来养活人的,人不能为争夺土地而牺牲生命。生命比土地更珍贵。不能颠倒了土地和人民性命之间的关系,不能牺牲人民的性命来保护疆土。因为如果太王号召人民为土地而战,实际上是号召人民为自己的王位而战,而这场战争是必败的。太王考虑到人民的生命安全,选择离开邠地。这就是孟子所说的"畏天者保其国"。畏惧天命之人,才能保全自己的国民。为什么这么说呢?人民的生命是最珍贵的,是上天给的。不能因为自己的私利(王位),而牺牲上天的利益(老百姓的生命)。只有那些不畏天命的人,才会举国之力侵略他国,或者保护自己的王位。真正有智慧的人,是会牺牲自己的王位来保护人民的。土地是属于谁的?土地不是属于任何人的,它是属于天的。土地是用来养活人民的。小国服侍大国,这是指小国之君为了老百姓的性命安全,牺牲自己的王位,这样才能真正保护自己的祖国。疆土和人民被看作是属于上天的。丢弃自己的王位,这是小国之君侍奉大国的行为。这种行为不是胆小的表现,而是畏惧天命的表现。这也就是《诗经》中所说的"畏天之威,于时保之"。

太王的行为也许被理解为胆小怕死,这就是为什么齐宣王听了以后,说

---

[1] 在这篇故事中,当太王表示要离开时,应该紧接着是如下的话:"或曰:世守也,非身之所能为也。效死勿去。君请择于斯二者。"然后是,"去邠,逾梁山,邑于岐山之下居焉。邠人曰:仁人也,不可失也。从之者如归市。"太王召集长老们,说出了自己的想法,有人表示异议说,这是祖先留下的遗产,我们不能把它丢弃掉,宁死也不能离开。希望太王在离开与誓死一战之间做出选择。再就是描述太王离开邠地,过梁山,到达岐山的过程。追随太王的人如同赶集一样多。显然太王选择了离开。

了如下的话:"王曰:大哉言矣。寡人有疾,寡人好勇。"(2:3)当孟子听后,孟子马上给他解释了什么是真正的勇敢。勇敢不是抽象的中庸之德,不是亚里斯多德所说的介于怯懦与鲁莽之间的中道。我们来看看孟子是如何论述"勇敢"的。

"对曰:王请无好小勇。夫抚剑疾视曰:'彼恶敢挡我哉',此匹夫之勇,敌一人者也。王请大之。诗云:'王赫斯怒,爰整其旅,以遏徂莒,以笃周祜,以对于天下。'此文王之勇也。文王一怒而安天下之民。书曰:'天降下民,作之君,作之师,惟曰其助上帝,宠之四方'。四方有罪无罪惟我在,天下曷敢有越厥志?'一人衡行于天下,武王耻之。此武王之勇也。而武王亦一怒而安天下之民。今王亦一怒而安天下之民,民惟空王之不好勇也。"(2:3)孟子对齐宣王说,请王不要爱好小勇。有的人动辄按着刀剑瞪着眼睛对人说:"他怎么敢挡我的路!"这其实只是匹夫之勇。这种勇敢仅仅是想证明自己比别人力量大而已。这是一种没有意义的勇敢。真正的勇敢就是要像文王武王一样。文王一怒,就派军队遏制侵略莒国之兵,增强周王朝的威望。这是对天下人负责的态度。文王的勇敢体现在平治天下上。书经说,上天降生了民众,给了他们君主,为他们派了圣贤之师,其目的是要君主和圣贤之师协助上帝来爱护民众。作为君主,应该有这样的勇敢:东西南北,无论是有罪者还是无罪者,都是我负责,天下人谁敢超越界限呢?武王就是这样的人,把天下的重担承担起来,对上天负责。有一人横行天下,武王以此为己之羞耻,于是征伐纣王,给天下人民带来和平。这是武王之勇敢。真正的勇敢是什么?就是要承担起天所赋予的责任,替天行道,安抚百姓。勇敢者,勇于承担天下之重任也。在这里,勇敢的品德获得了伦理和宗教的含义:勇敢不是仅仅涉及个人的品行,它需要在人和人以及人与天之间的关系中体现道德和宗教担当的含义。勇敢,在文王那里,就是对天下人负责,就是对上天负责。脱离开伦理与宗教的背景,勇敢就是可笑的,没有意义的。

因此,在《梁惠王章句下》第三章中,孟子所说的"乐天"、"畏天"、勇敢,都是强调政治责任是上天所赋予的,是替天行道的。天是最高的权威。一个国王之所以能讨伐另外一个国王,唯一合法的原因就是帮助对方敬重天命,爱护百姓。这种讨伐之所以是正义的,其根源不在人身上,而在于天意天命之中。孟子的这种思想,一方面反映了这么一个现实,即在战国中后期,诸侯国之间进行争霸,没有任何一个国家能真正体现出道德权威;另一方面

第三章　孟子的王道思想

也说明，孟子敏锐地观察到，当时的政治现实告诉他，没有任何权威可以与正义的权威划等号，只有上帝或者上天才能超越所有的政治实体。汤王、文王、武王，这些圣王都不能以自己为权威的根源。特别是在叙述汤王为什么讨伐葛伯的时候，孟子叙述了我们如何才能辨别汤王的目的不是为了增加自己的财富，而是为了实现正义。没有前面那些序曲（送牛羊，派人耕地等），就无法说明汤王讨伐的理由。天人之分是很重要的。这是孟子哲学中超越儒家哲学的思想，与墨子非常相似。尤其是当孟子引用书经中"天降下民，作之君，作之师，惟曰其助上帝，宠之四方"，这和墨子"天子"思想完全一样。墨子认为，天为了爱护百姓，设立天子等级制度来管理天下，天子是天意的代表，是以天为法仪的。

这里有一个问题，孟子所讨论的政治基础有没有具体的含义呢？孟子不是在抽象意义上讨论天的。在《公孙丑章句上》第五章中，孟子用具体的政治治理方式和政策来说明一个国家如何超越它自身的局限性，从而成为天下的最高权威，成为"天吏"（天所委派的官员）。

《公孙丑章句上》第五章："孟子曰：尊贤使能，俊杰在位，则天下之士皆悦，而愿立于其朝矣；市，廛而不征，法而不廛，则天下之商皆悦，而愿藏于其市矣；关，讥而不征，则天下之旅皆悦，而愿出于其路矣；耕者，助而不税，则天下之农皆悦，而愿耕于其野矣；廛，无夫里之布，则天下之民皆悦，而愿为之氓矣。信能行此五者，则邻国之民仰之若父母矣。率其弟子，攻其父母，自有生民以来，未有能济者也。如此，则无敌于天下。无敌于天下者，天吏也。然而不王者，未之有也。"（3：5）孟子说，如果尊重贤能之士，那么天下之士都愿意效劳于你。如果在市场上不征收空地上存货的税，并帮助商人处理积压的商品，那么，天下商人都愿意来你的市场存放货物。如果在关卡不征人头税，那么，旅客都愿意经过你的国土。如果能协助耕田者而不征收私田的赋税，那么，天下的农夫就会很高兴，愿意来你的国土耕田。如果在人们居住的地方，没有额外的税，天下人都会很高兴来你的国家居住。如果能实行这五项政策，邻国的人就会如同敬仰自己的父母一样敬仰你。带领自己的儿女来攻打自己的父母，自从有人类以来，还没有成功过。这样的话，你就会天下无敌。做到天下无敌，你就是天吏。王，就是天吏，就是整个世界或天下的君主。一个君主的道德人格体现在哪里呢？孟子认为，就体现在这五项政策中[1]。

  孟子认为，如果一个君主能在自己的国内实行此五项政策，他不仅会得到国内百姓的爱戴，还会赢得邻国人民的敬仰和尊重，就如同尊重自己的父母一样。君主成为父母官，这是什么意思呢？孟子认为，一个君主对待自己的民众，就应该像父母爱护自己的子女一样。君主与他的人民之间不是利益争夺者关系，而是爱的关系。父母与子女的关系，君主与百姓的关系，天与天下人的关系，在孟子看来，都是一样的。所谓父母官，这是模仿天意的官员："天降下民，作之君，作之师，惟曰其助上帝宠之。"（2：3）君主的行为是爱护人民的，而人民是天所爱的对象。君主是为天服务的，这就是天吏的意思。吏，既是统治人的，也是服务于人的。天吏是为了天而服务于人民的。父母官是与天吏这个概念联系在一起的。君主要成为天下人的"父母"，就是"天降下民"而"宠之"一样[2]。

---

  [1] 孟子在这里提出的五项政策，用现代的语言来说，就是要政治清明，任用德才兼备之人，减免商业税，减少关税，帮助农民而不征收农业税，取消房产税。这五项政策的目的是富民。孟子知道，税收政策是一项稳固政治和发展经济的重要手段。政治清明，人民生活幸福，这是天子或者政府的基本职责。如果我们反着读孟子的话，我们可以看到当时的社会现实：统治者腐败，无能与道德败坏之人在政府部门掌权，他们对普通百姓采取搜刮民脂的手段聚集财富。《在滕文公章句上》第三章、《梁惠王章句上》第七章、《尽心章句上》第二十二和二十三章等孟子对于如何实行王道、采取富民教民政策进行了详细的讨论。孟子的政治经济主张虽然是针对当时的社会而阐述的，但其具体内容和实质精神对于我们今天的政治经济社会问题研究都有很大的启发意义。这里需要特别指出的是，儒家不反对商人。后来把传统文化中对于商人的敌对态度归于儒家是错误的。在《滕文公章句上》第四章，孟子批评神农学派，认为他们没有认识到一个社会要有必要的分工才能运行。"有大人之事，有小人之事。且一人之身，而百工之所为备。如必自备而后用之，是率天下而路也。故曰，或劳心，或劳力。劳心者治人，劳力者治于人。治于人者食人，治人者食于人，天下之通义也。"（5：4）神农学派学者许行主张"贤者与民并耕而食，饔飧而治"（5：4）。对商人批评最厉害的是韩非子。《韩非子·显学》："今商官技艺之士，亦不耕而食，是地不垦，与磐石一贯也。"商人与工匠，不耕地，只吃粮食，这就等于不垦地，而地就如磐石一样不长东西。韩非子的思想对二十世纪前大半个时期的影响是非常大的。

  [2] 在现代的语境中，当有人把政府官员看作父母官的时候，就会被认为是封建社会的余毒。父母官与公仆（public servant）有什么区别呢？公仆，在西方国家的民主社会，是经过民主选举产生的官员。他代表的是自己选区人民的利益。公仆是遵从自己选区投票人或者纳税人的意志。违背了这个意志，他就会被弹劾或者被剥夺权力。公仆代表的是一部分人的利益。而孟子的"父母官"是什么意思呢？父母官与自己国家以及邻国的民众的关系就如同父母与子女的关系一样。他们是一个整体。不仅在孟子所处的时代没有父母官，而且在其后的历史上也没有父母官。这是因为，父母官必须如上帝或者上天一样，爱护天下人如同爱护自己的子女。父母与子女之间的关系，不仅仅是利益关系，更重要的是爱的关系。天下人的父母，真正的意义上，只能是上天或者上帝。天子，作为上天意志的执行者，可以被称为父母。父母官，这是一个权威的概念，是从上到下的概念。而公仆是一个权力和权

第三章　孟子的王道思想

如果天下人都敬仰君主如同仰视自己的父母，那么，君主获得的就不仅仅是权力，还有权威。子女对于父母的权威是绝对服从的，因为子女对父母绝对信任。这里我们可以看到，孟子如何把家庭中的孝悌关系应用到君民关系上。父母与子女之间的关系不是敌人般的关系，所以，如果天下人把君主看作是如同父母一样的人的话，那这个君主就没有任何敌人了。能成为这样的君主，就应该像天一样，把所有天下人看作是自己的子女。

如果天下人都把你看作是父母，而邻国的君王率领他的民众来攻打你的话，就等于率领儿女来攻打他们的父母。天下哪里会有人能率领人家的儿女攻打人家的父母的？这显然是不会成功的。这就是王道。

孟子在这里用的"天吏"是指实行"王道"之君主。这与墨子所说的"天子"有相似的意思。天吏，天子，是介于天与百姓之间的统治者或者服务者。

在《离娄章句上》第七篇，孟子说："顺天者存，逆天者亡。"（7：7）这与霸道的"顺我者昌，逆我者亡"是截然不同的：一个以天为中心，一个以我为中心。孟子在这一篇章开头就讲了两种情况，一种是天下有道，一种是天下无道。"孟子曰：天下有道，小德役大德，小贤役大贤；天下无道，小役大，弱役强。斯二者，天也。顺天者存，逆天者亡。"（7：7）天下有道，上下级之间的区分就是权威，其标准是道德的完美程度，道德越高，权威越大。人人都师从道德境界高的人，所以是小德役大德。天下无道的时候，上下级之间的区分就是看谁的力量大，武力是标准。前者是王道，后者是霸道。孟子认为，处于天下有道的社会，人们自愿服从道德境界高的人。而在天下无道的时候，人们被迫服从有权有势的人，不是自愿的。人们要么自愿的服从，要么不情愿的服从，没有别的路可以走。这里的"天"具有不可改变的意思。如果在天下无道的时候，自己的力量弱，而不愿意服从权势大的人，那么只有死路一条。孟子引用齐景公的话来表达这一点："齐景公曰：既不能令，又不受令，是绝物也。涕出而女于吴。今也小国师大国而耻于受命焉，是犹弟子而耻受命于先师也。"（7：7）齐景公说，既然自己的势力没有达到

利的概念，是从下到上的概念。一个君主爱自己的人民，而不爱邻国的人民，这不是天下人的父母官。孟子在这里提到邻国人把实行五项政策的人看作是父母官，其含义就是父母官必须是天下人的父母官，是天子。当然，在现实生活中，父母与子女有一种自然的血缘关系，是属于自然之爱的范畴。一个君主能不能把天下人都看作是自己的子女，这恐怕不能单纯从我们所看到的父母与子女之间的关系来理解。这实际上属于"兼爱"的范畴。

能对人发号施令的地步，而又不愿意受命于他人，那么只有绝路一条。因此，他不得不流着眼泪把女儿嫁到吴国去。孟子评论说，当时小国迫于生存压力跟随大国，却又以受命于大国为耻，这就如同学生耻于向先生学习一样。孟子的这句话并不恰当，因为学生师从先生，这是权威关系，是自愿的，而小国追随大国，是权势决定的，未必是心甘情愿的。孟子的意思也许是想说，既然小国与大国之间除了力量大小之外没有其他的区别，小国为了生存，肯定要服从大国。这就如同前面讲到的以小事大一样。太王的以小事大是自觉的，是为天下百姓考虑的。而这里的小国以小事大，不是自愿的。因为如果不服从的话，小国必然招来灭顶之灾。

　　孟子紧接着说，如果小国欲摆脱这种受命于人的状况，必须改变这种霸道的游戏规则。在霸道的游戏中，小国要么服从大国，要么灭亡。如何改变呢？孟子说："如耻之，莫若师文王。师文王，大国五年，小国七年，必为政于天下矣。"（7：7）如果以屈从于他人的威力为耻，就应该师从文王之道。实行文王之道，小国家用五年，大点的国家用七年，就可以成为天下之君（天子）。有人会问：小的国家，即使实行王道，如何才能统一天下呢？孟子引用诗经来说明这一点：王道是天之道，是天意。天会协助这样的人成为天子的："诗云：商之孙子，其丽不亿。上帝既命，侯于周服。侯于周服，天命靡常。殷士肤敏，祼将于京。孔子曰：仁不可为众也。夫国君好仁，天下无敌。"（7：7）作为大国的商朝，它的子孙何止十万。上帝既然授命于文王，那么周朝虽小，商朝也必须为周朝的臣下。大国为小国的臣下，可见天命不会固定在一个人身上。孔子也说了类似的话：仁政的力量大小不是以国家人数的大小来计算的。一个国君，如果实行仁政就会天下无敌。

　　在孟子看来，政治有两种体制：一种是王道，一种是霸道。如果人们不上帝（上天）忘记的话，人与人之间，国与国之间就是力量大小的较量。失败者，尽管心不服，也要甘愿受命，否则，只有死路一条。强大之国欺负弱小之国。弱小之国，承认霸道的前提下，除了服从，别无选择。但是，如果把上帝（天之帝）作为最高的权威，实行仁政，即使小的国家也很快就能统一天下。因为仁政是天意。仁政不是强大的欺负弱小的，而是施政者爱护天下百姓。实行仁政的人就是父母官。仁政不等于我们今天所说的民意或者民

第三章 孟子的王道思想

主[1]。

我们还可以在《离娄章句上》第九篇找到对于"顺天者存，逆天者亡"的解释："孟子曰：桀纣之失天下也，失其民也；失其民者，失天下也。得天下有道：得其民，斯得天下矣；得其民有道：得其心，斯得民矣。得其心有道：所欲与之聚之，所恶勿施，尔也。"（7：9）如何得天下？就是得民心。民心不是指多数人的意志，不是多数人的利益；民心是指天意。如何得民心？就是满足人民的物质需要，不给他们增添赋税之类的负担。简单地说，让老百姓饥者有食，劳有所得，安居乐业，这就会得到百姓的拥戴，就会得民心。得民心者就顺天。逆天就是失去民心。桀纣为何灭亡呢？是因为他用天下之公来谋个人私利。桀纣不是父母官，不是天吏。对于孟子来说，在统治者与天之间，有一个中介，这就是民意。

正是基于以上意义，我们来理解孟子下面的话："孟子曰：民为贵，社稷次之，君为轻。是故得乎丘民而为天子，得乎天子而为诸侯，得乎诸侯而为大夫。诸侯危社稷，则变置。牺牲既成，粢盛既洁，祭祀以时，然而旱干水溢，则置社稷。"（14：14）人们喜欢引用孟子的这段话来赞扬孟子的民本（应该是民贵）思想。民、社稷、君，三者是按重要性排的序。谁排的这个序呢？是孟子本人吗？如果说要把孟子纳入这句话，孟子显然是属于民的范畴，他既不能这么说，也没有权力和权威来排这个序。能排这个序的人只有两种可能，天或者君。把这段话与"天降下民，作之君，作之师，惟曰其助上帝，宠之四方"联系起来看，就知道为何君排在第三个位置。谁

---

[1] 孟子的"顺天者存，逆天者亡"是不是包含有这样的意思呢：如果人们不服从上天的命令，如果这个世界只是人与人的关系的集合，那么，我们面临的是不是就如同霍布斯所说的自然状态呢？弱者除了服从强者之外，没有别的选择。强者定义了弱者。可是谁来限制强者的侵略呢？孟子引用的诗经说，大国服从小国是天命；引用孔子的话说，仁政与人数多少无关。如果按照人数来投票的话，商朝的后代不会心甘情愿服从小国周朝。仁政与大多数人的意志也无关。所以在孟子中，所谓民心，民意，是指关爱民众的意思，不是现代民主制度中的多数人的意志。美国主张民主制度，主张自由选举，但是，美国绝对反对在世界问题上依靠人数投票来决定问题。如果在联合国按照人数投票的话，中国与印度将是联合国的领袖。为什么美国不主张用互联网来公选联合国的秘书长呢？为什么美国不主张用世界公投来解决世界和地区争端呢，比如西藏问题？因为正义不等于多数人的意志。那么，孟子是不是主张精英主义呢？我们在禅让制看到，他是非常旗帜鲜明的反对精英制度的。在目前的政治哲学研究中，在所谓的专制、民主、精英等体制之间争论，这与中国古代人的政治智慧是不相容的，因为这是在"无法无天"的无神论语境中讨论的问题。

在第一呢？显然是天。我们可以说，天设置君主（天子）来协助它。民为先，就等于天意第一。如果说君主排的这个序的话，他也是依据上帝的意图来排的。

民为什么比社稷和君主还贵呢？我们看看他下面是如何解释的。

首先，得到百姓之心（即民心）的人，可以成为天子。如果我们把这句话和前面看到的以大事小和以小事大的思想联系起来看，其含义就非常清楚：民心代表天意。民心的权威性来自于天。因此，我们称君主为"天子"。如果没有天，那应该叫"民子"，人民的儿子，而不是上天的儿子。在《尽心章句下》第十三篇，孟子说："不仁而得国者，有之矣；不仁而得天下者，未之有也。"（14：13）所谓不仁，就是依靠霸道而成为君主，这只能是一国之君。如果要成为天下人的君主，那就必须合乎天意，这样才能成为天子。天子通过百姓与天联系起来。天子的权力是上天赋予的，权威来自于上，而不是下。这与民主思想是不同的。也不是我们所理解的民本。正是在这个意义上，我们才能理解权威的不同层次的合法性：诸侯必须听从天子，由天子而赞许的诸侯才是真正的诸侯，是合乎义的诸侯；大夫必须是得到诸侯赞许的大夫，这样才合法。这段话中，社稷应该具有两层意思，一是代表国家，一是土谷之神。如果诸侯危害国家，这就是危害天子，是违反天意的做法，应该除掉。

为什么民在社稷之上呢？我们可以从两个方面理解。一是根据以小事大的思想来理解，作为疆土或政权的社稷是服务于民的，所以社稷次之。二是把社稷理解为神。孟子认为，如果我们在祭祀上没有犯任何错误，但是仍然有干旱和洪水，那就应该换社稷了（土神）。社稷（土神）也是服务于民的，更不用说君主了。更换政权，或者除掉一个君主，这是符合天意的事情，不是仅仅依赖于民众或百姓的。

所以，"民为贵，社稷次之，君为轻"与孟子的等级思想不矛盾。这句话必须与"书曰：天降下民，作之君，作之师，惟曰其助上帝，宠之四方"（2：3）一起理解才完整。这句话所说的"君"是统治者的意思，指天子。一般的君主不等于天子。得民心者，才是天子，才能得天下。一国之君，可以是不仁的。把"天子"与君主区分开来，是非常重要的。那么，孟子的等级制度是什么呢？上天通过民心来指定天子，天子之下是诸侯，诸侯之下是大夫，依次类推。孟子还认为，天是高于诸位神灵的。土神也是协助天呵护百姓的。

第三章 孟子的王道思想

如果土神不能尽职，也是可以被罢黜的[1]。

天意是如何通过民心显示出来的呢？下面我们来看孟子如何论述天与民之间的关系。

7.2 天意与禅让制

前面我看到，对于孟子来说，土地（疆域）[2]是用来养活百姓的，君王与圣贤之师都是协助天爱护百姓的。孟子的这种民贵思想实际上是一种"君权神授"思想；君王的权力只有是上天所授予的才合法。孟子对古代尧舜禹之间的禅让制的解释给予了道义上的基础。我们来看看《万章章句上》的第五和第六章。

"万章曰：尧以天下与舜，有诸？孟子曰：否；天子不能以天下与人。然则舜有天下也，孰与之？曰：天与之。"（9：5）万章问孟子，尧把天下让给了舜，有没有这件事情？孟子回答说，没有，天子是不能把天下让给其他人的。万章又问，舜拥有天下，那么，是谁给他的呢？孟子说，是天给的。孟子在这里说的非常明白，尽管天子是世界上的最高权威，但他不拥有天下，他仅仅是上天的代理人，他没有权力把天下让给其他人。换言之，他手中的权力不是他自己的，因此，他不能转让给别人。最高权力是

---

〔1〕 根据以上所说，把孟子的"民贵"概念理解为民主思想的萌芽，是对孟子的误解。持有这种观点的人在学术界是非常普遍的。参看吴根友："民本与民主：中西政治思想之比较"，载吴根友：《在道义论与正义论之间》，武汉大学出版社2009年版，第251～277页。

〔2〕 在《孟子》中，我们可以看到，领土概念在那个时候还没有。领土与疆域，作为政治概念，与孟子所说的社稷是不一样的。所谓领土、疆域、主权等，这都是"无法无天"的情况下，人们把自己生活的地方作为理所当然的私有财产。"天下"的概念是对主权、领土、疆域等政治概念的挑战：没有任何人拥有天下；天下不是任何人的私有财产，无论这个民族在这里生活的多么长久。殖民时代，西方资本主义对国家主权、领土以及疆域等政治概念进行了挑战。而资本主义的挑战是在"无法无天"的情况下实行的霸道，是把天下看做满足自己私欲的工具。天下（不仅包括土地，还有宇宙），既不属于某些人，也不属于某些民族，更不属于某些国家。天下不是属于人类的。没有任何人可以宣称天下是他（她）的私有财产。没有了人类，土地以及宇宙还存在。天下是属于上天的。当代人对于世界的看法可以概括为：人面对的是可以被利用的自然界，自然界是为人类服务的。而在传统的中国人的头脑中，人们的"世界观"是这样的：天—人—地。人处于天与地之间。在孟子的观点中，君主所代表的主权、领土、疆域不是定义人的本质的东西，而是服务于人的物质生活。国家与国家之间（无论是战国还是现在）的领土，没有我们今天政治学上的含义。所谓"领土""主权"的神圣性，这是当人与人之间争夺土地时所产生的观念。孟子的哲学，对于我们讨论所谓的"世界公民"的政治哲学具有启发意义。依据孟子的观点，"世界公民"的提法是不准确的，应该是"天下百姓"。

超越任何人的，包括道德上完美的人，比如尧帝。这也是对于孟子民贵思想的很好的注解。天子，顾名思义，是对上天负责的。既然天下是属于上天的，百姓也是属于上天的，而不是属于任何人的，那么，天又是如何告诉尧帝把帝位让给舜呢？

万章问："天与之者，谆谆然命之乎？曰：否，天不言，以行与事示之而已矣。曰：以行与事示之者，如之何？曰：天子能荐人于天，不能使天与之天下；诸侯能荐人于天子，不能使天子与之诸侯；大夫能荐人于诸侯，不能使诸侯与之大夫。昔者，尧荐舜于天，而天受之。暴之于民，而民受之。故曰：天不言，以行与事示之而已矣。"万章问，天把天下（王位或者天下）给了舜，这是不是说，天把天下吩咐给舜，并对他进行了耐心的告诫呢？是不是就如同我们人类在交待给别人任务时，既是命令，也要告诫他呢？孟子回答说，不是。天与我们人类不同，天不说话，它只是以行动和事情来显示它的意图。在《论语·阳货》中，我们看到："子曰：天何言哉？四时行焉，百物生焉，天何言哉？"（17：19）天是通过四季有规律的变化以及万物生长来表达自己的意思的。需要特别注意的是，从万章的问话中，我们可以想像，当时人们头脑中关于天或者上帝的概念是具有人格性的。在《墨子》中已经得到了证实。这种观念在孟子的时代没有减退。而孟子的回答是说，天或者上帝不是人，不会像我们一样用言语告诫他人。天的"语言"是通过自然界显示出来的。这里进一步证明《论语》中的"天何言哉？四时行焉，百物生焉，天何言哉"是指天通过四时的变化，万物的生长来表达自己的意思。因此，"四时行焉，百物生焉"不是纯粹的自然现象，是天的"语言"，而这个"语言"不是比喻，不是现代诗歌散文中的拟人化手法。所谓拟人化，是指把低于人类的东西用描述人类的语言来描写，是人类情感的投射。而"天"是高于人类的。即使我们用人类的语言来描述天，这不是把人类的东西投射到天，而是用人类的语言来描述高于自己的权威。因此，人类就用适用于描述人类和自然事物的语言来不恰当地描述天或者上帝。这是一个从低到高的过程。而拟人法是从高到低的过程。

万章又问，既然天是以行动和事情来显示自己的意图的，那么是如何做的呢？孟子回答说，天子只能向天推荐人选，而不能使天按照自己的意图把天下给予自己推荐的人。这就好比是诸侯向天子推荐诸侯人选，但不能让天子按照自己的意图任命自己的推荐人。下级只能向上级推荐人选，而决定权在上级。推荐人选,这是下级服务于上级的职责之一。孟子说,在古代,尧帝向上天推荐舜,天接受了这一推荐。我们如何知道天接受了呢?天把舜王介绍给天下百姓,而天下百姓接受了舜。百姓接受了舜,就等于天接受了舜,因为天子是来协助天爱护百姓的。百姓的意图就代表了天的意图。这就是为什么说,天不说话,是通过行动和事情显示自己的意图的原因。那么,具体的过程是什么呢?

"曰:敢问荐之于天,而天受之,暴之于民,而民受之,如何?曰:使之主祭,而百神享之,是天受之;使之主事,而事治,百姓安之,是民受之也。天与之,人与之,故曰:天子不能以天下与人。舜相尧二十有八载,非人之所能为也,天也。尧崩,三年之丧毕,舜避尧之子而于南河之南,天下诸侯朝觐者,不之尧之子而之舜;讼狱者,不之尧之子而之舜;讴歌者,不讴歌尧之子而讴歌舜,故曰:天也。夫然后之中国,践天子位焉。而居尧之宫,逼尧之子,非天与也。太誓曰:天视自我民视,天听自我民听,此之谓也。"(9:5)万章又问,天与民接受的具体过程是什么呢?孟子回答说,尧派舜主持祭祀,而诸位神灵享用舜所供奉的祭品,这表明天接受了舜。尧派舜负责治理国家,处理政务,而天下被治理的有条有理,百姓享受到了和平,这表明百姓是接受舜的。这就是为什么说天给予了舜天下,百姓给予了舜天下。所以说,天子(尧)不能自己把天下传给其他人[1]。这样的话似乎还比较抽象,孟子接着就做了进一步的具体解释。

孟子说,舜辅助尧二十八年,这不是一般人所能做到的。是天帮助舜做到这一点的。尧王去世之后,过了三年之丧,舜为了避让尧之子而搬到南河的南岸去住。但是,当时天下诸侯拜见的是舜,而不是去尧之子那里;打官司的人也是去舜那里,而不是去尧之子那里;人们歌颂的是舜,而不是尧之子。因此,从诸侯和百姓的行为来看,他们拥戴舜,而不是尧之子。这是民意,也是天意。在这之后,舜才回到首都,担当起天子的职责。如果舜一开始就居住在尧的宫室之中,而逼迫尧之子离开,这是篡权,不是天所给予的。从百姓的言行中,可以看出天意。从天下之人对舜的朝拜,可以看出舜被看

---

〔1〕 这里的顺序很重要:首先是舜被尧派去主持祭祀,百神享用,这说明天接受了舜,其次是治理国家,百姓平安,这说明百姓接受了他。天同意之后,百姓也同意,这说明天与百神在先,而百姓在后。这与《论语》中的顺序是一样的:"子曰:禹,吾无间然矣!菲饮食而致孝乎鬼神,恶衣服而致美乎黻冕,卑宫室而尽力乎沟洫。禹,吾无间然矣。"(8:21)孔子也赞美大禹的敬鬼神之举。

做是受人尊敬的权威;天下之人找舜判定法律纠纷,说明天下之人把舜看做最高权力者;天下之人歌颂舜,说明舜的威望高。最重要的是,在末尾,孟子引用太誓说:天是通过百姓的眼睛来看天下的,天是通过百姓的耳朵来听天下人的呼声的[1]。天下人自己不是最终的决定者,最终决定者是天。天下人的行为透露的是天意。

从以上孟子的话,我们可以做出如下的判断。在孟子看来,天是一个有意志的存在者。它能够通过天下百姓的眼睛看天下,也能通过天下百姓的耳朵听天下人的呼声。但是,天不直接与人类交谈。天是间接的表明自己的意图。那么,天指派舜来管理天下,天意又是如何显示的呢?首先,是通过百神来显示的。服务于百神,得到他们的赞同,这也是天意。天子的责任不仅仅是对天下人负责,还要尊重百神。得到百神的满意,这是天把天子之位赋予给舜的一个先决条件。其次,治理天下百姓,造福于人民。人民满意,舜才能成为天子。这两个条件说明,尧,尽管是一个圣王,也是没有权力把天下让给他人的。尧必须服从天的命令和意旨,而天是通过百神和百姓来显示自己的意图的。得到百姓的认可,从根本上看,这不是民主,是天意。

孟子还从舜的具体行为来说明天意是如何显现的。首先,舜,作为一个人,是很难一心一意地辅助天子的。没有天的帮助,舜是做不到这一点的。这是非常有意思的观点:因为这与孟子的性善论好像是矛盾的。人性的弱点,在舜身上也能显现出来。而这种人性的弱点恰恰说明天在人的道德行为中所扮演的角色。"舜相尧二十有八载,非人之所能为也,天也。"这句话,比墨子还墨子,即比墨子的观点还彻底。其次,即使尧王派舜主持祭祀,治理国家,已经显示了舜得到百神和百姓的认可,但在尧死之后,舜也不能因为尧的推荐以及百神和百姓的认可而自然而然的登上天子的宝座。如果舜把尧王以及他的政绩看作是自己登基的理所当然的理由,这就容易让人感觉得舜是在篡夺王权。为什么呢?在尧王执政的时候,天下百姓对舜的认可,也许与

---

[1] 天是如何审视君主的呢?人有耳目,而天没有。天是通过百姓之耳目为自己服务的。孟子引用《太誓》的话来说明上帝虽然不能直接审视君主的行为,但可以通过天下百姓做到这一点。君主被天下百姓审视,这在现象学上是反意向性(inverted intentionality)。君子在百姓眼中成为一个被评价的对象。上帝就存在于百姓眼中。"群众的眼睛是雪亮的"也许与这个有关。这与墨子不同。墨子认为,上帝可以直接观察人类的活动,无论你躲到哪里,上帝都能看得到。《论语》中的天与《墨子》中的天是一样的。

第三章 孟子的王道思想

尧王有关。谁能严格区分开尧王和舜的政绩呢？更重要的是，我们如何才能知道舜的行为不是出于自私的动机，而是为了天下百姓呢？只有在尧王去世之后，舜的内在动机才会显示出来。《论语》中所说的三年无改于父之志，在尧舜的关系中也适用。在尧王去世之后，舜的行为表明，他并不是为了权力而服务于尧王的。他搬到南河之南，与尧王的宫室拉开距离，这样才能区分开权力与权威。尧王的宫室是权力的象征。权力没有权威是虚空的。诸侯和百姓的行为证明，尧王之子徒有权力之位，缺少权力的根基，缺少民意。而孟子在最后用太誓来结尾，有着非常深远的意义：民意是天意的显现，而这不是孟子自己观察到的，因为古文有记载。

从上面的话来看，天没有接受尧王之子继承天子之位，而是选择了舜。舜是圣贤之人，与尧王没有血亲关系。尧王也没有向上天推荐自己的儿子。尧王推荐舜，而上天接受了他的推荐。进一步的问题是：我们如何才能理解圣王仅仅有推荐之功，而没有让位天下之权呢？孟子为了说明天意是最高的和最终的权威，他用禹王的故事来论证：其一，圣王推荐的未必会被上天接受；其二，推荐要避亲。这两点说明天是最高的。上天指定谁来做天子，这是超越人与人之间的关系的。这也是超越圣王之智慧的。本篇（《万章章句上》）的第六章，是对第五章的一个不可或缺的补充。

我们来看看孟子是如何回答禹的儿子继位的问题的。"万章问曰：人有言，至于禹而德衰，不传于贤，而传于子。有诸？孟子曰：否，不然也。天与贤，则与贤；天与子，则与子。昔者，舜荐禹于天，十有七年，舜崩。三年之丧毕，禹避舜之子于阳城，天下之民从之，若尧崩之后不从尧之子而从舜也。禹荐益于天，七年，禹崩。三年之丧毕，益避禹之子于箕山之阴。朝觐讼狱者不之益而之启，曰：吾君之子也。讴歌者不讴歌益而讴歌启，曰：吾君之子也。"（9：6）有人说，到了大禹，道德就衰败，因为大禹不把王位传给贤者，而传给自己的儿子。孟子回答说，这不是真的。大禹之子继承王位，这是符合天意的。为什么呢？天决定把王位授予贤者，那么就授予贤者。天决定把王位给予禹之子，那么就给予禹之子。所谓"天与贤"，这里是指尧舜推荐圣贤之人，而此人不是自己的儿子。这并不意味着圣王的儿子不是贤者；圣王的儿子也可能是圣贤之人。大禹向上天推荐贤者益来继承自己的王位，但是，天没有接受禹的推荐。从天下人的民心来看，不认可禹所推荐的益，而拥护禹之子。这也说明，王位不是大禹传给自己儿子的，而是天或者民心决定的。尧舜的推荐得到了天意和民心的认可,而大禹的推荐被否定了,这充分说明天下不是属于任何人的,而是属于天的。上天的意志高于圣王的意志。禹之子继承王位,这不是大禹的本意。

这里有一个问题:禹王知道自己推荐的人会被否定吗?如果他知道自己的儿子更能胜任王位,是不是要直接推荐给天呢?即使舜知道自己的儿子可以继承王位,最好也不要推荐自己的儿子,因为父子关系很可能会影响他的判断力。如果上天让他的儿子继承王位,上天会这么做的。这也许是为什么禹王不推荐自己儿子的原因。

孟子进一步解释为何民心倾向于禹之子继承王位,而在尧舜身上却不是如此。"丹朱之不肖,舜之子亦不肖。舜之相尧,禹之相舜也,历年多,施泽于民久。启贤,能敬承继禹之道。益之相禹也,历年少,施泽于民未久。舜、禹、益相去久远,其子之贤不肖,皆天也,非人之所能为也。莫之为而为之者,天也;莫之致而至者,命也。"(9:6)尧舜的儿子都不是圣贤之人,所以他们没有继承王位是很自然的。禹之子启之所以能继承王位,那是因为他是圣贤之人,能够继承大禹的大业。益之所以没有能够继承王位,这不是说益一定不是圣贤之人,只是他与舜和禹比起来,辅助圣王的年限短。还有,舜和禹碰上的正好是不肖之徒(丹朱和舜之子),而益遇到的是圣贤之人启。圣王之子是否是贤者,这不是人(舜、禹、益)所能决定的(其子之贤不肖,皆天也,非人之所能为也)。这里有运气的因素。舜禹的运气好,而益则运气不好。但是,这都不影响他们是圣贤之人。"莫之为而为之者,天也;莫之致而至者,命也,"这是什么意思呢?舜、禹、益,三人都是贤者,但是其境遇不一样,舜禹成为圣王,而益没有,其实这是上天的意图。自己没有有意为之,却成功了,说明这是天意。舜和禹都不是为了能成为天子而辅助圣王的。他们之所以能成为圣王,也不是他们凭自己的努力就能做到的。益的境遇,就证明了这一点。而禹王之子启,是属于"莫之致而至者,命也"。大禹没有推荐他,但是最终他却成为圣王。所以说,所谓"命",是指天命。这里应该把天与命连系起来看。

"匹夫而有天下者,德必若舜禹,而又有天子荐之者。故仲尼不有天下。"(9:6)一般的人要成为天子,至少需要两个必备的条件:一是自身具有舜禹一样的品德,二是要有天子的推荐。有了这两者,并不意味着一定能成为天子,比如禹推荐的益。由此看来,孔子虽然有舜禹一样的品德,但是,没有天子的推荐，以及适当的历史和社会环境，他成不了天子。所以，孟子说，"继世以有天下，天之所废，必若桀纣者也，故益、伊尹、周公不有天下"，"周公之不有天下，犹益之于夏，伊尹之于殷朝也。"（9：6）圣贤之人，未必能成为天子，这也许是天意。孟子对于自己也有着类似的看法："夫天未欲平治天下也。如欲平治天下，当今之世，舍我其谁也？吾何为不豫也。"（4：13）孟子认为，如果在他的时代，天欲要天下太平的话，他肯定是平治天下的最好人选。

总之，我们可以说，孟子对于天子的权威和权力是根基的观点是非常明确的：天意是天子的法则。民心是天意的一个中介，或者是一个显示的方式。孟子的民本思想与现代民主思想是不一样的。正是在这个意义上，我们说，民本比民主在思想和制度上更胜一筹。

7.3 天与圣贤之师

在《论语》中，我们也看到，孔子对于自己政治上的失败感到不理解：理论上，一个君主应该是道德上的楷模，或者说，道德完美的人应该是君主的候选人，因为道德的最大的实现是给世界带来和平；但是，在现实世界，道德高尚的人反而远离政治权力，掌权者往往是小人。孟子具有同样的疑惑。他不明白，为什么天没有让他所处的世界达到和平状态的意向。一个道德的人如何对待政治上的失败呢？

《尽心章句上》第二十章："孟子曰：君子有三乐，而王天下不与存焉。父母俱存，兄弟无故，一乐也；仰不愧于天，俯不怍于人，二乐也；得天下英才而教育之，三乐也。君子有三乐，而王天下不与存焉。"（13：20）

首先，我们看到，孟子这里强调的是：君子有三种快乐，而成为天子（王天下）不在其中。他开头这么说，结尾又这么说。这样的话，是不是表明尧舜禹都不是楷模呢？孟子说过："如欲平治天下，当今之世，舍我其谁也？吾何为不豫也。"（4：13）如果上天欲使天下太平，那我肯定是天子了，即"王天下"，那我有什么不快乐呢？孟子对于王天下的迫不及待的感情溢于言表。那为何这里却一再强调王天下不是君子所追求的呢？

虽然具体语境不清楚，也许是别人问孟子对于王天下的大志如何看待，而孟子对社会现实是如此的失望，他也许说了这些话。我们用这么个例子来说明孟子的心态：有两个孩子一起玩，其中一个买了个新玩具。另外一个想借着玩一下，结果被拒绝了。被拒绝的孩子就说："你的玩具一点也不好玩，我有很多玩具呢，我很喜欢我的玩具，你的玩具一点也不好玩。"注意，这个孩子开始说对方的玩具不好玩，最后又说对方的玩具不好玩，这与孟子开头说王天下不是君子所乐之事，结尾又说王天下不是君子所乐之事，是完全一回事。这是对于急切想得到而得不到的东西的一种失望，一种无可奈何的情感的流露。

所谓"君子有三乐，而王天下不与存焉"，其实际含义是：在现实世界里，君子只能有这么三种快乐，而王天下的快乐是我们可望而不可及的。

君子的三乐是什么呢？首先一个是天伦之乐：父母都健康地活着，兄弟没有疾病和灾难。这是最重要的快乐，因为孝悌就是讲的这两种关系。父母与兄弟，这是君子第一关心的人，第一爱护的人。这是仁爱的核心和起点。其次，君子对自己的行为和生活，问心无愧。自己没有什么可隐瞒的事情，所做的一切上天可以看得到。自己也没有做任何对不起人的事情。也就是说，君子不会为了人爵而做不道德的事情。既然现实世界无法实现政治理想，那就在道德教育上帮助他人。这也是自己道德责任的一部分。已欲立而立人，已欲达而达人。所以第三种快乐，"得天下英才而教育之"，也就是孔子所说的"有朋（弟子）自远方来，不也乐乎"。孟子认为社会责任在积极的意义上，体现在师生关系上；在消极的意义上，就是自己所做之事问心无愧。不能改变世界，但可以改变一些年轻人，年轻人是世界的未来。

仅仅教育一些年轻人，这实际上不是君子所能满足的，是不得已而为之。我们来看看孟子是如何评价伊尹的。在《万章章句上》第六章，孟子讨论了为什么"益、伊尹、周公"作为圣贤之人而没有成为天子的原因。他是这么说伊尹的："伊尹相汤以王于天下，汤崩，太丁未立，外丙二年，仲壬四年，太甲颠覆汤之典刑，伊尹放之于桐，三年，太甲悔过，自怨自艾，于桐处仁迁义，三年，以听伊尹之训己也，复归于亳。"（9∶6）伊尹帮助汤统一了天下，汤王死后，伊尹没有被推荐给上天作为天子的继承人。汤的儿子和孙子都不像伊尹那样具有圣贤之德，其孙太甲，还曾经破坏了汤王的法度，伊尹把太甲流放到桐地。伊尹自己并没有宣称为天子。太甲后来后悔，在桐地学习仁义，然后伊尹把太甲迎回亳地做天子。"继世以有天下，天之所废，必若桀纣者也，故益、伊尹、周公不有天下。"（9∶6）汤王的儿孙没有如桀纣一样，所以伊尹也没有机会得到天子之位。在《尽心章句上》第三十一章，关

第三章　孟子的王道思想

于伊尹有如下的评价："公孙丑曰：伊尹曰：予不狎于不顺，放太甲于桐，民大悦。太甲贤，又反之，民大悦。贤者之为人臣也，其君不贤，则固可放与？孟子曰：有伊尹之志，则可；无伊尹之志，则篡也。"（13：31）孟子认为，伊尹放逐太甲，以及应会太甲，都是依据天意而行的。如果说没有伊尹那样的圣贤之德，而如此对待自己的君主，这就是篡位。伊尹之志究竟指的是什么呢？伊尹凭借什么可以放逐自己的君主呢？

在《万章章句上》第七章，孟子讨论了伊尹，借此阐述了一个圣贤之人在没有机会成为天子的情况下自己应该如何做。这实际上也是孟子来如此理解自己的命运的。孟子对于伊尹的讨论，也是了解儒家所理解的"师"的含义重要篇章。

《万章章句上》第七章："万章问曰：人有言，伊尹以割烹要汤，有诸？"（9：7）万章问道，有人说伊尹做厨子是为了能接近商汤，有没有这回事？意思是说，伊尹是为了借机会显示自己的才能，从而得到商汤的赏识，进而获得官职[1]。对于孟子来说，这个问题首先意味着，圣贤之人从事政治是为了个人私利吗？

"孟子曰：否，不然。伊尹耕于有莘之野，而乐尧舜之道焉。非其义也，非其道也，禄之以天下，弗顾也；系马千驷，弗视也。非其义也，非其道也，一介不以与人，一介不以取诸人。"（9：7）孟子回答说，并非像人们所传言的那样。伊尹当初是在有莘之地种地，爱好尧舜之道。他并没有像人们所传言的做过厨师，他是一个农夫。如果不合乎道义，即使把天下财富给他作为俸禄，他也不会看一眼的。换句说话，不合乎道义，伊尹是不会接受天下的，尽管他有治理天下的能力。这与孟子本身很相似。不合乎道义，即使是一点点东西，也不会给予他人或者接受他人给予。也就是说，利无论大小，在道德的天平上是一样的，哪怕是很小的利，只要不合乎道义，是不应该给他人的，也不应该接受他人的给予。伊尹的处世原则是，在道德上，没有什么底线之说。接受一分钱是收受贿赂，接受一亿也是收受贿赂。不能说，接受一分钱的人比接受一亿元的人道德境界高。要么是道德行为，要么就是不道德

---

[1]《墨子·尚贤上》："汤举伊尹于庖厨之中。"商汤与有莘氏通婚（为妃子），伊尹通过做有莘氏的陪嫁之臣，而接近商汤，用烹调五味为引子，给商汤讲解天下大势与治理国家之道。听起来颇有孔子见卫灵公夫人南子的意味。

或者非道德行为。当人们说，我们要守住道德底线的时候，已经不在道德领域中了，用罪恶大小来比较行为，其实是在给自己找心理安慰。

那么，伊尹是如何服务于商汤呢？这里孟子所说的商汤与伊尹如何认识的故事，与很多古代文献所记述的都不一样。孟子所叙述的颇有三顾茅庐的意味。"汤使人以币聘之，嚣嚣然曰：我何以汤之聘币为哉？我岂若处畎亩之中，由是以乐尧舜之道哉？汤三使往聘之，既而幡然改曰：与我处畎亩之中，由是以乐尧舜之道，吾岂若使是君为尧舜之君哉？吾岂若使是民为尧舜之民哉？吾岂若于吾身亲见之哉？"（9：7）伊尹以耕田为生，商汤派人送钱币作为礼物请伊尹出来为他服务。伊尹开始说，虽然我穷，但是，我哪能因为商汤用钱币聘请我就出来呢？哪里比得上在田埂之中，独自行尧舜之道呢？商汤几次派人去邀请他出山，伊尹突然改变态度说，与其一个人在田埂之间实行尧舜之道，还不如帮助此君主成为尧舜一样的君主，还不如使得天下百姓做尧舜时代一样的百姓，还不如我要亲眼看到尧舜之道大行于天下。伊尹的意思是，既然商汤有诚心，我就有道德上的义务帮助他成就尧舜一样的事业，同时也使天下百姓享受尧舜一样的开明政治。如果能这么做，我为何不亲自促成这项伟大的事业呢？这不是圣贤之人所梦想的吗？无论孟子叙述的是史实，还是他自己编造的故事，他要说的很明白：为何他自己就不能像伊尹一样，遇到如商汤一样的开明君主呢？这表明孟子迫不及待地想协助一个君主实行尧舜之道。我们看到，孟子说，如果上天欲平治天下，除了他，没有其他人可以做得到。

这里有一个问题，为什么伊尹要等商汤多次派人邀请才肯出来呢？是不是故意摆架子呢？孟子一方面要回答万章的问题，并非是伊尹主动去巴结商汤，而是商汤找的伊尹。另一方面，商汤的诚心是伊尹实现自己道德理想的一个先决条件。商汤不是为了自己的霸主地位而来找伊尹为自己服务的。伊尹为商汤服务，也不是为了他自己或者商汤的利益，而是为了尧舜之道，为了天下百姓。伊尹不仅没有巴结权贵的意思，而且，在道德上他还高于商汤，因为他能够平治天下。孟子本人与伊尹的不同就在于孟子没有遇到如商汤一样的君主。伊尹在田埂之间乐于尧舜之道，这是内圣；协助商汤成就大业，这是外王。对于孟子来说，如同我们上面看到的，外王有两个含义，一个是上天选你做天子，爱护百姓，这是尧舜禹所能做到的，另外一个是协助君主平治天下，爱护百姓，如益、伊尹、周公所做的。天子爱民，这是协助上天

第三章 孟子的王道思想

爱民。圣人如伊尹协助天子爱民，实际上，也是协助上天爱民。

所以，孟子借用伊尹之口说："天之生此民也，使先知觉后知，使先觉觉后觉也。予，天民之先觉者也，予将以斯道觉斯民也。非予觉之而谁也？"（9：7）上天孕育天下百姓，让先知先觉者启蒙后知后觉者。先知先觉启蒙后知后觉，这是上天所赋予他们的道德义务和责任。为何上天要他们启蒙后知后觉者呢？这是因为上天爱护百姓。在《梁惠王章句下》第三章最后一部分，孟子引用《书经》的话来表达这一点："书曰：天降下民，作之君，作之师，惟曰其助上帝宠之。"（2：3）我是天下百姓中的先知先觉者，我将用尧舜之道来启蒙天下百姓。除了我会来启蒙他们，谁还会来做呢？对比一下孟子的话："如欲平治天下，当今之世，舍我其谁也？"（4：13）这是一种当仁不让的态度。上天赋予他这个道德使命，而且选中了他。如果他不做，就没有其他人来做。这实际上与"我不下地狱谁下地狱"这句话有异曲同工之处。这不是一种道德上的傲慢。用现象学的语言来说，这是被动的道德主体对外来呼唤的反应。他不是自己给自己设定了一个原则或者责任来执行，而是上天派他来做这件事情（天之生此民也，使先知觉后知，使先觉觉后觉也）。所谓先知先觉，不是说他自己发明了尧舜之道。尧舜之道过去已经就有。尧舜之道来源于古代，或者说，来自于上天。"非予觉之而谁也？"这表达的是无可逃避的态度。如果说，比如在康德的道德哲学中，我自己制定普遍的道德规则，我也有可能自己寄托他人来执行这个法则，而我自己则暂时不执行。尧舜之道，是上天给他的，他没有理由把实行尧舜之道的责任推给别人。

这是孟子紧接着对于伊尹的话做了解释的原因"思天下之民匹夫匹妇有不被尧舜之泽者，若己推而内之沟中。其自任以天下之重如此，故就汤而说之以伐夏救民。"（9：7）伊尹是这么想的：如果天下有一个男人或者一个女人没有享受到尧舜之道的恩泽，那就等于是伊尹自己推他们到山沟之中的。天下百姓的幸福是他不可推卸的重任。所以，他给商汤讲解讨伐夏朝而救百姓于水火的道理。

孟子认为，传说中讲的伊尹如何被商汤重用，在逻辑上是行不通的。"吾未闻枉己而正人者，况辱己而正天下乎？"（9：7）我没有听说过哪个人自己行为不正却还去纠正别人，更不要说侮辱自己的人格来匡正天下百姓了。自己的行为都不正，是不能纠正另外一个人的。如果伊尹使自己屈辱，通过不正当手段来接近商汤，这种行为怎么能够扭转乾坤呢？可能在当时人的眼里，伊尹成为有莘氏女（汤王的后妃）的陪嫁奴仆，是一种让人感到屈辱的行为。伊尹不是为了个人私利，他没有必要通过不正当的手段来接近汤王。就如孟子开头所说的，如果伊尹想实行尧舜之道，仅仅靠他自己是不行的。汤王派人"三顾茅庐"，这也许是天意。还有，如果商汤不是一个诚心为百姓服务的君主，即使伊尹接近了商汤，也不可能使他实行尧舜之道。他又说："圣人之行不同也，或远，或近，或去，或不去。归洁其身而已矣。吾闻以尧舜之道要汤，未闻以割烹也。"（9：7）圣人的行为虽然不同，比如远离君主，接近君主，留任朝廷，离开朝廷，这些都不能影响君主自身在道德上的修为。圣人不是以个人财富官位等为目的的。他们的行为是受道德支配的。孟子说，我听说伊尹用尧舜之道来协助商汤，没有听说过切肉做菜的事情。尧舜之道没有必要通过偷偷摸摸的行为来表现。

　　从伊尹（孟子）所说的先知先觉者，我们可以做出如下的推论：孔子的周游列国，以及孟子对很多诸侯国王的进言，都说明他们有一种使命感，而这种使命是上天所赋予的。在《论语》中，我们看到这样的话："二三子何患于丧乎？天下之无道也久矣，天将以夫子为木铎。"（3：24）"子畏于匡,曰：文王既没，文不在兹乎？天之将丧斯文也，后死者不得与于斯文也；天之未丧斯文也，匡人其如予何？"（9：5）伊尹也算一个圣贤之师。圣贤之师具有改造世界和人民的使命。圣贤之师如伊尹、孔子等，是先知先觉者，是上天最先启蒙和教诲的对象，进而他们会去教育别人。"教师"，在这个意义上，就是上天与君主（和天下百姓）之间的桥梁。伊尹，作为圣贤之师，应该是孔子和孟子所认为的第二种选择，在做不了天子的情况下的选择。

　　但是，汉代的董仲舒却巧妙地把第二种选择变成了最重要的选择。董仲舒在《春秋繁露》中，把百姓[1]（民）形容为睡着的人（瞑）。董仲舒认为，正是通过孔子等儒家学者才能揭示天在人类和自然事件中所表达的天意，从而传达给君王。按照董仲舒的话说，圣贤之师虽然没有位居天子之尊，却是天子与天之间的桥梁。孟子认为，天听自我民听，天视自我民视。民意是天意的表现。到了董仲舒，把伊尹的角色一转换，儒家学者因为是先知先觉者，

---

[1]　古代指称普通人是用"民"或者小人，而不是百姓。百姓是指"群臣之父子兄弟"，是指"百官"，是指因功而获赐姓氏者。参看孙星衍：《尚书今古文注疏》，中华书局出版社1986年版，第8~9页。

所以是天与君主、天与百姓之间沟通的中介。儒家学者因而获得了比天子还高的权威。罢黜百家，独尊儒术，这是因为儒家学者如同教皇一样是上天的代言人。董仲舒把儒家内圣外王之说给予了新的解释。其理论有两个方面的意义：一是儒家的意识形态，二是可以限制君主的独断。这实际上是把儒家学者的思想作为天意来看待的，就如同教皇可以把自己看作是上帝的代言人一样，用上帝来服务于自己。

7.4 天与人：两种荣誉

在孟子的哲学中，我们很自然就看到，有两种人，一种是追求利的人，追求权力、财富、女人、名声等，这是物质性的自我；一种是追求义的人，追求道德上完美的人，这是精神性的自我。天人之分，在孟子看来，就是这两种人之间的区别。"孟子曰：尽其心者，知其性也。知其性，则知天矣。存其心，养其性，所以事天也。夭寿不贰，修身以俟之，所以立命也。"（13：1）所谓立命就是立于天、立于道德。天爵与人爵之分，是对应于义利之分的。在《告子章句上》第十六章，"孟子曰：有天爵者，有人爵者。仁义忠信，乐善不倦，此天爵也；公卿大夫，此人爵也。古之人修其天爵，而人爵从之。今之人修其天爵，以要人爵；既得人爵，而弃天爵，则惑之甚者也，终亦必亡而已矣。"（11：16）

"孟子曰：有事君人者，事是君则为容悦者也。有安社稷臣者，以安社稷为悦者也。有天民者，达可行于天下而后行之者也。有大人者，正己而物正者也。"（13：19）孟子说，有人侍奉一个君主，他就是为了讨君主的喜欢；有人为了国家，他就以国家安定为乐；有的人是天之民，他所做的常常就是那些能够通行于天下的行为。有的人，他是先正己，然后其他人也得到了改正。第一种人可以为看作是追求个人利益的人，第二种人可以被看作是政治性的人。第一种和第二种人的共同点是，追求的是人爵。第三种人不是把社稷或者国家看作是最高的，而是把天下看作是属于上天的，他追求的是服务于天意（也许是圣王）。第四种人把道德修养看作是最高的，在身体力行中，也教育了改变了他人。这或许是如孔子一样的人。第三和第四种人，他们的区别也许是由于历史环境或者个人的运气，但是，这些都不影响他们之间的共同性。

在这种的意义上，我们可以理解《尽心章句上》第二十一章的比较难懂的话:"孟子曰:广土众民,君子欲之,所乐不存焉。中天下而立,定四海之民,君子乐之,所性不存焉。君子所性,虽大行不加焉,虽穷居不损焉,分定故也。君子所性,仁义礼智根于心,其生色也睟然,见于面,盎于背,施于四体,四体不言而喻。"(13:21)拥有广大的土地,众多的人民,这是君子所希望的,但是他的快乐不在于此。居住天下的中央,安抚天下百姓,君子以此为乐,但是,君子本性不在此。君子所性(认为是其性),并不因为他政治上成功而增加,也不因为贫穷不得志而有所损害。君子所性,就是仁义礼智根植于心,纯和温润表现在脸面,反映到肩背,达于手足四肢,手足四肢动作,让人一目了然,不必言语。

　　孟子这里所说的话的语境不太清楚,似乎与孔子一样是在不得志的情况下所发的牢骚。这段话的含义也因此而模棱两可。关键词"君子所性",含义不够清楚明了。孟子开始说,君子所乐的是什么呢?如果说是君子也希望得到广大的土地和众多的百姓,这似乎是诸侯王的理想。君子不以此为乐。那么君子所乐是什么呢?就是成为天子。"中天下而立,定四海之民",这只有天子才能做得到。在《论语》中,我们看到:"子贡曰:如有博施于民而能济众,何如?可谓仁乎?子曰:何事于仁!必也圣乎!尧舜其犹病诸。夫仁者,己欲立而立人,己欲达而达人。"(6:30)孔子的意思是,一个仁者所能做的是,在自己生活中,自己立志达到的,也尽量帮助别人达到。圣者是这样的人,"博施于民而能济众",这连尧舜都没有完全达到。尧舜还不完全是圣者。但是,我们能看到,孔子强调政治是道德理想的最高实现。而孟子在这里所说的话似乎否定了孔子的理想。天子,虽是君子所乐,但不是君子所性。那么,所性是什么意思呢?孟子的话好像暗指所性是不变的东西。所性,能不能理解为本性呢?"虽大行不加焉,虽穷居不损焉,分定故也",这几句话是不是说君子的本性是不变的呢?前面我们看到,孟子认为,性善是指人人都有四善端,不仅仅君子具有。君子只不过是没有丢弃而已。但是,孟子也明确说:"五谷者,种之美者也;苟为不熟,不如荑稗。夫仁,亦在乎熟之而已矣。"(11:19)性,作为善端,不是不变的东西,是需要精心培养的。如果我们把"大行"和"穷居"对比起来看,孟子这里似乎是说,君子得志(政治上成功和生活上富有)与不得志(政治上失败和生活上穷困),都不能改变君子的生活态度。也就是说,君子在这个世界上的追求不是成为达官贵人,成为富豪。世人的标准不适用于君子。"公卿大夫,此人爵也。"(11:16)

"分定故也"是指君子非常明确和清楚自己所追求的是什么。用海德格尔的语言说,君子不是听从"Das Man"(非本真存在的他们),君子不屈服于当时人们的世俗观念。为什么呢?因为君子有本心本性。君子所性,就是指的本心本性,是仁义礼智:"仁义忠信,乐善不倦,此天爵也。"(11;16)

所以,在孟子中,天爵和人爵的区别就体现在道德的自我与世俗的自我的区别上。我们知道,对于孔子和孟子,道德是政治的根基。天子,虽然是君子所乐,但是,不是君子所性,这是因为天子作为人的政治层面,虽然是道德的最高体现,但是它必须根植于道德。"广土众民,君子欲之,所乐不存焉。中天下而立,定四海之民,君子乐之,所性不存焉。"这两句话是说,君子当然注重诸侯王位和天子之位的重要性,但是,它们不能离开根基,不能离开道德。离开了本心,诸侯和天子王位也就失去了意义。

孟子还强调,天爵不仅仅是表现在诸侯和天子王位上,它更应该体现在个人的生活中,尤其是在天下无道的时候。当人是仁义礼智(爱)的体现的时候,人的身体就表现为生机盎然的样子:人的面部表情,人的背部,人的四肢,都可以是仁爱的体现或者显现。人的身体,不仅仅是物质的东西,也不仅仅是生理机体,不仅仅是心理的东西,它更应该是人的精神(爱)的体现。虽然一个道德的人所做的事情,他的一举一动,与常人没有什么两样,但在他的行为中,他的容貌和体态中,渗透着爱。这与"孟子曰:何以异于人哉?尧舜与人同耳"(8;32)的话没有什么矛盾。圣人不是在长相上或者行为上有什么异乎常人之处,而是他们的行为和举止洋溢着一种阳光,一种爱[1]。

天爵与人爵的区别非常类似于海德格尔《存在与时间》中所论述的本真状态与非本真状态的区别。天与人的区分,因而,也就是人的两个层面的区

---

[1] 人们在日常生活中,对于圣贤之人往往注重的是他们的长相和具体的生活细节,而不是他们的精神。就如同小孩子一样,觉得在长相或者行为上与圣贤之人相似,就会成为圣贤之人。与这些幼稚可笑的想法类似的还有,认为自己生活的年代和环境不是出伟人或者圣贤之人的历史时期,自己不走运。这些都是不理解到底什么是道德。人与人之间在长相,才能,家庭出身,社会环境等方面,可以有很大差别。但是,人在道德上,无论处于什么样的境地和遭遇,都能够达到同样的境界。例如,有的人正值年富力强的时期,但遇到了如文化大革命一样的动荡而无法成就科学等事业,这的确是巨大的损失。但是,从道德的角度,是不是这个人因为处于动荡年代就自活了呢?在道德的天平上,一位文化巨匠与一个文盲,没有任何的不同。人与人之间的不同,不是任何自然和社会环境的具体内容决定的,而是道德关系决定的。在宗教关系上,尤其如此。

分，或者说，是人的两种境界的区分。这里的天与上面的天意的天含义是不同的。

我们可以说，孟子认为，人有三个层面：一个是本能的自然层面，把吃喝等生理机能的满足作为自我的体现；一个是社会财富、地位、荣誉等方面体现的社会的自我；一个是仁爱的自我。本心，本性，这是独立于自然和社会的自我的。在人的道德生活中，人真正找到了自己的绝对根基，这就是天爵。

无论在前面我们所说的天意和民心的关系，还是这里的天爵与人爵的关系中，孟子都注重天的道德的内涵。所谓道德之天，就是指在道德层面上来理解上天的含义，或者把天与人的关系主要看作是一种道德关系。这是对天的内涵的一种实质性理解；这种理解并不意味着天人关系就局限在这种道德关系之中，或者把上天的含义笼罩在道德的帷幕之下。孟子对天人在道德维度上的理解，一方面给我们提供了天人之间道德层面的可能性内容，一方面我们还可以从这种讨论中把天人关系的形式从一定的内容中解放出来。天人之间的关系，是不能被溶解为人与人之间的关系的。

天是高于人的。在甲骨文中，"天"最上的一横是一个"口"形，用来代表人头，下面一横代表人的两个手臂，一撇一捺是人的两条腿。天这个字是指在人之上的天空。如何表达这个意思呢？人是站在地上的，在天与地之间，有一种动物，一种"顶天立地"的动物，就是人。"天"是什么呢？我们看到的是"人"，而不直接是"天"。天在人之上。甲骨文的"天"字，是指高于人之上的那个东西。在西方宗教传统中，上帝被称为"the Most High"。甲骨文中的"天"也是指高于人的。这种比喻至少有这么几种含义：首先，这个高于人的东西是与人有直接关系的；其次，用"高于"人来表达这种关系，这个高不能仅仅理解为是一种空间上的关系，不能想当然的理解为物质性的天空。孟子也明确地表达了这个意思。天是高于人的一种权威，是直接与人有关的权威。"上天"指的就是这种权威性关系；上天是指高于人之上的天。我们汉语用"上帝"来表到西方的"God"，这既是一种意译，也与我们的"上天"有关。第三，甲骨文的"天"字还表明，人之上的"天"是在与人的关系中显示出来的，对于天的表述，是与人有关的。这既是一种肯定性表述，也是一种否定性表述。这里所肯定的不是对天的特性的认知性描述，而是对天的权威性的肯定。其否定性含义是指，我们不能用人来完全表达天的含义。我们只看到人，而没有看到天。所谓"人之上"，这是一种否定的肯定或者肯定的否定。

第八节 墨子、孟子、杨朱：三种爱

在论述《孟子》哲学思想的时，不讨论他对于墨家和杨朱的批判，就不能够把握孟子思想的独特性。通过《孟子》中关于杨墨的批判，我们也能领会到孟子的亲情之爱究竟是什么样的。对于我们来说，在最后一节论述孟子和墨家以及杨朱的关系，这是符合本书的整体结构的：杨朱所代表的是极端的个人主义思想，主张自爱，这与韩非子是一样的，而墨子则代表了反对自私自利的大同思想，主张兼爱，这是与杨朱（韩非子）的主张根本对立的。在《孟子》中，对于墨家的激烈的批判，恰恰说明孟子（以及儒家）的亲情之爱更接近于韩非子和杨朱的思想，而与墨家是对立的。韩非子是荀子的学生，也说明了法家与儒家并非水火不容。

8.1 孟子对于杨朱和墨子的批判

在《尽心章句上》第二十六章，孟子是这么描述杨朱与墨子的："孟子曰：杨子取为我，拔一毛而利天下，不为也。墨子兼爱，摩顶放踵利天下，为之。子莫执中。执中为近之。执中无权，犹执一也。所恶执一者，为其贼道也，举一而废百也。"（13：26）孟子说，杨朱主张利己主义，即使拔一根汗毛可以对天下人有利，他也认为不应该做。墨子主张兼爱，即使把自己从头到脚都伤害了，他也要为天下人谋福利。杨朱与墨子代表了两种相反的观点，一个是绝对的个人主义，一个是以他人为中心。在我与他人的关系上，杨朱主张人人都是为自己的，都自私的，而墨子主张我应该牺牲自己的利益为他人服务。因而，杨朱是自爱，是为我；墨子是兼爱，是为他。

孟子在这里似乎是想说，杨朱和墨子都考虑个人（我自己）与天下人之间的关系，只不过他们关心的重心不一样。他们没有考虑到有另外一种天经地义的关系：父子关系，兄弟关系。他们把父子关系和兄弟关系当做是自己和他人的关系的个别例子。这是不对的。正是因为如此，他才批评说，子莫这个人试图折中杨朱与墨子的观点，他认为在自我与他人的关系中，既不是极端的利己主义，也不是极端的利他主义，而应该把利己和利他结合起来，把自己的利益和他人的利益平衡起来。尽管孟子没有具体说明子莫的折中主义，但我们可以看出子莫似乎有着现代人的观点，主张在做事时，既不损害他人的利益，也不损害自己的利益。也就是说，既不绝对的自私，也不绝对的利他。孟子认为，"执中为近之"：子莫也是一种形式上的折中，事实上的"执一"（站在一个观点上看问题）。为什么呢？"执中无权，犹执一也"：子莫如何在现实生活中对于个人利益和他人利益进行平衡呢？他的客观标准是什么？如何能做到公平合理（权）？如果说在杨朱和墨子思维方式中，他们是把自己与他人对立起来的话，即把自己（我）与他人不是看做是一个整体，而是认为在我与他人的关系中，一方是中心，那么，我们可以说，子莫也是如此。子莫的执中，也是把自己与他人看作是两个不同的个体，然后计算如何做到公平。子莫试图从第三者的眼光来看问题。这么看来，自己与他人还是分开的，没有成为一个集体。更不要说在具体的行为中，要么是自己吃亏，要么是他人吃亏。子莫的思想可以是一种互利主义，而互利主义可以成为杨朱哲学的比较复杂的版本：没有互利，就不可能真正实现自我的利益，因而，就不可能达到为我的目的。霍布斯以及其他功利主义者对此做了非常细致和精密的分析论证。

杨朱，墨子，子莫，三个人都是执一，都有偏见。为什么呢？"所恶执一者，为其贼道也，举一而废百也。"他们都没有认识到仁义之道，孝悌之理。他们只看到了一点（要么是我，要么是他人，要么是两者公平分配），而漏掉了其他的东西。

在《滕文公章句下》第九章，孟子对于杨朱和墨子的"贼道"说的很明白："圣王不作，诸侯放恣，处士横议，杨朱、墨翟之言盈天下。天下之言不归杨，则归墨。杨氏为我，是无君也；墨氏兼爱，是无父也。无父无君，是禽兽也。"（6：9）杨朱主张利己主义，认为每个人都在追求自己的利益，每个人都是一个欲望体，都是谋求生存的机器。这种平等观（君主与我没有任何区别）必然导致对君主的不尊重。这就是无君[1]。关于这一点，我们在第一章中看到，韩非子论述的是非常精辟的。孟子也敏锐地看到了这一点。墨

---

[1] 在第一章，我提到这一点，如果韩非子生活在近现代社会，他就是一个功利主义者或者自由主义者。社会契约论是无君思想的典型表现。在霍布斯的哲学中，我们看到，每个人都是自我利益的最大化追求者，国家权力是保障自我利益的工具，因此，不可能有君主绝对权威。霍布斯的"主权者"也不是君主，因为它是为了避免同归于尽的灾难而妥协的产物。

子认为，普遍爱天下民众，他们的幸福就是我自己的责任和义务。无论是谁，我都要爱。爱无差等。（5：5）因此，墨子就不把父子之间的特殊关系看得比一般人之间的关系更特别。这就是无父。孟子对于杨朱的"无君"和墨子的"无父"的刻画，可以说是非常准确的。"无父无君，是禽兽也。"这恐怕对于墨子的哲学是歪曲的判断。那么，孟子为什么突然说了一个非常不合道理的结论呢？因为孟子看到，在杨朱和墨子的哲学中，没有涉及到一个整体性概念：我们。父子与君臣关系，这不是一般的人和人之间的关系，特别是父子关系。"孟子曰：不孝有三，无后为大。舜不告而娶，为无后也，君子以为犹告也。"（7：26）如果我们问，什么是自我？孟子肯定会回答说，自我存在与家庭关系中，存在于孝道之中。人不是个体性的存在者，人不是原子性的东西。

这里我们有必要指出的是，在《滕文公章句下》第九章中，孟子认为，春秋战国时期，杨朱和墨子两种学说非常流行。他还认为，这两种学说是无父无君的表现，也助长了无父无君的混乱状态。但是，我们从他所描述的情景看，他为杨朱学说做了很好的解释。"尧舜既没，圣人之道衰，暴君代作，坏宫室以为污池，民无所安息，弃田以为园囿，使民不得衣食。"（6：9）尧舜死后，圣人之道衰微，残暴的君主不断出现，他们毁坏民宅来做深水之池，百姓无可安身，破坏农田来做游玩的园林，百姓得不到衣食。暴君的这种行为是更接近杨朱的理论呢还是墨子的学说？显然，暴君为了自己的利益，为了自爱，牺牲他人的利益，给别人造成痛苦和灾难，这能说是爱他人吗？暴君的行为正是墨子所竭力批判的对象。孟子还说："世衰道微，邪说暴行有作，臣弑其君者有之，子弑其父者有之。"（6：9）在世界衰落之时，邪说和暴行都起来了，有臣子杀君主的，也有儿子杀父亲的事情发生。臣弑君，子弑父，这都是因为臣爱君，子爱父吗？这里的邪说只能指杨朱的思想，而杨朱仅仅是表达了当时的社会现实。"杨墨之道不息，孔子之道不著，是邪说诬民，充塞仁义也。仁义充塞，则率兽食人，人将相食。"（6：9）孟子认为，不消灭杨朱和墨子的理论，就不能使得孔子之道彰显，这使邪说来欺骗人民，阻碍仁义之道的传播。仁义之道被阻碍，这就等于率领禽兽来吃人，以及使人与人互相残杀。这里的问题是：究竟是杨朱的学说能导致人与人之间的战争呢，还是墨子的兼爱学说？我们所引的三段话，孟子把邪说与杨朱和墨子等同起来，而实际上，他的话只能被看作是对杨朱的批判，而不是墨子。最后他说:"能言距杨墨者,圣人之徒也。"(6:9)他认为,自己作为圣人之徒,就应该消灭杨朱墨子的邪恶学说。

在这一篇章中,孟子提到了三种学说:圣人之道(儒家),杨朱学说,以及墨子的兼爱思想。杨朱哲学所强调的是人的自然存在性,是作为自然存在者所理解的自我。这是一种霍布斯所说的"所有人与所有人之间的战争"。韩非子的哲学是在特定的历史时期对人的这种抽象存在做了更系统的论述。而儒家则强调人的家庭和社会关系,认为人在其根本上的关系性。而墨子看到的不仅仅是人的社会性,他还看到,如果没有天意和天志,人就如同杨朱所说的一样,都是为自己的。墨子看到了人的宗教—伦理层面。这三种学说或思想是对人的三个不同层面所做的论述。在第五章,我们将论述为什么墨子认为儒家与杨朱的学说没有本质差异。这里,我们先看看孟子在《滕文公章句上》第五章是如何批判墨子学说的。

8.2 爱有差等与爱无差等

在《滕文公章句上》第五章,墨家学者夷之欲拜见孟子,孟子先是称病不见。后来对中间人说了如下批评墨家的话:"吾闻夷子墨者。墨之治丧也,以薄为其道也;夷子思以易天下,岂以为非是而不贵也。然而夷子葬其亲厚,则是以所贱事亲也。"(5:5)孟子说,我听说夷子(夷之)是墨家。墨家主张薄葬,丧礼从简。夷之试图用这个道理来改变天下。他一定觉得不这么做(薄葬),就是不对的。但是,夷之在埋葬自己的父母的时候,丧礼很隆重。按照夷之的贵贱是非标准,薄葬才是对的,那么,他本人的行为就是用不对的方式来事奉双亲。孟子的策略是以其人之道还治其人之身。在孟子看来,夷之是言行不一的。墨家并非真正相信自己所主张的。

当夷之听到这话后,他用其人之道还治其人之身:"夷子曰:儒者之道,古之人若保赤子,此言何谓也?之则以为爱无差等,施由亲始。"(5:5)夷之说,儒家的学说认为,古代人认为爱护百姓就如同爱护婴儿一样,这是什么意思呢?我夷之认为,它是说爱是平等的,没有先后上下厚薄之分,对待任何人都一样,只不过爱是从父母开始。夷之反驳孟子说,儒家主张爱人如爱婴儿,这是说每个人都一样,没有彼此之分。对于婴儿,人们不会先区别开是谁家的,然后才表达出不同的爱意。这句话,夷之认为,与墨家的主张没有什么不同。兼爱就是爱无差等,爱任何人,包括自己的父母。儒家认为,先爱自己的父母兄弟等，然后推及到其他人身上。墨家主张爱无差等，不是说，先爱其他人，然后爱自己的父母，爱其他人比爱自己的父母要多。这还是爱有差等。儒家把爱无差等说成是"无父"，（6：9）这是对墨家兼爱思想的误解。这里，夷之用"爱无差等，施由亲始"来进一步澄清墨家兼爱的思想，是非常有见解的。这里包含两层意思：在爱的对象上，每个人都一样，但是，在具体实行中，爱应该是从爱自己身边的人开始，自己的父母是与自己最近（指空间上）的人。这与英语中的邻居 neighbor 是一样的意思：爱邻居，就是爱所有的人，而邻居是谁呢？就是第一个碰到的人。夷之爱自己的父母，体现在很多方面，其中之一就体现在埋葬自己的父母上，要体现自己对父母的爱。这与墨家兼爱没有什么矛盾。

夷之的回答好像避开了薄葬与厚葬的问题。儒家竭力反对墨家的薄葬主张，认为是不孝之举。薄葬是不是意味着对父母的不孝呢？薄葬与厚葬，这是葬礼的方式，与子女和父母之间的情感没有必然的关系。墨子反对厚葬是有其社会背景原因的。在当时的社会环境下，天下百姓吃不饱、穿不暖、居住条件简陋，而少数的贵族阶层生活奢侈、铺张浪费。这也表现在葬礼上。在葬礼上，贵族们也想通过繁华冗长的礼仪来表现自己的贵族身份。孟子认为，这是对天下人的苦难的漠视。葬礼从简，这是反对浮华的贵族生活的表现，也是对天下人的父母的爱。贵族与其奢侈浪费办葬礼，为什么不把多余的财产用于救济天下穷人呢？还有，对于普通人而言，生活已经很艰难了，父母去世后，繁琐的葬礼会给生活带来了更重的负担和更大的债务。难道说，子女的贫穷和苦难是死去的父母愿意看到的吗？父母若有在天之灵，会认为这是孝顺之举吗？墨子主张葬礼节俭，是相对于浮华繁琐而言的。葬礼节俭不等于不葬。节俭的葬礼在当时的社会条件下反而是正确表达孝敬的方式。在《韩非子·显学》中，韩非子是如此对照墨家与儒家对待葬礼的态度的："墨者之葬也，冬日冬服，夏日夏服，桐棺三寸，服丧三月，世主以为俭而礼之。儒者破家而葬，赁子而偿，服丧三年，大毁扶杖，世主以为孝而礼之。"韩非子是儒墨的批判者，他的话也许不偏向任何人，尽管他可能会从自己的观点出发歪曲两者。墨家对待葬礼是节俭，在夏天就穿夏天的衣服，在冬天就穿冬天的。棺木虽然薄，这并不影响子女对父母死去的哀伤之情的表达。儒家则不同，是破家而葬，把儿子租给别人来还因葬礼而欠的债，悲伤到只剩皮包骨，甚至需要扶杖才能行走。哪一种是非理性的，哪一种是理性的呢？

哪一种在表达哀思的时候是恪守中道呢，哪一种是走极端的做法？这是很明显的。如果说，因为父母的葬礼，而弄得自己家破人亡，这是对父母的爱吗？父母若有在天之灵看到自己的儿子为了自己的葬礼而受不必要的苦，心里会觉得高兴还是悲伤呢？

在接下来孟子的反驳中，可以看出孟子没有理解墨家简葬的含义。

当孟子听到夷之的话后，进行了如下的反驳："孟子曰：夫夷子信以为人之亲其兄之子为若亲其邻之赤子乎？彼有取尔也：赤子匍匐将入井，非赤子之罪也。且天之生物也，使之一本，而夷子二本故也。盖上世尝有不葬其亲者，其亲死，则举而委之于壑。他日过之，狐狸食之，蝇蚋姑嘬之。其颡有泚，睨而不视。夫泚也，非为人泚，中心达于面目，盖归反虆梩而掩之。掩之诚是也，则孝子仁人之掩其亲，亦必有道矣。"（5：5）

我们先看孟子的话的前半部分。孟子说，夷之真的认为，人对待自己兄长的孩子与对待邻居的孩子时是一样的吗？夷之不过是抓住了这一点：一个孩子爬到井边的时候，人人都有恻隐之心，因为这不是孩子有什么过错。孟子意识到夷之利用赤子这个例子来说明爱无差等是一个非常有力的论证。孟子的意思是，在日常生活中，人肯定对自己的亲人要比对别人的亲人感情更深厚。而夷之所说的赤子的例子，那是一个特例。前面我们看到，孟子用赤子的例子来表明人都有恻隐之心。夷之也许是想用孟子用过的例子来反驳孟子。孟子的这两句话实际上描述的是两种爱：自然之爱（亲情）与被动的爱。赤子的例子，用当代法国哲学家来维纳斯的话说，说明的是道德主体对他人发出的命令的一种被动的反应。在这种反应中，我（作为道德主体）是没有主动性的，没有选择权力的；对方的命令决定了我应该做的内容。而在自然之爱中，我是以我为中心来区分爱的对象的。我为什么爱我兄长的孩子要比爱邻居家的孩子多一些呢？标准在哪里？在我自己的心中。孟子没有意识到，孩子的例子对他所说的仁爱是有着解构性的破坏能力的。墨家也不反对孟子所说的爱自己兄长的孩子一般确实比爱邻居的孩子更多。墨家认为，兼爱就是要把这种自私之爱悬置起来。兼爱不是一种自然情感，而是与自然情感相反，是道德责任。对于墨家来说，自然情感不能成为道德责任的基础。康德在他的道德哲学中也强调这一点：越是与自己的自然情感相违背，越是具有道德上的普遍性。"且天之生物也，使之一本，而夷子二本故也。"这句话意思不够清楚。孟子的字面意思是说，天造万物，使得它们都有一个根基，而夷之却使人有两个根基。估计是说，夷子认为人有两种爱。

在后半部分，孟子转到埋葬父母的事情上。他说，上古的时候，曾经有人不埋葬自己的父母，父母去世后，把他们丢到沟壑之中。后来路过此地，他看到野兽和蚊虫在吃自己父母的尸体，额头不停渗出汗水，不敢正视。流汗，不是给别人看的，这是因为心中不自觉的感到羞耻和悔恨，而在脸上不自觉的表露出来。然后他就立刻回家，拿工具把父母掩埋起来。掩埋是很对的。因此，孝顺的儿子以及仁人掩埋亲人，这一定是符合人情的。墨家主张薄葬，不是不葬，而是葬礼从简，简而体面，并不是没有爱心。孟子所说的上古之人不葬自己的父母，这在墨家看来，是没有爱心的表现。连自己的父母都不埋葬，哪里会埋葬别人的父母呢？不埋葬父母，这恰恰是个人自私的表现，表明他不爱任何人，只爱自己。这个故事还说明，看到自己的父母的遗体丢弃在野外，被野兽蚊虫等蹂躏，心中会感到有罪。这难道是说，仅仅看到自己父母的遗体才会有这样的情感吗？事实上一个人看到任何人的尸体被如此的亵渎，都会心中不是滋味的。墨家主张，不仅自己的父母去世要埋葬，而且，其他人去世了，看到尸体的话也要埋葬。如果看到别人的父母去世，觉得与己无关，即使野兽糟蹋尸体，也无动于衷，这才是真正与野兽无异了。

在这个例子中，孟子不仅没有驳倒墨家，反而表现出了儒家所说的孝心或者亲情的狭隘性。对于墨家来说，看到任何赤子，都应该有爱心，应该一样的对待。但是，爱心应该从身边开始做起。看到任何死去的人，都应该让他们有个体面的葬礼。体面并不见得要奢侈繁华。埋葬死者，应该从自己做起，从自己的亲人开始。赤子代表人生的开端，葬礼代表人生的结束。这就是"爱无差等，施由亲始"。

8.3 儒家的亲情之爱

爱作为一个本源性概念，这是先秦哲学的核心问题。在爱之中，人才能获得宁静和快乐。永恒的意义就在于爱。那么，儒家是如何看待爱的呢？孟子认为，父母与儿子之间的爱是永恒性的，是人的全部意义所在。缺少了父母之爱，儿子就是一个无家可归的人，就是被抛弃的人。用我们今天的话说，人生就没有意义。对于这一点，孟子用舜来说明。对于一般人来说，没有谁比舜更应该感到满足和具有成就感了，但是舜却没有感到由衷的快乐。他为什么郁郁不乐呢？这就是《万章章句上》第一章要讨论的。这里，我把这段的文字重新安排一下。

孟子认为，人的自然情感是不断变化的，而其变化的依据是以我为中心。"人少，则慕父母；知好色，则慕少艾；有妻子，则慕妻子；仕则慕君，不得于君则热中。"（9：1）人在小的时候，接触到的是父母，父母养育爱护自己，所以和父母的情感深。到了年轻的时候，懂得爱美色了，就喜欢漂亮的女人。结婚生子后，就会把心放到妻子儿女身上。做了官，就开始仰慕君主。如果得不到君主的青睐，就会焦虑不安。不同的爱的对象，是满足我的不同阶段的欲望的。孟子虽然没有韩非子那样激进，他还是认为人是自私的。

孟子认为，舜与一般人不同。"大孝终身慕父母。五十而慕者，予于大舜见之矣。"（9：1）最孝顺的人是一辈子怀念父母的。到了五十岁仍然怀恋父母的，我在伟大的舜身上看到了。孟子的话必然意味着：在现实生活中，他看不到人始终爱恋自己的父母。人在情感上越来越与父母拉远距离。结婚后，只想着老婆孩子热炕头。上面孟子也说了，人的自然情感是在不断变化的。如果把道德的责任建立在自然情感上，人反而连爱自己的父母都不可能。在伟大的孝子中，孟子仅仅在舜身上看到了对父母的坚定不移的爱。孟子没有意识到，这里所说的话是对儒家哲学的自我推翻。当然，孟子是想用舜来表明，爱父母是天下唯一的最重要的事情。没有父母的爱，生命就没有意义。

舜在这个世界上，究竟是一个什么样的人呢？"帝使其九男二女，百官牛羊仓廪备，以事舜于畎亩之中。天下之士多就者，帝将胥天下而迁之焉。"（9：1）舜得到了当时天子尧的青睐，而且天下之士都仰慕舜，尧还把整个天下都给了他。这在一般人眼中，是无上的光荣。但是，舜并没有因此而觉得快乐。"天下之士悦之，人之所欲也，而不足以解忧。好色，人之皆欲，妻帝之二女，而不足以解忧。富，人之所欲，富有天下，而不足以解忧。贵，人之所欲，贵为天子，而不足于解忧。"（9：1）得到天下人的喜爱，这是多么大的荣耀。人人都喜爱美色，尧把自己两个女儿都嫁给舜，这样的事情是多少人的梦想啊。论富有，有谁比天子更富有；论地位，有谁被天子的地位更高。这些都是其他人求之不得的东西。在一般人眼里，舜是要什么有什么，应该很快乐才是。但是，这些东西都不能解除舜的忧愁："人悦之，好色，富贵，无足以解忧者，惟顺于父母可以解忧。""为不顺于父母，如穷人无所归。"（9：1）如果没有得到父母的喜爱，任何东西都不能替代这种喜爱。与父母的爱相比，其他东西都不值得计较。这就是为何"舜往于田，号泣于旻天"（9：1）。在《忏悔录》中，奥古斯丁说，世俗的人对于财富、官位、婚姻等看的很重，他们没有意识到，对于人来说，最重要的是上帝的爱。一个人心情的宁静只有在上帝的爱中才能找到。回家，就是回到上帝的怀抱。孟子这里所说的与奥古斯丁说的相似：人只有在父母之爱的怀抱中，才能获得永恒。

什么都可以没有，但是决不能没有父母之爱，那么，我们就可以理解孟子在《尽心章句上》第三十五章所说的如下的话："桃应问曰：舜为天子，皋陶为士，瞽瞍杀人，则如之何？孟子曰：执之而已矣。然则舜不禁與？曰：夫舜恶得而禁之？夫有所受之也。然则舜如之何？曰：舜视弃天下犹弃敝屣也。窃负而逃，遵海滨而处，终身䜣然，乐而忘天下。"（13：35）舜是天子，皋陶是法官。当舜的父亲瞽瞍杀了人，舜应该如何做呢？按照上面所说的，人可以什么都没有，但是不能没有父母。舜是不是不禁止法官执法呢？孟子认为，舜无法禁止法官执行国家法律。杀人者偿命，这是法律规定的。法律面前，人人平等。"夫有所受之也"指的就是这个意思。因此，舜面临着两难选择：作为天子，舜不能阻止执行法律；作为儿子，他不能没有父亲。

孟子的解决办法是，舜抛弃天下，背负父亲到海边隐居起来，快乐的与父亲生活在一起，忘记还有天下之事。

我们的问题是，如果舜这么做，难道他还能安心的生活吗？首先，他偷偷把父亲背走，这是触犯国家法律的，是对自己（天子）的背叛。用现代的语言说，舜犯了匿藏和包庇罪。古代法律如果允许这么做，法律就不是法律了：如果说，人人都把父子关系看作第一位的，那么人人都模仿舜这么做的话，国家的法律怎么执行下去呢？假如一个普通人也这么做，舜是赞扬这个人呢还是要治他的罪呢？舜赞扬此人，天下将大乱。治罪此人，舜将是虚伪的。舜的行为是一种从根本上破坏社会制度和次序的行为，是瓦解社会根基的行为[1]。其次，舜抛弃天下，这是对天意的违背。天命令舜来协助他平治天下，而他却抛弃天下百姓，这是对天的不敬。这是最大的重罪。上面我们看到的孟子的民贵思想是与儒家亲情之爱的哲学矛盾的[2]。然后，所谓"终

---

[1] 参看第五章苏格拉底论证他不能逃跑的原因。

[2] 一个人很可能有不同的思想，比如我们通常所说的"前期海德格尔"、"后期海德格尔"、"前期维特根斯坦"、"后期维特根斯坦"等等。孟子的民贵政治哲学可以说是墨家思想，与儒家整体思想不合拍。

身诉然，乐而忘天下"，这与儒家把政治生活看作道德伦理生活的最高实现是矛盾的。最后，舜想到了自己丧父之痛，却对别人丧失父亲或者儿子的痛苦冷漠无视，这是一种自私的表现。这也是墨家批判儒家的原因[1]。儒家的"我们"与韩非子的"我"之间的距离没有多远。

这一篇章是对《万章章句上》第一章的很好的注脚：初读《万章章句上》第一章读者，一般看不出其内在的矛盾。

我们再来看看孟子关于兄弟关系的立场。在《公孙丑章句上》第五章，"孟子曰：尊贤使能，俊杰在位，则天下之士皆悦，而愿立于其朝矣。"那么，舜是如何对待自己的弟弟的呢？《万章章句上》第三章："万章问曰：象日以杀舜为事，立为天子而放之，何也？孟子曰：封之也。或曰，放焉。万章曰：舜流共工于幽州，放驩兜于崇山，杀三苗于三危，殛鲧于羽山，四罪而天下咸服，诛不仁也。象至不仁，封之有庳。有庳之人奚罪焉？仁人固如是乎？在他人则诛之，在弟则封之？"（9：3）万章问孟子说，舜之弟象一直试图杀害舜，在舜成为天子之后，就仅仅把象流放了，这是为什么呢？孟子回答说，事实是舜封象为诸侯，不过有人说是流放。万章质问：舜在对待不仁之人如共工、驩兜、三苗、鲧的案子上，用最高的罪罚来惩治，天下人都非常信服。但是，在他弟弟这件事情上，为什么不仅没有惩罚，还封他为诸侯了呢？难道说，圣人对待他人就应该杀戮，而同样的事情到自己弟弟身上就应该不同吗？万章认为，这是非常不公平的。不仅如此，把象封为有庳之侯，有庳的人为什么要接受一个恶人来治理他们呢？在万章看来，舜的做法是严重违背常识的，所有人都会认为是不公平的。不要说"尊贤使能"，实际上是奖励恶人。

针对封侯这件事情，孟子是如此回答的："曰：仁人之于弟也，不藏怒焉，不宿怨焉，亲爱之而已矣。亲之，欲其贵也；爱之，欲其富也。封之有庳，富贵之也。身为天子，弟为匹夫，可谓亲爱之乎？"（9：3）孟子认为，圣贤之人对待自己的弟弟，就不应该记仇，不应该愤怒，而是要爱他。如何爱他呢？就是要让他有显赫的社会地位，就是要让他富有。把象封到有庳，就是要保证象的富贵。舜身为天子，富贵于天下，怎么能看着自己的弟弟只

---

[1] 在民间流传的包拯包大人，铁面无私，这是对儒家文化传统的抗议，是普通民众对社会正义的呼唤。

是普通人呢？这是爱弟弟的表现吗？孟子没有回答舜为什么诛杀其他不仁之人，而厚待自己罪恶的弟弟。因为他无法回答。在孟子的话中，象在舜的眼里，没有任何罪行。不仅如此，舜身为天子，怎么能看着自己弟弟处于社会下层呢？封侯，这是舜爱象的表现。按照孟子的观点，不要说惩罚象了，如果不给象以特殊的待遇，就不能说舜爱象。按照孟子的逻辑，在现代社会，一个位居高官的人，是不是要用国家财产来使自己的弟弟以及亲属富贵显赫呢？这难道是儒家要强调的兄长爱护弟弟吗？弟弟更应该如此。如果弟弟做了高官，而自己的哥哥是普通百姓，这怎么能说弟弟尊重哥哥呢？一人升天，仙及鸡犬，这是对儒家思想的形象的描述。

当然，也许当时人看不过舜这么对待弟弟，为了给舜的行为辩护，就把舜的行为形容为表面上是封侯而实际上是流放。"敢问或曰放者，何谓也？曰：象不得有为于其国，天子使吏治其国而纳其贡税焉，故谓之放。岂得暴彼民哉？虽然，欲常常而见之，故源源而来，'不及贡，以政接于有庳'。此之谓也。"（9：3）有人说，这是流放，是什么意思呢？孟子回答说，象这个人不能在他的国土上有所作为，天子就派官吏来替他治理国家，缴纳贡税。所以有人说是流放。如此以来，象就无法暴虐他的百姓。即使如此，舜也想经常看到自己的弟弟，弟弟也经常到舜那里去。古书上说，不等到交贡的时候，就借口政事而接待象。按照孟子的说法，所谓流放，就是指派官员替象治理国家。象是在坐享其成。不仅如此，舜还特别照顾象，经常以政治的借口接见象。这不是腐败是什么呢？刘清平教授认为儒家容忍腐败不是没有根据。这与孔子所说的"子为父隐，父为子隐"互相映照。

为什么儒家哲学的极端结论是腐败呢？孔子与孟子都把自己的哲学思想推到了极端，甚至到了荒谬的地步。政府和天下百姓，在家庭利益面前，都是工具。韩非子批判儒家虚伪，也是有其深刻洞见的。墨家极力反对儒家，也有其自己的道理。儒家哲学与墨家思想是互相对立的，其对立表现在，一个以我们（我）为中心，一个以他人为中心。

第三部分

三维政治哲学理论

第四章
《诗经》、《尚书》与墨家政治神学[1]

《尚书》、《诗经》属于最古老的传统五经（《诗》、《书》、《礼》、《易》、《春秋》）。《诗经》这部书年代最早，它收录了商代到春秋中期以前的305篇诗篇，反映了当时社会生活多方面的概貌。《尚书》记载了夏、商、周上古时期政治生活，很多篇章保留了当时的政治公文面貌。毫无疑问，《尚书》具有极高的史料价值，是理解夏、商、周社会政治生活不可或缺的资源。在哲学上，《诗经》、《尚书》具有什么样的价值呢？在本章中，我将基于对《诗经》的篇章和《尚书》文本的解读来论证这么一种观点：《诗经》、《尚书》中所包含的哲学思想，与后来的道家、儒家、墨家、法家等相比，毫不逊色，具有一套完整的以"天"为核心的政治神学体系。本章要论述的有两点：

第一，挑战这么一种假设——即《诗经》、《尚书》是儒家经典著作，从而论证《诗经》、《尚书》实际上是墨家思想的源泉。真正继承了商朝和西周的文化和信念核心思想的是墨家，而不是儒家。

第二，在《尚书》中有一种全新的关于"革命"、"民主"（《尚书》词汇）的政治哲学思想：革命是基于天或者上帝的根基，而民主是天之子，其权威来源于天，其目的是服务于天下百姓的。"革命"、"民主"反映的是人与天之间的关系。这种思想已经几乎被彻底的遗忘。在二十世纪的中国，"革命"与"民主"可以说是政治思想和政治生活的核心。与之有关的争论，无论多么不同，总是涉及人与人之间的关系，是一个阶级为了自身的利益革另外一个阶级的命，是多数人争取自身权利的民主。

《诗经》在哲学史上没有得到足够的重视，往往被当作文学作品来对待；

---

[1] 在"近三十年中国哲学研究的发展：回顾与展望"的国际会议上（2010年6月27日），就本章的思路我作了发言。

至多认为《诗经》的片段表达了某些不成熟的哲学思想或萌芽。《尚书》，作为中国古代最古老的哲学著作，与后来先秦诸子百家的著作相比，在思想上和语言表达上，都是非常成熟和清晰的。但是，在当今学术界，与人们对于春秋战国诸子百家的重视程度相比，可以说，与《诗经》一样，《尚书》被自觉或者不自觉地忽视了。在中国古代哲学史的教材和论著中，《诗经》和《尚书》也是被边缘化的。这种被边缘化、被忽视，不是《诗经》和《尚书》本身的问题，而是我们自己的学术视野出了问题。由于受所谓"现代性"（甚至是几千年儒家思想）的影响，受西方哲学思想框架的约束，我们根据自己的"前见"或者"偏见"来阅读古代文献。我们当今文化和思想的视野所包含的假设使我们看不到在古代文本中非常明显而有价值的东西。这种"偏见"对超越它的视野的东西的反应表现在两个方面，一是"视而不见"，二是"固执己见"。这里我用两个故事来说明。

一位美国哲学教授2009年在武大讲学期间，曾经讲了这么一个故事。他的一位同事是物理学教授，讲授《光、色、视觉》（"Light, Color, and Vision"）这门课很多年了。有一个学期，他给很多艺术系的学生讲这门课。与以往一样，他把光谱仪设置好，让学生仔细观察并画下他们所看到的东西。当在批阅学生的作业的时候，他发现，学生不仅画了他所期待的光谱上的光线，而且有很多在光谱线之外其他的光线。他还发现，不仅仅是个别学生这么做。所以他怀疑是不是自己在课堂上把仪器设置错了。于是他重新设置光谱仪，想看看哪里出了问题。当他设置好仪器，审视光的图案时，他发现，学生所画的其他光线，本来就在那里，只不过他多年以来把它们作为无关紧要的东西，无视它们。他一直是以物理学家的眼光观察光谱，把注意力集中在他认为有关的东西上。但是，艺术系的学生背景不同，他们是从绘画的明暗角度来画他们看到的所有东西。这位物理学教授由于自己的"前见"而把自己眼睛部分地遮住了。

在我们做学问时，常见的情形是，我们并不一定都能像那位物理学教授那样，能够自觉地认识到自己的局限性。不仅如此，我们还会固执己见。乌龟有一个鱼朋友。他告诉这个鱼说，他刚刚从陆地爬行回到湖里面来。鱼说，"当然，你指的是游泳"，乌龟试图给鱼解释说，在陆地是不能游泳的，因为陆地是硬的，只能在上面走。但是，鱼坚持说，不可能有那样的东西，土地也应该像湖一样是液体，有波浪，而且，必须能跳水和游泳。这条鱼坚决否认任何自己不能理解、不能验证的东西[1]。所谓"固执己见",就是不愿意看到自己看到的东西,不愿意承认自己看到的东西。换成哲学的语言来说,固执己见就是认为自己是绝对正确的;凡是与自己的观点不同的东西,要么不存在,要么是错误的。

这两个故事告诉我们,阅读古代文献,不能凭主观臆断,不能把自己的观点强加在文本上,要听文本自己的"声音"。中国古代文本,作为一种现象,具有自己的内容和形式。我们首先要把自己所秉有的或者内在于我们之中的"现代性"假设悬置起来,让文本自身来显现自身。根据这一条原则,在阅读《诗经》和《尚书》时,我们要倾听中国上古政治家的声音,要同情性地理解,要尽可能地表述他们的思想。这种阅读古代文本的态度是不是说要还原出"原汁原味"的古代经典的含义呢?古代经典是不是具有独立于我们的内在的内容呢?古代经典有其自身独特的内容,但是这种内容不是不变、独立的物体,不是像一块石头那样在那里。我们悬置当前的视野和假设,是为了让古代文本在阅读中显现自身,而这种显现自身会突破我们现有的"前见"和"偏见",为我们提供一条新的思路。真正的理论创新和发现,不是发生在我们苦思冥想,无中生有中的,而是让事物本身在突破现有的"我们"的局限,从而显现自身的同时,成就新的"我们"。

本章的思路是这样的。首先,论证殷商和西周时期的以天命和"德"为核心的宗教信仰是政治理想的基础,敬天、孝祖、保民,这三者是殷周政治神学的基本概念。进而,利用作为反映殷商和西周生活的经典著作《诗经》来证实上述观点。再与《墨子》联系起来,论证真正继承殷商和西周主流思想的是墨家,不是孔子。在此基础上,主要对《尚书》进行解读,揭示《尚书》在精神实质上与《诗经》和《墨子》的相似性。

第一节 殷周的核心信念、《诗经》、《墨子》

1.1 "上帝"与"天"没有实质性的区别

陈荣捷花了十多年编辑了一本关于中国哲学的史料选集,并翻译成英文,

---

[1] Walpola Rahula, *What the Buddha Taught*, revised edition, with a forward by Paul Demieville, London and Bedford: The Gordon Fraser Gallery Ltd, 1978, p. 35.

1963 年由美国普林斯顿大学出版社出版。这本书对西方学术界学习和理解中国哲学和文化产生了非常大的影响。陈荣捷在这本书第一章宣称，如果用一个词来形容中国哲学的全部历史的话，那就是"人本主义"（humanism），并认为，从商朝到周朝，再到孔子，这是一个人本主义生长的过程，在孔子思想中达到了顶点[1]。陈荣捷所理解的"人本主义"是什么呢？"人，通过他的道德行为，现在能够控制他的命运"（man, through his moral deeds, could now control his own destiny）。"[2]陈荣捷所说的人本主义的生长或发展，实际上就是人逐渐抛弃了关于"上帝"和"天"的信仰，把思想的中心从天上转移到地上。他的话包含了这么一个非常重要的信息：孔子对于殷朝和周朝文化的继承，是有所选择的，那就是抛弃了关于上帝和天的信仰[3]。陈荣捷的观点可以解释《论语》中的一些话："子曰：周监於二代，郁郁乎文哉！吾从周。"（3：14）"子曰：行夏之时，乘殷之辂，服周之冕。"（15：11）[4]"子曰：述而不作，信而好古，窃比于我老彭。"（7：1）[5]孔子认为，周朝继承了夏商文化，而自己也希望承接下去。这就是他的"述而不作"。问题的关键是，孔子"述"的是什么？他不是毫无保留地"述"前代所有的东西，而是具有选择性的"述"。可以毫无争议地说，"仁"和"礼"属于《论语》的核心概念。孔子曾感叹说："我未见好仁者，恶不仁者。好仁者，无以尚之；恶不仁者，其为仁矣，不使不仁者加乎其身。有能一日用其力于仁矣乎？我未见力不足者。盖有之矣，我未之见也。"（4：6）这既是对于陈荣捷"人能够自己控制自己的命运"话的佐证，也表明了孔子的基本思维方式：人可以实现自己要实现的目标和理想。我们的问题是，孔子究竟抛弃了前代的哪些东西，而这些东西对于前人来说其重要性又如何呢？下面，我要论述的是，孔子没有继承的东西恰恰是夏商周人的核心信念，而这些信念后来又体现在普

---

[1] *A Source Book in Chinese Philosophy*, Princeton, NJ: Princeton University Press, 1963, pp. 3~4.

[2] *A Source Book in Chinese Philosophy*, Princeton, NJ: Princeton University Press, 1963, p. 4.

[3] 在"孔子是无神论者吗？"（2009 年武汉大学哲学学院中西比较哲学和比较文化观音湖会议发言稿）中，我论证说：就《论语》的核心体系而言，上帝或者天的存在是多余的，但是鬼神的存在却是必要的。孔子之所以有时候表达出对于天的信仰，那仅仅是一种习惯性用语，反映的是当时普通人对于天的真正的信仰，并不代表孔子真正信仰天或者上帝。

[4] 此句说明孔子对于西周的礼很重视。

[5] 这里我用的《论语》版本是杨伯峻译注的《论语》，中华书局 2008 年版。所引句子用数字来表明篇章，比如 3：14 是指第三篇第十四章。

第四章 《诗经》、《尚书》与墨家政治神学

通人身上。这一点反映在孔子之后的墨家思想之中。

我需要说明的是，有一个非常普遍的假设，即认为在殷朝，人们信奉"上帝"，但到了西周，逐渐信奉"天"。而且认为，天命说是周公旦提出的。陈荣捷认为，在商朝，"祖先或者被等同于上帝，或者被认为是为上帝传送请求的中介"，而在周朝，天成了最高的精神实在[1]。北京大学哲学系中国哲学史教研室编写的《中国哲学史》（上册）是这么说的："商奴隶主贵族，为了加强其统治，炮制了一个天上和人间、社会和自然的最高主宰'帝'或'上帝'，制造了政权神授的谎言。""周奴隶主贵族首先把'上帝'和祖先分开，加强了'上帝'这个至高无上的绝对权威，从而提出了'天命'说（天的意志或天的命令），来论证自己统治的合理性。"周公旦"为了巩固周王朝的统治，他采取了一系列的措施，发表了一整套思想统治的言论。'天命'说可以说是他炮制的"[2]。冯达文、郭齐勇主编的《新编中国哲学史》（上册）也认为，从商朝到西周，发生了"'帝'向'天'的转换"[3]。

我认为，无论是"帝"、"上帝"、"天"，在商朝和西周的时代，其含义都是差不多的，没有什么区别。天或者天命，在商朝就已经存在，而上帝在商朝以后更是一直存在于人们头脑和文献之中。在《诗经·商颂》中，我们可以看到，上帝与天没有区分。《诗经·商颂·烈祖》是商王祭祀先君的颂歌，其中有这样的句子："我受命溥将"（我接受天之命广而长久），"自天降康"（从天而降的和平）。[4]《诗经·商颂·玄鸟》是商王祭祀殷王武丁的乐歌。其中有这样的句子："天命玄鸟，降而生商，宅殷土芒芒。古帝命武汤。"上天命令黑燕降临，建立了商朝。上帝降命于商汤。这里我们看到上帝与上天都是一个意思。"商之先后，受命不殆。"殷商历代先君，接受天命不怠慢。这与西周所说的天命无异。"殷受命咸宜，百禄是何。"殷朝接受天命，称王于天下，蒙受天恩百福多。在《诗经·商颂·长发》中有类似的句子："帝立子生商"，"帝命不违"，"上帝是祇，帝命式于九围"，"何天之休"，"何天之龙"，"允也天子"。最后一句说，商汤不愧为天子。在《诗经·商颂·殷武》中，我们看到，"天命多辟"，"天命降监"的句子。显然，天命的思想不是周人的杜

---

[1] *A Source Book in Chinese Philosophy*, Princeton, NJ: Princeton University Press, 1963, p. 4.
[2] 北京大学哲学系中国哲学史教研室：《中国哲学史》（上册），中华书局1980年版，第7~9页。
[3] 冯达文、郭齐勇主编：《新编中国哲学史》（上册），人民出版社2004年版，第15页。
[4] 我用的版本是，姚小鸥著：《诗经译注》，当代世界出版社2009年版。

撰。所以，侯外庐等在《中国思想通史》（古代思想·第一卷）中是这么说的："周人在世界观方面并没有多大的成就，其所谓'天'与殷人所谓'帝'，字面虽有不同（其实周人亦习用'帝'字），实质上依然是'周因于殷礼'的人格至上神；其信'天'的说话，固不必论，即其怨骂'天'，怀疑'天'的说话，亦绝非出于无神论的否定态度，反而与殷人同样保持着有神论的传统。"[1]西周人习惯用"帝"，殷商习惯用"天"。《诗经》中反映西周人思想的诗篇中，多处可以看到"上帝"与"天"并举的例子，比如，"昊天上帝"（《诗经·大雅·云汉》）。因此，在上帝与天之间做区分，没有实质性的意义。

下面，我首先叙述一下侯外庐对于殷商和西周思想的论述，然后引用《诗经》来支持他的观点，再用《墨子》来作对照。这样做的目的是试图证明这么一个观点：真正继承殷商和西周文化核心思想的是墨子，不是孔子。就如侯外庐等人所说的，孔子"虽然依据了诗、书、礼、乐的全盘西周形式，但从积极意义上讲来，他具有改良古代宗教的精神"[2]。如果我们模仿陈荣捷的话，我们可以说，孔子用"人本主义"的精神内核改造了西周的诗书礼乐，消除了"天"、"帝"思想[3]。孔子的"作"是在有选择性的"述"之中体现出来的。

---

〔1〕 参看侯外庐、赵纪彬、杜国庠：《中国思想通史》（古代思想·第一卷），人民出版社2004年版，第36页。

〔2〕 参看侯外庐、赵纪彬、杜国庠：《中国思想通史》（古代思想·第一卷），人民出版社2004年版，第41页。

〔3〕 这不是说孔子以后的儒家不提上帝或者上天。如果真有如陈荣捷所说的人本主义思想的转变，那么，思想的转换是这样完成的：从殷商到孔子，不是天人关系的消失，而是从把天作为核心到把人作为重心来思考问题。也就是说，在儒家经典中，固然有很多关于天或者上帝的句子，固然祭祀天地和祖先，但是，在人们的心里，天地与祖先的地位几乎是一样的。或者这么说，人以自己为中心来对待所有的对象，包括天地鬼神等等。这种思维方式集中体现在中国人在一个庙里可以同时供奉不同的神灵。这不是中国人在宗教上的宽容态度，而是中国人太"实际"，其背后的含义是把自己的利益放到第一位：谁对于我有好处，我就祭祀谁，或者，祭祀越多越好，不知道谁真正帮助我。这种态度的背后，折射出的是"我"的利益。这在现象学上被称为偶像的产生。不信奉上天的人，未必不祭祀上天，而是在祭祀上天时，把天理解为"我"的利益的保护者。这可以解释为什么马克思、尼采、弗洛伊德等把宗教理解为人根据自己的需要创造出来的观点。这不是说宗教中的上帝可以在人们的头脑中产生，而是说人把自己作为一个衡量一切的尺度来接受其他一切的东西，包括上帝。上帝只能在利益的保护者这个角度显现自身。参看 Merold Westphal, *Suspicion and Faith: The Religious Uses of Modern Atheism*, Bronx, NY: Fordham University Press, 1998. Jean-Luc, Marion, *God without Being*, trans. Thomas Carlson, Chicago and Londong: The University of Chicago Press, 1991.

1.2 商朝人的"尊天事鬼";西周的德孝之分

侯外庐主编的《中国思想史纲》对于殷商和西周时代人的信仰概括是非常具有深刻洞见的。"殷人认为在叫做'下'的人的世界上面,还有叫做'上'的神的世界。他们按照当时社会中阶级对立的状况,幻想在'上'界里有一位至尊无上的大神'帝'(或称'上帝'),其属下有许多臣吏。殷人还崇拜一些自然神,如日、风、云、四方、上河等。对于祖先的奉祀也是宗教的重要部分,有时在祀典时上帝、自然神和祖先是不分别的。"[1]除去侯外庐按照阶级论所做的分析外,这几句话的含义是:其一,在殷朝人的思想中,有两个世界,一个是人的世界,另外一个是神的世界,而神的观念包括上帝、自然神以及祖先等;其二,祭祀的对象虽然有别,祭祀的方式可能是一样的,或者说一个祭祀可能是同时针对上帝、自然神以及祖先的;其三,殷人对于上帝、自然神以及祖先是有清晰的区分的,不会把自己的祖先当作上帝看[2]。在中国宗教文化中,祭祖固然重要,但是,对于自然神(比如山神、龙王等)以及上帝的祭祀,并不比祭祖的重要性低。侯外庐紧接着上面的话说,"殷人以为战败、疫病、噩梦等都是死去的祖先或者亲属作祟,因而必须经常举行祭祀,祈求福佑。王和贵族们有疑难事情一定要求神问卜,烧灼龟甲或兽骨,看甲骨上裂痕('兆')的形状,借以'决定'吉凶"[3]。祭祀祖先并非一定是出于孝心,很可能是为了消灾解难的。祭祀是人类世界与神的世界之间的一种沟通,祈求保佑或者消除灾难。祭祀是一种单方向的沟通,是人类向神表达自己愿望的活动。如何才能知道鬼神如何想的呢?对于这个世界将要发生的事情,人们无法预料,但是鬼神可以预知。希望鬼神告诉人类。这就是占卜的作用。祭祀与占卜都说明,人不是最有智慧的,也不是这个世界的中心。"史称商人尊天事鬼。"[4]殷商的"尊天事鬼",而"尊天、事鬼、爱人"则是《墨子》的核心思想。两者何其相似。

---

[1] 侯外庐主编:《中国思想史纲》,上海世纪出版集团2008年版,第22页。

[2] 曾经有学者认为,上帝就是祖先,在中国古代没有上帝的观念,因为中国人只知道祖先。这是完全错误的观念,是试图把自己的思想强加给古人的做法。在墨子哲学中,我们同样可以看到天、鬼、人之间的区分,也还有自然神的存在的观念。

[3] 侯外庐主编:《中国思想史纲》,上海世纪出版集团2008年版,第22~23页。

[4] 侯外庐主编:《中国思想史纲》,上海世纪出版集团2008年版,第23页。

在前面我们引用的《诗经·商颂》中已经看到，国家最高统治者是"天子"（"允也天子"）。侯外庐说："在周王国里，国家的最高统治者是王（或称'天子'）。"[1]西周的天命思想仅仅是对于殷商关于两个世界思想的继承。侯外庐是这么概括西周天命观的。"'天命'意即天的命令"。"奴隶制国家的统治者是承受天的命令来进行统治的，然而天只选择有'德'的贵族作人间的统治者。殷的先王由于对天敬畏，能够'经德秉哲'，所以得到天命；但到了末代殷王纣，却好酒失'德'，天就转而命令有'德'的周统治者把殷灭亡了。因此，殷的灭亡和周的继兴，完全出于天对'德'的统治者的喜好，因此也只有有'德'的统治者才有资格来配祀上帝。"[2]

那么，什么是"德"呢？"第一是敬天，即虔诚地崇奉上帝。第二是孝祖，即继承先王、先公的功业。第三是保民，即巩固对人民大众的统治。合乎这样的标准的贵族，就是有'德'；相反，就是失'德'。由此可见，'天命'和'德'这两个观念是有着宗教的兼伦理的联系的。"[3]在西周，"德"的含义更加接近后来墨子的思想。敬天、孝祖、保民的公式与尊天、事鬼、爱人几乎是一样的。需要特别强调的是，"'德'是对天而言，'孝'是对祖先而言。"[4]以德配天，就是要服从天命。这里的"德"与后来儒家（孔子）哲学中把德理解为人的一种道德修养和人格是完全不同的。在儒家哲学中，"德"的核心内涵是"孝"，而在西周人的思想中，"德"是人与天的关系，而"孝"是人与（先）人之间的关系。"德"首先是与天联系起来，然后体现在人与人之间的关系上，换言之，"德"的根源是天命，德的内容是保民或者兼爱。西周思想中的这两种关系，在孔子哲学中，后者吞噬了前者，消解了前者。这也是陈荣捷所说的人本主义思想成长的过程的结果。

1.3 《诗经》的政治神学思想

侯外庐对于殷商和西周的思想的概括准不准确呢？我们上面已经引用了《诗经》中的《商颂》。这里，我们再引用《诗经》中关于西周的思想，来证

---

[1] 侯外庐主编：《中国思想史纲》，上海世纪出版集团2008年版，第23页。
[2] 侯外庐主编：《中国思想史纲》，上海世纪出版集团2008年版，第24页。侯外庐应该是根据《尚书》的思想来概括西周天命观的。
[3] 侯外庐主编：《中国思想史纲》，上海世纪出版集团2008年版，第25页。
[4] 侯外庐主编：《中国思想史纲》，上海世纪出版集团2008年版，第25页。

明殷商和西周人在思想和信仰上没有发生根本性的变化。

侯外庐所说的"上""下"两个世界在《诗经》究竟是如何说的呢？在《大雅·皇矣》的开头，我们看到，"皇矣上帝，临下有赫。监观四方，求民之莫"，光明伟大的上帝，君临世界，监视整个天下，谋求人民的安定。上帝的"上"，与人类的"下"，是权威的关系，不是空间位置的差异。上帝无时无刻不监管着天下人，为的是谋求人民的幸福。这四句话，实际上与甲骨文中的"天"字的含义是一样的。在甲骨文中，"天"像人之正立形，突出其头部，即最上面的不是一横，而是一个代表人头的圆圈。这是什么意思呢？天是通过人表达出来的。天不是指天空。对于人来说，头是最高的。在人头之上的，显然是比人更高的权威。这就是"上天"的意思。殷商和西周也称为"上帝"。我们再次提醒，那种认为从殷商到西周有一个从"上帝"到"天"的转换的说法，是值得怀疑的，而且这种怀疑是有根据的（文本的和思想上的）。上帝与这个世界的关系是什么呢？上帝是爱护人民的，即"保民"。如何保民？这就引申出"天子"与"天命"的观念。天子是负有上帝之命在这个世界上的代理人，是为了谋求人民幸福的人。《皇矣》开头的四句话，可以说也是《墨子》哲学的核心思想："监观四方，求民之莫"，翻译成墨子的话，就是"兼爱"。保民，或者，兼爱，其根源不是来自于某个人，而是来自于上帝或者天。

天子的功能就是完成上帝的"监观四方，求民之莫"的任务。上帝对于人间所发生的一切都一目了然，上帝不是人间中的一员，他可以看到一切。所以，在《大雅·抑》中，有慎独的思想："相在尔室，尚不愧于屋漏。无曰'不显'，莫予云觏。神之格思，不可度思，矧可射思。"（《大雅·抑》）独处一室，要不愧于神灵。不要以为自己独自处于一个房间，没有人能看到，神灵能观察一切。神明的降临，无处不在，不可揣测神意。对于神灵不能有丝毫怠倦。在天子之上，有更高的权威，而且这个权威是时时刻刻在监视着君王的所作所为，甚至思想。这是多么可怕的负担！"昊天孔昭"（《大雅·抑》）：昊天在上，明察秋毫。既然天意不可揣测，不可察知，在这个世界上，"辟尔为德，俾臧俾嘉。淑慎尔止，不愆于仪，不僭不贼"（《大雅·抑》）。

要在行为、容貌、举止等方面符合礼仪，光明正大[1]。

天子与某一个统治者是不能划等号的。人可以服从上帝的命令，也可以不服从。《诗经》和《尚书》对此说的很多。比如，商汤是真正的天子，而纣则是一独夫，他们两个人身份的不同是与天的关系的不同造成的。也就是说，商汤有"德"，而殷纣失"德"。"德"的内容就是天命，就是保民，就是兼爱。《皇矣》叙述从殷商到西周的天命转换的时候，是这么说的："上帝耆之，憎其式廓。乃眷西顾，此维与宅。"上帝考察人间，憎恨殷商奸虐人民，于是钟爱地看着西边的周国，赐予他们土地。为什么上帝对于殷商和西周统治者的态度不一样呢？"帝迁明德"，上帝亲近明君。"天立厥配"，上天扶助明君（这里再次看到，上帝与上天是相通的）。上帝或者上天立有德之人为配。这个"配"或者"配天"与天或者上帝类似，都爱护天下百姓。只有天子才能与天为配，成为天在地上或者天下的代理人。天下是什么意思呢？从某种意义上说，可以指土地。土地是上帝赐予的，所以土地是属于上帝的。土地的功能就是用来供养百姓的，不仅统治者的权威或政权的合法性来自于天或者上帝，领土也是属于上帝或者上天的。这也是国际政治的一个基本原则[2]。《周颂·天作》也表达了类似的意思："天作高山，大王荒之。彼作矣，文王康之。"上天创造了巍峨的岐山，太王开拓并扩展它。太王已经建立了基业，文王继承了太王的事业。岐山是周建国的地方。这首诗没有赞美太王如何占据了一块土地，依靠自力更生，艰苦奋斗，扩大了疆土，建立了伟业，而是把岐山看作是上天赐给的礼物。国家的根基应该是天命，不是个人的智慧和品性。文王继承的既是太王的事业，也是天命。

上帝不仅"监观四方"，还直接命令天子[3]。在《皇矣》中几次提到"帝谓文王"。"帝谓文王，予怀明德，不大声以色，不长夏（戛）以革。不识不知，顺帝之则。"上帝对文王说，我喜欢明德之君。明德的内容是什么

---

[1] 这里所表达的神灵与人之间的关系实际上是逆意向性关系，即人意识到自己被一双自己看不见的眼睛所盯视，并对于自己的行为和思想进行评判。萨特在《存在与虚无》之中对此种关系有着经典的描述。这种逆意向性关系在《诗经》、《尚书》、《墨子》等典籍中表现得很突出。

[2] 在《超越民主：孟子的"民贵"思想》一文中（《比较哲学与比较文化》第二辑），我提到，在《孟子》的政治哲学中，土地或者国家不是属于人类的，是上天赐给人类，为人类谋求福利的。

[3] 在现象学中，这两种关系被称为"逆意向性"。参看 Merold Westphal, "Inverted Intentionality: On Being Seen and Being Addressed" in *Faith and Philosophy* (2009), Vol. 26, Issue 3.

呢？对下级，不发号施令、以权势压人；对别国，不依仗武力进行侵略。也就是说，不要利用权力和武力为自己服务。君王不要自作主张，要非常自然地（不识不知）服从上帝的命令。因此，明德有否定和肯定的方面：否定的方面是不以自己为中心，不凌驾于他人；肯定的方面就是要按照上帝的命令去做。"不识不知，顺帝之则"，讲的就是在伦理和宗教方面，最重要的不是自己去指定和发现什么行为规则，而是在自己的行动中实现最为明了、人人皆知的规则。"顺"，既是服从，也是贯彻。在"顺"之中，成就一个君王。

《大雅·大明》中表达了从殷商到西周的天命转移。"明明在下，赫赫在上。天难忱斯，不易维王。天位（立）殷适（敌），使不挟四方。"（《大雅·大明》）这段话的大意是，光明伟大的上帝在上，在下的君王应该勤勉圣明。上天之命难以测定，在位的君王应该如履薄冰，小心翼翼。由于纣王违背了上天的意志，成为上天的敌人，失去了统治四方的合法地位。这里说的与《大雅·皇矣》是一样的，有两个世界，上天与地上，君王应该意识到上天"监观四方"，勤勉执政。上天对于君王的行为无所不知，而君王对于上天的意志却难以测定。"天监在下，有命既集。"（《大雅·大明》）上天监察人间，把命（君王之位）赐予文王。"有命自天，命此文王。"（《大雅·大明》）大命从天而降，赐天命（君王地位）于文王。这与《大雅·文王》中说的"周虽旧邦，其命维新"是一个意思：虽然是古老的邦国，由于承受了天命，建立了新朝。文王是如何做的呢？"维此文王，小心翼翼。昭事上帝，聿怀多福。厥德不回，以受方国。"（《大雅·大明》）文王执政后，谨言慎行，侍奉上帝，行事光明（明明在下），因此得到上帝赐予的天禄（君王权威和权利）。牧野之战时，"上帝临女，无贰尔心"（《大雅·大明》）意思是上帝在天保佑你们，不要怀有二心，要奋勇杀敌（殷商）。西周战败殷商，凭借的不单单是自己的武力，更重要的是天命的转移。这里我们还注意到，"上帝"与"天"是并列的，没有实质性的区别。

在《大雅·文王》中，有"天命靡常"的著名命题。对于这个命题有一种误解，说它包含了是对于天命怀疑甚至否定的态度。实际上，这个命题恰恰说明天命本身的特点。"假哉天命"（《文王》），天命的伟大，就在于它不能等同于任何人的意志，这是天命的超越性。"上天之载，无声无臭"（《文王》），这与"天命靡常"是一个意思。上天的意志，难测难知。这不是对上天的怀疑，而是强调在上帝面前，要诚惶诚恐，竭尽全力，侍奉上天。如何才能够使得上天满意，这是君王的首要职责。文王对此有清醒的认识。"无念尔祖，聿修厥德。永言配命，自求多福。殷之未丧师，克配上帝。宜鉴于殷，骏命不易。"（《文王》）殷商之初，以德配天。后因其失德，天命转移，因此要以殷商为镜。

在《大雅·荡》中，是这样表达天命靡常的："荡荡上帝，下民之辟。疾威上帝，其命多辟。天生烝民，其命匪谌。靡不有初，鲜克有终"（《大雅·荡》）。前四句话是以怨恨的口气表达出对作为最高权威的上帝的惩罚的不可理解。后面的话是说，上天之命，难测难寻，从古到今，天命开始降临，但是没有几个能善终的。意思是说，终被天所弃。上天对于人间的恶行是要惩罚的。如何惩罚呢？"天方艰难，曰丧厥国。取譬不远，昊天不忒。"（《大雅·抑》）上天降下灾害，国家灭亡，这样的事例非常之近（殷商的命运）。高高在上的上帝，赏罚不爽。在《大雅·桑柔》中，我们看到此类的哀叹，意思是"我生不辰，逢天僤怒"，意思是我生不逢时，苍天对于人间之恶非常震怒。"天降丧乱，灭我立（粒）王。降此蟊贼，稼穑卒痒。"意思是上天降下祸乱，灭我五谷之王。上天降下虫害，庄稼都受害。"倬彼昊天，宁不我矜"意思是昊天在上，怎么不可怜我的痛苦？此句与"荡荡上帝，下民之辟。疾威上帝，其命多辟"（《大雅·荡》）非常类似。"国步蔑资，天不我将"（《大雅·桑柔》）意思是国运艰难，无可求助，昊天在上，不相辅助。而在《大雅·板》中，还多次提到上帝的惩罚。"天之方艰，无然宪宪"（《大雅·板》）意思是上天降灾，下土之人，无可欢喜。"天之方虐，无然谑谑"（《大雅·板》）意思是上天降祸，人民无可戏乐。"天之方懠，无为夸毗"意思是上天将大怒，不能再如以往侍奉君王。"敬天之怒，无敢戏豫。敬天之渝，无敢驰驱。昊天曰明，及尔出王。昊天曰旦，及尔游衍。"（《大雅·板》）意为对于天之怒，要敬畏，不可当做儿戏。敬畏天意，不能恣意妄为。上天在上，明察秋毫，对于自己所做的一切，都要小心翼翼，不可无度。在《大雅·云汉》中，把大旱（"旱既太甚"）看作是上帝的惩罚，如"昊天上帝，则不我遗"；"昊天上帝，宁俾我遁"；"昊天上帝，则不我虞"；"瞻卬昊天，云如何里"；"瞻卬昊天，曷惠其宁"（《大雅·云汉》）。上天啊，你为什么降下大旱，让我们生活困苦，对我们不管不问，我是多么的忧愁，希望你赐给我们安宁。把自然灾害看作是上帝对于人行为的惩罚，以及人与上帝之间的关系是一种被监管和监管的关系，这在《墨子》中有着突出的表达，而在《论

第四章 《诗经》、《尚书》与墨家政治神学

语》的主体思想中是没有的。

前面我们看到，侯外庐认为，"德"是对天而言的。在《大雅·烝民》中有这样的表达。"烝民"是指人类，这里的"民"是人的意思。"天生烝民，有物有则。民之秉彝，好是懿德。天监有周，昭假于下。保兹天子，生仲山甫。"（《大雅·烝民》这首诗是赞美仲山甫的。仲山甫是上天赐予周王朝的一个礼物，协助周宣王治理国家。在天与天子之间，天子与仲山甫之间，都是一个"德"字联系起来的。天创造了人类。而世间万事万物都有其遵循的规则或准则，人类应该秉有的是爱好美德。上天监察周王朝，光明之光降临人间，周王承接天命，统治天下。"昭假于下"可以理解为赐给周王天命。周王的统治是建立在天意的基础上的。一人不可能治理整个天下，需要贤良之臣来辅助。仲山甫可以被看作是"三公"、"诸侯"等的代表。在《墨子·尚同》篇中，我们看到设立天子之后，派"三公"等协助天子治理天下。臣之所以侍奉天子，就其根本原因而言，是侍奉上天。政权的合法性来自于上天。美德的体现就在于如何服务人类，而服务人类就是服从上天的命令。"夙夜匪解，以事一人"（《大雅·烝民》）意为日夜为政，不敢懈怠，勤勤恳恳侍奉一人。表面上看，这是描述仲山甫如何侍奉周宣王，而事实上，仲山甫对于周宣王的忠诚，就是对于上天的忠诚，因为天子是上天在这个世界上的代理人。

在《大雅·江汉》篇，通过对于天子的赞美和祝福，表达的不仅仅是对天子本人歌颂："明明天子，令闻不已。矢其文德，洽此四国。"（《大雅·江汉》）勤勉的天子，美名远扬，这是因为他用礼乐教化天下，协和万邦。"天子万寿"、"天子万年"（《大雅·江汉》），不是指天子本人永生不死，而是指天子之德光芒四射。把"德"与天命联系起来，就能明白人与天之间的关系。可以这么说，"德"的意思是指"得到天命"。既然是得到天命，也能失去天命。失德就是失天命。我们今天说的"以德治国"，在《诗经》中，"德"不仅仅是个人修养的品德，更主要的是指来自于天的命令。以德治国，就是要把政治权威建立在天命的基础上，不是依赖于政治家的个人品行和修养。对此，在《周颂·昊天有成命》、《维天之命》等诗篇中表达的非常清楚。"昊天有成命，而后受之。成王不敢康，夙夜基命宥密。於缉熙，单厥心，肆其靖之。"（《周颂·昊天有成命》）伟大的上天有其定命，文武二王承而接之。周成王不敢自己安乐，日日夜夜恭恭敬敬侍奉天命。多么光明正大的周成王，

诚实而仁厚，因此天下和平安宁。

《维天之命》是周公摄政五年之末所作，它更能体现西周的核心思想。"维天之命，於穆不已。於乎不（丕）显，文王之德之纯。假以溢（谧）我，我其收之。骏惠我文王，曾孙笃之。"（《周颂·维天之命》）文王受命于天，始能得天下。天命高高在上，从没有停止过，这是因为文王之德纯净无杂，伟大而显赫。国家的安宁是与文王之德分不开的，周王朝的子孙后代应该承接与奉行文王之德。这里，我们看到，对于周公来说，天命是与文王之德联系在一起的。这首诗包含了侯外庐所说的德的三个内涵：敬天、孝祖、保民。周公一开始就表达了对于天命的敬畏，进而赞美文王之德的伟大，表示要继承和奉行文王之德，这是孝祖与保民。

德与孝既区分，又因天命而联系在一起。"我将我享，维羊维牛，维天其右之。仪式刑文王之典，日靖四方。伊嘏文王，既右飨之。我其夙夜，畏天之威，于时保之。"（《周颂·我将》）这是武王出兵伐纣前，祭祀上帝与文王，祈求保佑的乐歌。与《维天之命》在格式上非常相似，先是敬天，再是孝祖。天在先，祖在后，畏天敬祖。诗词说，我用肥壮的牛羊来祭祀，期盼上帝来保佑周邦。效法文王之德（典），日日谋划平定四方（天下）。敬畏天命，希望上天保佑周王朝。这里，武王伐纣被看作是替天行道，继承文王事业，安定四方的战争。这又是一个敬畏天命，孝顺祖先，爱护天下人的德的内涵的展示。

《周颂·思文》是祭祀周人始祖的乐歌，反映的思想也是"德"的三个内涵。"思文后稷，克配彼天。立我烝民，莫匪尔极。贻我来牟，帝命率育。无此疆尔界，陈常于时夏。"后稷祖，其德配天。为我众多百姓谋求安定，万众奉为准则。上天通过后稷祖赐给我们大麦小麦，养育人类。不分彼此之疆界，周王施行农政于天下。这首诗以纪念后稷为引子，表达了天命之德的含义：为人类谋求福利。后稷祖，德配上天：德就是为人类谋福利的。谋天下之大利，不分你我，都是天之臣民。正是在这个意义上，后稷祖的"德"与天之德相似。后稷祖为普天之下之楷模，因为他与上天一样，把天下人看作是一家，为人类服务。这与《墨子》中谋天下之大利的意思是一样的。

以德配天，这个德不是指个人修养好，而是指模仿天之养育天下人之德。因此，德在其源初的意义上，适用于天或者上帝，其次，才用于为天的代理人——天子。天命，就是替天行道，就是为天下人谋和平和福利。尽管德是对天而言，孝是对祖先而言，但是，在继承祖先所具有的德或天命的意义上，孝的内容与德的内容是一致的，孝应该基于德。两者不是分开或者并行的。而保民（民指普天下人）则更进一步说出了天命与德以及孝的含义。

前面，我们看到，侯外庐等认为，即使那些怨骂的诗句也不是否定天或者上帝的无神论思想。恰恰相反，这些怨恨和责骂之所以有意义，必须以天命思想为前提。这里，我们来看几首这样的诗歌。

《小雅·小弁》有这样的话："民莫不穀，我独于罹。何辜于天？我罪伊何？"人们的生活都很美好，唯独我在遭受患难，我哪里得罪了上天？我的罪过是什么呢？"不属于毛，不罹于里。天之生我，我辰安在？"没有父亲做依靠，没有母亲来依附。上天生了我，我的好运在哪里？

《小雅·巧言》："悠悠昊天，曰父母且。无罪无辜，乱如此幠。昊天已威，予慎无罪。昊天大幠，予慎无辜。"高高在上的苍天，就如生我的父母。我没有任何过错，为什么遭受这般的大祸。昊天发怒太可怕，我是真的无罪。昊天真是糊涂，我的确无辜。

《小雅·巷伯》："苍天苍天，视彼骄人，矜此劳人"。高高在上的苍天，难道你没看到骄横之人胡作非为？可怜那些遭受中伤的人啊。

《小雅·小旻》："旻天疾威，敷于下土"。老天真是暴虐，灾难散布人间。

《小雅·节南山》："天方荐瘥，丧乱弘多"（上天正在降灾难，死伤祸乱实在多）；"不吊昊天，不宜空我师"（上天如此不善良，不应该困顿我民众）；"昊天不傭，降此鞠讻。昊天不惠，降此大戾"（苍天如此不公平，降下如此大灾难。上天如此不仁义，降下如此暴戾之人）；"不吊昊天，乱靡有定"（上天不仁慈，动乱没有停止过）；"昊天不平，我王不宁"（上天太不公平，真让我王不安宁）。

《小雅·雨无正》："浩浩昊天，不骏其德。降丧饥馑，斩伐四国。旻天疾威，弗虑弗图。舍彼有罪，既伏其辜。若此无罪，沦胥以铺。"这是一篇讽刺周幽王的诗。从字面上看，它的意思是，上天如此不公平，对于有罪之人，熟视无睹，眼看着他们残害那些无罪之人，上天不顾百姓死活，降下天灾人祸，百姓死亡无数。其深层含义可能是说，上天啊，你为何不管百姓的死活，对周幽王不惩罚，任其蹂躏百姓。在这首诗中，作者对于群臣是这么说的："凡百君子，各敬尔身。胡不相畏，不畏于天"：朝廷内外诸位官员，个个自私自利，你们可以不畏惧他人如何看自己，难道也不畏天吗？这表明，作者对于天的怨言是基于对于天的信仰的。

从上面所说的，我们可以看到，在殷商和西周，人们是相信天命的。天命是政治的基础，是德政的内容。不理解天命，就不理解上古时期的政治生活。敬畏天命、孝祖、保民，在孔子之后，谁继承了呢？最明显不过的就是《墨子》。侯外庐说："从对待传统文化的态度看，孔子全盘依据了诗书礼乐而加以改造，墨子则反对礼乐而改造了诗书。"[1]孔子与墨子的区分不在于如何对待诗书礼乐，而在于如何对待天人关系的问题，天是中心还是人是中心？孔子依据"孝"的概念，继承了西周的诗书礼乐，换言之，孔子依据人本主义，对西周诗书礼乐进行了传述。而墨子则继承了殷商和西周的政治神学，认为天命是人类生活的核心。这主要表现在墨子的"尊天、事鬼、爱人"的思想之中。

1.4 《墨子》与《诗经》政治神学的相似性

下面，我们就《墨子》的主要思想做一个简单叙述，目的就是要表明殷商和西周思想的继承者是墨子。在论述了《墨子》与殷商和西周思想关系之后，在本章的第二部分，我们就非常明白地看到，《尚书》也是墨家思想的一个源泉，是墨家经典之一。

在《诗经·大雅·烝民》中说"天生烝民，有物有则。民之秉彝，好是懿德"。在《墨子·法仪》篇中，"子墨子曰：天下从事者，不可以无法仪"[2]。在政治上，这个法仪是什么呢？就是天。以天为楷模，因为天具有不德之德。"莫若法天。天之行广而无私，其施厚而不德，其明久而不衰，故圣王法之。既以天为法，动作有为，必度于天。天之所欲则为之，天所不欲则止。然而天何欲何恶者也？天必欲人之相爱相利，而不欲人之相恶相贼也。奚以知天之欲人之相爱相利，而不欲人之相恶相贼也？以其兼而爱之，兼而利之也。奚以知天兼而爱之，兼而利之？以其兼而有之，兼而食之。"（《墨子·法仪》）最后一句与《诗经·周颂·思文》中说的"贻我来牟，帝命率育。无此疆尔界，陈常于时夏"非常相似。天之大德就在于泛爱人类。君王应该模

---

[1] 侯外庐主编：《中国思想史纲》，上海世纪出版集团2008年版，第38页。
[2] 我用的《墨子》版本是王焕镳等注释的《墨子校释》，浙江古籍出版社1987年版。

仿天之大德。君王之德，在其根本意义上，就是天之爱。所以，兼爱有两重意义，一是天之兼爱，二是人之兼爱。这两种兼爱，其含义是不同的。天是真正的无私之爱，只有天才能做得到。人只能模仿天，遵循一个外在的规则。以天为准则，就是天命。天命令人兼爱。

墨子的"尚贤"思想是以兼爱为基础的。"故古圣王以审以尚贤使能为政，而取法于天。虽天亦不辩贫富、贵贱、远迩、亲疏，贤者举而尚之，不肖者抑而废之"（《墨子·尚贤》）。这些古圣王是谁呢？"昔者三代圣王尧舜禹汤文武者是也"。"其为政乎天下也，兼而爱之，从而利之；又率天下之万民，以尚尊天事鬼，爱利万民"（《墨子·尚贤》）。尊天事鬼，爱利万民，这与《诗经》中说的是一回事。尚贤最显著的例子就是天选贤能之人为天子。在《尚同》篇中，墨子论证说，政治制度的起源不可能来自于人类本身，因为"一人一义，十人十义，百人百义。其人数兹众，其所谓义者亦兹众。是以人是其义，而非人之义，故相交非也"；"天下之乱，至如禽兽然"；"明乎民之无正长以一同天下之义，而天下乱也，是故选择天下贤良、圣知、辩慧之人，立为天子。"（《墨子·尚同》）上天不愿看到人类互相伤害。天子是协助天治理天下的。在《诗经·大雅·烝民》中，上天派仲山甫来辅助天子治理国家（"保兹天子，生仲山甫"）。在《墨子·尚同》篇，我们看到类似的话，"天子既以立矣，以为唯其耳目之请，不能独一同天下之义，是故选择天下赞阅贤良、圣知、辩慧之人，置以为三公，与从事乎一同天下之义"。这里的义就是天意，就是天命，就是兼爱。墨子特别强调，"天下既已治，天子又总天下之义以尚同于天"（《墨子·尚同》）。天志、天意，是政治的基础。

《墨子·天志》篇认为有两种政治，一种是"其事：上尊天，中事鬼神，下爱人"，另外一种是"其事：上诟天，中诟鬼，下贼人"。实行前一种政治的是"圣王尧舜禹汤文武"，实行后一种统治的是"暴王桀纣幽厉"。"故昔者三代圣王禹汤文武，欲以天之为政于天子"，准备了很多牺牲品，"以祭祀上帝鬼神而求祈福于天"。[1] 那么天意是什么呢？"故天意曰：此之我所爱，兼而爱之，我所利，兼而利之。爱人者此为博焉，利人者此为厚焉"（《墨子·天志》）。圣王所做的就是要尊天、事鬼神、爱人。与《诗经》一样，墨子认

---

[1] 这里我们看到，即使在春秋之末，人们对于上帝和天也是不分的。《墨子》在同一句话中同时用上帝与天。

为，上天对于人的行为是赏罚不爽。"顺天意者，兼相爱，交相利，必得赏；反天意者，别相恶，交相贼，必得罚"（《墨子·天志》）。所以，要敬畏天意。

墨子讲畏天，《诗经·皇矣》说"皇矣上帝，临下有赫。监观四方，求民之莫"。在《墨子·天志》篇，墨子说，人们知小不知大，为什么呢？倘若一个人得罪了"家长"，"亲戚、兄弟、所知识共相儆戒"，故不能得罪"家长"。倘若在一国之中，一人得罪了国君，人们也会警告他，要敬畏国君。得罪了"家长"，"犹有邻家所避逃之"，得罪了国君，"犹有邻国所避逃之"，所以，人们就警告说，不能得罪这些权威。这仅仅是"知小"。"此有所避逃之者也，相儆戒犹若此其厚；况无所避逃之者，相儆戒岂不愈然后可哉？且语言有之曰：焉而晏日焉而得罪，将恶避逃之？曰：无所避逃之。夫天不可林谷幽门（间）无人，明必见之。然而天下之士君子之于天也，忽然不知以相儆戒"（《墨子·天志》）。得罪了天，是无法逃避的，因为藏身于山林深谷也逃避不了上天的眼睛。人应该自觉到时时刻刻被上天"监观"。用现代哲学的语言，这是一种逆意向性关系，被注视，而看不见对方。

墨子讲圣人之德，"《周颂》道之曰：'圣人之德，若天之高，若地之普，其有昭于天下也；若地之固，若山之承；不坼不崩；若日之光，若月之明，与天地同常'。则此言圣人之德章明博大，埴固以修久也。故圣人之德，盖总乎天地者也"（《墨子·尚贤》）。为什么这么说呢？墨子认为，禹、后稷、皋陶三圣人，"谨其言，慎其行，精其思虑，索天下之隐事遗利，以上事天，则天乡（享）其德，下施之万民，万民被其利。终身无已"（《墨子·尚贤》）。圣人之德，上事天，下利民，这与前面我们看到殷商西周所讲的德的含义（敬天、孝祖、保民）是非常相近的。换言之，圣人之德就是模仿上天，因为"天之行广而无私，其施厚而不德，其明久而不衰，故圣王法之。既以天为法，动作有为，必度于天"（《墨子·法仪》）。圣人之德与天地同久，在于此德就是爱或者兼爱。

第二节 《尚书》的政治神学思想

2.1 《虞夏书》：敬畏天命

在上面，我利用思想史的材料和对《诗经》的解读，来说明《墨子》的

第四章 《诗经》、《尚书》与墨家政治神学

思想有其根源,那就是,墨家思想实际上是继承了殷商和西周的主流思想和信仰——天命观。在这一部分,我将论述《尚书》与《诗经》一样,反映的是殷商和西周的政治神学思想,是墨家思想的先驱。有了前面的铺衬,把《尚书》理解为墨家经典就不会感到突兀。

我们先看看《尚书·虞夏书·尧典》[1]中的思想。《尧典》一开始就对于尧的德政给予了高度的赞扬:"允恭克让,光被四表,格于上下。克明俊德,以亲九族;九族既睦,平章百姓;百姓昭明,协和万邦;黎民于变(弁)时(是)雍"。对尧的德的赞美与《墨子》中所引用的《周颂》对圣王的歌颂是一样的。那么,尧的德主要体现在哪里呢?充溢天地之美德不仅仅是个人人格的魅力,更主要的是显现在政治生活之中。"克明俊德"的含义,就在于"亲九族"、"平章百姓"、"协和万邦",其结果是"黎民"百姓乐美亲善,生活安定,风俗纯美。这一段文字,可以说,与《论语》《孟子》所表达的道德与政治一体的思想是一致的。人生的意义就在道德与政治生活实践之中,政治生活是道德理念的最高体现。但是,在对于尧的具体活动进行描述时,我们看到,尧之德体现在敬天、尚贤之中。思维的中心从人转变到天。正是由于这种描述上的转变,我们才能真正理解第一段文字对于尧之德的赞美与墨子所引用的《周颂》之间的关系。

对于尧的观象授时活动,今天的学者只把眼光放到其天文学上的意义,而失去了这样一层更根本的含义:在尧的时代,人们对于自然的态度是体现在更大的一个关系之中,即天人关系。"乃命羲和,钦若昊天历象,日月星辰,敬授民时。"我们先看看慕平是怎么翻译这句话的:"于是任命羲氏、和氏按照日月星辰的运转来认识天象,把观察、总结出的节令告诉人民,以安排农时,方便耕种。"[2]我们来直译这句话:于是命令羲氏与和氏,恭敬地按照昊天的历象(日月星辰),传授老百姓节令的知识。在慕平的翻译中,"钦"和"敬"以及"昊天"的意思消失了。正是因为这种故意的"消失",突出了我们现代人眼中的"天"与尧时代人眼中的"昊天"的区分。"昊天"不仅仅是指天空广大无限的意思。我们前面已经看到,在《诗经》中"昊天"与"天"和"上帝"都是一个意思,比如"天方艰难,曰丧厥国。

---

[1] 我用的版本是慕平译注的《尚书》,中华书局2009年版。
[2] 慕平译注:《尚书》,中华书局2009年版,第4页。

取譬不远，昊天不忒"（《诗经·大雅·抑》），昊天赏罚不爽。对于"昊天"，我们必须要以"钦"和"敬"的态度对待，而对于物质的自然之天（自然界），当然无需恭敬了。"敬畏自然"，这是一个自相矛盾的命题：人对于物质是不会敬畏的，因为物质低于人类。在尧的时代，人们对于日月星辰，对于昊天，是怀着敬畏的态度去认识的，而不是作为一个纯粹的物质对象（objects）去进行观察研究的。当时的"观象授时"与我们今天的天文学和气象学都不是一个意义，其本质上的区别类似于这样的例子：一个父亲在他儿子眼中是作为父亲出现的呢，还是作为解剖台上的尸体出现的？儿子对于父亲的言行的观察都是在敬畏的关系中实现的，他不会把自己的父亲看作是一个活僵尸或者机器人。慕平没有把"钦"、"敬"以及"昊天"翻译出来，是因为戴了当代人的眼镜来阅读文本的，就如在引言中我提到的那个物理学教授。这种区别在关于春夏秋冬的叙述中更加明白。

"分命羲仲宅嵎夷曰旸谷，寅宾出日，平秩东作。"（《尧典》）这句话的意思是，任命羲仲在遥远的东方旸谷这个地方，恭敬地主持对日出的宾礼祭祀，使得春耕有次序。意思是，春天来了，白天与黑夜一样长，阳光给大地送来温暖，万物复苏，春耕季节已到，感谢太阳使得春天农活顺利进行。"申命羲叔宅南交，平秩南为，敬致。"（《尧典》）按照慕平的说话，此句中"敬致"是残文，当在"平秩南为"之前，与前面的"寅宾出日"句型是一样的。大概意思是，又任命羲叔在遥远的南交之地，主持对太阳的敬致之礼，使得夏天的农活井然有序。这句话可能是说，夏天艳阳高照，正是农作物生长的季节，感谢太阳普照大地。也许古人已经意识到强烈的阳光与农作物的生长不可分。"分命和仲宅西曰昧谷，寅饯纳日，平秩西成。"（《尧典》）任命和仲在遥远的西方日落之处昧谷，恭敬地送太阳入昧谷，使得秋天收割季节顺利进行。"申命和叔宅朔方曰幽都，平在朔易。"（《尧典》）又任命和叔在北方很远的幽都，引导冬天的农作活动。在前三句，太阳从明亮的地方（旸谷）出来，到南交（应该是正上方，比较近的地方）到昏暗的地方（昧谷）落下，阳光从温暖，到炎热，到暖和，太阳的移动与季节的交替，已经和农业生产联系在一起。春夏秋，三个季节，都有祭祀活动，感谢阳光的强弱程度与农业生长一致。而在冬天，当太阳居住在黑暗的幽都的时候，就没有祭祀活动了。农业生产和作物生长与季节有关，而季节与阳光的位置和强弱有关。这说明，在当时人的眼里，太阳从旸谷到南交，到昧谷，最后到幽都，与季节变化、作物生长、鸟兽成长等有密切的关联。这种关联，不是我们今天所理解的科学的自然关系。这些都与"昊天"有关。自然的关系被理解为一种礼物。祭祀太阳，感谢太阳，就是希望昊天赐予风调雨顺的好季节。春天炎热，夏天温暖，秋天寒冷，这都不正常。不正常的天气变化，被看作是惩罚。对于天一定要恭敬，要小心翼翼。这不仅仅体现在人与自然的关系上。还体现在政治管理上。

《尧典》紧接着就对尧的"尚贤"思想做了叙述。在尧的眼里，"德"是与天命联系在一起的。"允厘百工，庶绩咸熙。帝曰：畴咨若时登庸？放齐曰：胤子朱启明。帝曰：吁！嚚讼可乎？帝曰：畴咨若予采？驩兜曰：都！共工方（旁）鸠僝功。帝曰：吁！静言庸违，象恭滔天。"在这段话里，尧问了两个问题，第一个是谁可以被提拔任用？第二个是谁能做天子？当放齐回答说，尧的儿子可以被提拔时，尧说，他的儿子朱愚顽而凶狠，是不能被任用的。这表明，尧在政治上不考虑裙带关系，父子关系不能影响政治，因为政治超越了家庭利益。当驩兜说共工广聚众力，展示事功，可以胜任天子职位的时候，尧认为共工会说好话，行为邪僻，表面恭恭敬敬，实际上不信天命（滔天）。共工不能胜任天子职位，最重要的是他对上天不敬畏。这里可以看出，在尧的眼里，无论是高级官员，还是最高领袖，在考虑合适人选的时候，要超越自己个人的情感和利益，因为这些职位不是属于某个人的，而是属于上天的。朱与共工，都不符合尚贤（墨子）的标准。

鲧治理洪水的例子，也是与敬畏天命有关的。当尧问谁能治理大水的时候，大家都说鲧可以。尧认为，此人乖戾，常逆天行事（"方命"）。尽管得到了大臣们的推荐，鲧治理洪水九年无功。为什么呢？在《尚书·洪范》中，我们能找到与之有关的段落："箕子乃言曰：我闻在昔，鲧陻洪水，汩陈其五行，帝乃震怒，不畀洪范九畴，彝伦攸斁。鲧则殛死，禹乃嗣兴，天乃锡禹洪范九畴，彝伦攸叙。"（《洪范》）鲧堵塞洪水，把五行搞乱了，天帝大怒，不赐给他洪范九畴，终因失败而被诛。其子禹继承父业，上天把洪范九畴传授给他，天下才得到治理。这里，我们可以看出，上天对不敬者不予以协助。箕子的话是对武王所不解的"惟天阴骘下民，相协厥居"这句话的解释。而箕子的话与《尧典》中尧的话结合起来，我们就更能明白鲧为什么如此行事，为何他得不到上天的协助，为何他的儿子禹却能得到上天的恩惠。

尧是如何发现舜的呢？"帝曰：四岳，朕在位七十载，汝能庸（用）命巽朕位。岳曰：否德，忝帝位。曰：明明扬侧陋。师锡（赐）帝曰：有鳏在下，曰虞舜。帝曰：俞！予闻，如何？岳曰：父顽母嚚，象傲。克谐以孝，烝烝乂，不格奸。帝曰：我其试哉。"(《尧典》) 尧对四岳说，你能"用命"，可以继承我的位置。这里没有对命的具体含义做解释，或是尧的命令，或是天命。无论是尧的还是天的命令都一样，因为尧是天子，执行的是天命。四岳认为自己没有德，不能胜任这个职位。那么，这个德是什么呢？下面从推荐舜的语言中，我们就明白了。众臣推荐民间的舜。舜为什么有名呢？舜的父亲是个盲人，父母以及他的弟弟都愚顽凶狠（他弟弟一直要杀害他），对舜很不好，但是，舜却不计较这些，不记恨，不报复，对父母兄弟始终很好。最突出的是"孝"：用自己孝的行动感动了家庭。这一段文字一直被认为体现了儒家的"孝"，被儒家作为典型例子来宣扬孝德。难道尧仅仅是因为舜孝顺亲生父亲和继母、爱自己异母同父的弟弟而尝试着用舜吗？舜的行为实际上超越了孝德。用我们今天的话说，父母兄弟都是道德败坏的人，但是，舜既不计较他们对自己多坏，也不管他们自己是什么样的人，始终爱着他们，孝顺父母，（尽管没有血缘关系）爱护兄弟。舜的行为体现了真正的爱：真正的爱是，无论对方是什么样的人，我都爱他们。舜的弟弟一直想害舜，可以说，舜的弟弟是舜的敌人，但是舜却没有因此而减少对他异母同父的弟弟的爱。这与一般人的自然情感是不一样的。以德报德，以恶报恶，这是自然情感。舜违背了自然情感。用墨子的话说，舜体现的是兼爱。兼爱不是不爱自己的父母，而是"爱由亲始"。在第三章的第八节，我们看到，在《孟子·滕文公章句上》第五章，墨家学者夷之反驳孟子说："之则以为爱无差等，施由亲始。"(5：5) 夷之的意思是，爱是平等的，没有先后上下厚薄之分，对待任何人都一样，只不过是从爱父母开始[1]。兼爱是爱所有的人，但是，对不同的人爱的方式不一样。如果说，兼爱是爱邻居，爱最先碰到的人的话，那么，父母兄弟是第一个碰到的人，所以爱父母兄弟是兼爱实行的第一步。因此，舜的德可以被解释为兼爱，而不仅仅是孝。就如同《墨子》中说的，正因为有了兼爱，子对父孝，父对子慈，弟对兄敬，兄对弟爱。前面我们看到，对于墨子而言，兼爱的根源在于天意天志。

---

[1] 杨伯峻：《孟子译注》，中国书局1988年版。下面引用《孟子》将用数字表明篇章，比如5：5是指《滕文公章句上》第五章。

在舜继承了帝位后,他首先做的是什么呢?"肆类于上帝,禋于六宗,望于山川,遍于群神,辑五瑞。"(《尧典》)首先是祭天(类礼),然后是祭六代祖先(禋祀),然后是祭山川之神(望礼),祀礼遍及群神。祭祀上帝与祭祀祖先是不一样的礼仪,尽管有时会一起祭祀。这就是敬天、孝祖。这与我们前面看到的侯外庐关于殷商人的信仰是一样的:"殷人还崇拜一些自然神,如日、风、云、四方、上河等。对于祖先的奉祀也是宗教的重要部分,有时在祀典时对上帝、自然神和祖先是不分别的。"[1]

在《尚书·皋陶谟》中对天命与德政之间关系的论述就更加明确。皋陶对于大禹谈为什么要让具有九德的贤俊之士担任王朝官职(墨子的尚贤思想):"无旷庶官,天工人其代之。天叙有典,敕我五典五淳哉;天秩有礼,自我五礼有庸哉;同寅协恭和衷哉。"(《皋陶谟》)不能让不称职的人旷废官位,因为官位的设置是让人替代天来实现天事的("天工人其代之"),王朝的君位、官位都是人秉天职。官职就是天职。这与《墨子·尚同》篇中说的关于天子和三公等官位的设置是一个意思。五典、五礼都是上天针对人制定的法律制度。因此,君臣上下要一起恭敬地(寅、恭、衷)对待上天的事业。上天对人的所作所为,赏罚分明。"天命有德,五服五章哉;天讨有罪,五刑五用哉;政事懋哉懋哉。"(《皋陶谟》)上天奖励有德者,制定了五服五章。德与天有关。上天惩罚有罪之人,制定了五刑五用。在《诗经》和《墨子》中都有上天赏罚思想。上天给人制定了规章制度,用墨子的话说,是法仪,最高的法来自于上天。服从天意,就奖赏,违背天意就惩罚。那么上天是如何知道一个人做的对不对的呢?前面我们看到,在殷商和西周,其政治思想是"敬天、孝祖、保民",在《墨子》中是"尊天、事鬼神、爱人"。因此,上天所制定的"法仪"的核心内容是爱人类。正是在这个意义上,《皋陶谟》紧接着说:"天聪明,自我民聪明;天明威,自我民明威。"意思是说天的视听是通过天下人的视听来实现的;天的赏罚也是根据天下人的态度来实行的。这句话与《孟子》引用的《尚书》中"太誓曰:天视自我民视,天听自我民听"(《孟子》9:5)是一个意思。这里不是说人民是第一的,而是说上天爱人类,通过人类来监管君主与百官。《孟子》中另外一句话,也证实了这里《尚书》所表达的意思:"书曰:天降下民,作之君,作之师,惟曰其助上帝

---

[1] 侯外庐主编:《中国思想史纲》,上海世纪出版集团2008年版,第22页。

宠之。"(《孟子》2：3)这里可以看出，"天"、"上帝"在同一个句子中出现，是没有分别的。君与师的功能就是实行"天工"，就是来"宠""下民"。下民是指天下之人[1]。"达于上下，敬哉有土。"(《皋陶谟》)意思是天意、民意是相通的，四方的诸侯们，要小心行事。是说要对民意敬畏，因为它反映了天意。我们在《皋陶谟》的最后，看到舜唱道："敕天之命，惟时惟几。"是说要勤劳于上天之命，时时刻刻都要小心翼翼。这就是敬畏天命。

　　《尚书·虞夏书》中的《甘誓》记载的是夏王启与有扈氏在甘地作战之前对将士的誓师词。"王曰：嗟！六事之人，予誓告汝。有扈氏威侮五行，怠弃三正，天用剿绝其命。今予惟共行天之罚。左不攻于左，汝不共命；右不攻于右，汝不共命；御非其马之正，汝不共命。用命，赏于祖；不用命，戮于社。"夏王启说，诸位将领，我发誓告诉你们，有扈氏上不敬天象，下怠慢朝臣，上天因此要灭绝他的天命（享国之命）。我现在奉行的是天罚，执行的是天的命令。左边军队不在左边攻击敌人，就是不执行天的命令（对天的命令不恭敬服从）；右边的军队不在右边攻击敌人，就是不执行天的命令。奉行命令的，战后，就在祖庙前嘉奖；不执行命令的，战后就在社坛前杀掉。在《墨子·明鬼》篇中，对夏商周为什么"赏于祖"、"戮于社"的做法给予了解释："赏于祖者何也？告分之均也；僇（戮）于社者何也？告听之中也。"古人相信鬼神的存在，鬼神对人的行为无所不知，所以，在祖庙前嘉奖，就是要向祖先表明赏赐的公平；在社坛前杀戮，就是要向鬼神表明惩罚的正确合理。人死后成为鬼神，适用于所有的人。墨子引用《诗经·大雅·文王》中第一段"文王在上，於昭于天"至"文王陟降，在帝左右"，来证明古人相信人死后会到天上去，会在上帝的身边。天或者上帝与祖先是不混淆的。舜继承帝位之后，"肆类于上帝，禋于六宗，望于山川"，三种祭祀的方式，针对的对象是不一样的。墨子说："故古圣王必以鬼神为赏贤而罚暴，是故赏必于祖而僇必于社。"(《墨子·明鬼》)墨子认为，上天与鬼神在赏罚上具有同样的功能。墨子对上帝与鬼神是不混淆的。同样的，古人也是如此。夏王启的话，与《尚书·周书》中提到的"命"是一个意思。用今天的语言说，

---

[1] 我在《超越民主：孟子的"民贵"思想》一文中，论证了民贵思想实际上是敬天与爱民思想，与民主是不一样的。《孟子》中的民贵思想可以被理解为孟子一个阶段的思想，或者是自我解构。民贵思想与儒家核心思想是矛盾的。对于孟子的误解可参看吴根友："民本与民主：中西政治思想之比较"，载吴根友：《在道义论与正义论之间》，武汉大学出版社2009年版。

夏王启发动的讨伐战争是正义之战，不是因为夏王自己这么看，而是因为有扈氏对天不敬畏，上天命令夏王启"行天之罚"，替天行道。夏王启的权威不是来自他自己的王位，而是来自天或者上帝。夏王启也是在执行命令。我们看到，《墨子》与《诗经》以及《尚书》的内容是如此相似。同是圣王，在儒家哲学思想中，与在墨子以及《诗经》、《尚书》中就不一样：儒家的圣王把自己作为天下人的楷模和中心（"为政以德，譬如北辰居其所而众星共之"[1]），而墨家、《尚书》、《诗经》把上帝或上天看作是世界的中心，天子仅仅是在执行天意或天命。

2.2 《商书》：天命与革命

在《尚书·商书·汤誓》中，商汤对夏桀进行控诉，是因为桀自己招致了"天之罚"的罪行。"王曰：格尔众庶，悉听朕言。非台小子敢行称乱，有夏多罪，天命殛之。"（《汤誓》）商汤说，警告各位，都要听我讲话。不是我敢于发动战争，而是因为夏桀罪孽太重，上帝命令我去除掉他。这就是"革命"。商汤讨伐夏桀，是革命，是上帝命令商汤这么做的。这里非常重要的是，对于夏桀的罪恶的惩罚，不是商汤自己认为有资格和权威这么做，他仅仅是执行更高的权威。所以，商汤接着说："今尔有众，汝曰：我后不恤我众，舍我穑事而割正夏？予惟闻汝众言，夏氏有罪，予畏上帝，不敢不正。"（《汤誓》）你们也许会说，我不爱护自己人民的生命，不收割自己的庄稼，而割（革）夏桀的命（征讨夏桀）。但是，因为夏桀有罪，我畏惧天命，不能不征讨他。商汤的意思是，他也意识到，征讨夏桀，就如荒废自己的田地，而去管别人的庄稼，好像是多管闲事似的（"舍我穑事而割正夏"）。而且管这种闲事是要出人命的，要有代价的。是不是商汤不爱护自己的百姓呢？商汤说，他自己并非没有意识到这一点，但是，天命难违。他的职责就是执行天命。在夏桀面前，他没有权利和权力去征讨他，因为他们是平等的。但是，上帝利用商汤去征讨夏桀，这就不是多管闲事。这里，商汤的话说的很明白，征讨夏桀，他自己的人民是要付出代价的，而这种代价不是为了扩展自己的

---

[1] 《论语》在本书第二章对此类用法已做了说明。

疆土和增加自己的人口和财富[1]。

夏桀究竟犯了什么罪？"今汝其曰：夏罪其如台？夏王率遏众力，率割夏邑，有众率怠弗协。曰：时日曷丧？予及汝皆亡！夏德若兹，今朕必往。"（《汤誓》）夏桀搜刮民力，为害于夏国，百姓苦不堪言，说："你这个太阳（夏桀自比太阳）什么时候要完啊，我恨不得与你同亡"。夏桀的德如此之糟糕，我必须前往征讨。前面我们看到，天命的具体内容是"保民"，"天视自我民视，天听自我民听"。从百姓诅咒夏桀灭亡的语言中，可以看出夏桀祸害民众，这是违背天命的。君王是上天派来爱护（宠）天下人的。"尔尚辅予一人，致天之罚，予其大赉汝。尔无不信，朕不食言。尔不从誓言，予则孥戮汝，罔有攸赦。"（《汤誓》）商汤说，如果你们协助我完成上帝对于夏桀的征伐（天之罚），就赏赐你们。如果不服从，我就对你们受刑辱，决不放过一个。

侯外庐说，"史称商人尊天事鬼"[2]。在《尚书·商书·盘庚》的上中下三篇[3]中，汤十世孙商王盘庚在迁都时对他的百官所讲的三次话中，充分印证了侯外庐的论断。把"天"（上帝）和"鬼"（祖先）作为高于自己的权威，作为政治生活的根基，这实际上也是墨子的思想。在《盘庚上》中，有这样的句子："古我前后罔不惟民之承保，后胥戚鲜，以不浮于天时。殷降大虐，先王不怀厥攸作，视民利用迁。汝曷弗念我古后之闻？"盘庚说，过去我们先王没有一个不是保民的。对于天下百姓是如此厚爱，从不违背"天时"，即不违背天所赐给的良机。每当有大的自然灾害，先王并不留恋自己已经建立的东西，以民的利益为根据来迁徙。盘庚的意思是说，国家的首都在什么地方，不以自己的利益和爱好为根据，而是以百姓的利益为准则。《墨子》中有"兴天下之利，除天下之害"之说。迁都损失最大的是君王与大臣，因为他们的财产最多。盘庚批评那些大臣"具乃贝玉"，贪婪财宝。如果不迁都，先王就会责罚，说"曷虐朕民"。为何虐待我的民众？把保民作为迁都的核心理由，这与《墨子》的思想是完全一致的。盘庚说"汝不谋长，以思乃灾，

---

[1] 请参看拙文"超越民主：孟子的民贵思想"中关于"以大事小"、"以小事大"的命题的论述。

[2] 侯外庐主编：《中国思想史纲》，上海世纪出版集团2008年版，第25页。

[3] 这里的分篇是按照慕平的译注版本，与传统的版本不一样。根据时间顺序，慕平所采用的分篇清晰明白。

汝诞劝忧。今其有今罔后，汝何生在上？"(《盘庚上》)你们不做长远打算，不考虑不迁都会带来的灾难，你们是在增加困扰。你们只想到今天，而想不到以后会怎么样，上帝（或先王在天之灵）怎么会给你们生存的活路呢？这里的"上"，无论作为"上帝"还是"先王在天之灵"都是说得通的。"自上其罚汝，汝罔能迪？"(《盘庚上》)你们一旦存有二心，上帝（或先王在天之灵）决不会饶恕你们，你们也无法逃避。《墨子》认为，上天与鬼神对于人间发生的一切非常清楚，无论躲到哪里，都是在上天和鬼神的眼皮底下。因此，对于这里的"上"的理解，"天"与"鬼"都可。

在盘庚刚刚迁都以后，他对百官说的话中有这样的句子。"无戏怠，懋建大命。"(《盘庚中》)你们不要贪图享乐，要努力继承天命。"尔谓朕：曷震动万民以迁？肆上帝将复我高祖之德，乱越我家，朕及（汲）笃敬共承（拯）民命，用永地于新邑。"(《盘庚中》)这句话的意思：你们对我说，为什么惊动万民迁都？这是因为上帝将在我们这一代复兴我先祖之德，我勤勉而恭敬地拯救民命，这样才能长久地居住在新都邑[1]。这里有三个概念很重要：上帝、先祖、民命。我们对照一下前面所说的"敬天、孝祖、保民"，就一目了然。先祖之德在于敬天，孝祖就是要敬天。上帝是与先祖不同的。上帝不是祖先在天之灵。迁都之举，既是孝祖的行为，也是敬畏天命的举动。其内涵是什么呢？就是拯救天下百姓，避开灾祸（水灾）。"及笃敬共承民命"，对于拯救百姓之命，要恭敬的去做，要努力去做，这种"保民"的态度，显然是敬天和孝祖的体现。迁都，作为一种政治举动，理解为上帝的命令，这是宗教的关系，而其内涵则是保民，这是伦理行为和政治行为。宗教是政治和伦理的基础。

盘庚说，他不是没有考虑到反对迁都的人的意见，而是由于"吊由灵各（灵格）"，即由于上天通过神灵告诉我们迁都的好处。不能违背上天的命令。盘庚要求百官服从神灵的启示。"予其懋简相尔，念敬我众。朕不肩好货，敢共生生，鞠人谋人之保居叙钦。今我既羞告尔，于朕志若否，罔有弗钦。无总于货宝，生生自庸。式敷民德[2]，永肩一心。"(《盘庚中》)这些话的意

---

[1] 对于此句的理解还参考了孙星衍：《尚书今古文注疏》，中华书局2004年版，第240页。
[2] 孙星衍的书中是"明德"（孙书第241页），不是"民德"。其含义就是，广施厚德，不要二心。慕平书中的意思就与此不同。

思是：我将认真考察你们，看谁重视和关爱民众（敬我众）。我不屑于聚集财富、为家业奋斗，我只尊重和任用那些为百姓谋幸福的人。今天我把我的意志告诉了你们，无论你们是否同意，都要服从。你们不要总是聚集家业。"要使百姓得到实惠，时刻保持心灵的洁净"[1]。盘庚这里的话，仔细揣摩，是很有意思的。他警告百官，民生（用我们今天的话说）是大事，这与聚集自己家业是不同的。背后的含义是，人人都是自私的，都考虑如何使得自己富有，而关爱民众，这是外在的命令，是上帝的命令。"念敬我众"之所以可能，就是因为上帝的命令。天下人的利益是盘庚要首先考虑的。

盘庚迁都以后，民众不悦。盘庚召唤许多贵戚大臣，让他们传达民众如下的话："我王来，既爱宅于兹，重我民，无尽刘。"（《盘庚下》）我们君王到这里，让你们居住在这个地方，是以民为重，使你们不死于水灾。在孙星衍的注释中是这么说的，"言我民若为水所害，是我杀之。所谓思天下有溺，由己溺之"[2]。根据孙星衍的注释，"无尽刘"是对"重我民"的解释。为什么不让民众死于水灾呢？天下人死于水灾，这对于君王而言，不是纯粹的自然灾害，而是因为自己造成的；也就是说，民众之死，是因为自己没有尽到"保民"之责。"天下有溺，由己溺之"，这与《墨子》的思想是一致的[3]。"先王有服，恪谨天命，兹犹不常宁；不常厥邑，于今五邦。今不承于古，罔知天之断命，矧曰其克从先王之烈。若颠木之有由蘖，天期永我命于兹新邑，绍复先王之大业，厎绥四方。"（《盘庚下》）先王在官事上，就是要敬遵天命，不贪图安逸。这里是说，先王之德就在于敬天、事天。先王五次迁都。如果今天不继承先王的前例（敬天而迁都），难保天将断绝我们的天命，怎么谈得上继续先王之大业呢？就如倒断的树木可以发新芽，上天要让我们在新的地方继续我们的天命，复兴先王之大业，安定四方。这里的话明显把"孝祖"与"敬天"联系在一起，"孝祖"就在于"敬天"，而"敬天"就在于"保民"。更为重要的是，把天下人受灾的责任看作是自己造成的，这是天子的含义之一：上天委派天子来"宠"（关爱）民众。民众死于非命，死于自然灾害，这是君王（我）的失责。这是第一人称说出来的话，表达自己对于

---

[1] 引用慕平翻译。
[2] 孙星衍：《尚书今古文注疏》，中华书局2004年版，第223页。
[3] 参看第六章"墨子是功利主义者吗？"。

第四章 《诗经》、《尚书》与墨家政治神学

上天,对于祖先的承诺,对于民众的责任[1]。

盘庚迁都遭到了绝大多数人的反对,不仅包括贵戚大臣,还有普通民众。盘庚坚持迁都,是因为敬畏天命。不迁都,从眼前的利益看,民众将死于水灾,从长远的观点看,将会中断殷商之天命。这和我们今天所说的"民主"完全相反的。不是民意与盘庚的对立,而是人意与天意的对立。人为了眼前的财产和享乐,看不到将要发生的灭顶之灾。反对迁都,这表明人的智慧与天的智慧相比,具有无限的差异。所谓"天壤之别",可以用来形容这一点。[2]

"肜祭"是甲骨文中常见的殷朝祭祀先王之礼。《高宗肜祭》记载的是商朝祭祀高宗武丁之时,出现"雊雉"异象时,祖己对商王说的话。"高宗肜日,越有雊雉。祖己曰:惟先格王,正厥事。乃训于王曰:惟天监下民,典厥义。降年有永有不永。非天夭民,民中绝命,民有不若德,不听罪。天既孚命正厥德,乃曰其如台。呜呼!王司敬民,罔非天胤,典祀无丰于昵。"(《高宗肜祭》)对于祭祀中出现野鸡鸣叫的现象,祖己是这样解释的:上天监观天下(下民),并主持人间之义(上天对于人间是非明了于心,赏罚不爽)。上天赐予人的寿命有长有短(为什么上天会给予某些人短命呢?)。不是上天使得人们短命,而是人自己中途自绝于命。人们有不德者(敬天),也不认为自己有罪。上天已经赐予了天命,规定了人类之德("典厥义"与"正厥德"应该是一个意思),可有人竟然说,能把我如何!这些话的意思是说,上天统治着天下,是人类"法仪"的根源。"天生烝民,有物有则。"虽然人的自然寿命有长有短,但是有人短命却是因为抛弃了天命,还不以为然,受到了上天的惩罚。这种短命是自己招致的,不是上天无缘无故让他们短命的。"天既孚命正厥德"应该是对于"惟天监下民,典厥义"的重复。这两句话的含义与《墨子·法仪》篇是相同的。最后一句话讲的是君王把"敬民"作为政治的核心内容,而"敬民"与"天子"(天胤)有关,其含义是天子的

---

[1] 在当今西方分析哲学界,这种伦理学的观点被称为"第二人称"哲学,即我如何对"你"负责。这是为了与第三人称哲学区分开来。西方欧陆哲学传统称之为第一人称,其含义与分析哲学是一样的。在伦理学和宗教哲学中,真理的特性不是与己无关的,真理就在自己的行为之中。真理不是简单的客观与主观的符合。克尔凯郭尔所说的真理就是主体性,指的就是真理在自己的行为之中体现出来。没有实践者,就没有真理。真理构成了实践者的自我。

[2] 参看第五章。

职责就是替天保民，敬民就是敬天。天子在祭祀大典中，不能过分亲厚父庙。这里明确区分开了孝与德之间的不同，并认为按照礼节，天是高于自己的父庙的，把天作为最高的权威。

根据前面我们看到很多资料，我们可以很明白地看到，"革命"这个词在殷商就是指失去天命，而失去天命的原因是自己造成的，因此，所谓"革命"就是自己革（割）自己的命。我们用中文"革命"来翻译英文的"revolution"，而英文中"revolution"来自于拉丁文的"revolutio"，其含义是"转过来"，是指政治或权力机构的变化。无论是英文还是拉丁文，看不出发生变化的内涵和原因。但是，在中文中，"革命"的含义是很明确的，是天命的变化，是失去天命。《尚书·商书·西伯戡黎》中包含的革命思想是非常明显的。这个篇章的独特性在于从被革命的一方来看革命。我们在《尚书·周书》的篇章中将看到革命者是如何看待革命的。

"西伯既戡黎，祖伊恐，奔告于王曰：天子，天既讫我殷命，格人元龟，罔敢知吉。非先王不相我后人，惟王淫戏用自绝，故天弃我，不有康食，不虞天性，不迪率典。今我民罔弗欲丧，曰：天曷不降威！大命不挚，今王其如台？"（《西伯戡黎》）周文王攻下了殷诸侯国黎，殷商的贵族祖伊对辛纣说："天子，上天快要终止我们殷朝的天命了，懂得天命的贤人与懂得天意的宝龟，都不敢说有好兆头了。"一开始，祖伊就称呼殷纣为"天子"，这里是表明，天子的职位是与天命联系在一起的。在其位不谋其政，就是不称职，就是名实不符。周文王攻打殷朝，为什么说是上天要结束殷商的天命而不是周文王呢？真正结束殷商天命的是殷纣自己。祖伊说，不是我们的祖先不保佑我们，而是君王你淫虐过度，自绝于天命，所以上天抛弃了无德之人。纣王已经失去了民众的支持，因为天下人无不希望殷商灭亡，都说，"天为什么还不降下惩罚呢！大命已经失去了。"从祖伊的话我们看出，纣王失去了民心，他之所以失去民心，就在于他成了"独夫"、一个自私自利的人。他抛弃了天下人，也就抛弃了天命，因为天设立天子的职位是为了让天子来关爱"下民"（天下人）的。天下人是属于上天的。周文王攻打殷商，只不过是服从天命，顺从民意而已。

但是，纣王不理解天子的含义，觉得自己天生就是天子，怎么能失去这个地位呢？"王曰：呜呼！我生不有命在天？"难道说我不是生来就已经被天决定是天子的吗？他把天命理解为一种简单的地位和职位，而不是责任。"祖伊反（返），曰：呜呼！乃罪多参在上，乃能责命于天？殷之即丧，指乃功，不无戮于尔邦？"（《西伯戡黎》）祖伊的意思是，你犯了滔天罪行，还责备天降下惩罚？"殷之就于丧亡，是纣事所致，我将被刑戮于此邦也。"[1]在《尚书·商书·微子》篇中，对于纣王统治下的殷商的罪行有比较详细的描述，比如"我（指纣王）用沉酗于酒，用乱败厥德于下。殷罔不小大好草窃奸宄。卿士师师非度。凡有辜罪，乃罔恒获。小民方兴，相为仇雠"。纣王沉迷于酒，葬送汤王之大业。殷朝上上下下都作奸犯科。有罪的人得不到惩罚[2]。民众相互仇怨。"天毒降灾荒殷邦，方兴沉酗于酒，乃罔畏畏。"（《微子》）上天降下严重的灾害，灭亡殷朝，但是，沉迷于酒的纣王对天威却不惧怕。

西周虽然取代了殷商，但是在思想上继承了殷商的天命观。联系以上我们看到的，《尚书·周书》篇章中的天命观就不是周文王的创造。朝代可以变化，但是上天或者上帝是不变的、是超越的。

2.3 《周书》：天子与民主

在《尚书·周书·牧誓》中，武王说："今商王受惟妇言是用，昏弃厥肆祀弗答，昏弃厥遗王父母弟不迪；乃惟四方之多罪逋逃是崇、是长、是信、是使，是以为大夫卿士，俾暴虐于百姓，以奸宄于商邑。今予发惟共行天之罚。"周武王列举了殷纣的罪恶：听信宠妇之言，背弃祖先宗庙，不举行祭祀，抛弃同宗兄弟，任用罪恶多端的人，危害百姓。殷纣犯的罪，按道理说，应该是殷商的祖先进行惩罚。"天之罚"的"天"是不是殷商的祖先呢？显然不是。殷商的祖先不会命令周的后代来惩罚自己的子孙。"天之罚"就是上帝的惩罚，是高于任何祖先之灵的。上帝为什么要惩罚纣王呢？"昏弃厥肆祀弗答，昏弃厥遗王父母弟不迪"，这是不孝，是对于祖先的不孝；"暴虐于百姓"，这是与"保民"相违背的。这两者实际上就等于对上天不敬畏。那么，天之罚是谁造成的呢？是纣王自己的行为[3]。周武王执行天命，来惩罚纣

---

[1] 孙星衍的解释。参看孙星衍：《尚书今古文注疏》，中华书局2004年版，第252页。

[2] 在《牧誓》中，有这样的话："乃惟四方之多罪逋逃是崇、是长、是信、是使，是以为大夫卿士，俾暴虐于百姓，以奸宄于商邑。"这句话的意思是，纣王对于那些有罪之人不但不惩罚，还任用他们担任要职，危害百姓，作恶商国。

[3] 在《泰誓》中有这样的话："今殷王纣乃用其妇人之言，自绝于天。"参看孙星衍：《尚书今古文注疏》，中华书局2004年版，第279页。

王,这就是革命。革命就是天之罚。与《尚书·周书》其他篇章比较起来,这一段话表面显得平凡,但其中却包含了夏商周的宗教思想的核心。

在当今关于中国哲学史的教科书以及典籍选读中,没有不提到《尚书·周书·洪范》的,学者将之作为中国上古时期关于唯物主义思想的杰出篇章来看待。"洪范",是指大法。那么,这个"大法"究竟是什么意思?是我们今天哲学教科书上所说的范畴吗?我们来看看《洪范》开篇是如何说的。"惟十有三祀,王访于箕子。王乃言曰:呜呼!箕子。惟天阴骘下民,相协厥居。我不知其彝伦攸叙。"十三年,周武王访问了箕子(纣王的叔父)。周武王说,箕子,上帝荫庇着天下百姓(下民),使他们和平地生活,我不知道上天的"彝伦攸叙"。周武王的问题就是关于"洪范"的问题,可见"洪范"是指天之法,是"彝伦"。彝伦的目的是什么?就是上一句所说的"阴骘下民,相协厥居"。很显然,就是为了保民。所谓"洪范",与墨子的"法仪"有其相似之处。《法仪》开篇即说:"子墨子曰:天下从事者,不可以无法仪;无法仪而其事能成者,无有也。虽至士之为将相者,皆有法。虽至百工从事者,亦皆有法。"(《墨子·法仪》)墨子的话可以用来理解箕子在回答周武王时,对于洪范的来源和重要性的陈述。"箕子乃言曰:我闻在昔,鲧堙洪水,汩陈其五行,帝乃震怒,不畀洪范九畴,彝伦攸斁。鲧则殛死。禹乃嗣兴,天乃锡禹洪范九畴,彝伦攸叙。"(《洪范》)[1]前面我们在《尧典》中已经看到,鲧是一个"方(放)命圮族"的人,即违背天命,伤害同族的人。箕子说,鲧堵塞洪水,搞乱了五行,天帝大怒,没有赐给他"洪范九畴",治理洪水失败。后来大禹治水,上天赐给大禹"洪范九畴",洪水得到了治理。这里的"彝伦攸斁"、"彝伦攸叙"应是指治理洪水,不是泛指治理天下。"洪范九畴"不是我们今天所理解的自然界规律等,而是上天所赋予给人的大法。《洪范》,就其形式上来看(当然,这对于我们来说,也是最重要的),告诉我们一个根本的道理:人在这个世界上所有的重要的活动所应遵循的法则,都来源于天。换言之,我们在考虑我们与世界上其他事物("事物"指在最广泛的意义上)的关系时,必须以天与人的关系为基础。比如,在当今世界,无论是讨论环境保护、经济发展、科学进步,还是贫富差距、种族、性别、出身等歧视、世界和平,所有的问题,都必须放在天人关系上来审视。

---

[1] 这里有必要提醒读者,"帝"与"天"在本篇中意思是一样的。在《墨子》中也是如此。

第四章 《诗经》、《尚书》与墨家政治神学

"革命"的思想是与天命观联系在一起的。周王朝推翻了殷商,作为胜利者,周朝的统治者是如何看待朝代的更替呢?在《尚书·周书》中,周朝统治者不仅对夏商周之间朝代的更替有着明确的认识,而且对天命与周朝统治者之间的关系也有着清醒的态度。其基本观点是这样的:殷商替代夏朝,周朝替代殷商,是天命所致,是天命的更换,天命是超越于具体王朝的。正因为如此,周朝统治者意识到,如果自己所作所为不符合天命,自己也将会失去统治地位,这就是天命靡常的含义。下面我们看看有关篇章的对于这个观点的论述。

《尚书·周书·多士》篇是周公代成王向殷商旧臣发布的诰辞。"惟三月,周公初于新邑洛用告商王士。王若曰:尔殷遗多士!弗吊旻天[1]大降丧于殷。我有周佑命,将天明威致王罚敕,殷命终于帝。"周公为了说服殷商的旧臣接受新的朝代,指出西周替代殷商的原因。他说,上天降下灾祸于殷朝,西周仅仅是辅助上天行命(替天行道),以刑法和儆戒奉行上天显赫的威严,殷朝的天命终结于上帝。周公对于殷朝的旧臣说这些话是想表明,真正灭亡殷朝的不是周国,是上帝利用周国来惩罚殷朝。周国没有权力和权利来取代拥有天子地位的殷朝。"肆尔多士,非我小国敢弋殷命,惟天不畀,允罔。固乱弼我。我其敢求位!惟帝不畀,惟我下民秉为,惟天明畏。"(《多士》)这几句话的意思是:不是我们小小的周国敢于夺取你们殷朝的天命(革命),只是因为上天不再把天命给你们了,确定要你们(政治上)灭亡。因此,上天不停地帮助我们周国。我们哪里敢奢求王位呢?只是因为上帝不再给予你们天命,我们这些天下人要奉行上天的意旨,只有天的威严是最高的。周公说这些话,一方面是想表明,你们殷商这些旧臣不要记恨我们,不是我们要取代你们,另外一方面,也说明,天命是任何人都不能抗拒的。上天是第一的("惟天明畏"),天下人必须服从上天的意志。

对于殷商的旧臣和我们当代人来说,很自然的会有这么一个问题:周公是不是利用上天来为自己辩护呢?也许周公意识到这个问题,接着就对天命与天下之间的关系作了论述。"我闻曰:上帝[2]引逸,有夏不适逸则,惟帝

---

[1] 孙星衍引用马融的话,"秋曰旻天,秋气杀也"(孙星衍:《尚书今古文注疏》,中华书局2004年版,第424页)。旻天是指天将惩罚犯罪者。"弗吊旻天",是指上天惩罚时的无情。

[2] 这里再强调一下,《周书》中上帝与天是同时用的。《多士》如此,其他篇章也如此。这充分说明,认为从殷商到西周有一个从"上帝"到"天"的转换是没有根据的。

降格于时（是）。夏弗克庸帝，大淫泆有辞。惟时天罔念闻，厥惟废元命，降至罚。乃命尔先祖成汤革夏，俊民甸四方。"（《多士》）上帝不让人过度放纵，夏桀却不节制自己的行为，于是上帝降下灾祸以示警告。但是，夏桀不听从上帝的命令，更加淫逸，并表现在各个方面。因此，上帝不在顾惜夏朝，废除了夏桀的天命（元命），降下惩罚。命令你们的先祖成汤革去夏朝的统治地位（革夏），任用贤人治理国家。殷纣有先例，那就是夏桀。当初，殷商之所以能得到天下，那是因为上帝利用殷商来完成推翻夏朝的使命的。这说明，殷商不是一直都秉有天命。既然天命得之于天，也就有可能被收回去，会失去天命。如何才能保天命，如何会失去天命呢？周公讲了殷商保天命的秘诀，以及殷纣失天命的原因："自成汤至于帝乙，罔不明德恤祀，亦惟天丕建，保乂有殷。殷王亦罔敢失帝，罔不配天，其泽。"（《多士》）从成汤到帝乙，没有一个不注重修德（德代表的是与天的关系）和谨慎祭祀的，上天也帮助殷商建立了商朝，使殷商治理有序。殷王不敢失去天命，以德配天，因此王业才能得到传承。保持统治地位，就意味着要服从天命，以德配天。

殷商是如何失去天命的呢？"在今后嗣王诞罔显于天，矧曰其有听念于先王勤家。诞淫厥泆，罔顾于天显民祇。惟时上帝不保，降若兹大丧。惟天不畀，不明厥德。凡四方小大邦丧，罔非有辞于罚。"（《多士》）到了殷朝末年，纣王根本不敬畏上天，更不要说学习先王勤政之事。大肆淫乱，不顾天命与百姓。上帝也就不再保佑殷商，降下灭亡之灾。上天不赐给那些不修德之人以天命。世界上大大小小的国家，没有一个不是因为相应的罪而得到惩罚的。

周公用殷商的例子试图说明，天命不是属于任何一个国家、家族、群体的。一个人能够得到天命，其必要条件是德，即要以德配天。有了必要条件，不见得就一定能成为天子。[1]既然天命本来就不属于某一个家族，某一个国家，失去天命就是很自然的事情。就如汤王革夏一样，周武王革命，革的是商纣的命，是替天行道。周国没有任何权利说自己应该继承天命。上天指定了周国来继承天命，安定百姓，协和世界。因此，周国替代殷商，不是一个

---

[1]《孟子》中对于"天降下民，作之君，作之师，惟其助上帝以宠之"的解释，特别是对于伊尹等人在政治上如何实现天命的观点，非常重要。参看郝长墀：《超越民主：孟子的民贵思想》，载《比较哲学与比较文化研究》第二辑，武汉大学出版社2010年版。

国家反对另外一个国家。"王若曰：尔殷多士！今惟我周王丕灵承帝事，有命曰：割殷。告敕于帝。惟我事不贰适（敌），惟尔王家我适（敌）。予其曰：惟尔洪无度，我不尔动，自乃邑。予亦念天即于殷大戾，肆不正。"（《多士》）这里的意思是，现在只有我们周王顺成上帝事，上帝命令我们去"消灭殷朝"，我们这样做了，把结果祭告了上帝。我们灭殷不是与你们为敌，而是与殷王为敌。你们的武庚太无法度，我们没有采取行动，你们自己已经内变。我看上天已经降下了大祸，也就不再讨伐你们这些人了。

那么，如何对待殷商旧臣呢？"惟尔知：惟殷先人有册有典，殷革夏命。今尔又曰：夏迪简在王庭，有服在百僚。予一人惟听用德，肆予敢求尔于天邑商。予惟率肆矜尔。非予罪，时惟天命。"（《多士》）这段话的意思是，你们都知道，殷先王的历史典册中记载着殷革夏命的故事。你们又说，殷商选拔了很多夏朝的人（旧臣）进入朝廷，让他们担任各种要职。我用人是以德为标准。因此，我要在商都中找到你们中间的贤人。现在我只是先赦免你们。这不是我的过错，这是上天的命令。在这段话中，我们可以看出，周公是想说，你们也知道，殷朝推翻了夏朝（殷革夏命），而且任用夏朝的旧臣，这表明，臣民不是仅仅服务于某一个人的，而是服务于上天的。谁能代表上天，就服务于谁。这不涉及变节问题。百官对于君王的忠诚是建立在君王对上帝敬畏的基础上的。殷商之人完全可以服务于周王朝。在周朝做官有一个条件，就是要有"德"。这里，周公表达的意思是劝说殷商旧臣服务于周王朝，与《诗经·大雅·文王》中"侯服于周，天命靡常"是一个意思：天命不会一直停留在殷商，它已经转移给周国，你们就勤勉的服务于周朝吧。这就是顺从天命。

周公在《多士》篇中的关于夏被殷替代、殷被周替代的话，虽然是对殷商旧臣说的，同时也是对自己说的。因为周王朝很可能步夏商的后尘。在《诗经》中所表达出的"靡不有初，鲜克有终"（《诗经·大雅·荡》）的危机感，周公深有体会。在《尚书·周书·君奭》篇中，开头是这么说的："周公若曰：君奭，弗吊天降丧于殷，殷既坠厥命，我有周既受。我不敢知曰厥基永孚于休。若天棐（匪）忱，我亦不敢知曰其终出于不祥。"根据孙星衍的解释，"不祥"可能是"不永"的意思[1]。这段话的大意是，上天降灾祸于殷

---

[1]"祥亦永也"。参看孙星衍：《尚书今古文注疏》，中华书局2004年版，第447页。

朝，殷商失去了它的天命，由我们周国接受下来。我不能够肯定地说周朝刚刚开始的大业将永远的美好，不能（盲目地）相信天命在己，我也不敢肯定地说我们的国运将不久。

周公在这里对于"天命"的思考可以说具有非常重要的哲学意义。周公一方面认为，由于殷纣无德，天命终止，由周国替代，另外一方面对于周朝所秉有的天命是否会长久表示出不可知的态度。这种态度看似矛盾的，实则表明周公对于天命有着深刻的认识。天命与人是有着本质性的区分的。周公不认为自己国家的先王具有高尚的道德就一定能得到天命。天命与人在这个世界上的所作所为有一定的关系，但是，人的所作所为不能决定天命。这种关系不能颠倒过来。即使自己尽了最大的努力来完成自己认为的天命，人也不能肯定自己的所作所为与天命是一致的、是达到了天命要求的。所以，在天命面前，要如履薄冰，小心翼翼。殷纣所说的"我生不有命在天"（《西伯戡黎》），实际上是根本不信天命，因为他把天命理解为一种血统或者社会地位的承继。在这个意义上，"若天棐（匪）忱"不是指天命不可信赖，或者不能相信上天。说天命不可信，实际上就是指为什么天命不在我的手中，为何天不和我站在一边？"若天棐（匪）忱"是指人永远不可能真正理解天命，人只是执行天的命令，而不知道其最终意义，就如小孩子服从父母的命令，可以做这个，不能做那个，但是小孩子对于为什么如此，其认识是懵懂的。在天命面前，骄傲自满、怡然自得这些态度都是对于天的不敬畏。因此，"若天棐（匪）忱"表达的是对于天的敬畏。

对于天命，人所能做的就是尽职尽责。所以周公说："君已曰时（是）我，我亦不敢宁于上帝命，弗永远念天威越我民[1]。罔尤违，惟人在。"（《君奭》）孙星衍的版本的断句是"君已曰时（是）我，我亦不敢宁于上帝命，弗永远念天威。越我民罔尤违，惟人在"[2]。前半部分的意思比较明确：即使你信任我的做法，我也不敢将上帝之命视为当然，不敢不在天威面前诚惶诚恐。后半部分，按照孙星衍的解释，意思是不辜负天下百姓。换言之，就是敬天、保民。如何敬天？不是觉得自己负有天命，傲视一切，而是战战

---

[1] 这里，同一句话中，"上帝"与"天"一起用。这种用法，与殷商和后来的《墨子》没有什么不同。
[2] 孙星衍：《尚书今古文注疏》，中华书局2004年版，第447页。

兢兢，唯恐做错事情。对于天下百姓，永不违背。

"我后嗣子孙大弗克恭上下，遏轶前人光在家，不知天命不易，天难谌，乃其坠命，弗克经历嗣前人恭明德"（《君奭》）：假如我们后代子孙不能够恭敬地承顺天地之命，丢掉了先王的光辉业绩，不知道天命得之不易，天命靡常（天难谌），从而丧失了天命，也就无从谈起子孙后代继承前人的光辉德业了。这里，周公把敬天命与孝祖联系起来：先王所承受的天命不是一劳永逸的东西，需要后代子孙兢兢业业，敬畏天地，不出差错。天命不是前人传给后代的；天命是直接从上天那里得到的责任。后代子孙对先王负责，首先要对上天负责，不能把天命当作私有财产一样的东西看待。那么，后代子孙能不能做到这一点呢？这里，周公就引申出了"作之师"的含义。圣贤之师，虽然不能成为天子，但是，他的责任就是要辅助天子来敬畏天命，完成天命所赋予的职责。"在今予小子旦，非克有正，迪惟前人光，施于我冲子"（《君奭》）：现在我姬旦，只是要继续前人的光辉传统，使得它延续到年幼的成王身上。这里，周公很明显把自己比喻成伊尹一样的人物，即圣王之师。"又曰：天不可信，我道惟宁王德延，天不庸释于文王受命"（《君奭》）：又说，不能把天命当作是生而俱有的；我们只有继承发展文王之德（与天的关系），上天才不至于收回文王所接受的天命。这句话的意思是说，不能把统治地位作为祖先的财产来继承；要想延续天命，必须发扬的是"德"。接着周公就列举了伊尹等例子来说明圣贤之师对于辅助天子继承天命的重要性："公曰：君奭，我闻在昔成汤既受命，时则有若伊尹，格于皇天。在太甲，时则有若保衡。在太戊，时则有若伊陟、臣扈，格于上帝"等。在列举了一系列例子后，周公说："君奭，天寿平格，保义有殷，有殷嗣，天灭威。今汝永念，则有固命，厥乱明我新造邦。"（《君奭》）意思是，正是因为上述诸位贤臣的辅助，上天赐给殷朝平安，但是殷纣继位后，因其恶，上天消灭了他。要永远记住这些，才能获得上天的固命，治理我们这个新建的国家。接着，周公讲述了文王之德与文王的五位贤臣之间的关系如何使得文王"冒闻于上帝，惟时受有殷命。"（《君奭》）由于五位贤臣的辅助，文王的政绩显著，上帝闻知，使得文王接替了殷朝的天命。在《君奭》的最后，周公说："君，予不惠若兹多诰，予惟用闵天越民。"意思是我不想这么多话，我只是忧虑（失去）天命和我们的百姓。天命与民（天下人）是联系在一起的。

周公在《君奭》中所讲的革命与在《多士》篇中劝说殷商旧臣的话是有

区别的:《多士》讲的如何革别人的命,而《君奭》是提醒自己如何不被革命。

最后,我们来看看周公如何理解"民主"与天命关系的。《多方》与《多士》非常相似,《多士》是周公用"革命"的道理来劝说殷商旧臣接受天命的安排,服务周朝的;《多方》记载了周公对诸侯各国已经殷商旧臣讲授"民主"的含义。什么是民主?民主的合法性来自于哪里?"洪惟图天之命,弗永寅念于祀,惟上帝降格于夏。有夏诞厥逸,不肯戚言于民,乃大淫昏,不克终日劝于帝之迪。乃尔攸闻。厥图帝之命,不克开于民之丽,乃大降罚,崇乱有夏,因甲于内乱。不克灵承于旅,罔丕惟进之恭,洪舒于民。亦惟有夏之民,叨懫日钦,劓割夏邑。天惟时求民主,乃大降显休命于成汤,刑殄有夏。"(《多方》)夏桀败坏天命,对于祭祀大礼也不敬重,上帝降下了警告。首先是夏桀与天命的关系,与天的关系。他对天不敬畏。其次是夏桀与民的关系。夏桀大肆享乐,对百姓不顾惜,昏庸无道,不能勤勉于上帝的命令。周公说,有关夏桀的这些事情,你们都已经听说。他败坏天命(帝之命),"不知天之爱民,不能开释于民之丽于罪纲者,乃大诛罚,终乱夏邑"[1]。夏桀不知道自己是天命与民之间的桥梁,不知道夏朝是属于上天的,反而给夏朝增添混乱,淫泆狎习。他"不能好好接受上天的美命,他和臣下无不大力搜刮财货,荼毒百姓"[2]。因此,夏朝整个社会风气极为败坏,严重损害了夏朝(天下)。天下大乱,其原因在于夏桀。夏桀与普通百姓一样,自私自利,整个天下就无法无天。治理天下大法不是来自于下,而是来自于即上帝的命令。这和墨子的观点是一样的。天子是用来统一天下之"义"的,最终"同"于天。夏桀抛弃了天命,天下无主。正是在这个意义上,上天寻求民之主,降下大命于成汤,消灭夏朝。"民主"就是"天子",是代表天来统治天下人的。成汤是被上天选中的,是天子,是民主。民主是天下人的最高权威,因为他不代表任何人,他代表天。设立民主的原因就是上天爱民。

因此,周公接着就讲了"民主"的含义或者职责就是"保民"或爱民。"惟天不畀纯,乃惟以尔多方之义民,不克永于多享。惟夏之恭多士,大不克明保于民。乃胥惟虐于民,至于百为,大不克开。乃惟成汤克以尔多方简代

---

[1] 孙星衍的翻译。参看孙星衍:《尚书今古文注疏》,中华书局2004年版,第461页。
[2] 此是慕平的翻译。

夏作民主。"(《多方》)这几句话的意思是，上天不赐予夏桀大富，就是为什么你们这些贤者（义民）不能永远享用福禄。夏朝任用的官员不能够安民（保享于民），却大肆虐待百姓，无所不至，夏朝陷入了不可救药的地步。成汤得到了多方贤士的支持，取代了夏桀，做了"民主"[1]。政治的基础是天命，而天命是不属于某个人、某个家族的。被选择做"民主"，不等于说是永恒不变的。不符合"民主"的条件，就会失去政治地位。"王若曰：诰告尔多方，非天庸释有夏，非天庸释有殷，乃惟尔辟以尔多方大淫，图天之命，屑有辞。乃惟有夏，图厥政，不集于亨；天降时丧，有邦间之。乃惟尔商后王，逸厥逸，图厥政，不蠲烝，天惟降时丧。"(《多方》)不是上天首先抛弃了夏朝，不是上天首先抛弃了殷商，而是你们这些君主率领多方首领大肆作恶，败坏天命。夏桀败坏其政，不进行祭祀活动，上天才灭亡了他，让你们商王替代他。但是，你们商王的后代纣王贪图享乐，败坏政治，不洁净地举行祭祀（对天不敬畏），上天不得不灭亡了他。这些话的含义是，上天赋予某个政体以天命，而这些统治者可以以德服从天命，也能够因为恶而拒绝天命。"民主"仅仅是天命的工具。

对于殷商纣王如何失去天命做了详细的叙说："天惟五年须暇汤之子孙，诞作民主，罔可念听。天惟求尔多方，大动以威，开厥顾天，惟尔多方罔堪顾之。惟我周王灵承于旅，克堪用德，惟典神天。天惟式教我用休，简畀殷命，尹尔多方。"(《多方》)上天用五年的时间来等待你们殷商纣王真正成为"民主"，但是他对于天的警告置若罔闻。上天还对你们多方人士通过灾异降下谴告，希望开发出仰承天意的人，但是你们这些多方人士没有人顾及天意。只有我们周国，善承天命，能够施行德政（"德政"本意应该是以天命为基础），主持祭祀天的活动。上天把美好的迹象告诉了我们，把殷朝的天命转给了我们，治理了多方诸侯。用本篇的词语，可以说，夏桀、殷纣是触犯了"天之威"，导致了"天之罚"。

在《多方》篇，周公的核心思想是：天命是政治的基础，而天命是被上天赋予有德之人的。"民主"就是上帝在地上的代表。违背了上帝的意志，就

---

[1] 这里我们看到，"为民做主"与"做主人"是两个不同的概念。所谓"为民做主"，就是要为民负责，要服从天命，要保民、爱民，因为天下与天下人是属于上天的。"推翻旧社会做主人"，是说天下不属于少数人，而是属于大众的。

失去了做"民主"的资格。

本章的第二部分所要论述的就是在夏商周的政治生活中,天命观是非常突出的,是体现在各个方面的。一个很自然的问题就是,这样的天命观在孔子(《论语》)的思想中得到了继承吗?[1]

2.4 《论语》中的《诗经》

本章以孔子的"人本主义"思想开头。在这里,我们有必要再看看《论语》中是如何看待《诗经》,如何论述政治的根基的。下面的几句话很有概括性。

"子曰:诵《诗》三百,授之以政,不达;使于四方,不能专对;虽多,亦奚以为?"(13:5)孔子意思是,即使你能全部诵读《诗经》,如果在处理实际事务中,你不能将所学的加以运用,那学的再多也无用。学以致用,学习是为了贯彻到实践中的。"子曰:小子何莫学夫诗?诗,可以兴,可以观,可以群,可以怨。迩之事父,远之事君;多识于鸟兽草木之名。"(17:9)学习《诗经》,可以帮助人孝顺父母和侍奉君主。"子曰:诗三百,一言以蔽之,曰:思无邪。"(2:2)孔子对《诗经》的总结是"思无邪"。无论我们如何理解这三个字,我们都很难看出天命思想。可见,孔子对《诗经》的取舍是很明确的。

在《诗经》中,我们看到,天命是政治的基础。那么在《论语》中,孔子是如何看待这个问题呢?"有子曰:其为人也孝弟,而好犯上者,鲜矣;不好犯上,而好做乱者,未之有也。君子务本,本立而道生。孝弟也者,其为仁之本欤!"(1:2)这是《论语》中有关孔子伦理思想的最好的概括和总结:仁之本,道之始,在于孝悌。孝悌是儒家伦理道德思想的核心。政治以道德为本、为基础、为根源。一个孝悌的人,是不会犯上作乱的。主张孝悌,也是从政,是为政治立根基。

根据我们以上的分析,我们可以得出这么一个结论:墨子的思想与孔子思想一样,都根源于夏商周的文明之中,而墨子继承了夏商周文明的天命思想,孔子继承的主要是礼义,是孝顺父母、忠于君主。这可以证明,《墨子》的思想不是在历史上突然出现,然后又消失的。墨子有其思想根源,而且对

---

[1] 郝长墀:"孔子是无神论者吗?",载《儒林》,2011

于墨家思想的继承一直没有停止过，只不过是以不同的形式存在于普通人的思想和生活之中，并与其他思想和信仰交织在一起[1]，构成了中国文化精神的核心。墨子的"尊天、事鬼、爱人"是对于古人的"敬天爱民"思想的哲学改造，是把适用于统治者的哲学转化为适用于每个人的哲学；墨子的尊天爱人思想包含了敬天爱民思想。对于墨子而言，每个人，包括统治者，都应该问自己：对天尽到自己的责任了吗？对自己的邻人给予了关怀和爱护吗？[2]

---

[1] 不仅存在于人们生活中，也在很多文献甚至是与天命观相违背的文本中出现，比如在《论语》、《孟子》、《荀子》、《中庸》、《春秋繁露》等很多儒家的文献中也有。儒家给予天人关系独特解释，把人放到了至少和天是一样的地位上。仔细梳理和分析儒家哲学中的天人关系与上古时期的天命观的根本区别是非常必要的。

[2] 在把古文翻译成现代汉语的时候，我参考了所引用文本的现代翻译，尤其是姚小鸥的《诗经译注》和慕平的《尚书》。在此表示感谢。

第五章
权威与爱：政治神学的思维方式

在第四章，我们讨论了在中国最古老的文献中所反映的神权政治思想。这里有两个问题：①《诗经》和《尚书》中的以天为中心的神权政治思想在哲学理论上有没有优越性？②神权政治思想与当代的政治生活有没有密切的关系，即它的现代意义是什么？对于这两个问题的回答，决定了我们在今天讨论神权政治有没有必要。对于第一个问题的回答，必须反映出如下的条件：神权政治在哲学理论思维上必须既优越于单维政治哲学和二维政治哲学，也超越了当代世界政治哲学主流中的政治自由思想。对于第二个问题的回答必须显示出，神权政治对于当代民主政体是一个根本性的挑战，是回答民主政体中存在的固有问题的解决方案之一。

为了讨论这两个问题，我们来看看墨子与苏格拉底会给出什么样的答案。一般来说，学者把苏格拉底与孔子比较，我认为，苏格拉底的思想更接近于墨子。本章要论证的就是他们两人所共有的神权政治思想。

第一节 民主政体的问题

1.1 民主政治思维方式局限性

凡是受过现代教育的人，无论是生活在资本主义社会还是社会主义社会，都会认为专制政权（个人或者少数人）在道德上是邪恶的，在政治上是非正义的。同时，他们认为，民主政治，作为多数人意志在政权上的体现，是唯一正确和正义的政府形式。批判专制，弘扬民主，是人们所认为的现代政治的共识。专制和民主在实践上被理解为不共戴天，在理论上是互相对立的两个范畴。在政治上最基本的是非问题，因而，就是一个政府是代表个人或少数人的意志呢，还是代表社会最大多少人的意志？民主被认为是一个不容置疑的公理和真理。对于民主的任何异议，都被认为是一种疯狂的行为。民主社会似乎被理解为人类的最高理想和最神圣的东西。我们的问题是：民主思想到底是不是最终的真理，民主社会到底是不是最神圣的社会理想？

后现代哲学（postmodern philosophy）是对现代哲学（modern philosophy）的挑战。根据后现代哲学的观点，现代哲学把人的理性作为衡量事物的唯一尺度，任何东西都必须经过人的理性的检验和证实才能成为真理；现代哲学关于人的理性的假设本身就是非理性的，是任意独断的。人的有限性（finitude）决定了人认识的局限性、可错性、相对性。无论是作为主体的人，还是作为客体的认知对象，都发生在一定的生存或生活环境和语境之中，都是在人的语言、历史、文化、政治、经济、心理等等环境因素交织中产生出来的。对于人的理性中心主义的批判，这是后现代哲学的特征之一。但是，后现代哲学没有对现代哲学中所包含的民主（democracy）思想给予彻底的审视。后期德里达有一个术语"将来的民主"。这个词语不是指将来某个时间发生的民主，它是指内在同时又外在于所有西方民主政体中的理念，是现有民主政体的根本推动力，也是对任何既存的民主政体的批判。德里达没有对民主概念本身进行解构。后现代哲学尽管对现代性（modernity）进行了批判，却在政治哲学中不敢对民主进行挑战。在中文的语境中，我们看到在《尚书》中，"民主"思想是一种天命政治。尽管此"民主"（中国的民主）非彼"民主"（democracy），这种翻译上等同的词语，是不是思想上有一定的内在联系呢？这里，我们提到德里达，仅仅是为了表明对西方民主思想的挑战和质疑，在理论上似乎很少有人这么做。在现实生活中，更是如此。

我们如何跳出时代所赋予的视野？也就是说，我们如何才能够看到我们生活的社会和时代有其根本的局限性呢？民主与专制是不是政治哲学的中心问题？民主一定都是与专制对立的吗？或者说，在资本主义社会之前，人类社会选择的是专制政体，民主政体作为对专制政体的颠覆，就一定代表了人类政治的最终形式吗？

我认为，海德格尔（Heidegger）与庄子可以帮助我们意识到我们在思维上经常陷入的非此即彼的机械模式的错误。在《关于人本主义的信》（Letter on Humanism）中，海德格尔是这样评价萨特（Sartre）的：萨特把存在主义（existentialism）的基本信条表述为"存在先于本质"（Existences precede essence)。这似乎是对于从柏拉图哲学以来西方哲学所信奉的本质先于存在的基本命题的颠覆。萨特把传统的本质先于存在的形而上学命题颠倒过来，就认为是推翻了传统的形而上学。海德格尔认为，萨特的这种颠倒仍然是形而上学的思维方式，是对于存在性（Being）真理的遗忘或忽视。海德格尔的意思是，*existentia*（存在）和 *essentia*（本质）都是对于存在者（being）的思考，无论谁在先。而对于存在者的存在性（Being of beings）的思考，这才是本体论区分（ontological difference）。对于 *existentia* 和 *essentia*，我们可以追问 *esse essentiae* 和 *esse existentiae* 是如何显现在思想中的[1]。换言之，对于 *existentia* 和 *essentia*，我们可以追问它们的存在性问题。海德格尔的观点是，这种简单地把存在与本质颠倒过来的做法，不是一种根本的转变，反而是对一个更为根本的区分（存在者与存在性的本体论区分）的遗忘。在下面，我们将看到，对于苏格拉底和墨子而言，专制与民主的问题是对"神人之分"和"天意与众义"之分的遗忘。

尼采犯了类似的错误。海德格尔认为，尼采否定柏拉图式的永恒的世界，肯定这个永远变化的世界，把这个世界看作唯一的存在，这不是超越了形而上学，而是肯定了形而上学。在《庄子》的《齐物论》中有这么一个故事："狙公赋芧，曰：朝三暮四。众狙皆怒。曰：然则朝四暮三。众狙皆悦。名实未亏，而喜怒为用，亦因是也。是以圣人和之以是非，而休乎天钧，是之谓两行。"[2]庄子这里所说的与海德格尔的观点很相似。养猴人因为橡子少，对猴子说，早晨吃三个，晚上吃四个，猴子们大怒。养猴人改口说，早晨四个，晚上三个，猴子们很高兴。名称和数量都没有变，但是，猴子们的表现却截然相反。庄子认为，在这个世界上，很多事情和争论都属于"朝三暮四"和"朝四暮三"之间的区分。对于类似区分的是非，圣人不陷入其中，而是止于"天钧"，即意识到"天钧"与这个世界众多是非之间的区分。所谓"两行"，是指清楚的明白世界之内的区分、"天钧"与这个世界的区分，不对世界之内的区分作出绝对的判断。

海德格尔和庄子给我们的启示是，在思考专制与民主的问题上，是不是

---

[1] 参看 Martin Heidegger, "Letter on Humanism" in *Basic Writings*, revised and expanded edition, edited by David Farrell Krell, NY: HarperCollins Publishers, 1993, p. 232.

[2] 《庄子》：孙通海译注，中华书局出版社2009年版，第35页。

第五章　权威与爱：政治神学的思维方式

我们陷入到了类似于本质与存在谁在先，是朝三暮四还是朝四暮三的选择问题？是不是我们遗忘了一个更为根本的问题？

1.2　民主政体存在的现实问题

我 2007 年在美国贝勒大学教课的时候，问了学生一个问题：假如现在有人对民主进行怀疑，他将被如何看待？一个研究生马上说，他会被看作疯子。在美国，民主、自由等字眼是神圣的，是不容任何人怀疑的。在美国，一个选举产生的政府官员被认为是他选区的代表。他代表的是他选区多数人的利益和观点。换句话说，政府官员代表自己选区人民的意志。那么，这里有一个问题：假如选举体制完全透明，一个通过选举而形成的政府是不是最好的政府呢？民主政体是人类社会最好的选择吗？这是本文要讨论的问题。在讨论这个问题之前，我先举几个例子。

2008 年 10 月，美国阿拉斯加州的一位 84 岁的资深共和党参议员被华盛顿特区的一个法庭宣判隐瞒受贿罪成立。阿拉斯加有很多地下资源，它们是企业家和资本家眼中的宝地。很多石油大王都把眼光盯在那里。这位共和党之所以能在美国任参议员 40 年以上，就是因为他给阿拉斯加带来了不少资金。尽管他被判有罪，阿拉斯加的选民并不这么看。在他们眼中，这位参议员是父母，是救命恩人。即使他受贿，也只是小事一桩。在 2008 年的改选中，选举结果出来时，他以微弱多数胜出。当时的阿拉斯加州长 Sara Palin（2008 年共和党副总统候选人）说，这位参议员是否应该辞职，要看人民的意志；选举结果说出了人民的心声。最终结果是对方以微弱多数胜出，即民主党候选人获得的票数与共和党人候选人的票数仅有几十或几百票之差。

这里就引出了另外一个问题。民主究竟等不等同于清点票数的多少？民主选举可以归结为票数之争吗？比如在 2000 年民主党总统候选人戈尔与共和党总统候选人布什之间，在选区或选票的问题上，僵持不下，清点票数，成了选举的中心。哪些是有效的，哪些是被遗漏的，哪些应该被扔出去不考虑，等等，当时成了美国新闻的中心话题。佛罗里达州在清点票数上成了争夺的关键：如果戈尔比布什多几百票，佛罗里达州所有选区都归戈尔，反之亦然。谁赢了佛罗里达州，谁能在这个州多那么几票，谁就会赢得选举。当时，戈尔的口号是"every vote counts"，每个选票都算数。同样的问题在 2004 年的美国总统选举中又重演了，不过是在伊利诺州。

这里还有一个问题。政府究竟代表谁？政府的最终目的是为了赢得选举，还是为了更根本的问题？在2008年美国总统竞选中，民主党和共和党候选人之间互相攻击，都是在试图向选民表明，他们代表了大多数人即中产阶级的利益。为了吸引选票，候选人必须把自己的观点和政策说成是代表大众的心声的。他们必须小心翼翼，不能说选民不爱听的话。总统候选人必须投其所好。这个"其"就是选民，或者多数的选民。我们在第一章看到，韩非子认为，臣对于君之间的关系就是投其所好，其目的是为了以隐蔽形式控制君主，达到自己的目的。君臣是互相利用的。同样的，总统候选人和选民之间，也是利益关系，互相利用：选民选举总统是为了自己的利益，总统迎合选民的口味是为了获得权力。民主选举成了博弈：选民投票有风险，很可能最终选出一个与自己利益矛盾的总统；总统候选人也有风险，很可能为了迎合民众，策略上出现失误，失去选举。

我们看看选民的情况。一个选民，在决定投谁的票的时候是如何想的呢？根据我对美国政治的观察，我觉得一个选民，无论他持有什么观点，大概会作如下的考虑：①谁当总统后，能够保护我的利益和安全？谁能使我过得更好？1980年美国进行总统选举，共和党候选人里根和时任总统民主党卡特进行唯一的一次电视辩论时，问了选民这么一个著名的问题，从而改变了整个竞选的方向："你目前的生活比4年前更好吗？（Are you better off now than you were four years ago?）"2008年美国民主党总统候选人Obama，采取里根的策略。美国当时正在经历80年来最严重的经济萧条时期。Obama问了选民一个问题：你想4年以后比现在过得好吗？问题背后的意思是：正是共和党8年的执政使我们陷入目前的经济困难时期。要想改变这种状况，就必须改变白宫主人，让民主党执政。在这次选举中，经济问题成了压倒一切的问题。②国家安全问题：谁更能保护我们美国人的安全？谁更能打击敌人？③他是基督徒吗？在美国基督徒人数最多。非基督徒候选人很难成功。为了攻击Obama，有人就说他是穆斯林信徒，甚至暗示他不是美国人。④他在堕胎和枪支管制上和我的观点一样吗？⑤我能容忍一个黑人成为美国总统吗？另外还有其他很多问题。但是，我们可以看出，一个选民在做出选票决定时，总是问自己：他和我想的一样吗？

根据以上所说，我们可以得出如下结论，民主政体，即使在其理想的形式下，也是各种利益平衡的产物。民主政体的核心政治问题是：谁更能代表我或者我们的利益？基于这种思考建立起来的民主政体不可能是最理想的人类社会。最理想的人类社会是把正义（justice）而不是公平（fairness）作为核心价值的。正义，其根源不是社会大多数民众，而是超越任何人的意志和理性的。

在本章，我们将讨论墨子和苏格拉底是如何看待这些问题的。尽管墨子和苏格拉底生活的文化背景不同，但他们对民主政体都是持怀疑态度的，更准确的说，他们怀疑正义的社会是建立在人类的理性和意志上的。对于墨子而言，社会的准则和法律不是起源于"下"，而是来自上面，即天。社会的正义是兼爱，而兼爱是天意。社会的政治和道德基础是天意，是宗教。苏格拉底认为，首先，我们不能忘记最基本的区分，神的智慧和人的智慧的区分。相对于神的智慧，人的智慧等于无知。其次，社会大多数人的意见和真理不能划等号。法律和城邦应该体现真理，而不是多数人的意志或意见。

第二节 苏格拉底之死与雅典民主政体

2.1 神、人之分

在西方哲学史上，苏格拉底之死没有引起人们足够的重视。可以这么说，苏格拉底的哲学是围绕着苏格拉底之死而展开的。尽管苏格拉底没有留下文字，但从他与学生柏拉图的对话录《申辩篇》（《Apology》）和《克里托篇》（《Crito》）[1]中可以看出，苏格拉底哲学的中心问题和柏拉图哲学的中心问题有着本质上的区别：在苏格拉底看来，哲学的中心问题是认识到神和人在智慧上的鸿沟和区别，而在柏拉图哲学中，这种区别成了灵魂本身的区别，即理念世界与这个世界的区别、灵魂与肉体的区别、知识与意见的区别[2]。

在《申辩篇》中，70岁的苏格拉底说，法庭针对他有两个指控：一个是比较具体的起诉，即指责他腐蚀青年和不信雅典城邦所信的神；他认为，这个指控比较好反驳。另外一个是人们长期以来对他的各种诽谤。这个指控比

---

[1] 如果我们仔细阅读这两篇对话，我们会发现，柏拉图在这里忠实地记录了他老师的观点。我们将看到，这两篇对话和柏拉图哲学的核心问题有着巨大的区别。

[2] 把神人之分解释为人在知识论上的区别，这也反映在后来康德到黑格尔思想发展的道路中。

较难以在短时间内澄清,因为很多人从小耳濡目染,对于那些谣言已经信以为真。他首先需要反驳和解释人们为什么诽谤他。只有回答了这个问题,才能反驳那个具体的指控[1]。苏格拉底为什么有很糟糕的名声呢?这一切都源于他所具有的智慧。

2.1.1 苏格拉底的智慧

苏格拉底在《神辩篇》中说,他得到一个神谕,说苏格拉底是最有智慧的人。苏格拉底不明白这是什么意思,因为他知道自己是没有什么智慧的。因此,他就到处验证神谕,想看看是不是有人比他更有智慧。在这个验证过程中,他得罪了当时雅典城邦中被公认为最有声望和智慧的政治家以及他们的追随者,得罪了类似诗人的知识分子,得罪了工匠阶层,因为通过苏格拉底和他们的对话,苏格拉底给他们揭示了一个事实,他们并非像自己所宣称的那样有智慧。苏格拉底说,在这个验证过程中,他逐渐明白,神是利用他来向人类揭示一个真理,即人的智慧什么都不是,人的智慧没有什么价值[2]。这是什么意思呢?人和人之间的确有很大的差别,有的人愚笨,有的人聪明。一个人只要凭自己的天分和努力,就能做出与他人不同的贡献,就能表明自己在某个方面是突出的,甚至是杰出的。人可以凭借自己的贡献获得永垂不朽的名声。在人们看来,一个与这个世界有同样永久的名声的人与一个默默无闻的小人物之间的差别是巨大的。但是,与无限的神的智慧相比,流芳百世的人的智慧和默默无闻的人的智慧都是一样的,是平等的。因为,人和人之间的距离毕竟是有限的,是在时间之中的,是可以衡量的。而人与神之间的距离是无限的,是无法衡量的。比如一片森林,有的树木只有一尺高,有的却有几十米高,它们之间有着巨大的差异,但是,在与太阳的距离上,它们都是一样的。苏格拉底之所以得罪了那么多人,得罪了雅典城邦的人,得罪了人类,那是因为人都希望自己与众不同,希望在其他人眼里看到梦想中的自我。苏格拉底击碎了人的自我中心主义,击碎了人自我膨胀的梦想。

他发现,他和这些人的区别是:"我比这个人有智慧,很可能是这样的,

---

[1] *Plato's Five Dialogues*, 2nd edition, trans. G. M. A. Grube, revised by John M. Cooper, Indianapolis and Cambridge: Hackett Publishing Company, Inc., 2002, pp. 22~23.

[2] *Plato's Five Dialogues*, 2nd edition, trans. G. M. A. Grube, revised by John M. Cooper, Indianapolis and Cambridge: Hacket Publishing Company, Inc., 2002, pp. 26~27.

我们俩所知道的都没有什么价值，但是，他觉得自己有所知，而实际是他并非如此。而我呢，当我不知道的时候，我不认为自己有所知。所以，仅仅是在这一点上我比他有智慧，即我不认为我知道我不知道的东西。"[1]

人的智慧和神的智慧之间有着本质的区别："先生们，事实很可能是这样的，神是有智慧的，神谕的所要说的是，人的智慧几乎没有价值。当他说，这个人，苏格拉底，他是用我的名字作为一个例子，试图表明：他是你们这些会死的人中的一员，如苏格拉底一样的人是最有智慧，因为他明白他的智慧是没有价值的。"[2]

苏格拉底为什么在人类中最有智慧呢？因为他知道，与神的智慧想比，他的智慧等于零。人和神之间在智慧上有着本质性的区别。这也许是因为人被其自身的有限性——即人都是会死的——这一形而上学的本质所决定。认识到自己的有限性，就是最智慧的。

具有讽刺意味的是，对于苏格拉底的审判和苏格拉底之死，揭示了人另外一个根本的特性：傲慢。傲慢就是否认自己的无知。人们长期以来对苏格拉底的诽谤，起因就是暗藏在人类心灵深处的傲慢和自我中心主义。人们不愿意承认这么一个事实，人是有限的，人的知识与神的智慧相比，是没有什么价值的。有关这一点，集中体现在对苏格拉底的审判上。

2.1.2 苏格拉底之生

苏格拉底在申辩中说，他之所以不愿意放弃验证神谕，是因为这对他来说是最重要的。这是服务于神的职责的。他的任务是完成神赋予他的责任，就是警示世人，理解人自身的智慧是有限的。因此，他的职责是双重性的：服从神的命令；警示世人（爱世人）。神利用苏格拉底来告诫人类。苏格拉底说："即使现在，我也将继续从事神命令我做的调查任务。我将询问任何一个人，无论是公民还是陌生人，只要我觉得他是有智慧的我都将询问。如果我不觉得他有智慧，我将求助于神的帮助，向他表明他不是有智慧的。正是因为这种职业，我没有任何空闲时间从事公共服务，我也没有为我自己挣钱。

---

[1] *Plato's Five Dialogue*, 2nd edition, trans. G. M. A. Grube, revised by John M. Cooper, Indianapolis and Cambridge: Hacket Publishing Company, Inc., 2002, p. 26.

[2] *Plato's Five Dialogue*, 2nd edition, trans. G. M. A. Grube, revised by John M. Cooper, Indianapolis and Cambridge: Hacket Publishing Company, Inc., 2002, p. 27.

正是因为服务于神,我的生活极其贫穷。"[1]苏格拉底说,即使将他无罪释放,他也将继续做他一直做的工作。他不会用沉默和流放来躲避死亡的。流放对于他来说没有意义,因为在这个世界上任何地方,人类都不会容忍他把关于人性的"皇帝的新装"给揭破。他与雅典民主政体的冲突不是个人与不同社会制度之间的冲突,而是人和神之间的冲突(《申辩篇》)。苏格拉底所从事的是神的使命:神想通过他来昭示人类,人的智慧是极其有限的。

因此,对苏格拉底的审判是人类的傲慢对神的审判,是对神的反叛;苏格拉底之死是人和神之间区别的消失。控告苏格拉底的人说他不信神,而经过苏格拉底的诘问,恰恰表明,那些口头上相信神的人是不相信神的。他们利用神的名义来处死完成神的任务的使者。

苏格拉底说,他对于雅典城邦(以及人类)来说,就如一个牛虻一样[2],刺痛了人心和人性。在雅典城邦人的眼里,苏格拉底是个牛虻,因为他所做的工作和所说的话深深地伤害了雅典城邦的人。苏格拉底想把雅典人从昏昏欲睡的状态中惊醒,从虚幻的自我梦想中拉回来。苏格拉底是真正爱雅典人、爱人类的。但是,人们把苏格拉底的爱理解为恨。苏格拉底之爱是不容于世界的。苏格拉底的爱换来的是谣言、审判、死刑。苏格拉底说,他的辩护是为了雅典人的,而不是为了他自己。他与雅典人的关系,即与这个世界的关系,是由神给他的任务决定的:他把自己的一生奉献给雅典人,奉献给人类,他的无私的爱换来的是死刑,是人类对他的仇恨。在这一点上,苏格拉底之死与耶稣基督之死有很大的相似性。

苏格拉底的贫穷,从世人的眼光看,是无法理解的,他是自私的。世人把苏格拉底的爱理解为自私。苏格拉底家中有三个儿子,其中两个都还很小。以苏格拉底的才能完全可以和智者一样,通过教书挣很多钱,让自己和家人过上舒服安逸的生活。但是,他没有这么做。他与人辩论不是为了挣钱,不是为了炫耀自己的才能,不是为了个人的私利,只是在执行神所赋予他的任务。苏格拉底所做的一切,不被世人所理解,人们认为他没有尽到对家人的责任。但是表面看他是个人主义者,而实际上,他的行为超越了社会。他的

---

[1] *Plato's Five Dialogues*, 2nd edition, trans. G. M. A. Grube, revised by John M. Cooper, Indianapolis and Cambridge: Hackett Publishing Company, Inc., 2002, pp. 27~28.

[2] *Plato's Five Dialogues*, 2nd edition, trans. G. M. A. Grube, revised by John M. Cooper, Indianapolis and Cambridge: Hackett Publishing Company, Inc., 2002, p. 35.

贫穷、他与神的关系超越了他与家庭的关系。

苏格拉底到此已经完全击破了人们对他是智者的诽谤,证明他与智者有着本质的区别。人们总是从这个世界的关系来理解苏格拉底与神的关系,因此,认为苏格拉底是游手好闲的人,是自私的。

2.1.3 苏格拉底之死

苏格拉底为什么能够平静地接受死亡呢？他为何不接受朋友的帮助而选择政治流亡呢？如果我们理解了上面的两点,我们也就很容易理解苏格拉底的死了。

首先,苏格拉底认为,在他平时与他人的辩论中,有时候神会阻止他,不让他说话或做某些事情,而这次,神没有阻止他说出很可能招致死亡判决的话语。这表明,神对他的行为是许可的,对于他行为的结果是默认的。神没有阻止他的行为,这或许表明,死亡是神赋予他的使命的一部分；

其次,人不应该害怕死亡。人对死亡的无知,反映了人的有限性。苏格拉底对死亡的态度与他的智慧是一致的：人不应该对自己不知的东西假装知晓。苏格拉底给出人们对死亡的两种理解,一种理解认为死亡就是虚无,死后什么都没有,这是人们害怕死亡的根本原因。另外一种是,死亡也许不是什么都没有,很可能到另外一个世界去了,就如古人所认为的那样,道德完美的人会在另外一个世界上享受快乐。苏格拉底认为,我们对这两种看法都不能够确定。如果我们惧怕死亡,那就是自认为自己对于不知道的东西有所知。苏格拉底说：“先生们,害怕死亡,这无疑是认为,自己没有智慧而说自己有智慧,无疑是说自己对于自己不知道的东西有所知。没有人能确定死亡是不是对于人类最好的福气之一,而人惧怕死亡就如知道死亡是人类面对的最大的恶一样。”[1]《申辩篇》结尾最后一句话是："现在是离开的时刻了。我走向死亡,你们继续活着。我们中谁去的地方更好,没有人知道,除神之外。"[2]苏格拉底对死亡的不可知的态度与后来休谟的不可知论有着本质性的区别。苏格拉底对待死亡,就如同康德在《纯粹理性批判》中所作的现象和物自身概念的区分：现象和物自身不是两个东西,是一个东西,只不过对我

---

[1] *Plato's Five Dialogues*, 2nd edition, trans. G. M. A. Grube, revised by John M. Cooper, Indianapolis and Cambridge: Hackett Publishing Company, Inc., 2002, p. 33.

[2] *Plato's Five Dialogues*, 2nd edition, trans. G. M. A. Grube, revised by John M. Cooper, Indianapolis and Cambridge: Hackett Publishing Company, Inc., 2002, p. 44.

们来说是现象，而对上帝来说是物自身。

然后，就如我们上面所说的，苏格拉底与雅典法庭的冲突是人与神的冲突，无论他到哪里，都不容于世，逃跑是没有任何意义的。从死亡的角度看，即使苏格拉底逃跑了，他也不能改变人总有一死的命运，不过是延缓死期而已，是把"死刑"该判为"死缓"。这种延缓，这种苟且偷生的态度，是与苏格拉底的智慧相反的，因为其背后隐含的意思是人在这个世界上的生命是最珍贵的，或者说，自然生命就是一切。这种"好死不如赖活着"的态度与在第二点中所说的一样。

最后，与第三点联系在一起的是，比死亡更重要的是羞辱、恶等，道德层次比自然生命更重要。苏格拉底认为："由于我对于下界的事情没有正确的知识，因此我不认为我具有这样的知识。但是，我知道，做坏事，不服从自己的上级（无论这个上级是神还是人），都是邪恶的和可耻的。"[1]由于害怕死亡就必须保持沉默，对于苏格拉底而言这是不可能的，因为这样"意味着不服从神"[2]。有关这一点，我们在《克里托篇》可以看的更明白，从道德和宗教的层次上，他是不能逃跑的。

到此，我们就能明白苏格拉底为何能平静地接受不公正的审判结果。因为他知道，自己所做的一切，都是在执行神的所赋予自己的职责，是来警醒人类的自我中心主义梦想的。他的行为表明，没有人比他更信奉神。而雅典城邦却以不信神的罪名判他死刑。这充分表明神与人之间的区别不仅仅是有限智慧与无限智慧的区别，还有道德—宗教意义上的区别：人对于神的反抗。

对于苏格拉底的指控是，他腐蚀青年和不信奉雅典城邦所信奉的神。从人类的观点看，苏格拉底是既不爱人类——因为他腐蚀青年（人类的未来）——也不信奉神。因为这两宗罪名而被判处死刑，这从人类的角度看，是多大的遗憾和羞辱。不仅在当时的雅典人眼里他罪有应得，背负着反人类的罪名和不信神的污点，而且很可能在人类历史上，他都永远被钉在耻辱柱上。但是，苏格拉底没有因自己被冤枉，被判死刑而有任何怨言，他很平静的接受死亡，接受如此不公的审判。这是一般人难以理解的。这正体现了神

---

[1] *Plato's Five Dialogues*, 2nd edition, trans. G. M. A. Grube, revised by John M. Cooper, Indianapolis and Cambridge: Hackett Publishing Company, Inc., 2002, p. 33.

[2] *Plato's Five Dialogues*, 2nd edition, trans. G. M. A. Grube, revised by John M. Cooper, Indianapolis and Cambridge: Hackett Publishing Company, Inc., 2002, p. 41.

与人之间的区别。

2.2 真理与意见

苏格拉底之死是符合社会多数人的意愿的。它反映了人类不愿意看到真理，不愿意看到事实。人类宁可生活在自己虚幻的世界之中。很显然，真理不可能源于人的理性。建立在人的理性和意志上的社会组织不是正义的体制。在《克里托篇》的对话中，苏格拉底作了两个区分：多数人的意见与真理的区分；法律和城邦的基础与多数人的意志的区分。法律和国家（城邦）应该以正义和真理为基础，而不是以多数人的意志和理性为基础。

2.2.1 多数人的意见与真理的区分

在《克里托篇》中，苏格拉底所作的真理与意见的区分和后来柏拉图所作的知识和意见的区分是很不同的。对话的起因是这样的：苏格拉底的老朋友克里托来到监狱试图作最后的尝试说服苏格拉底逃跑。他对苏格拉底说，如果你被处死的话，人们就会认为我作为你的朋友没有尽力帮助你，我就会落下一个把钱看得比朋友还重要的小人的名声。苏格拉底回答说："我们为什么要关心多数人是如何想的呢？"[1]接着，苏格拉底问了下面的问题：我们是应该尊重所有的意见或看法呢，还是其中的一部分？是应该尊重所有人的意见还是部分人的意见呢[2]？

苏格拉底举了一个例子来说明这个问题。他问道：当一个人在进行体育训练的时候，他是应该看重任何人的赞扬和批评呢，还是只看重一个人的看法，比如医生或者教练？很显然，"他应该惧怕一个人的批评和欢迎一个人赞扬，而不是多数人的批评和赞扬。""他应该在行动、锻炼、吃喝上听从那个具有正确知识的教练一个人的吩咐，而不是其他人的意见。"[3]如果他不服从教练，抛弃他的看法或忽视他的赞扬，而看重那些没有相关知识的多数人的

---

[1] *Plato's Five Dialogues*, 2nd edition, trans. G. M. A. Grube, revised by John M. Cooper, Indianapolis and Cambridge: Hackett Publishing Company, Inc., 2002, p. 47.

[2] *Plato's Five Dialogues*, 2nd edition, trans. G. M. A. Grube, revised by John M. Cooper, Indianapolis and Cambridge: Hackett Publishing Company, Inc., 2002, p. 49.

[3] *Plato's Five Dialogues*, 2nd edition, trans. G. M. A. Grube, revised by John M. Cooper, Indianapolis and Cambridge: Hackett Publishing Company, Inc., 2002, p. 49.

意见，其结果将会损害自己的身体[1]。在日常生活中我们都知道，当身体不舒服的时候，我们到医院去看医生，因为我们相信医生对我们的身体比我们自己更了解，我们不会依赖自己的感觉来判断自己得了什么疾病。同样，我们也不会询问邻居或者陌生人，更不会采取投票的方式决定自己的疾病原因。

上面的例子具有多方面的重要性：首先，在知识的来源上，看重外在的权威，而不是自己的心智，这和柏拉图的"回忆说"是完全相反的理论；其次，人身体的健康和技能是训练的结果，这表明人是一个过程，不是一个实体；最后，如果人在身体的健康和技能问题上知道听从医生或教练的意见，那么，人在对待精神的自我上，为什么不知道求助于正确的权威呢？

针对上面第三点，苏格拉底是这么说的：可以肯定的是，"正义和非正义的行为上，羞耻和美丽的行为上，善和恶的行为上——这是我们现在要思考的——我们是应该听从众人的意见而且惧怕他们，还是听从对这些问题有正确见解的那个人，并在他面前比在任何其他人面前更感到恐惧和羞耻？如果我们不听从他的指示，我们将损害和腐蚀我们自己这一部分，即它可以因正义行为而提升我们，可以因非正义行为而毁掉我们。"[2]就如我们的身体一样，我们的精神或者灵魂也是在道德行为中塑造成的。

我们如何改造我们自己呢？我们的导师是谁呢？苏格拉底认为，在道德的知识上，在正义和非正义的问题上，显然，我们不能够听从众人的意见，不能听信市场上的意见。苏格拉底说："我们不能太看重众人如何说我们，而应看重这么一个人的意见，这个人对正义和非正义有着正确的理解；这个人就是真理本身。所以，在对待什么是正义、美、善以及它们的对立面等问题上，你（克里托）从一开始就相信多数人的意见，这就是错的。"[3]

这里，一个很关键的问题是，苏格拉底没有指出谁是真理。真理既不可能来源于多数人，也不可能来源于某个人。就如《申辩篇》所说的，苏格拉底之所以是最有智慧的人，就在于他认识到自己没有智慧。但是，苏格拉底

---

[1] *Plato's Five Dialogues*, 2nd edition, trans. G. M. A. Grube, revised by John M. Cooper, Indianapolis and Cambridge: Hackett Publishing Company, Inc., 2002, p. 50.

[2] *Plato's Five Dialogues*, 2nd edition, trans. G. M. A. Grube, revised by John M. Cooper, Indianapolis and Cambridge: Hackett Publishing Company, Inc., 2002, p. 50.

[3] *Plato's Five Dialogues*, 2nd edition, trans. G. M. A. Grube, revised by John M. Cooper, Indianapolis and Cambridge: Hackett Publishing Company, Inc., 2002, pp. 50~51.

没有因此而否认智慧或真理的存在。真理，或者关于正义、善、美等的知识，来源于神的智慧。如果我们把《申辩篇》和《克里托》这一点联系起来看，这一点是很明确的。只有神才能告诉我们什么是正义。尽管苏格拉底没有明确说，但我们可以说，我们的良心是根植于神的智慧之中的。人的智慧之所以没有价值，不是因为人的智慧是有限的，而是因为人的傲慢把人智慧的根源切断了，把人的智慧绝对化。

如果我们把苏格拉底的观点与当代西方哲学中后现代哲学与现代哲学之争进行比较的话，我们会发现，苏格拉底一方面是赞成后现代哲学主张的，他认为现代哲学犯了人类中心主义的错误，把人的理性等同于真理的化身，没有认识到人之理性的有限性和可错性，人的知识是有限的，是相对的；另外一方面，他也同意现代哲学对真理和理性的肯定，人虽然不能够认识真理本身，但这并不代表没有真理。在现代哲学与后现代哲学之争中，苏格拉底"休乎天均，是之谓两行"（庄子）。

2.2.2 正义、法律和城邦、多数人的意志

正义来源于神，正义应该体现在国家（城邦）和法律之中。正义的政治制度有着道德和宗教的基础。理想的政治制度不可能根植于人的理性和意志之中。理想的政治制度是由神直接建立起来的。真理来源于最高的权威，而不是来源于人类理性。

苏格拉底进一步指出，即使我们有着很好的城邦和法律，社会多数人的理性和意志也会利用这个制度为自己的利益服务。麦勒特斯（Meletus），作为起诉苏格拉底的代表之一，就是利用雅典的政治制度来满足自己的私欲，即对苏格拉底进行报复。苏格拉底的朋友克里托说服他逃跑的一个最核心的理由是，苏格拉底是被错误地告上法庭，被错误地判了死刑。对于苏格拉底的审判本来就不应该发生。苏格拉底完全有理由逃跑。

苏格拉底的反驳同时具有很强的黑格尔和康德的哲学味道。即使从纯粹道德的角度看，他的逃跑也是错误的行为。如果苏格拉底从监狱里逃跑，他犯了双重错误：其一，他违背了自己的承诺，背弃了生他养他的地方；其二，他以牙还牙，以恶报恶，违背了伦理规则。

首先，人的自我与城邦法律分不开。苏格拉底说，人从一开始就是社会的产物；他父母的婚姻是经过城邦法律许可的。而且，他的成长和教育都是与雅典社会分不开的。包括他的先辈都是雅典社会的产物。用黑格尔的话说，

人是社会化的产物。作为个人，苏格拉底之上有两个权威，一个是家庭，一个是城邦和法律。就如同他不能和他父亲处于平等地位一样，他和雅典城邦也不是处于平等地位的。就如同他不能报复他父亲一样，他也不能报复雅典城邦。如果他知道尊重自己的父母和先辈，为什么不知道尊重自己的国家？他的家庭关系和国家关系定义了他是谁。他应该服从国家法律。如果国家和法律有什么不对的地方，他可以指出来，说服国家进行改进："人要么必须服从自己的城邦和国家的命令，要么根据正义来说服国家进行改进。"[1]国家法律应该以正义为基础；国家法律不等于正义本身。

国家对于个人而言是权威，个人必须服从国家，但是国家不是最后的权威，因为国家和法律是建立在更高的权威基础上的，那就是正义和真理的源泉，是神。个人不能自己批评国家，个人只能依赖更高的权威来批评国家。苏格拉底的话表明，个人与国家的关系是相对的，而个人与神的关系是绝对的。当国家和法律不完满或者被利益集团利用和控制的时候，个人不是出于强调保护个人的权利、自由、财产等观点来批评国家的，而是依据正义来批评国家。这里我们看出，与政治自由主义对于社会、国家、法律等批判的出发点不同，苏格拉底是从神的角度出发，是服从更高的权威的。国家法律的神圣性不在于它们是保护个人自由和权利的工具，而在于它们是个人内在的构成部分。关于这一点，苏格拉底与儒家哲学是一致的，与墨家哲学也是一致的。

如果苏格拉底从监狱逃跑，那就是蔑视国家和法律。苏格拉底以自己的言行证明自己自愿接受雅典的社会制度。如果因为雅典城邦对自己的不公正而逃避离开雅典，那就是违背了自己自愿生活在雅典社会的诺言和协议。违背诺言和蔑视国家法律，这是不道德的行为。苏格拉底认为，如果自己逃跑，雅典城邦会说，"你破坏了你与我们之间的诺言和协议；当初做出这些诺言和协议没有任何强迫性或欺骗性，也没有限制你思考的时间压力。你已经在这里生活了七十年，期间你可以随时因为不喜欢我们或觉得我们之间的协议不正义而选择离开我们"，你没有到其他城市去[2]。这么多年苏格拉底几乎没

---

[1] *Plato's Five Dialogues*, 2nd edition, trans. G. M. A. Grube, revised by John M. Cooper, Indianapolis and Cambridge: Hackett Publishing Company, Inc., 2002, pp. 53~54.

[2] *Plato's Five Dialogues*, 2nd edition, trans. G. M. A. Grube, revised by John M. Cooper, Indianapolis and Cambridge: Hackett Publishing Company, Inc., 2002, p. 55.

有离开过雅典,而当雅典判他死刑时,他认为是不公平的,就以个人的行为(逃跑)使国家法律失去了有效性:"就你自己而言,你不是以自己的想要做的事情逃跑来破坏我们,你不认为法律实际上是整个城邦吗?或者,你不觉得如果个人可以把法庭的判决取消,减化为零,使它们没有任何力量,这可能会摧毁一个城邦吗?"〔1〕如果每个人都因为法庭的判决对自己不利就选择逃跑,那么,法庭的判决岂不是要成为笑话?如果人人都如苏格拉底一样试图逃跑,城邦法律成了笑话,城邦的基础也随之消失。苏格拉底不是在与正义为敌吗?

在厘清了个人—国家—正义之间的关系后,苏格拉底进一步在意识形态的层次上澄清国家法律与民众意志之间的区别。

其次,苏格拉底认为,"人永远不能以恶还恶,不能错误对待任何人,无论自己是如何被他人错误地对待的"〔2〕。上面我们看到,城邦法律不会错误对待苏格拉底。城邦法律被人利用来报复苏格拉底。苏格拉底能不能说自己逃跑是对这些恶人的报复呢?根据这一原则,苏格拉底认为,不能。

在城邦法律和民众意志之间有着本质的区别:不是法律本身冤枉了苏格拉底,冤枉他的是民众。法律制度被民众利用来为他们自己的目的服务。苏格拉底的逃跑就是以恶报恶。法律和城邦会对苏格拉底说,不是我们错误地判决了你,是人们这么做的。在这之后,假如你离开,假如你以恶还恶,以不公正对待不公正,破坏了你与我们的许诺和协议,你就不公正地对待了你自己,你的朋友,你的国家和法律。这就违背了你所坚信的"永远不做恶事"的道德准则〔3〕。"永远不做恶事"包括"不以恶还恶",不以牙还牙。这是一个康德式的回答。如果苏格拉底从监狱逃跑,那么,他就是践踏雅典法律,蔑视雅典城邦,违背自己的诺言和协议,是以牙还牙,以恶还恶。

这里最重要的是,苏格拉底指出,国家和法律不是建立在民众意志和理性基础上的。但是,国家和法律可以成为多数人或者少数人的工具,成为意

---

〔1〕 *Plato's Five Dialogues*, 2nd edition, trans. G. M. A. Grube, revised by John M. Cooper, Indianapolis and Cambridge: Hackett Publishing Company, Inc., 2002, p. 53.

〔2〕 *Plato's Five Dialogues*, 2nd edition, trans. G. M. A. Grube, revised by John M. Cooper, Indianapolis and Cambridge: Hackett Publishing Company, Inc., 2002, p. 52.

〔3〕 *Plato's Five Dialogues*, 2nd edition, trans. G. M. A. Grube, revised by John M. Cooper, Indianapolis and Cambridge: Hackett Publishing Company, Inc., 2002, p. 57.

识形态。国家和法律本身的成立是必要的；它有着宗教和道德上的基础。然而，正是人的理性的有限性和自私性，在国家和法律的实际运行上，正义被抛弃在外。举一个例来说明。在布什 2000 年刚上台时，美国国会就是否给墨西哥的卡车司机发放在美国领土上驾驶许可证的问题展开了激烈的争论。共和党认为美国政府应该给墨西哥的卡车司机发放在美国领土上的驾驶许可证。其理由是：由于人人都是平等的，所以，墨西哥的卡车司机应该和美国的卡车司机一样享有同等的权利。然而，民主党极力反对。他们的理由是：由于墨西哥的卡车司机的驾驶技术有很大问题，允许他们在美国高速公路上横冲直撞，将严重威胁到美国人民的生命安全。表面上看，共和党与民主党的理由都很充分："人人平等"和"生命安全"。并且，表面上看起来，两党所关心的不是一个东西。而实质上，两党所讨论的是一个东西：廉价劳动力的问题。"人人平等"和"生命安全"都是幌子。共和党所代表的是美国的大公司集团的利益，是在为他们争取比美国本地更廉价的卡车司机。而民主党代表的是工会，是反对墨西哥的卡车司机来抢美国人的饭碗的。在两党的争论的背后依据是"利益"，而不是什么普遍的真理。这里，并不是说"人人平等"和"生命安全"的观念本身是错的，而是它们被利用了，成了意识形态。同样的，对于苏格拉底的指控与审判也是利用城邦和法庭为自己的报复行为服务。苏格拉底对这一点很清楚。尽管如此，并不影响苏格拉底对雅典城邦和法律本身的信仰，因为城邦和法律的基础不是多数人意志的产物。

苏格拉底在这里所做的分析表明，人除了具有神人关系之外，即宗教层面，人还具有社会层面，主要是道德和政治的层面。法律和国家应该以正义（道德）为基础。人正是在这种国家法律关系中体现了人的道德和政治层面。这里重要的是，个人是服从家庭和国家权威的。个人与家庭和国家的关系不是雇员与公司的关系，不是可有可无的关系。个人在家庭和国家关系中形成了自我。国家和法律是以正义为基础的，不是以民众的意愿和理性为基础的。这里的权威的概念和前面的医生和教练的比喻都是有关的。如果民主政体是建立在社会大多数人的意志和利益之上的社会组织，那么，民主政体就不是理想政治制度。理想的政治制度不是如美国过去的副总统戈尔（Al Gore）所说的"Every vote counts"，而是根据正义和神意（天意）权威建立起来的。"最大限度的满足社会最大多数人的利益"，这不是正义的体现。一个社会是否符合正义标准，关键是看其是如何对待这个社会的穷人的。这是神权政治的核心内容。

综上所说，神、人之分是真理、意见之分的基础。真理和正义来源于神的智慧，而人的意见表达的是自己的利益。国家和法律不是建立在人的意见的基础上的，而是建立在神的意志和智慧上的。

第三节 墨子：天意、兼爱

3.1 两种权威

3.1.1 人类权威与天意

在《墨子》一书中，我们可以看到，其根本思想是"尊天，事鬼，爱人"：兼爱思想必须放到尊天的语境之中来理解。人与天的关系是最根本的关系，而作为人与人的关系，"兼爱"是其中的一个主要部分。《墨子》的神权政治思想中的核心概念是权威。这一点和苏格拉底的哲学很相似。在《墨子》哲学中，可以说，我们发现了一种新的神学：以"权威"为核心概念的"政治神学"。这与阿奎那的自然神学有着很大的不同；自然神学以自然物之间的"因果关系"为核心概念来论述上帝与这个世界的关系。下面，我将简要论述一下《墨子》社会神学中的政治思想核心。

在《法仪》篇中，墨子认为，有两种权威，一种是人的权威，包括"父母，学，君"，一种是天的权威。我们应该服从的是"天意"，"以天为法"。《法仪》篇可以说是墨子哲学思想的大纲。

《法仪》篇一开始就说，人不能以己为师，法仪作为外在的标准是我们行为的准则。这一点和苏格拉底所做的医生或者教练的比喻是一个意思。"子墨子曰：天下从事者，不可以无法仪；无法仪而其事成者，无有也。虽至士之为将相者，皆有法。虽至百工随从事者，亦皆有法。百工为方以矩，为圆以规，直以绳，正以县。无巧工，不巧工，皆以此五者为法。巧者能中之，不巧者虽不能中，放依以从事，犹逾己。故百工从事，皆有法所度。"[1]在这一段话中，墨子依据他自身的经验和对世界的观察，认为做任何事情都要有一定的尺度，一定的规则，一定的法则。率领军队，管理国家，都要依据一定

---

[1] 王焕镳：《墨子校释》，浙江古籍出版社1987年版，第22页。

的规则。一般的工匠也不能单凭自己双手来画出直线和圆圈。人不能单纯依赖自己的爱好、愿望、能力去完成一件事情。遵循一定的法规,这是成功的保障。

对于这个显而易见的道理,人在小事上清楚,大事上往往就糊涂了。"今大者治天下,其次治大国,而无法所度,此不若百工辩也。"墨子感叹,如今君主治理天下与国家,不知道依据一定的法度,这样连普通行业的人都不如。治理国家,必须有依据,有"法仪"。不同的事情有不同的规则,木匠依赖于他的圆规、悬坠、尺子等来从事木工活动。管理国家,处理人与人之间的事务,我们的尺度来自哪里呢?这种尺度不是物质的,不是可以看得见摸得着的。社会关系的核心是权威。所以,墨子接着问,在社会生活中,我们应该服从什么权威呢?

"然则奚以为治法而可?当皆法其父母,奚若?天下之为父母者众,而仁者寡。若皆法其父母,此法不仁也。法不仁,不可以为法。当皆法其学,奚若?天下之为学者从,而仁者寡。若皆法其学,此法不仁也。法不仁,不可以为法。当皆法其君,奚若?天下之为君者众,而仁者寡。若皆法其君,此法不仁也。法不仁,不可以为法。故父母、学、君三者,莫可以为治法。"

我们应该服从自己父母的意志吗?墨子说,天下父母多,而仁义的父母不多。能服从自己师长的意志吗?天下师长多,而仁义的师长不多。服从自己的国王吗?天下国王多,而仁义的国王不多。"故父母、学、君三者,莫可以为治法。"在这里,墨子用上面三类人来代表人类的权威。我们不能以人的权威或意志为行为准则,因为人的权威就其自身而言是自私的。在《尚同》篇中,墨子认为,只有当人的权威成为传达天的意志的时候,我们才有理由服从人的权威。《尚同》篇对为什么不能法父母、老师、国王给出了更明确的理由。我们后面将谈到。

这里有一个问题,墨子认为,父母、老师、君王的权威都不能作为我们行为的准则,其原因是这些人几乎都不是道德之人。墨子的这些话,既是对他所处的时代的观察,在理论上更有其深刻的含义。父母、老师、君主,他们的权威不是来自他们自身,就如同木匠不等同于他的圆规和尺子一样。只有当君主、父母、老师是道德的人的时候,只有当他们以自己的言行体现出道德准则的时候,他们才具有权威性。君主、父母、老师的权威不是生来固有的,是外在的标准授予的。用普遍性的语言来说,人的权威不是来自于人的意志,而是因为人的意志首先服从于高于人的意志的道德标准(这里墨子用的是"仁",这个"仁"与儒家的"仁"不同)。服从某个人的意志,不是因为它是某人的意志,某人表达出来的意愿,而是因为这个人的意志符合更高的道德标准。道德命令是由某人表达出来的,这就是道德权威,但是我们不能把道德权威与某个人等同起来。

权威决定了人类具有等级制度。某些人具有某种权威不是因为某些人自身,而是因为他们处于权威制度中的某个等级位置。下级服从上级,这应该是权威关系,不应该是权力关系。那么,权威的最终源泉来自哪里呢?前面我们看到,苏格拉底认为,对于正义和非正义的正确理解只能来自于真理本身,而不是某个人。墨子也有相似的观点。

对于墨子而言,从父母,到老师,到国王,权威是一步一步升高的。正确的法则只能来自于最高的权威。那么最高的权威是什么呢?

"然则奚以为法治而可?莫若法天。天之行,广而无私,其施厚而不德,其明久而不衰,故圣王法之。既以天为法,动作有为,必度于天。天之所欲则为之,天所不欲则止。"

我们的行为应该服从天意,天志。那么,天是如何行为的呢?天是大公无私的,天是泛爱众人的。"天之行,广而无私",意思是天以其自身的行为向人类表明了它的意志和我们应该遵循的道德标准。"施厚而不德",天给予万事万物无限的恩惠,而自己从不以此为德。所谓"大德不德"。这就是爱无差等。圣人不以己为法,不把自己看作北斗星(《论语》),不把自己看作人类社会的楷模或大救星,不把自己看作永远不落的太阳。那么,天的不言之言已尽在它的行为中表达出来了,这就是"天何言哉,天何言哉"的意思。天意就是:"天必欲人之相爱相利,而不欲人之相恶相贼","以其兼而爱之,兼而利之也"。

如果说在人身上,仁义(墨家的含义)是与个人的意志和权威相分离的话——即个人的意志是善的或者个人的权威是正当的只有当它是符合仁义的标准的时候——那么,对天而言,就不存在这种情况。天意就是法则,就是道德命令。天不需要迎合外在的标准来确定自己的权威。当我们说一个人是道德还是不道德时,一个行为是道德的还是不道德时,我们实际上已经把道德与个人以及他的行为区分开了。把道德这个词汇用于形容人,就意味着道德是外在的。但是,这不适用于天。天"施厚而不德",天就是道德的源泉。

我们不能够说，天是道德的还是不道德的。严格说来，道德不适用于天。

这里，我们看出，墨子实际上对于当今西方元伦理学中的所谓"尤西弗罗问题"（The Euthyphro Problem）的道德客观性问题给予了回答。"尤西弗罗问题"（The Euthyphro Problem）是这样的：我们服从神的命令是因为它是神的意志呢还是因为神的意志符合善的标准呢？如果服从神的意志，不同的神有不同的标准，道德岂不也是主观的？如果因为神的意志符合善的标准，我们实际上是服从道德命令，而不是神的意志。墨子的回答如下：如果这个意志是人，那么，我们服从人的权威，这是因为人的权威符合善的标准；如果这个意志是神，我们服从神的意志，因为神的意志就是善的源泉。所谓不同的神有不同的标准，这是把人映射到神上的原因。

"兼爱"作为人的行为准则是天昭示给人类的。天不言；天以自身的行为告诉人类天志是什么。兼爱不是人的自然情感；兼爱，对于人类来说，是外在的行为准则。在基督教中，"爱你的邻居如爱己一样"也是来自于上帝的命令。兼爱为什么不是人的自然情感或者自然本性的流露呢？《尚同》篇有着明确的回答。

3.1.2 众义、天意、政治制度的建立

在《尚同》篇中，墨子对人类社会制度的建立作出了类似于西方哲学家霍布斯的解释。《尚同》篇回答了下列问题：其一，人类为什么需要建立社会政治和法律制度？其二，人类社会制度的核心概念和内容是什么？其三，人类社会的基础来源于哪里？

针对第一个问题，墨子认为在人类社会原始阶段，人类处于一种"自然状态"，一种战争状态：

"子墨子言曰：古者民始生，未有刑政之时，盖其语，人异义。是以一人一义，十人十义，百人百义。其人数兹众，其所谓义者亦兹众。是以人是其义，而非人之义，故交相非也。是以内者，父子兄弟作怨恶离散，不能相和合；天下之百姓，皆以水火毒药相亏害。至有余力，不能以相劳；腐朽余财，不以相分；隐匿良道，不以相教。天下之乱，至如禽兽然。"（《尚同》）

在原初社会，人类处于一种如同禽兽一般的状态，其原因是人都是极端自私的，为了自己的利益可以不择手段。这种自然状态，实际上不是理论上的假设：当你凌晨三点步行在珞珈山上，面前突然出现一个人时，你肯定会

以为他要袭击你。墨子所说的自然状态不仅是对他所生活的春秋时期的描述，同时也是对于所有社会人的本质的描述。后来韩非子的哲学也是建立在这种观点之上的。军队、警察、保安等之所以存在，就是因为人的极端自私特性，用基督教的语言说，人的原罪性。房屋的门窗是为了御寒保暖通风采光等功用设计的。但是，当门窗成为防盗门防盗网的时候，当门窗上挂着坚固的大锁的时候，人的本性就暴露无遗。墨子所说的"禽兽"状态不是理论上的假设，不是对某一时期人类社会的描述，而是对人类"自然"（自然而然）状态的形而上学的描述，是对人在"无神论"状态下（莱维纳斯意义上）所具有的信念的描述。需要特别注意的是，人类的这种形而上学或者本体论意义上的自然状态，既不是人类社会或者人类存在的具体状态，也不是人类社会的根基或者基础状态；它是人类生存的抽象状态。

霍布斯认为，人为了避免同归于尽，把自己的权利递交出去，与一个专制的政权达成协议，从而诞生了社会制度。墨子认为，这是不可能的，因为人类的自私特性决定了人和人之间的不信任，而且，即使达成了某种协议，成立了某些社会制度和组织，它们也会成为某些人的工具。正因为如此，人类社会不可能自动建立一定的秩序。在墨子看来，人依靠自己的理性和意志是不可能建立起一个有秩序的社会的。最多在武力或者暴力基础上建立一个专制或者民主社会。这样的社会不是一个正义的社会。

韩非子在《奸劫弑臣》篇中对于人性的描述，非常类似于墨子《尚同》篇所说的百人有百义的情景："凡人之大体，取舍同者，则相是也；取舍异者，则相非也。今人臣之所誉者，人主之所是也，此之谓同取；人臣之所毁者，人主之所非也，此之谓同舍。夫取舍合，而相与逆者，未尝闻也。"[1]人们都喜欢听到与自己的观点相似的话，讨厌与自己相异的言论。为什么呢？因为每个人都觉得自己的观点和看法是正确的，人都有一种内在的自我中心主义观念。人人都认为自己正确，别人是错误的。韩非子看到，在君臣关系上，君主喜欢听好听的话，厌恶与自己观点不同的人。这是君主的自我中心主义和自私本性的表现。而臣民为了自己的利益，故意迎合君主的口味，赞美君主所喜欢的东西，故意贬低君主不喜欢的东西。臣民为什么这么做呢？难道自己没有立场吗？自己没有赞同和不赞同的观点吗？臣民之所以这么做，

---

[1]《韩非子今注今译》：邵增桦注译，我国台湾地区"商务印书馆"1990年版。

其目的是满足自己的私利：通过被动的方式来利用和控制君主。

韩非子所说的人性与墨子所说的非常相似。那么，这里有个问题：社会制度是如何建立起来的呢？

在《尚同》篇中，有几点墨子没有明确的说出，但是，却包含在他的论述之中：①人形而上学的本性无法建立统一的社会制度；②尽管他所处历史阶段的社会制度成了某些人利用的工具，他并不否认社会制度本身的理念和合理性。③墨子还认为，过去人类社会曾经有过符合正义的社会制度："昔之圣王禹汤文武，兼爱天下之百姓，率以尊天事鬼。"（《尚同》）

那么，我们的问题是：社会制度是如何建立的呢？真正的社会制度又是如何建立的呢？墨子说：

"夫明乎天下之所以乱者，生于无政长，是故选天下之贤可者，立为天子。天子立，以其力未足，又选择天下之贤可者，置立之以为三公。天子、三公既以立，以天下为博大，远国异土之民，是非利害之辩，不可一二而明知，故画分万国，立诸侯国君。诸侯国君既以立，以其力为未足，又选择其国之贤可者，置立之以为正长。"（《尚同》）

上天知道天下之所以乱是因为没有"政长"，没有一个管理天下的权威。谁能够做天下的管理者呢？由于众人有众义，这个"政长"显然不可能是天下人自己选举出来的。而是上天挑选的一个"贤可"之人——即德才兼备之人——来做天子。所谓"天子"，是执行上天命令的，就如同我们在日常生活中看到的，儿子要服从父母，父母的权威高于儿子；同理，天子要服从上天。墨子所说的"天子"与《诗经》、《尚书》中的"天子"是一个意思，对上天而言是"天子"，对天下人而言，是"民主"。天子仅仅是上天在天下人中的一个代表，他的权威不是因为他自己本身有什么高于其他人的地方，而是因为他从上天所秉受的权力。天子是上天在地上的执行者。天子之所以是天子，就是因为他与上天的关系，没有与上天的关系，就没有天子可言。

从天子，到三公，再到诸侯国君，再到正长，一级比一级低，这形成一个等级制度。这种等级制度的核心是什么？墨子说：

"正长既已具，天子发政与天下之百姓，言曰：闻善而不善，皆以告其上。上之所是，必皆是之；所非，必皆非之。上有过则规谏之，下有善则傍荐之。上同而不下比者，此上之所赏而下之所誉也。意若闻善而不善，不以其告其上；上之所是弗能是，上之所非弗能非；上有过弗规谏，下有善弗傍

荐；下比不能上同者，此上之所罚，而百姓之所毁也。"(《尚同》)

在社会政治制度形成以后，天子昭告天下人，听到的善或不善的言论，都要告诉上一级。下级要服从上级，上级认为对的，就是对的，上级认为不对的，就是不对的。下级的是非观念不是来自自己，而是来自上级。这会不会形成对上级的盲目崇拜呢？如果我们考虑到这个自下而上的等级制度中最高的一端，我们就不会这么认为了。为什么下级要服从上级呢，这与墨子所说的众人有众义有关，每个人都从自己的角度看问题，我们不可能形成一致的观点（墨子反对当代契约论者），不可能形成关于天下最正义的决定（这与罗尔斯的正义原则理论不同）。

这里需要指出的是，上级的权威来自于更高的一级，最终来自于上天，所以上级所认为的对和错都必须以上天的意志为标准，由此看来，是非的根源不是来自上级本人，上级仅仅是传话筒而已。正因为如此，上级有可能做错事，说错话，当上级所做的事情与他所接受下来并传给下级的命令不一致的时候，下级有责任规谏上级。同理，下级有德性、功劳和才能，上级必须向更高的上级推荐。这与墨子关于人类权威的概念是一致的。如果不能做到这一点，即"上之所是弗能是，上之所非弗能非；上有过弗规谏，下有善弗傍荐"，就是对上天权威的抗衡，是为了自己的私利滥用权威。

正因为天子是上天的传话筒，国君才服从天子。所有的诸侯国君都应该与天子的意志一致。作为人的最高权威，天子同样也应该服从更高的道德标准，那就是上天的命令。这样天下才会大治。墨子说：

"国君者，国之仁人也。国君发政国之百姓，言曰：闻善而不善，必以告天子。天子是所是，皆是之；天子之所非，皆非之。去若不善言，学天子之善言；去若不善行，学天子之善行。则天下何说以乱哉？察天下之所以治者，何也？天子唯能壹同天下之义，是以天下治也。"(《尚同》)

"天下之百姓皆上同于天子，而不上同于天，则灾犹未去也。今若天飘风苦雨，溱溱而至者，此天之所以罚百姓之不上同于天者也。"(《尚同》)

任何人都不能以自己的意志为最高和最终标准，包括天子。天设立"天子"的位置来管理这个世界。天子是天的代言人，天的工具。天子是贯彻天的意志的。天子服从天的意志就如同儿子服从父亲的命令。天是绝对的权威。

同样地,天子以下的所有各级官员,都必须听从天子的命令。下一级必须服从上一级的命令。高一级的权威是如何来的呢?是直接来自于天的意志。所有人,包括天子,都必须服从天意。社会制度的核心概念是权威。而这个真正的权威是天的意志。"尚同"不是等同于哪个人的权威或者意志,而是同于天志、天意。

从一般民众,到基层官员,再到高级官员,再到"三公""诸侯",再到天子,最后到天,构成了一个从下到上的直接性链条。而这个链条的核心是权威。这与西方中世纪神学家阿奎那的自然神学不一样。在阿奎那哲学以及后来的自然神学中,他们思想的起点是自然事件:一个自然事件的发生是有其原因的,而且我们能够对所有事件的发生都追问其因果关系。我们也可以对这个世界的发生追问其根源,而最终原因在于上帝。

在人类社会关系中,起码有三种关系,父子关系、师生关系、君臣关系。这三种关系的核心是权威。下级必须服从上级。权威也是每个社会制度运行的保障。在《法仪》篇中,墨子不是否认上面人的三种权威,而是说这三种权威就其自身来说不能成为绝对的权威。其理由就是《尚同》篇开头所说的人的自私性。一个人,一个社会制度,如果把自身的利益作为第一原则的话,他(它)也就失去了权威,因为他(它)就和其他利益实体一样处于平等的竞争关系中。权威,就其本身而言,来源于大公无私者,而这只有天才能做得到。天超越任何个体利益;天泛爱众人。权威的根源在于爱。

有人也许早就想问:天意究竟是什么?是不是很神秘呢?前面我们已经看到,天意一点也不神秘,天以自己的行为和不言之言,命令人"兼爱"。对于这个道理,人人都懂,关键是在处理具体的事务和日常生活中,我们的自然天性是否乐意去这么做。上面我们看到,每个等级的官员都会遇到不同的事务,都生活在不同的环境之中,他们如何才能贯彻天意呢?权威就在于"兼爱",一旦"自爱",就失去了权威。"兼爱"是放之四海而皆准的真理。

3.2 自爱与兼爱

因此,在墨子哲学中,墨子区分了两种爱,"自爱"和"兼爱"(《兼爱上》)。"自爱"是人的自然情感,是以自我为中心的爱;它包括儒家的"爱有差等"。兼爱是什么呢?墨子说,兼爱是"爱人若爱其身"(《兼爱上》),是"视人之国若视其国,视人之家若视其家,视人之身若视其身"(《兼爱中》)。

自爱是根植于这个世界的，是"知爱其身，不爱人之身"（《兼爱中》）。而"爱人若爱其身"，爱人如爱己是来源于世界之外的。爱其身，且爱人之身，加上这么一句，其意义的变化是永恒的变化。自爱是一种自然情感，是任意性的和偶然性的，而爱人如爱己中的爱则是责任，是必须做的。为什么这么说呢？

墨家和儒家一样，认为如果一个人是纯粹的自爱的话，他就不可能维系最基本的人际关系，即父子、兄弟、君臣关系。"子自爱，不爱父，故亏父而自利；弟自爱，不爱兄，故亏兄而自利；臣自爱，不爱君，故亏君而自利。"同样的，"父自爱也，不爱子，故亏子而自利；兄自爱也，不爱弟，故亏弟而自利；君自爱额，不爱臣，故亏臣而自利。"（《兼爱上》）这样自爱的人，连自己的父母和兄弟以及君主都不爱，更谈不上爱其他无关的人了。这样的人，一切都从自利出发，把自己看成是世界的中心。

儒家强调孝悌，即孝顺父母和尊敬兄长，反对这种极端个人主义的自爱。儒家把父子之爱、兄弟之爱、君臣之爱建立在爱有差等上，即人自然地爱自己的父母要比爱别人的父母多，爱自己的兄弟朋友要比爱陌生人多。那么儒家的亲亲之爱是不是就为人类的爱打下了坚固的基础呢？爱有差等（即"别"）是什么意思呢？墨子认为，儒家所说的爱实际上是另外一种形式的自爱：我爱我父母和兄弟甚于爱其他人是因为他们和我有血缘关系，我爱我的朋友因为我们有相似的爱好和生活圈子，我爱我的君或者国家因为他们和我同属一个利益集团。"虽为天下之盗贼者亦然：盗爱其室，不爱其异室，故窃异室以利其室。"盗贼爱自己的家，不爱别人的家，所以偷别人家的东西。"大夫各爱其家，不爱异家，故乱异家以利其家。诸侯各爱其国，不爱异国，故攻异国以利其国。"（《兼爱上》）

有人说，儒家主张，爱我的父母胜过爱自己，爱我的妻子胜过爱我自己的生命，为朋友可以两肋插刀。这种爱别人胜过爱自己表现是不是无我呢？这里的别人，父母、妻子、朋友与世界上其他人是如何区分的？我为什么单单在这个世界上把他们作为自己爱的对象，而没有其他人作为爱的对象呢？谁是我的朋友，谁是我的敌人，我是用什么来衡量的呢？显然是我自己。如果以我为标准来确定谁是我爱的对象，我可以今天爱这个人，明天爱那个人。我还可以自暴自弃，不爱自己。

儒家竭力向世人一代一代的宣扬孝悌思想，忠君爱国思想，但其背后有一个无法掩盖的事实：在多数情况下，人是自爱，是只爱自己的。如果以自爱为标准来衡量爱之间的差等，谁距离我自己更近？显然不是我的父母兄弟，不是我的妻子和孩子，不是我的朋友，而是我自己。

墨子认为，正是"爱人若爱其身"，爱人如爱己，才保证了孝悌忠信的爱的方式。"爱人若爱其身，犹有不孝者乎？视父兄与君若其身，恶施不孝？犹有不慈者乎？视弟子与臣若其身，恶施不慈。"（《兼爱上》）爱人如爱己中的"人"是指所有的人，是指整个人类，包括自己的父母兄弟姐妹，自己的朋友，自己的爱人，自己的同事等。人与自己父母的关系，人与自己兄弟姐妹的关系，人与朋友的关系，在爱的表现方式上肯定是不同的，但是，把爱自己的亲人建立在永恒的基础上与建立在自己的自然情感上相比，无论在何时何地，无论处于什么样的境地，人都会永恒的地爱自己的亲人，就如爱整个人类一样。这样以来，就消除了儒家所担心的作为个体的自爱与孝之间的矛盾。

同样的，也包括自己，因为自己也是人类的一员。爱己如爱人，把爱自己看作是一个责任，这样才能正确地爱自己[1]，不会自暴自弃，不会自杀。这里的"自己"就不是自己梦想中的自己，是道德命令中的自己。把爱自己建立在永恒的基础上，而不是把爱自己建立在自己的自然情感上，这是一种对自己负责的表现，是真正的爱自己。

克尔凯郭尔认为，人自然的情感，自然的爱，是不具有道德因素的。比如在爱情和友谊之中，我是否能找到我所喜欢或者爱的人，这完全是一种机遇，一种偶然因素，一种缘分。如果说，我必须找到我爱的人，我可信赖的朋友，这是没有意义的。人没有责任和义务一定要找到自己心爱的对象和朋友。但是，爱所有的人，爱你周围的人，爱你的邻居，这不是偶然的。这是道德上的责任和义务[2]。爱自己喜欢的女人或者男人，这是一种自然情感的流露。无需任何外在的命令。但是，爱你周围的人，爱所有的人类，这是道德命令，是外在的。

当爱是一种职责时，爱就是纯粹的爱，就是永恒的爱。因为这种爱来自这个世界之外。

---

[1] 参看 Kierkegaard, *Works of Love*, tr. Howard Hong and Edna Hong. Princeton University Press, 1995, p. 22: "以正确的方式爱自己与爱自己的邻居完全是一致的；最终说来，它们是同一的。"

[2] Kierkegaard, *Works of Love*, tr. Howard Hong and Edna Hong. Princeton University Press, 1995, pp. 50~51.

3.3 正义与爱

对于苏格拉底来说，社会的真正基础是正义或者真理，它代表的是神的意志或者智慧。对于墨子而言，社会的真正基础是爱或者权威，它代表的是天的意志。苏格拉底和墨子都给出了他们怀疑民主政体的理由。神权政治的核心概念是正义和爱。这与民主政体强调个人的权利和自由有着根本性的区别。因此，针对民主政体，苏格拉底和墨子都给出了令人信服的怀疑理由。我们现代人可以从他们那里学到如何破除人类对各种偶像的盲目崇拜。把民主绝对化，把人民的意志和利益作为最高的东西，也就是把人类绝对化。我们应该时时刻刻记住神与人之间的区别。

正义和爱来自于天（或神）。那么，是不是把天（或神）与民主对立了呢？那么神（或天）可不可以通过民主来显示他们的意志呢？理论上，我们可以说，神可以通过任何东西来显示自己的意志，包括民主选举的形式。但是，在实践中，把民主选举等同于神的意志的显现是很危险的：由于人的原罪性和自私性，把民主看作是神的意志的体现就是把民主神化，是用神来美化人类的意志。2004 年当 G. W. Bush 再次当选为美国总统时，一些基督教保守派认为，是上帝选 G. W. Bush 为总统的，不是美国人民。这些基督教徒把自己的意志和整个美国人民的意志等同起来，进而把美国人的意志和上帝的意志等同起来。这实际上把自己的利益和意志看作是上帝的意志，是把自己当成上帝。这是忘记人和上帝之间有一条鸿沟的结果，是人的原罪性的体现。这也是墨子为什么强调权威不是来自下面，而是来自上面，是直接来自于天意的。把人（无论是少数还是多数还是整体）的意志或者利益作为天的意志，这是犯上，是对天的不敬。

民主与天的区别就如同教会与上帝的区别一样；教会毕竟是人类的群体，它不是上帝的代言人或者体现。上帝或者正义不是一定要通过某一个政治制度来显示自己。上帝可以通过任何政治制度来显示自己。这一点，苏格拉底和墨子哲学中说的很清楚：政治制度就其根源来说应该是天的意志的体现；但是，人们却常常利用政治制度来为自己的私利服务。正义永远不能等于任何一种政治体制，但是，所有政治体制必须以正义为根基。法官不是以民意调查结果为依据来判案子，而是以法律和法律背后的正义为标准来慎重审判每一个案件。

第六章
墨子是功利主义者吗？

导 论

在 20 世纪 30 年代，冯友兰在他早期的两卷本《中国哲学史》里说"墨子哲学为功利主义"，理由是与儒家相比，"儒家'正其谊不谋其利，明其道不计其功'。而墨家则专注重'利'，专注重'功'"[1]。换句话说，儒家重视道德本身的纯洁性，而墨家注重功利的实用性。半个世纪以后，李泽厚在《中国古代思想史论》里是这样论述墨家的："墨子把道德要求、伦理规范放在物质生活的直接联系中，也就是把它们建筑在现实生活的功利基础之上，""儒家的'爱'是无条件的、超功利的；墨家的'爱'是有条件的而以现实的物质功利为根基的。它不是来自内在心理的'仁'，而是来于外在的互利的'义'。基于'利'和'义'是小生产劳动者的准则尺度。"[2]儒家只讲道德里的无条件的爱，对于利不屑一顾；而墨家把义或他们的道德与功利联系起来，因而儒家的道德是真诚的，而墨家的道德是虚伪的。冯友兰和李泽厚对于墨子道德理论的看法似乎在当今时代仍占主导地位。

美国哈佛著名亚洲思想研究专家斯沃兹（Benjamin Schwartz）在他的巨著《古代中国的思想世界》中表达了对墨家思想和行为的疑惑。在他把墨家定义为功利主义者后，他发现墨家思想有内在的矛盾："可以肯定的是，对于贤者的动机的根源会出现令人感到不安的问题。他是如何成就这种无私和这种从情感中解脱出来的，以及如何把这种精神上的成就与一种不妥协的功利主义观点协调起来的？墨子的功利主义观点，就如罗尔斯所描述的所有的功利主

---

[1] 参看冯友兰：《中国哲学史》（上），中华书局出版社 1961 年版，第 115 页。
[2] 参看李泽厚：《中国古代思想史论》，人民出版社 1986 年版，第 58~59 页。

义形式一样，正是把对欲望的满足看作与个人的'惬意的感觉'相关，这就是边沁的快乐原则。那么，从哪里产生了这种对快乐、欢乐和爱漠不关心的态度呢？"[1]

斯沃兹敏锐地觉察到，功利主义者的满足自我的欲望与墨家的清苦生活和无私奉献是不相容的，但是，他没有意识到，不是墨家学者们无私奉献的清苦生活的境界的来源是神秘性的东西，而是他对墨家哲学的理解出了问题。斯沃兹的问题不是墨家哲学本身的问题，而是源于他对墨家兼爱观念的误读；他把兼爱理解为一种计算、平衡的结果，类似于当代功利主义者罗尔斯哲学所表达的含义。斯沃兹说："他们（墨家）非常清楚，如同所有其他人一样，如果人类在总体上不能够认识到这一点，即只有在服从于一般利益之后才能够获得他们自身的利益，他们将永远处于一种完全的苦难状态中。他们能够认识到这一点，只有当他们通过兼爱意识到，所有的人，就像他们自己一样，'本身就是目的'……这种理解不是从孔子的无所不包的观念中演绎出来的，而是一种无休止的权衡的结果（an achievement of ceaseless reasoning）。"[2]按照斯沃兹的理解，墨家首先考虑到自己的苦难，然后经过不断的思考和计算，认为如果不先考虑人类的一般利益，自己就会永远生活在苦难之中，因此，墨家思考人类一般利益的动机是减缓自己的痛苦。斯沃兹文字中的墨家就如罗尔斯等功利主义者一样，思考的是如何在社会中使自己的利益获得最大的满足。斯沃兹还发明了一个自相矛盾的词语"利他的功利主义者"（altruistic utilitarian）来形容墨家的困境。"无论'利他'的功利主义者如何令人信服地

---

[1] Benjamin Schwartz, *The World of Thought in Ancient China*, Cambridge, MA: Harvard University Press, 1985, p. 159. 他的原话如下："There are, to be sure, still troubling questions which emerge about the springs of the xian's motivation. How does he achieve this selflessness and this detachment from emotions and how does he reconcile this mastery with an uncompromising utilitarianism? Mo-Tzu's utilitarianism, like all utilitarianism as described by John Rawls, involves the satisfaction of desires precisely associated with individual's 'agreeable feelings' which constitute Bentham's pleasure principle. Whence, then, this indifference to pleasure, joy and love?"

[2] Benjamin Schwartz, *The World of Thought in Ancient China*, Cambridge, MA: Harvard University Press, 1985, pp. 159~160. "They simply understand that they, like all men, will continue to abide in a state of utter misery if human beings in general cannot brought to the realization that their interests will be served only by submitting to the general interest. They can be brought to this realization only they come to realize through universal love that all men are, like themselves, 'ends in themselves'...This understanding does not derive from the all-encompassing intuition of Confucius but is an achievement of ceaseless reasoning."

论证,最终所有的人类都将收获道德个人行为的可以触摸的益处,它将永远不能证明他自己,作为一个具体的人,将获得所有这种触手可及的利益。因此,有关他的动机(与个人的'情感'保持距离)的问题就成了不解之谜。"[1]斯沃兹认为,功利主义者都是自利的,他们对政治社会形式的思考是出于个人的目的,也是为了达到个人的目的。但是,墨家的行为显然是利他的,斯沃兹称之为"利他的功利主义者"。他肯定会感到不可理解,本来是为自己的利益而权衡各种选择来设计政治社会的一般原则,怎么会想像这么一种社会,在其中人人都获得了利益,而这个设计者和实践者最终却把自己的利益置之度外,与这些利益无关呢。

我的问题是,墨子真的是功利主义者吗?墨子真的与当代功利主义者相似吗?依据罗尔斯的理论,"在原初状态中,他们每个人都是一位普遍的、不偏不倚的观察者"[2]。这种普遍的观察者不是真正的不偏不倚,而是因为,功利主义者的动机是自利,而如何才能获得自利,这就需要一种客观的权衡和计算。对于罗尔斯而言,在功利主义者的政治制度中,每个人都是立法者。墨子认为法是来自哪里呢?明确无误的答案是天意[3]。

本章的目的之一就是为墨子正名:由于受冯友兰、李泽厚的宣扬和影响,墨子的伦理思想一直被误解为类似于西方18世纪出现的功利主义伦理学。这种观点是和传统儒家批评墨家的观点一致的:儒家认为自己的伦理思想核心是仁义,而墨家主张的是互利。按照儒家的观点,君子言仁不言利。义是高尚的,为义而义的伦理学,是最纯粹的伦理学。这样看来,儒家的伦理境界显然高于墨家。但是,问题并不是这么简单,义和利的概念不是抽象的。当人们说义或利的时候,我们要问:谁之义?谁之利?针对这个问题,我将把墨子的利与义的思想与西方功利主义伦理学以及儒家的仁义学说进行对比,

---

[1] Benjamin Schwartz, *The World of Thought in Ancient China*, Cambridge, MA: Harvard University Press, 1985, p. 60. "Now matter how convincingly the 'altruistic utilitarian may argue that in the end all human beings will reap the tangible benefits of the moral individual's behavior, it can never be demonstrated that he himself as a concrete living individual will reap any of these tangible benefits. Hence the question of his motivation—of his detachment from individual 'feelings' —retains its mysteries."

[2] 徐向东:《自由主义、社会契约与政治辩护》,北京大学出版社2005年版,第82页。

[3] 参看第五章有关墨子的论述。对于功利主义者而言,在理想的状态下,每个人都是立法者,每个人都对自己立法,每个人为了获得自己的公平利益而立法。但是,在墨子哲学中,天意高于任何人类意志,包括天子的意志。这是墨子区分功利主义者的一个非常重要的标志。

看看他们之间究竟有什么不同。本章的最后，我将论述，如果把墨子与当代西方杰出伦理现象学家莱维纳斯相比较的话，我们就会发现他们之间有着惊人的相似性。

第一节　功利主义（Utilitarianism）："我"的概念

为了弄清楚墨子到底是不是功利主义者，我们必须先弄明白功利主义伦理学到底是什么样的理论。我们不能望文生义。功利主义伦理思想的主要创始人是边沁（J. Bentham, 1748~1832）、密尔（J. S. Mill, 1806~73）。边沁是这样定义"功利"（utility）的："就功利而言，它指的是这样一种性质，靠它能在任何问题上给利益相关的当事人带来利益、好处、快乐、善或幸福，或阻止损害、痛苦、邪恶或不幸福的发生"[1]。他们的基本思想是这样的，一个行为的正确与错误是由这个行为的后果所决定的：正确的或善的行为是能够给我们带来快乐（pleasure）和幸福的行为，而错误的或恶的行为是产生痛苦（pain）的行为。在道德上正确的行为应该是那些在所有的选择里，能产生最大快乐、减低到最少痛苦的行为。每个人关心的是如何获得快乐（pleasure），避免痛苦（pain）。快乐就是善本身，而痛苦是恶。根据摩尔的观点，对于密尔来说，"快乐是我们应该作为目的的唯一的事物，唯一的本身就是目的而且是为了自身的善的事物"[2]。正是在这个意义上，摩尔把功利主义看作享乐主义（hedonism）伦理学里的一种主要流派。这一点很重要，因为墨子哲学中是不可能发现如此观念的。

如何获得快乐是功利主义的核心问题。而这个问题是与"当事人"有关的，也就是说，如何获得快乐总是一个"当事人"所关心的自己的事情。密尔说："每个人的幸福是对于那个人的善，而普遍幸福，因此，是对于所有那些人加在一起的善。"[3] 把这句话和边沁在《道德与立法原则导论》里的话联

---

[1] 参看尼古拉斯·布宁、余纪元编著：《西方哲学英汉对照辞典》，人民出版社2001年版，第1046页。

[2] G. E. Moore, *Principia Ethica*, edited and with an introduction by Thomas Baldwin, Cambridge: Cambridge University Press, 1993, p. 116.

[3] G. E. Moore, *Principia Ethica*, edited and with an introduction by Thomas Baldwin, Cambridge: Cambridge University Press, 1993, p. 118.

系起来:"自然已经把人类置于两个最高的主人的统治之下,即痛苦与快乐。正是它们决定了我们将要做什么以及我们应该做什么。"[1] 从密尔和边沁所说的,不难看出,他们所指的道德主体的行为原则是自己如何获得最大的快乐与尽量远离痛苦。他们认为,我们应该选择的行为是能给我们自己带来最大快乐的行为。我们很自然的会帮助别人获得幸福,因为这样做的话能使我们自己的幸福得到保证。我之所以帮助别人首先是为我自己的幸福考虑的。也就是说,如果每个人都只追求满足自己的快乐的话,他们之间的冲突反而会不利于实现个人的幸福。在不损害自己的快乐的前提下,帮助别人也是间接地保护自己的快乐。

所以,密尔认为,从社会的角度看,关心他人主要是通过社会机构,包括道德规则和法律,来尽量协调个人利益与整体利益的关系。社会对人们的道德教育是建立在这样一个信念上的:教育可以使人们认识到每个人自己的幸福是与社会整体的幸福不可分开的,促进公共利益的发展也是间接的发展自己的利益。也就是说,整体利益是实现个人幸福的手段。在所有的道德计算考虑内,我,作为个体,是坐标的中心点。边沁的著名的"快乐—痛苦演算"法则背后所隐含的思想就是对个人的利益要斤斤计较。在采取每个行为之前我要计算一下快乐与痛苦的程度范围谁多谁少等。由于只有快乐和痛苦赋予了我们的行为价值,因此,在私人和公众生活里,最终我们所关心的是如何尽可能地扩大幸福。

但是,当我们的快乐与他人的快乐不仅不是相互和谐,而是互相矛盾互相冲突的时候,我应该如何做呢?功利主义的"快乐—痛苦演算"法则不是适用于他人的,而是用来帮助我或我们来衡量如何取得最大的幸福的。当我很穷的时候,我想到要去偷他人的东西。从别人那里拿到东西当然能增加我的快乐,但是增加了别人的痛苦。在这个时候,我应该如何做呢?功利主义能够告诉我的就是:为了解决这个冲突,我要计算一下什么样的行为能带来最大的幸福。我将在下面几种选择里考虑:①如果我现在不偷别人东西,我将不能增加我的快乐;②如果我偷别人的东西,我目前将会增加快乐,减少痛苦;③但是,如果每个人都这么考虑的话,从长远的角度看,我就不能保

---

[1] Samuel Enoch Stumpf and James Fieser, *Socrates to Sartre and Beyond: A History of Philosophy*, 7th edition, McGraw-Hill Higher Education, A Division of the McGraw-Hill Companies, 2003, p. 335.

证我的幸福的安全；④我目前的快乐重要呢还是将来的快乐的保证更重要？在这些选择的背后，始终是以"我"为中心的。

另外一个问题是，如何根据功利主义的原则来衡量社会整体利益与个人利益之间的关系？增强整体利益同时也是增加个人利益。如果把整体看作是一个个体，那么，整体行为的决策必然是用数学方法来计算如何增加它的最大利益。凡是不能增加最大利益的行为都应该避免。比如，社会上的老弱病残者，是社会财富的纯粹消耗者，严重影响整体利益的优化原则。依据功利主义的原则将支持把这些人从社会里清除出去。这是一位当代西方功利主义哲学家的观点。从这个例子我们可以看到，功利主义的整体观念是一个"我们"的观念，是社会大多数或社会主要财富权利占有者的集团概念，不是涵盖每个人的。所以，当功利原则表达为，一个善的行为就是能给社会的最多成员带来最大幸福的行为的时候，这里的成员整体显然包括我自己在内。而且，更准确地说，整体概念是以我为中心的，是我的一部分。这是从快乐或利益方面考虑的以自我为中心的小我与大我的关系问题。我们将会看到在儒家伦理学里也存在着类似的小我与大我的关系问题。

下面我们来看看墨子是不是符合以上我所说的功利主义的标准。

第二节 墨子的兼爱："他人"的概念

墨子伦理学的中心思想是什么呢？让我们先引用孟子对墨子的思想的概括："孟子曰：'杨子为我，拔一毛而利天下，不为也。墨子兼爱，摩顶放踵利天下，为之。"（《尽心章句上》）[1]这里孟子用相当形象和精炼的语言对杨朱和墨子的哲学思想做了相当精确的概括。由于杨朱把自己和天下（他人或社会）对立起来看，因此，损害自己的利益、减少自己的快乐的事情是绝对不干的。由于其中心思想是"为我"，所以，并不排除杨朱会做有利于他人的事情。当然前提是能给我带来更大的快乐。与之相反，墨子是以他人为中心的。在这里"天下"不是社会大多数人，而是他人。为了他人的快乐，自己情愿受苦受难。"摩顶放踵"显然与功利主义的伦理思想矛盾。"兼爱"不是爱自己，而是强迫自己为别人服务。在自然状态下，没有人愿意吃苦，没有

---

[1]《孟子译注》，杨伯峻译注，中华书局出版社1960年版，第313页。

人愿意接受痛苦。孟子给"兼爱"的定义是很准确的：我"摩顶放踵"，我吃苦，是为了"利天下"，是为了让他人获得更大的快乐。

在这里孟子不仅仅把两个人的思想对立起来看。更重要的是，他点明了杨朱与墨子思想的相同与相异之处。他们的共同点是把自我与他人分开来看。这一点在后面第四节讨论莱维纳斯的时候我们就会看到它的重要性了。他们的区别在于，在看待我和他人的关系上，一个以自我为中心，一个以他人为中心。

这样看来，杨朱更接近于功利主义思想，而墨子则是功利主义的对立面。孟子不赞成他们思想的原因是，杨朱仅仅认识到自己的个体存在，而没有认识到自己是生活在家庭与社会里面的。家庭和社会是自我的一部分。或者说，杨朱的脑子里没有"我们"这个概念。对于孟子来说，墨子思想的危害更大，因为他没有把自己的父母看得比任何其他人都重要。孟子认为人对自己的父母的自然感情要比对其他人的感情更深厚。爱有差等是儒家仁爱思想的核心。而墨子哲学则是对这一人类的自然情感的挑战。那么，墨子的"兼爱"思想真的像孟子所说的"墨氏兼爱，是无父也。无父无君，是禽兽也"吗？（《滕文公章句下》）〔1〕

孟子敏锐地看到，墨子的"兼爱"思想是反自然的。但是孟子认为反自然的思想必然导致不爱自己的父亲，显然是不合逻辑的。"兼爱"思想之所以是反自然的，是因为它把他人（包括自己的父母兄弟）的需求看成自己的需要。视人如己，爱人如己。这是与人自然状态下的爱的心理相矛盾的。就像功利主义所说的，人本能地爱自己，人本能地趋利避害。墨子说："虽至天下之为盗贼者也然：盗爱其室，不爱其异室，故窃异室以利其室。贼爱其身，不爱人，古贼人以利其身。此何也，皆起不相爱。"（《兼爱上》）〔2〕"不相爱"指的是人都以自我为中心，把满足自己的快乐作为行为的唯一标准。按照墨子的观点，如果人人都像功利主义者所说的那样，这个社会连最基本的人际关系也难以维持下去。"臣子之不孝君父，所谓乱也。子自爱，不爱父，故亏父而自利；弟自爱，不爱兄，故亏兄而自利；臣自爱，不爱君，故亏君而自利，此所谓乱也。"同样地，"父自爱也，不爱子，故亏子而自利；兄自爱也，

---

〔1〕《孟子译注》，杨伯峻译注，中华书局出版社1960年版，第155页。
〔2〕王焕镳：《墨子校释》，浙江古籍出版社1987年版，第105页。

第六章 墨子是功利主义者吗？

不爱弟，故亏弟而自利；君自爱也，不爱臣，故亏君而自利。"（《兼爱上》）这里墨子提出了一对很重要的范畴，自爱与相爱。自爱的思想是与功利主义的思想一致的。如果把功利思想贯彻到底的话，人就不可能有真正稳定的社会生活，因为每个人都像原子一样堆积在一起。君臣、父子、兄弟之间的关系，即国家与家庭，也是不稳定的。在这一点上，墨子与孟子对杨朱思想的批判是一致的。墨子主张兼爱，并不是不要君臣、父子、兄弟等关系（国家与家庭），而是在为它们寻找真正的根基。孟子在这一点上是歪曲了墨子的思想。"若使天下兼相爱，爱人如爱其身，犹有不孝者乎？视父兄与君若其身，恶施不孝？犹有不慈者乎？视弟子与臣若其身，恶施不慈？"（《兼爱上》）这些话好像是墨子对孟子讲的。墨子从来没有否认当时的国家与家庭的基本关系的道德准则。他们之间的根本不同点是对"爱人如爱其身"里面的"人"的不同理解：墨子是指任何一个人，而孟子指的是自己的父母兄弟等亲近的人。

兼爱与自爱的区别就在于人能否做到把他人作为目的的本身，而不是把他人或社会作为满足自己的快乐的保障，即间接的手段。这是墨子与功利主义区别的另外一个重要方面。功利主义者把满足自己的快乐或避免自己的痛苦作为行为的唯一目的。因而，满足他人的快乐是表面的，是手段，其真正目的是间接地满足自己的快乐。

但是，把墨子说成是功利主义者主要是因为墨子说"欲天下治，而恶其乱，当兼相爱、交相利，此圣王之法，天下之治道也，不可不务也"。（《兼爱中》）"兼相爱、交相利"，人们把这句话解释为"兼相爱"是手段，而"交相利"是目的，因而墨子是功利主义者。这是对墨子的误解。我们经常把我们自己的观点强加给别人，来寻找我们自己认为对的观点。"兼相爱，交相利"究竟是什么意思？

首先，我们应该弄清楚这句话是谁说出的。在《法仪》篇，墨子一再强调："既以天为法，动作有为，必度于天。天之所欲则为之，天之所不欲则止。然而天何欲何恶者也？天必欲人之相爱相利，而不欲人之相恶相贼也。""兼相爱，交相利"这是从天的观点看的，不是从某个自利的理性主义者（功利主义者）的角度看问题的。我们一定要区分开天的观点和人的观点，不能把所有观点都看成是人的观点。从天的观点看，人应该互相爱护，互相帮助，不应该互相残害。在天面前，人人都是平等的。"今天下无大小国，皆天之邑也。人无幼长贵贱,皆天之臣也。"(《法仪》)国家有大小之分,强弱之分,人有年长年幼之分,地位高下之分,但是在天的面前,每个人都是一样的。从天的观点看,才有普遍的爱的可能。从人的观点看,从自然的观点看,每个人都自爱自利。所以,"兼爱",从人的观点看,就成了命令。"兼爱"不是功利主义者们绞尽脑汁思考而得到的最佳选择,不是算计和权衡的结果,而是来自天的道德命令。从人的观点看,兼爱意味着,只有当你爱人如爱己的时候,你才能够做到爱己如爱人。爱人如爱己,这是说,你应该像爱自己一样爱自己的邻人。这是你的责任。正是因为如此,你才能够同时把爱自己作为一个任务,因为,对于你而言,你自己就是和你最相近的邻居,你是你自己的邻居,你要如同爱邻居一样爱自己[1]。我们可以根据克尔凯郭尔的话,来解释"兼相爱"的含义:爱人如爱己,爱己如爱人。这个命令的立法者不是每个自由的个体,而是上帝或上天。在兼相爱的平等关系中,不是一种简单的一个自由人与另外一个自由人之间的平等,而是在上天或上帝面前的平等。

其次,兼相爱是本是源,而交相利是末是果。"兼相爱、交相利"说明墨子的伦理思想是非常之深刻的。表现为下列两个方面。其一,"兼相爱、交相利"说的是两个不同层次的关系,前者是伦理的,而后者是政治的。道德是政治的基础。在伦理关系上,我爱他人就像爱我自己一样,别人的痛苦也是我的痛苦。所以我关心他人的疾苦就应该像关心我自己的疾苦一样。在这种伦理关系里面,考虑更多的是他人的利益或幸福。其二,在政治的层面上,也就是说,在客观的立场上,对我自己的利益或幸福的考虑是平等概念的一部分。这完全是合理的。如果说,兼相爱是伦理的问题,那么,交相利就是政治上的平等问题。这种平等关系不是建立在以自我为出发点的观念上的,也不是建立在社会契约的基础上,而是建立在我把他人看作目的本身的伦理关系上。

政治关系的的确确涉及的是利的问题[2],但是,这不是把利的问题作为第一位的政治哲学问题。利的问题是建立在宗教道德命令之上的,"兼相爱"

---

[1] 参看 Kierkegaard, *Works of Love*, tr. Howard Hong and Edna Hong. Princeton University Press, 1995, p. 22.

[2] 徐向东:《自由主义、社会契约与政治辩护》,北京大学出版社 2005 年版,第 138 页。

(爱人如爱己；爱己如爱人）在政治关系中，即在现实社会中就成了交相利。这里的交相利不是在"无知之幕"的背后寻找一种正义的原则，使得每个人都享受到平等的机会，不是你我之间的斤斤计较，不是"你给我挠背，我也给你挠背"（投以木瓜，报以桃李）的互相利用的关系，而首先是指在政治关系中，对社会弱者的帮助，我不仅没有损失什么，而且获得了我伦理上的自我。墨家在他们的行为中，在协助弱国抵御强国侵犯的无私奉献中，证明他们的无私（不计较个人得失和生命危险），成就了他们精神上的自我。

那么，这里仍然有一个现实的政治问题，在一个以天子为最高人类权威的等级制度中，在一个以天意（兼爱）为唯一正义来源的政治神学社会制度中，政府官员应该如何做呢？如何衡量一个政府官员、一个政府是不是符合兼爱的最高法律呢？这就要看具体的"利"。他们是为自己谋福利呢，还是为每个人谋福利？什么叫为每个人谋福利？这就是说，要看这个社会如何对待弱者（鳏寡孤独幼等）。这里就不是谋求为最大多数人实现最大利益的原则，而是为少数人谋取福利。"少数人"不是社会的既得利益者，不是社会的多数，而是社会中没有发言权的人。

最后，道德伦理概念从来都不是抽象的，是有具体内容的。利害的概念是在道德伦理概念"兼相爱"的关系下讨论的。对于墨子来说，道德概念从来都是存在于关系之中的（你和我的关系），是有实质性内容的（痛苦与快乐、饥饿与贫困等）。道德上的善与恶的概念不是存在于抽象的道德主体的本质特性或客观世界里面的。我们来看看墨子的典型语言："子墨子言曰：'仁人之事者，必务求兴天下之利，除天下之害'。然当今之时，天下之害孰为大？曰：'若大国之攻小国也，大家之乱小家也，强之劫弱，众之暴寡，诈之欺愚，贵之敖贱，此天下之大害也'。又与为人君者之不惠也，臣之不忠也，父者之不慈也，子者之不孝也，此又天下之害也。又与今人之贱人，执其兵刃毒药水火，以交相亏贼，此又天下之害也。"（《兼爱下》）在这段话里，我们首先看到的是，道德概念"惠"、"忠"是君臣之间的关系，"慈"、"孝"是父子之间的关系。墨子不仅没有否认君臣父子关系，而且强调了道德概念必须体现在人与人之间的关系之中。同样地，恶也不是什么抽象的东西。恶就是某人或某些人对其他人造成的伤害。用功利主义的语言说，是给他人以痛苦。"执其兵刃毒药水火，以交相亏贼。"互相残害，就是恶。其次，我们要看到的是，墨子与儒家的最大不同点是强调"利"与"害"的道德内涵。

墨子不是不讲仁义，而是把仁义理解为利害。这也是把墨子看作功利主义的一个主要原因。我们的问题是：难道满口仁义的人就一定是道德的人，而处处讲利害的人就一定是功利主义者吗？当一个富人对一个乞丐说"饿死是小、失节是大"的时候，这个富人就一定是一个为道德而道德的人吗？就一定高尚吗？难道他不是在用道德的力量来保护自己的既得利益吗？当我仅仅在口头上说我爱一个穷人，而不用实际行动来改善他的处境的话，我能说我是一个真正有道德的人吗？墨子的兼爱就在于它不是空洞的说教。兼爱要落实到实处，就必须体现在行动上。毛泽东的"毫不利己，专门利人"的话中"利己"还是"利人"的概念体现的就是墨子哲学的利害思想：真正的仁义是以他人为中心的道德行为。他人的物质利益或快乐就是我的精神享受。用"利害"的概念来充实抽象的仁义概念，在以他人为中心的思想框架里，就表现为真正的仁义，真正的道德。我不能空着手去爱他人。这也是莱维纳斯的伦理思想的一个重要方面。

准确地说，当墨子把爱与利联系起来的时候，他是回答如下的问题：当我说我爱我的邻居的时候，我爱任何一个我碰到的人的时候，我应该如何爱他呢？

第三节 儒家的仁爱："我们"的概念

孟子之所以把杨朱和墨子对立起来看，并进行批判，主要是因为在他们两个人的哲学里缺乏一个很重要的概念"我们"：我的父母、我的兄长、我的家族、我的朋友、我的邻里、我的国家等。"我"的生活是和"我们"的生活分不开的。"杨氏为我，是无君也；墨氏兼爱，是无父也。无父无君，是禽兽也。"[1]孟子之所以觉得墨子兼爱的结果是无父，是因为他做了如下推理：人在自然状态下是不爱陌生人的，而墨子主张把自己的父亲和陌生人一样看待，其结果必然是把自己的父亲看成陌生人，从而导致不爱自己的父亲。这个推理背后的思想是以自己为中心，而这恰恰是杨朱的为我的思想，是为墨子所批判的思想。墨子的兼爱思想是爱陌生人要像爱自己一样。同样地，爱自己父亲也是如此。那么，墨子和儒家思想的区别究竟在哪里呢？孟子很清

---

[1]《孟子译注》，杨伯峻译注，中华书局1960年版，第155页。

楚地意识到，在杨朱和墨子的思想里，所缺少的是把家庭（父子关系）和国家（君臣关系）看作伦理思想的核心这一观念。而墨子，作为第一个批判孔子哲学的人，也是针对儒家的"我们"这一概念的。如果杨朱和墨子之间的争论是"我和他人的关系"问题的话，那么，儒家与墨子的争论便是"我们与他们的关系"问题。

对于儒家来说，爱有差等，始于父母，这是一个坚实的自然与形而上学基础。父子关系作为一种自然关系是永恒的。从功利主义或杨朱的哲学出发，必然把社会实体理解为建立在互利基础上的契约式组织，例如，个人与公司之间的关系。儒家对功利主义的批判就在于我们不能把家庭与国家看作类似于公司的组织。家庭与国家，作为社会的基本单位和核心，是个人自我特征的根本组成部分。父母不会等和我谈判达成协议后，再把我生下来。同样地，我也不能像可以随意撕毁公司合同一样和我的父母断绝关系。儒家把理想的国家理解为一个大的家庭：国家的兴衰与荣辱是与个人紧紧联系在一起的。孟子敏锐地观察到杨朱的功利主义思想在国家问题上必然是把自己与国家两者之间的关系看作可有可无。"杨氏为我，是无君也。"

儒家的仁义道德不是抽象地存在于道德主体里的特性，而是存在于家庭关系里面的。"仁之实，事亲是也；义之实，从兄是也。"（《离娄章句上》）侍候双亲与听从兄长是仁义的真实内涵。这是理解儒家的"正其谊不谋其利，明其道不计其功"的为道德而道德的思想钥匙。杜维明，当代的儒家代表之一，说："孝是人的感受性的不可避免的结果，因为它是同情之心自然流露的过程。既然作为子女，我们爱我们的父母，他们便是我们情感的直接对象。当我们意识到我们的幸福，事实上我们的存活，在很大程度上都是由于他们的不断支持时，我们就感受到一种回报的需要。这样一种需要是自然的和自发的。"[1] 杜维明的这段话很耐人寻味。

首先，我爱我的父母是一种自然之爱。这种爱是建立在一种血缘关系上的。我和我的父母不是陌生人。可以这么说，在我的身上存有我的父母的痕迹。爱我的父母在很大程度上也是爱我自己。同样的，我父母爱我也是由于血缘关系，也是因为在我的身上看到了他们的影子。他们爱我在很大程度上也是爱自己。我对我父母的伤害，也是对我的伤害。在杜维明看来，杨朱或

---

[1] 杜维明：《论儒学的宗教性》，段德智译，武汉大学出版社1999年版，第128页。

功利主义者只看到了自己与父母身体上的分离，而没有看到在精神上是同一的，是连续的。他们没有认识到什么是真正的自我，从而把一个抽象个体的肉体作为唯一的自我的概念来看待。"父亲活在儿子的记忆中，他通过儿子继续活着。"[1]这种父子之间的爱，就像杨朱的爱自己一样，是一种自爱，是以自我为中心的。他们之间的不同之处是对什么是真正的自我的不同的理解。

其次，实际上，功利主义的功利原则是建立在人趋乐避苦的自然倾向上的。而儒家也把爱父母建立在同样的自然倾向上："认为我们的'身体'作为人性的具体表现，是父母赐予的；这一点不仅是一种伦理方面的选择，而且也是一种形而上学的方面的抉择。"[2]杜维明的话在这里是有问题的：在伦理行为上是有选择的，而在形而上学上（实际上对于他来说是自然的心理状态）是没有选择的。这里他遇到了功利主义者遇到的同样问题：既然我们人会自然而然地趋乐避苦，为什么一定还要在伦理上建立规则要求我们一定这么做呢？自然的东西是不需要强求的[3]。如果说杜维明的话有意义的话，那么，我们只能做如下解释：人并不总是有意识地增强自己的利益。自发的东西需要进一步的加强。例如，杨朱或功利主义者就没有认识到爱不仅仅是爱自己的身体，也是爱赐予自己身体的父母。杨朱的自我概念是狭隘的，需要被扩充。因此，功利主义者的"我"的概念与儒家的"我"的概念没有本质的区别，只有大小之分。这是大我和小我的问题。

然后，儒家不提倡"交相利"，但是，儒家提倡"回报"。父母对我有养育之恩，不报非人也。投以桃李，报以木瓜。"养子防老"实际上就是这个意思。这显然是一种利益的交换。如果说，"交相利"是功利主义的话，那么，这种"养育"与"回报"之间的交换不是功利主义又是什么呢？当然了，儒家的"交相利"更重要地是表现在另外两个方面：①父子之间的关系是家族大生命延续的核心链条；②生物上的生命延续是家族名声延续的基础。家族的概念是一个以"我"为中心的在时间上和空间上不断延伸的同心圆的概念。我始终是一切关系的中心。"真我，作为一个开放的系统，不仅是关系的中心，而且是一个精神和身体成长的动态过程。创造性转化中的自我是人际关

---

[1] 杜维明：《论儒学的宗教性》，段德智译，武汉大学出版社1999年版，第122页。
[2] 杜维明：《论儒学的宗教性》，段德智译，武汉大学出版社1999年版，第129页。
[3] Frederick Copleston, *A History of Philosophy*: *Modern Philosophy*, *Bentham to Russell*, Vol. 8, Garden City, New York: Image Books, A Division of Doubleday & Company, Inc. 1967, p. 25.

系不断扩张着的网络的具体'体现',而这种'体现'本身也在不断扩展和深化;我们可以把这一网络看成一系列的同心圆。"[1]"我们不仅对先人负有责任,而且对于后代也负有责任,他们也将传承我们的希望,并继承和推进我们的事业。"(同上,第123页)对于儒家来说,"他们"不是真正的他们,是我们的一部分。我们是通过他们,即子孙后代,来继续存在下去的。

最后,这种以我为中心的思想,显然是排斥异己的,并把他人作为实现自我的手段。女人在这种网络关系里被当作手段来看待,是可有可无的:"夫妻关系与父母子女或兄弟姐妹的关系不同,是社会契约的产物。""夫妻关系是可以切断的。""孔子本人不只一次地离婚。"[2]请注意:契约关系是什么意思?是典型的公司性质的概念,是利益关系。所以对于我来说没有利的女人就可以解除婚姻关系。这种思想认为女人就是用来为丈夫生孩子和养育后代的。但是,杜维明是用这样的道德语言来掩盖男性社会自私自利的本性的:"儒家伦理在夫妻关系方面强调的是社会责任而非浪漫的性爱。""儒家把夫妻间的恰当的关系规定为'劳动分工'(即'夫妇有别')。"[3]用经济学上的名词来解释夫妻之间的关系其含义至少有两个:一是把夫妻关系理解为手段与目的的关系,二是企图把这种男性社会所理解的妻子是工具的思想变为自然的关系,从而把自己的目掩盖在所谓的理性的面纱下面。实际上,杜维明也是这么做的,"'别'的观念,传达了一种'区别'的意义,是根植于阴阳力量之间的即相互区别又彼此补充这种矛盾的互补关系。只要性别生物学上的现实的性的区别继续存在,则'别'的社会的、文化的和宗教的意义也就不可能轻易地被消解掉"(同上)。用自然的关系来理解人与人之间的关系,这也是功利主义者典型的思维方式。当然,杜维明在这里的目的是企图给男性为中心的社会披上绝对的外衣。

"人性是天的自我彰显、自我表达和自我实现的形式。"[4]这种处处以自我为中心的思想所追求的不是自己的利益是谁的利益?在墨子看来,正是这种时时刻刻不忘自我的自私自利的思想,才是天下之大害。这种唯我主义者不能包容他人(包括自己的妻子),更谈不上包容与自己不同的上天与鬼神了。

---

[1] 杜维明:《论儒学的宗教性》,段德智译,武汉大学出版社1999年版,第132页。
[2] 杜维明:《论儒学的宗教性》,段德智译,武汉大学出版社1999年版,第130页。
[3] 杜维明:《论儒学的宗教性》,段德智译,武汉大学出版社1999年版,第131页。
[4] 杜维明:《论儒学的宗教性》,段德智译,武汉大学出版社1999年版,第117页。

到此，我们把墨子的"爱人如爱其身"的兼爱思想和儒家的仁爱思想分别同功利主义作了比较，谁的思想更接近于功利主义是很明白的了："我们"的概念距离"我"的概念更近。

第四节 莱维纳斯：我与他人关系的不对称性

如果说在墨子所论述的"我与他人"的伦理关系里"他人"是中心与重心的话，那么，这个关系必然包含着如下的含义：其一，在伦理责任的关系里，我只能要求我自己去服务于他人；其二，我不能够要求他人以同样的方式回报我，因为回报是一个政治的计算概念，不是伦理的。这两层含义说明的是我与他人的关系是不对称的，即不是处于同等水平上的。换言之，对于我来说，他人高于一切。

在《墨子·贵义》篇里，我们看到如下的故事："子墨子自鲁即齐，过故人。谓子墨子曰：'今天下莫为义，子独自苦而为义，子不若已'。子墨子曰：'今有人于此，有子十人，一人耕而九人处，则耕者不可以不益急矣。何故？则食者众而耕者寡也。今天下莫为义，则子如劝我者也，何故止我？'"[1]墨子所说的"义"就是利害关系问题，是他人之利或幸福与他人之害或痛苦的关系问题。李泽厚没有很好地理解墨子的"义"的伦理思想。如果墨子的"义"是对别人说教的话，就是虚伪的，是动机不纯的。但是墨子明确地说，对于这样的"义"，我只能要求自己去做，去实践，哪怕世界上没有人这样做。正因为这样做的人少，我的责任更重大。"自苦"不是喜欢自虐，不是喜欢别人和我一样吃苦，而是为了别人的快乐和幸福。如果说墨子的思想与功利主义相似的话，那么，其相似性也恰恰体现了他们的不同之处：对于墨子而言，作为道德主体的我成为这个世界中心的惟一可能性是作为道德义务和责任的负担中心，是世界的最低点；而对于功利主义者来说，我是世界的最高点，是世界利益的获得者，一切都是为了我。正因为如此，墨子才说："杀一人以存天下，非杀一人以利天下也。杀己以存天下，是杀己以利天下。"[2]杀一人有利于世界的话，这不叫有利于世界。因为在这背后隐藏的是，我是

---

[1] 王焕镳：《墨子校释》，浙江古籍出版社1987年版，第347页。
[2] 孙诒让：《墨子闲诂》，中华书局1986年版，第368页。

受益的，而我要求他人来为我牺牲。然而，我为了世界而牺牲我的生命，这才真正的是有利于世界。因为那时我已不是那个世界一部分。

在我引用的《墨子》的上面的故事里已经包含了我的责任的紧迫性和不求回报性的概念。不管他人如何待我，我对他人有着不可推卸的责任。在《墨子·公输》篇里，墨子冒着生命危险去说服楚国和公输盘放弃攻打宋国的计划。当墨子完成任务以后，"子墨子归，过宋，天雨，庇其间中，守闾者不内也。故曰：'治于神者，众人不知其功；争于明者，众人知之。'"[1]墨子为了宋国冒着牺牲自己的生命的危险，他不仅不求对方回报（对方实际上也没有回报），而且没有让对方知道。这才是真正的爱：无私的爱就是不仅不要求对方回报，也不要求对方知道自己的爱。因为对方知道了以后，在表示谢意的时候，这种爱就已经不是无私的了。对方的谢意和对爱人者的赞美也是一种精神上的回报，是一种利益。有两种爱：一种希望对方知道自己爱他；另外一种是，在爱对方的时候，就像爱已经去世的人或将来的人一样，不希望被对方所感知。哪一种爱更纯洁，更无私呢？同样的，我爱我的父母有两种原因，一种是因为他们是父母而爱他们，另外一种是不管他们是不是父母我都默默地爱着他们。哪一种爱更无私呢？与儒家的爱相比：在儒家看来，我之所以爱我的父母兄弟姐妹是因为他们与我有直接的血缘关系，我爱我的朋友是因为我们有共同的爱好，我爱我的上司是因为我们有共同的利益。在这种爱的关系里，我的爱不仅是有条件的，而且是爱我的自己，爱我的影子。我们不禁要问李泽厚：什么样的爱是无条件的呢？

墨子的伦理思想与当代法国著名伦理现象学家莱维纳斯有着根本性的共同之处。莱维纳斯认为，在自然状态下，正如功利主义者所认为的那样，人关心的是自己的享乐与幸福，是充分地享受生命，是生活在"'我们死后管它洪水滔天'的王国"[2]。这种自我主义的本质就是享乐，是分离的状态，是感觉到自由自在。这种对于生命的热爱（"再等一分钟，刽子手先生！"[3]）

---

[1] 王焕镳：《墨子校释》，浙江古籍出版社1987年版，第406页。

[2] Immanuel Levinas, *Totality and Infinity: An Essay on Exteriority*, trans. Alphonso Lingis, Pittsburgh, PA: Duquesne University Press, 1969, p. 145.

[3] Immanuel Levinas, *Totality and Infinity: An Essay on Exteriority*, trans. Alphonso Lingis, Pittsburgh, PA: Duquesne University Press, 1969, p. 149.

表明了自我的内在性，人的个体性。正是这种个体性的分离状态使得他人作为无限的观念或呼唤成为可能。"内在性必须是同时关闭和开放的。"[1]当他人出现在我面前的时候，他人的面孔对于我来说是无限的概念。我既不能像吃食物一样把他人的面孔变为我的一部分，也不能把他人的面孔变为我知识的一部分。在他人面前，"他人的确召唤这个分离的存在者，但是这种召唤不能减为成为关联的呼唤。它给这个从自身推演出来的存在的过程留下了空间，也就是，保持分离，并能够无视引起它的注意的那个祈求，把自己关闭起来，但是也能够用它的自我主义的所有的财产欢迎这个无限的面孔：经济意义上的"[2]。用普通的语言说，面对着一个陌生的面孔，我既可以装作没有看见，把自己封闭在自己世界里面，也可以用自己的所有财产来欢迎这个陌生人。这种欢迎就是"我—他"的关系，是"'从我自己出发'向着'他人'不可避免的倾向性"[3]。对他人的责任不是抽象的道德品质，而是体现在具体的经济帮助上的。我"不是空着手欢迎这个面孔"的[4]。这和墨子的思想是完全一样的。

莱维纳斯认为，我和他人的关系就是伦理的关系。纯粹的自我享受是一种本体论的存在，是自然的存在。我对于他人来说既多也少："少，因为这个面孔唤起我的义务并评价我，""多，因为我的地位是以我出现的，它的存在就在于能够对于他人的本质性的贫穷产生反应，而且自己发现资源。因而，在他的超越性里统治着我的他人，是陌生人、寡妇、孤儿。对于他们我有义务"[5]。我和他人不是平等关系，"他是作为主人来命令我的"[6]。与儒家不同，这个高高在上的主人不首先是我的父母和兄长，而是一个毫不相干的

---

[1] Immanuel Levinas, *Totality and Infinity*: *An Essay on Exteriority*, trans, Alphonso Lingis, Pittsburgh, PA: Duquesne University Press, 1969, p. 149.

[2] Immanuel Levinas, *Totality and Infinity*: *An Essay on Exteriority*, trans, Alphonso Lingis, Pittsburgh, PA: Duquesne University Press, 1969, p. 216.

[3] Immanuel Levinas, *Totality and Infinity*: *An Essay on Exteriority*, trans, Alphonso Lingis, Pittsburgh, PA: Duquesne University Press, 1969, p. 215.

[4] Immanuel Levinas, *Totality and Infinity*: *An Essay on Exteriority*, trans, Alphonso Lingis, Pittsburgh, PA: Duquesne University Press, 1969, p. 215.

[5] Immanuel Levinas, *Totality and Infinity*: *An Essay on Exteriority*, trans, Alphonso Lingis, Pittsburgh, PA: Duquesne University Press, 1969, p. 215.

[6] Immanuel Levinas, *Totality and Infinity*: *An Essay on Exteriority*, trans, Alphonso Lingis, Pittsburgh, PA: Duquesne University Press, 1969, p. 213.

人。没有利益之间共同分享的关系。但是他也不是什么抽象的存在或存在者，而是实实在在的人，是社会的边缘人，是陌生人、寡妇、孤儿。这种伦理关系是单向性的，是不可逆的。也就是说，我不能对于他人作为他者而存在。这种不对称性还表现在我的责任的不可推卸性，我必须用我的一切来满足他人的需要。从我自己出发，没有人能代替我，就像没有人能代替我的死亡一样。这种伦理关系的唯一性、不可推卸性、不可逆转性在于我不能跳出我和他人的关系来衡量利害得失。莱维纳斯用挟为人质来表达这种不对称性："一个主体是一个人质。"[1]作为人质意味着"对于所有的人负责所有的一切"，我一直就处于一种被起诉、被控告的状态，我在随时响应他人，为任何事负责，为任何人负责，尽管"我没有做错任何事情"[2]，我甚至要为他人的自由即他人的过错负责。

因此，我们可以说，在墨子和莱维纳斯哲学中，在对道德命令的响应中，功利的自我被悬置或超越了。或者说，被扬弃了。这就是我们第三部分政治哲学所要阐释的：政治神学如何超越了韩非子和儒家的政治哲学。

我们需要指出的是，尽管莱维纳斯多次谈到我和他人的政治关系即平等关系，并强调政治关系必须建立在伦理关系的基础上，但他没有像墨子那样，他是在政治关系中谈论伦理关系的。墨子哲学，从一开始就把"政治"关系建立在宗教（天与人）和道德关系（人与人）基础之上。

结 论

西方的功利主义思想是以个人为主体的伦理学，它考虑的是如何满足我个人和这个社会多数人的利益。儒家的伦理学是以家族为中心的伦理学，它的基本问题是大我与小我谁优先的问题。它的仁义概念下隐藏的是家族的名声与利益。这两种伦理思想都以"自我"（我作为个体或家族）为中心。而墨家的伦理思想与他们恰恰相反：墨家所倡导的利益不是我个人或我的集团的利益，而是他人的利益。墨子的仁义不是空谈：满足别人的物质利益是我

---

[1] Immanuel Levinas, Immanuel Levinas, *Otherwise Than Being Or Beyond Essence*, trans. Alphonso Lingis, Pittsburgh, PA: Duquesne University Press, 1998, p. 112.

[2] *Otherwise Than Being Or Beyond Essence*, p. 114.

的道德使命。仁义或利益从来都不是抽象的实体，不是高高挂在空中的，而是存在于具体的人际关系之中的。正是在这一点上，墨家思想与后现代伦理思想家莱维纳斯找到了共同之处。尽管莱维纳斯强调了物质利益的重要性，但是没有人认为他是一个功利主义者。这种对比从正面证明墨子不是功利主义者。

以墨家和莱维纳斯为代表的伦理学与以功利主义者和儒家为代表的伦理思想之间的根本差别是，前者所说的爱是与自己的利益相矛盾的无私的爱，是被强迫的爱，而后者的爱是建立在人的自然感情上的爱，是自爱。一个强调他人是我的世界的中心，一个坚持我或我们是这个宇宙的中心。谁的爱是无条件的，谁的爱是有条件的，对于这个问题，李泽厚给了错误的回答。

通过以上的对比，我们可以清楚地看到墨子不仅不是功利主义者，而且是功利主义的对立面。如果说有谁和功利主义比较接近的话，儒家是一个很好的例子，因为"我"和"我们"两个概念不是相差很远。爱自己和爱我们是一种类型的爱，是自然之爱。与之相反的是爱他人，爱陌生人，是反自然的爱。墨子的伦理思想不仅把伦理概念落实到实处，有具体的内涵，而且对伦理责任的绝对性的强调远远超越了儒家所谓的"正其谊不谋其利，明其道不计其功"。儒家的为道德而道德是以父子之间血缘关系为基础和条件的，而墨子的爱则是无条件的，是真正超越个人或家庭关系之上的。正是在这一点上墨子的伦理思想与当代西方的著名的后现代哲学家莱维纳斯有共通之处。如果用西方的标准来衡量墨子哲学的话，墨子应该被称为莱维纳斯主义者。

附：
荀子论天与性

　　荀子生卒年不详，他应该是活跃于公元前298年至公元前238年。有人认为，秦始皇统一中国后，荀子仍然活着，他隐姓埋名，过着隐居生活。无论如何，我们认为荀子生活在秦王朝统一中国之前。战国末期历史社会背景对荀子思想产生了影响。他对于人性的观察和理解，与过去的儒学家有着不同的视野。荀子有两个著名的学生，一个是李斯，一个是韩非子。他们都继承了老师有关人性的思想。韩非子认为，人都是赤裸裸地追求自己利益的。韩非子与他的老师一样，认为人性需要改造和控制。与老师不同的是，韩非子主张用纯粹的政治手段来控制和利用人的自私欲望和情感，用赏罚二柄把整个世界转变为一个无形的监狱。在韩非子眼里，社会就是权力和武力之间的冲突和较量。这是对战国末期社会的写照。在本文，我们将看到，尽管荀子认为人性具有自私的自然倾向，但是利用道德规范即礼仪来驯服人的自然欲望和情感还是可能的。礼仪就是把自然的人改造成为社会的人的社会化过程。"学习"过程是孔子和孟子都强调的，荀子更加重视。他们三人对于学习改造的对象理解不同，对于被改造的对象有着不同的看法。

一、天人之分

　　对于孔子和孟子而言，天对于人的自我生成实际上是可有可无的。尽管孔子和孟子有时候会表达出当时普通百姓中流行的天的观念，但是对于儒家，天不构成道德层面的基础。孟子的"尽心、知性、知天"的思想包含了对于天的去神秘化倾向。

1.1 天、地、人三领域

在《天论篇》中，荀子说，"天有其时，地有其财，人有其治，夫是之谓能参。舍其所以参，而愿其所参，则惑矣"[1]。天有它的季节，地有它的财富，人有他的管理。因此，人与天地可以组合为三。但是，如果把人之所以能与天地并列为三的原因（人有他的管理）放到一边去追求天地所具有的，则是糊涂的表现。

在荀子看来，世界是由天、地、人三个领域构成的：天的含义主要与农业生产的季节有关，比如春生夏长，秋收冬藏；地的含义主要指农业生产所需的土地等资源；人则是指社会。天地还包括自然所生万物以及人的身体。荀子认为，三大领域都有其自身的特点和能力，是互相独立的区域。三者相对独立，并不意味着它们之间没有相互影响和相互作用。荀子所要强调的是，人是三者中唯一具有意识活动的，他否认天的道德功能。也就是说，荀子要把天的地位从最高的权威拉到它所应该是的自然的地位。

那么，荀子所理解的天是什么呢？

"列星随旋，日月递炤，四时代御，阴阳大化，风雨博施，万物各得其和以生，各得其养以成，不见其事而见其功，夫是之谓神。皆知其所以成，莫知其无形，夫是之谓天。唯圣人为不求知天。"（《天论篇》）

对荀子来说，天指的是日月星辰的运转，春夏秋冬的替代，阴阳变化，刮风下雨等现象。万物生长依赖于天正常的变化。那么，天是如何变化的呢？这是我们人所不知道的，把它称之为神。我们只能观察到天变化的结果，比如气温高低，雨水大小，寒暑更替等等自然现象，但是，我们无法知道天变化背后的原因。所以，荀子说，圣人不求知天，即不把自己的精力放到自己不可能知道的事物上。关于这一点，荀子与西方科学精神是截然相反的。我们将会看到，荀子强调是如何利用天，而不是知天。不知天之所以然，并不意味着不能利用天。我们今天普遍认为，只有获得了关于自然界的知识，认识到了自然界的本质和规律，才能够更好的利用自然为人类服务，即知天是利用天的先决条件。荀子与今人在知天和利用天关系上的不同看法背后隐含着对于天的不同理解。我们关于自然界的看法受现代科学技术影响，而科学

---

[1] 熊公哲：《荀子今注今译》（上、下），重庆出版社2009年版。

技术更是隐含了关于自然界自然物的形而上学思想或者假设。荀子把天理解为自然界，他心中的自然的概念是与我们理解的自然概念不同的。他注重的是自然的变化与农业生产的关系。荀子认为，人应该把目光集中在如何利用雨水为农业生产服务，而不是思考雨水是由什么构成的，以及雨水形成的规律。简单地说，荀子关心天或者自然如何为人类服务，至于天本身是什么，我们人类没有必要对它深究，研究它是浪费时间和精力。

正是在这个意义上，我们来理解荀子下面的话：

"大天而思之，孰与物畜而制之！从天而颂之，孰与制天命而用之！望时而待之，孰与应时而使之！因物而多之，孰与骋能而化之！思物而物之，孰与理物而勿失之也！愿于物之所以生，孰与有物之所以成！故错人而思天，则失万物之情！"（《天论篇》）

这段话常常被引用证明荀子是唯物主义思想家。那么，这段话究竟是什么意思呢？与其把天作为高高在上者，并对之进行揣摩思量，不如畜养天生之物并对它们进行管理！与其服从天之意志并对之歌颂，不如控制天命并利用它！与其等待好的季节的到来，不如适时而利用季节！与其等待物自生而增多，不如运用自己的才能来转化它们！与其沉思事物的变化并视之为外在于自己，不如控制万物，不使得它们溜走！与其一味地思考万物生长的根源，不如掌握促使事物完成的手段！所以说，如果你放弃了人所能做的，而思考天所能做的，那就是错误地看待万物的本性。荀子区分了两种对待天的态度，一种是把天视为神秘的东西，对之仰慕和崇拜，一种是把天作为资源来利用它。荀子认为，人不仅要把天非神秘化，还要避免探究天生物的天之道。人关注的应该是如何利用天所生万物为人服务。比如，我们不应该思考为什么自然界有这种树木、那种树木，我们应该关心的是如何把树木浇灌好，培植好，使得它们成为栋梁之材，为人类服务。在批判把天神秘化思想方面，荀子的思想确实与唯物主义有类似之处。但是，我们将看到，荀子批判神秘化的天有其背景的，他的批判是有目的的。另外，荀子认为，天或者自然界有其自身的规律或者自身的特性，这不是人所应该关心的东西，他反对"思物而物之"的思想。这与唯物主义思想是不同的。

如果我们结合孔子孟子关于道德真理的思想、关于人是学习的过程的思想，也许我们可以理解荀子的"制天命而用之"、"有物之所以成"、"理物而勿失之也"所蕴含的实用主义思想：把万物看成是独立于人或者社会而存在的东西,并对它们进行思考,这是抽象的思维方式。因为这种思维方式忘记了人自身的特性。对于万物的真理,不是在人心中反映出来的,而是在人的活动中使万物成就自身。人不是被动的接受自然事物,不把人看作是一个反映外在事物的镜子,而是把人看作能够成就自然事物的人。这可以作为熊公哲所说的"物生在天,成之在人"的话的解释[1]。人不探究物之所以生,但求尽物之所用。在《中庸》第二十二章中,我们看到这样的句子:"能尽人之性,则能尽物之性;能尽物之性,则可以赞天地之化育;可以赞天地之化育,则可以与天地参矣。"《中庸》所说的"赞天地之化育"就是指人之性是完成物之性的最后阶段,即人的行为可以完成自然过程。与天地并列为三,就是指人能完成天地所不能完成的,或者使得天地之道圆满完成。比如,种庄稼,种子、气候、土地等因素是天地自然过程,不是人力所能发明和产生的。但是,庄稼的种植和成熟都需要人力,庄稼的丰收不可能完全依赖天地自身的过程。用荀子的话说,种植和管理庄稼过程就是人"所以参"的部分。如果人羡慕和思考天地自身运作的过程,就是跳出"所以参"而无根基地"愿其所参"。人不会呼风唤雨,人也不应该把天刮风下雨神秘化,对之崇拜。人所应该做的是如何利用风和雨的资源为人类生活服务。换言之,利用风、雨、土地资源就是尽人性,尽物性。尽人性就是如何尽物性。可以这样理解荀子的思想:荀子也是不赞同西方形而上学对于世界万物的抽象思维方式的。这种理解与荀子的"化性起伪"的思想是一致的。性为天之所生,伪为人之所造。当然,在这里,荀子所批判的"错人而思天"的思想不是针对把自然作为具有广延性的物体的形而上学思想,而是把天理解为具有意志的宗教思想。荀子的"错人而思天"中的"思"可以被理解为"慕思"与"思考"。相应地,对于"错人而思天"中两种天的含义的批判在哲学上都是有深刻意义的。

因此,"制天命而用之"不是人类对于天地施加暴力,因为对于荀子来说,天、地、人三者各有其职,各有其则,天地无法做人所能做的,人无法做天地所能做的。但是,正是因为人,天、地才成就了自身的圆满过程,即物性在人性中达到了最高的阶段。人仅仅局限在人所能做的范围内。"不为而成,不求而得,夫是之谓天职。如是者虽深,其人不加虑焉;虽大,不加能焉;虽精,不加察焉;夫是之谓不与天争职。"(《天论篇》)天地都是不需努

---

[1] 熊公哲:《荀子今注今译》(上),重庆出版社2009年版,第359页。

力就可以完成自身，不追求便可以达到目的。这是天地的运作。因此，虽然圣人有着深奥的理解力，但是他不思考天自身的东西；虽然他具有很高的才能，但是他不运用在天地的身上；虽然他的观察力超乎寻常，但是他不试图用到天地之上。这就是不与天竞争。

那么，人区别于天地最显著的是什么呢？在这个问题上，荀子与孔子孟子无异。人之所以为者在于礼。荀子说，

"在天者莫明于日月，在地者莫明于水火，在物者莫明于珠玉，在人者莫明于礼仪。故日月不高，则光辉不赫，水火不积，则晖润不博，珠玉不睹乎外则王公不以为宝，礼义不加于国家，则功名不白。故人之命在天，国之命在礼。君人者，隆礼尊贤而王，重法爱民而霸，好利多诈而危，权谋倾覆幽险而亡矣。"（《天论篇》

在这段话中，荀子用修辞的手法来强调天、地、人各有其独特的方面。礼是人类社会所独有的。个人的生命的长短，是天所决定的，但是，国家的存亡却不是天决定的，而是礼决定的。荀子认为，如果统治着尊重礼仪和德才之人，他就可以成为王，如果他倚重赏罚（法），爱惜民力，那么，他就可以称霸。换言之，王道就是隆礼尊贤，霸道就是重法爱民。在这里，荀子没有对王道和霸道作严格的评判，认为这两者都包含礼在内。也许荀子的学生韩非子继承了荀子的"重法爱民"的思想，或者说当时的"重法爱民"思想得到了荀子和韩非子的认同。秦国的商鞅（约公元前390～前338）变法思想对于荀子或许有影响。荀子明确地批评那些"好利多诈""权谋倾覆""幽险"之徒。这些人，无论是王公还是达官贵人，都是古代礼仪的毁坏者、颠覆国家的危险人物。荀子批评"好利"者，这和孟子是一样的。韩非子却把"好利"作为"重法"的前提。

荀子认为，历史是不断变化的，但是变化的背后有一个根本原则是不变的。只有掌握了这个不变的原则，才能应付瞬息万变的社会。荀子说：

"百王之无变，足以为道贯。一废一起，应之以贯，理贯不乱。不知贯，不知应变，贯之大体未尝亡也。乱生其差，治尽其详。故道之所善，中则可从，畸则不可为，匿则大惑。水行者表深，表不明则陷；治民者表道，表不明则乱。礼者表也，非礼昏世也，昏世大乱也。故道无不明，外内异表，隐显有常，民陷乃去。"（《天论篇》

古代百王不变之者，这就是一贯之道。这个一贯之道就是礼。废起之变

应该遵守不变之原则。运用这个不变之道，就变而不乱。如果不知道什么是不变之道，那么就不知如何应付变化。不变之道的主要精神从来没有消亡过，世道混乱是因为对于不变之道的误解。世道有序是因为把这个不变之道应用的非常彻底。对于道的最好的运用就是中和，就是和谐，这样就会万事无恙。如果曲解了道，那就不可能有效地治理国家。如果误解了道，就会犯大错误。过河的时候在水深的地方插上标记，如果标记不明确，则会使后来的人掉进深水。治理老百姓的人要向天下人表明什么是道标，应该如何做出行为。指示不明确就会混乱。用什么来指示道路呢？礼就是路标。抛弃礼的人就是要世人眼前漆黑，无所适从。无所适从，世界就会大乱。因此，用道或者礼来表明所有的部分，使得内外分明，黑暗与光明之间得到明确的标示，这样就不会使得老百姓掉入陷阱之中。所以说，对于荀子而言，礼是百世不变之道，是人区分于天地的根本标记。这个标记是哪里来的呢？就如过河一样，河水不可能告诉我们哪里水深，哪里水浅，而是以前过河的人流下的标记。标记是人之为，不是天地之为。我们看到，对于荀子而言，礼是古代圣贤的发明创造。

1.2 天的非神秘化

在对待天的态度上，荀子不同于孔子孟子。他没有模棱两可，认为天就是自然存在，其自身有特性。天不是高于人类道德的存在或者评判者。天对于人的行为没有干涉。相反，人可以利用天来为人类服务。荀子从理论上消除了人对于天的神秘感和恐惧感。荀子说：

"天行有常，不为尧存，不为桀亡。应之以治则吉，应之以乱则凶。强本而节用，则天不能贫。养备而动时，则天不能病。修道而不贰，则天不能祸。故水旱不能使之饥，寒暑不能使之疾，妖怪不能使之凶。本荒而用侈，则天不能使之富。养略而动罕，则天不能使之全。倍道而妄行，则天不能使之吉。故水旱未至而饥，寒暑未薄而疾，妖怪未至而凶。受时与治世同，而殃祸与治世异，不可以怨天，其道然也。故明于天人之分，则可谓至人矣。"（《天论篇》）

荀子认为，天有其自身的特性，并非是因为人的行为，天才会有异常的反应。治世与乱世都是人力造成的。在《不苟篇》中，荀子说："礼义之为治，非礼义之谓乱。"天下太平与否关键在于人是否依据礼义来治理国家。荀子在上面所引的话中强调：其一，如果人按照礼义治国，那么，即使天灾也不能使人民遭受饥饿和疾病；其二，如果人忘记了礼义，贪图享乐，即使没有水旱之灾，人民也要遭受饥饿和疾病的灾难。尧和桀都是生活在一个天之下，而两者统治时人民的命运不一样。这并非是天造成的，是人力所致。人民生活安定，丰衣足食，这不是天对于尧圣善良行为的奖赏。饥饿，疾病，灾难也不是天对于桀纣的惩罚。荀子说：

"治乱天邪？曰：日月星辰瑞历，是禹桀之所同也，禹以治，桀以乱，治乱非天也。时邪？曰：繁启蕃长于春夏，畜积收臧于秋冬，是又禹桀之所同也，禹以治，桀以乱，治乱非时也。地邪？曰：得地则生，失地则死，是又禹桀之所同也，禹以治，桀以乱，治乱非地也。"（《天论篇》）

治世和乱世与天地无关。禹与桀统治天下时，日月星辰的变化、春生夏长秋收冬藏的季节规律都是一样的，但是，一为治世，一为乱世，这显然与天无关。同理，得到土地就生，失去土地就死，这对于禹和桀来说，也是一样的。

荀子还认为，天不仅对人类活动没有奖罚，对于人类的感受也没有反应。荀子说：

"天不为人之恶寒也，辍冬；地不为人之恶辽远也，辍广；君子不为小人之匈匈也，辍行。天有常道矣，地有常数矣，君子有常体矣。君子道其常，而小人计其功。"（《天论篇》）

天并非是因为人讨厌寒冷就取消了冬天，因为春夏秋冬是天自身的规律性行为，是无法改变的。地也不会因为人讨厌路远而变小。

但是，确实发生了一些怪异现象，又如何解释呢？荀子认为，自然世界，即天地，有自身的次序，即使发生一些我们看来是怪异的事情，也不应该大惊小怪。因为，那些例外的现象不是相对于自然现象本身，而是相对于我们所观察的自然现象而言的。这些在人看来怪异的现象是自然界本身的一部份。人们看到这些所谓异常的东西害怕，是因为人们预先假设天是有意志的，天是精神性的存在。荀子是这么说的：

"星队木鸣，国人皆恐。曰：是何也？曰：无何也。是天地之变，阴阳之化，物之罕至者也。怪之，可也；而畏之，非也。"（《天论篇》）

星星掉下来，树木发出怪声，人们非常惊恐。问：这是为什么呢？回答说：没有什么。这些现象不过是天地变化，阴阳作用的结果。只是偶尔发生而已。感觉这些现象惊奇，这是可以的，因为这些现象不常见。但是，如果害怕它们，就不对了。星坠树鸣，本身自然现象的一部份，人们不常见，就觉得怪异。怪异现象，不是现象本身怪异，而是人们觉得它们怪异。荀子在这里运用天人之分来解释怪异现象。对于这些现象，我们应该如何对待呢？荀子说："无用之辩，不急不察，弃而不治。"（《天论篇》）也就是说，没有用的分辨，不重要的观察，都可以放到一边不管它。所谓，圣人不求知天。

荀子进而指出，这些怪异现象的发生，即使一并而起，对于有道之政也没有任何影响。相反，即使没有任何怪异现象发生，不道德的政权的命运也是可以预知的。荀子说："夫日月之有蚀，风雨之不时，怪星之党见，是无世而不常有之。上明而政平，则是虽并世起，无伤也。上暗而政险，则是虽无一至者，无益也。"（《天论篇》）日食月食的发生，干旱与暴雨不合乎季节，偶尔看到奇怪的星星，这些都是偶然发生的。如果统治者是一个明君，其政府合乎礼义，即使所有这些现象一并发生，也没有任何伤害。如果统治者昏庸无道，即使没有任何类似的怪异现象发生，对于他的统治也没有任何益处。

人们会问，既然天有其时，干旱时我们为何还要祭祀求雨呢？荀子说：

"雩而雨，何也？曰：无何也，犹不雩而雨也。日月食而救之，天旱而雩，卜筮然后决大事，非以为得求也，以文之也。故君子以为文，而百姓以为神。以为文则吉，以为神则凶也。"（《天论篇》）

祭祀求雨，果然下雨了。这如何解释？回答说，没有什么不同的，这与不求雨而下雨没有什么两样。发生了日食月食，而鼓盆救之，天旱祭祀求雨，在决定大事前要举行占卜仪式。这不是你所想像的通过这些仪式而获得什么。它们仅仅是一种文饰，是表达一种情感。君子把这些行为看作是文饰，而普通百姓把它们看作是神明、是超自然的。当作是文饰，就是吉利；当作是神明，就是不吉利。

1.3 人祅可畏

荀子认为，统治者应该感到畏惧的是人所造成的怪异现象，即人祅。荀子认为如下的现象是人祅：

"政险失民，田薉稼恶，籴贵民饥，道路有死人，夫是之谓人祅。政令不明，举错不时，本事不理，勉力不时，则牛马相生，六畜作祅，夫是之谓人祆。礼义不修，内外无别，男女淫乱，则父子相疑，上下乖离，寇难并至，夫是之谓人祆。祆是生于乱，三者错，无安国，其说甚尔，其菑甚惨，可怪也，而不可畏也（当：亦可畏也）。"（《天论篇》）

当政治黑暗，失去百姓的支持，田野荒芜，依赖从别国进口粮食，百姓饥饿，路有死人，这就是不祥之兆；当政府治理混乱，滥用民力，忽视农业，这就是不祥之兆；当不遵守礼仪，内外无别，男女淫乱，上下级不相信任，又有外侵，这就是不祥之兆。如果这三者同时发生，则国家没有平安可言。此三者，说起来似乎不那么怪异，因为这是当时政治形势的写照。但是，它们所引起的后果却是灾难性的。这三者不仅值得警惕还需要畏惧。荀子警告说，人们应该害怕的不是自然界的怪异现象，而是人类社会的怪异现象。"若夫君臣之义，父子之亲，夫妇之别，则日切磋而不舍也。"（《天论篇》）对于君臣之间高低，父子之间的情感，夫妇之间区分，这些都应该时时刻刻的精研而不厌。也就是说，对于社会的君臣关系、父子关系、夫妇关系，要依据礼义而尽自己的职责。

1.4 为与不为

对于荀子而言，圣人知其可以知，为其可以为。荀子说：

"故大巧在所不为，大智在所不虑。所志于天者，已其见象之可以期者矣。所志于地者，已其见宜之可以息者矣。所志于四时者，已其见数之可以事者矣。所志于阴阳者，已其见知之可以治者矣。官人守天，而自为守道也。"（《天论篇》）

真正有技巧的人是有所不做的，真正有智慧的人是不思考某些事物的。当他把思想转到天的时候，他只寻求理解那些预期可以被管理的东西；当他把思想转到地的时候，他只寻求理解那些可以被农业利用的方面；当他把思想转到四季的时候，他只寻求理解影响他所从事的事务的变化；当他把思想转到阴阳变化的时候，他只寻求理解影响他采取行动的东西。学者们也许只需思考天，而统治者则要关心道。[1]

荀子认为，所谓的"知天"应该是"知其所为，知其所不为"（《天论

---

[1] 对于最后一句话，有不同的解释。有人解释为："执一不通之人，迷于天，而自以为守道也。"（熊公哲）

篇》)。天之所为与人之所为不同。在人自身，什么是天之所为，什么是人之所为呢？荀子说：

> "天职既立，天功既成，形具而神生。好恶喜怒哀乐臧焉，夫是之谓天情。耳目口鼻形能各有接，而不相能也，夫是之谓天官。心居中虚，以治五官，夫是之谓天君。财非其类以养其类，夫是之谓天养。顺其类者谓之福，逆其类者谓之祸，夫是之谓天政。暗其天君，乱其天官，弃其天养，逆其天政，背其天情，以丧天功，夫是之谓大凶。圣人清其天君，正其天官，备其天养，顺其天政，养其天情，以全其天功。如是，则知其所为，知其所不为矣。"（《天论篇》）

人之器官如耳、目、口、鼻、身、心为天所生，各有其功能。喜、怒、哀、乐、好、恶是人对于外物的自然反应。人的生命存续依赖于自然界所供养的食物和物品。人需要什么，不需要什么，这也是人之中天所决定的，是自然的需求。顺从人的自然天性，人就会健康，就是福；逆反人的天性，人就会有疾病，就是祸。荀子认为，圣人就是认清楚人的自然器官的功能和需求，满足人的自然欲望，从而保全自然之功。圣人所应该做的不是探究为什么具有这些器官和功能，而是满足它们的正常的需求。如果违背了自然需求，人就会面临大凶。人可以顺天，也可以逆天。逆天顺天不是天之所为，而是人之所为。这也是荀子的天人之分思想。

在修养上，荀子认为，君子应该分清天人之别。财富、权力、荣誉等等也是外在的东西，是属于"天"的范畴，而道德修养是属于人可以为的。这是很多哲学家所强调的东西。荀子说：

> "楚王后车千乘，非知也，君子啜菽饮水，非愚也，是节然也。若夫志意修，德行厚，知虑明，生于今而志于古，则是其在我者也。故君子敬其在己者，而不慕其在天者；小人错其在己者，而慕其在天者。君子敬其在己者，而不慕其在天者，是以日进也；小人错其在己者，而慕其在天者，是以日退也。故君子之所以日进，与小人之所以日退，一也。君子小人之所以相悬者在此耳！"（《天论篇》）

地位高、权力大、财富多，并不代表有智慧有品德。君子生活俭朴，并不代表没有智慧。这些是偶然因素造成的。有些是人可以控制的，有些是人不可以控制的。可以控制的被称为是"在己者"，不能控制的被称为"在天者"。荀子似乎是说，利是属于在天者，而德是属于在人者。小人追求利，而放弃了德。君子注重德的修养，而不思慕利的多少。

最后，我们应该思考这样的问题：荀子为什么特别强调天人之分呢？一是因为当时历史的发展使人们对于天的看法发生了巨大的变化。二是在传统社会和普通百姓脑中，天作为有意志的存在是具有普遍影响的。同时，也是儒家思想发展的必然结果，因此孔子孟子已经包含了这样的思想。

二、性伪之分

在荀子哲学中，与天人之分相对应的是性伪之分。荀子在《性恶篇》开头就说："人之性恶，其善者伪也。"具体到人，荀子认为，来之于天的就是"性"，这不是人所能够创造的；来之于人的就是"伪"，这是人所固有的。荀子的性恶论实际上是天人之分思想的核心，天人之分为性伪之分打基础的。所谓"伪"，用现代西方哲学的语言说，就是社会化，就是要把天所未成就的东西进一步完成。天人之分思想与西方形而上学或者唯物主义思想不同，它不把人看作是天的一部分，人是在天的基础上更进一步创造人之所以为人的东西。我们可以这样概括荀子的核心思想：人从天那里所得到的是性，是恶的东西，或者说，得到的具有恶的倾向，而我们的人性具有可塑性，可以在礼义之中把人性改造为一个社会化的东西。人区别于天者就在于社会化过程和社会化结果。

2.1　性恶

我们先来看看荀子在《性恶篇》中是如何定义性恶的。"凡性者，天之就也，不可学，不可事。""不可学，不可事之在天者，谓之性。""今人之性，目可以见，耳可以听。夫可以见之明不离目，可以听之聪不离耳，目明耳聪，不可学明矣。"（《性恶篇》）对于荀子而言，人性指的是天生的东西，天所成就的。人性是不可以后天学习或勉力而为的。眼睛可以看，耳朵可以听，这些都离不开眼睛和耳朵器官。耳朵眼睛的功能是后天学习不来的，是先天给予的。这里，荀子所说的目明耳聪不是指如经验主义所说的含义。耳朵听到的不是纯粹的声音，而是乐曲或者话语或者其他日常生活中具体的声音。眼睛看到的不是什么颜色或者大小等，而是美丑，远近等日常生活中的东西。所以，荀子说，"生而有耳目之欲，有好声色焉。"（《性恶篇》）音乐与美色，是用来比喻人的器官的主要功能是欲望的，而不是认知的功能。"今人之性，饥而欲饱，寒而欲暖，老而欲休，此人之情性也。"（《性恶篇》）人之性更是指人的自然欲望。"若夫目好色，耳好声，口好味，心好利，骨体肤理好愉佚，是皆生于人之情性这也，感而自然，不待事而后生之者也。"用西方哲学的语言说，在荀子眼里，人首先是一个欲望的主体，而不是一个认知的主体。

如果我们回忆一下《孟子》中告子的观点，我们会说，在对于性的定义上，告子和荀子是相似的，所谓生之谓性也。这里需要指出的是，首先，荀子所说的性是指人的身体的自然功能和欲望，是"情性"。这是人的本能，是被赋予的。这就是天在人身上的反映。或者说，这是人这个概念中天的部分。其次，人之情性的核心内容是欲望，是自然需要。作为欲望，人性要寻求满足，其基本结构是对于某物的渴望和需求。"目好色，耳好声，口好味，心好利，骨体肤理好愉佚"：色是目之对象，声是耳之对象，味是口之对象，利是心之对象，愉悦是人肌体触觉之对象。欲望总是对于某物的欲望。人之心好利，这是人的天性决定的，因为利是人心的对象。自然的人是通过这些欲望以及欲望对象表现出来的。我们将看到，荀子不把自然人看作是人的本质，而看作是人的材料。天成就仅仅是人抽象的一部分。对于自然之人的社会化，是创造人的本质活动。

那么，为什么人性是恶的呢？荀子说："今人之性，生而好利焉，顺是，故争夺生，而辞让亡焉；生而有疾恶焉，顺是，故残贼生，而忠信亡焉；生而有耳目之欲，有好声色焉，顺是，故淫乱生，而礼义文理亡焉。然则从人之性，顺人之情，必出于争夺，合于犯分乱理，而归于暴。"（《性恶篇》）在这段话中，"顺是"之言很重要。人生来具有某些本性本能，它的发展，会使人互相争夺，使人淫乱，使人暴乱。纵人之情，顺人之性，其结果就是混乱。恶的产生就是任人之性情自然发展的结果。所以，荀子的人性恶，应该是指人性具有恶的发展倾向。"夫好利而欲得者，此人之情性也。假之人有兄弟资产而分者，且顺情性，好利而欲得，若是则兄弟相拂夺矣。"（《性恶篇》）人在自然状态下都是自私的，都是去满足自身的利益，这就是"好利而欲得"的意思。兄弟之间，在财产分配上，必然互相争夺，都希望自己获得的更多。兄弟之间与陌生人之间没有什么区分，都是维护自身的利益。所以，荀子的性恶论与近代西方政治哲学的前提是一样的，都是把人看作是满足自身欲望的原子。我们将看到，荀子与西方政治哲学的不同点在于对西方政治哲学而

附： 荀子论天与性

言，自私自利的个体是社会的基本单位，社会的政治结构就是如何平衡它们之间的利益，解决它们之间的纠纷。而对于荀子而来说，自私自利的个体不是一个自身圆满的东西，而是一个半成品，是需要加工和转化的东西，不是社会的人，不是具体的人，而是抽象的人，是在社会化中完成人之为人者。荀子的观点与黑格尔的相似，而不与西方政治自由主义者一样。我们在第一章看到，荀子的学生韩非子与西方政治自由主义者思想相近：同样的人性假设，不同的政治制度设想。

对于性恶，或者说人性因自私自利必然互相争夺，荀子的论证与墨子和韩非子所说的非常相似。"今当试去君上之势，无礼义之法，去法正之治，无刑罚之禁，倚而观天下之民之相与也。若是，则夫强者害弱而夺之，众者暴寡而哗之，天下之悖乱而相亡不待顷矣。由是观之，然则人之性恶明矣。"（《性恶篇》）荀子认为，战国时期的社会尽管混乱，但还是有外在的社会礼义和刑罚制度加以约束的。如果彻底的取消任何政治制度，用我们现在的话说，取消国家机器，取消警察、军队、法律、政权机构等，那么社会将是什么样子的呢？在美国刚刚把伊拉克占领时，那种暂时性的权力虚空充分暴露了人的本性，掠夺，抢劫，杀人放火。在萨德姆高压政权下，这种事情是不会发生的。在2005年8月，美国南方遭受了卡特里娜台风引起的洪灾，当时美国把国民自卫队派去，为什么？因为警察无法控制当时的混乱局面。文明不同，人的行为很相似。正常的社会秩序需要外在的政治力量来维持，要么是强权，要么是民主政体。这两个例子会使得韩非子确信，人性是不可改变的，但是荀子不这么看。

荀子还论证说，如果说人性本善，我们还需要圣人干什么？圣人的存在证明人性是恶的。"凡古今天下之所谓善者，正理平治也。所谓恶者，偏险悖乱也。是善恶之分也已。今诚以人之性固正理平治邪？则有恶用圣王，恶用礼义矣哉！虽有圣王礼义，将曷加于正理平治也哉！今不然，人之性恶，故古者圣人以人之性恶，以为偏险而不正，悖乱而不治，故为之立君上之势以临之，明礼义以化之，起法正以治之，重刑罚以禁之，使天下皆出于治，合于善也，是圣人之治而礼义之化也。"（《性恶篇》）"故性善则去圣王，息礼义矣，性恶则与圣王，贵礼义矣。"（《性恶篇》）荀子认为，性善论与圣王存在的事实是不相符合的。正是因为人性是恶的，历史上才有圣王存在。圣王因为性恶而创造政治和法律制度，来教化人类，使得人类社会得以平安和生存下去。圣王和礼义是改造人的必要前提。人性自身是不可能自然而然转化的。人不是蝴蝶，可以自然地化蛹为蝶。圣人之为，是外在于自然的。

这里有个问题，既然人性是恶的，我们如何改造和教化它呢？荀子认为，人性以欲望为其基本结构，即人性总是对于某物有欲望，人需要外在的东西来满足自己。人性不是自足的。这种虚空特性，使得人性有两种可能性：一种是导致混乱，一种是被转化。荀子是这么说的，"夫薄愿厚，恶愿美，狭愿广，贫愿富，贱愿贵，苟无之中者，必求于外，故富而不愿财，贵而不愿执，苟有之中者，必不及于外。用此观之，人之欲为善者，为性恶也。今人之性，固无礼义，故强学而求之也。性不知礼义，故思虑而求知之也。然则生而已，则人无礼义，不知礼义。人无礼义则乱，不知礼义则悖。然则生而已，则悖乱在己。用此观之，人之性恶明矣，其善者伪也。"（《性恶篇》）荀子的意思是，人都希望得到自己没有的东西，自己拥有的就不需要再向外追求了。善是人所不具有的，因此恶才迫使自己追求善的（"强学而求之"）。为什么"强学"呢？因为根据自己的本性，人是没有礼义的，是会导致混乱的。

荀子的推理是不是有问题呢？我们都能够理解，丑的追求美的，贫穷的追求富有的，社会地位低下的追求高地位的，这是人的自然本性决定的（也可以说，这些欲望是社会化了的自然欲望，不是纯粹的自然欲望）。那么，富有的人是不是就不再追求财富了呢？似乎不是如此。人是贪得无厌的。社会地位高的人希望社会地位更高，大臣希望成为君主，小国君主希望成为大国的帝王。这些都容易理解。但是，唯独人恶而追求善不容易理解。荀子这里也说了，依据人性本身，必然导致混乱。人的自然欲望之中没有追求善的可能。正是因为如此，荀子才说，对于善的追求是"强学而求之"、"思虑而求知之"。荀子的推理似乎少了个中间环节：启蒙。人性有一种追求自己没有的本能，但是，依靠自然本性，道德和礼义不会是本性追求的对象。只有依靠圣人才能教育人，道德礼义是善的东西。圣人能够改变人性就是因为人性的虚空性和可塑性。礼义的功能是什么呢？是规范人的自然本性。所以，荀子说，"假之人有兄弟资产而分者，且顺情性，好利而欲得，若是则兄弟相拂夺矣；且化礼义之文理，若是则让乎国人矣。故顺情性则兄弟等多矣，化礼义则让乎国人矣。"（《性恶篇》）圣人和礼义就是要转化人的自然行为和欲求。

2.2 伪（社会化活动）

荀子认为，人的道德行为是教化的结果。"故必将有师法之化，礼义之道，然后出于辞让，合于文理，而归于治。""其善者伪也。"（《性恶篇》）道德的根源不是自然，而是社会。换言之，道德根源不是天，而是人为。在自然的状态下，人会争夺，而在教化后，人才会"辞让"。

那么，什么是伪呢？"可学而能，可事而成在人者，谓之伪。"（《性恶篇》）性不可学，是天生的。而在人之中，那些可以通过后天学习得到的是伪。伪是人所创造的。荀子用的例子非常类似孔子。"故枸木必将待檃栝烝矫然后直，钝金必将待砻厉然后利。今人之性恶，必将待师法然后正，得礼义然后治。""古者圣王以为人之性恶，以为偏险而不正，悖乱而不治，是以为之起礼义，制法度，以矫饰人之情性而正之，以扰化人之情性而导之也。使皆出于治，合于道者也。今之人，化师法，积文学，道礼义者，为君子；纵性情，安恣睢，而违礼义者，为小人。"（《性恶篇》）"故檃栝之生为枸木也，绳墨之起为不直也。立君上，明礼义，为性恶也。"（《性恶篇》）[1] 木头弯曲需要外在的力量来正直。所谓"正直"就是使之直。现代汉语的"正直"所表达的与荀子的意思很相近。迟钝的兵器需要磨砺才能变得锋利。树不修剪，则不能成材。人性也然。没有老师教导和规章制度，人性就会导致社会混乱。圣王制定法度来改造人性，驯服人的野性，引导人性，从而达到天下太平的局面。君子与小人之分就在于是否按照礼义和法度来教化自己、驯服自己。为什么说教化和驯服人性呢？"今人饥，见长而不敢先食者，将有所让也；劳而不敢求息者，将有所代也。夫子之让乎父，弟之让乎兄；子之代乎父，弟之代乎兄，此二行者，皆反于性而悖于情也。然而孝子之道，礼义之文理也。故顺情性则不辞让矣，辞让则悖于情性矣。"（《性恶篇》）荀子说，现在的人，即使在饥饿的时候，看到食物也不敢马上去吃，因为要等待别人先吃；劳作而不敢先歇息，因为要等待别人先歇息，自己才敢这么做；儿子让于父亲，弟弟让于兄长，这两种行为都与人的自然性情相反。为什么呢？人的自

---

[1] 荀子这里对于君主的设立和制度的建立与墨子的观点非常相似。其不同之处是，对于墨子而言，只有君主的设立依赖于超越人类社会的天意天志，而荀子则认为是圣王。我们下面看看荀子的自相矛盾之处。

然性情都是自私自利的,而辞让行为是以他人为先。荀子特别强调,辞让主要是父子和兄弟之间的辞让。孝悌是儒家的道德核心。性情指的是爱自己是韩非子所说的,而礼义是反自然行为,是反自私自利,是爱自己的父母和兄长。荀子在这里与弗洛伊德对于孝道所说的很相似。之所以强调孝道,是因为人经常做不到这一点。

这里有个问题,既然"凡人之性者,尧舜之与桀跖,其性一也;君子之与小人,其性一也,"(《性恶篇》)那么,礼义又是如何来的呢?

2.3 圣人之伪与礼义

孟子认为,本心本性是道德的根源。荀子既然认为性恶,那善又是如何起源的呢?我们看到,"问者曰:人之性恶,则礼义恶生?应之曰:凡礼义者,是生于圣人之伪,非故生于人之性也。故陶人埏埴以为器,然则器生于陶人之伪,非故生于人之性也。披工人斲木而成器,然则器生于工人之伪,非故生于人之性也。圣人积思虑,习伪,故以生礼义而起法度,然则礼义法度者,是生于圣人之伪,非故生于人之性也。""夫感而不能然,必且待事而后然者,谓之生于伪,是性伪之所生,其不同之征也。故圣人化性起伪,伪起而生礼义,礼义生而制法度;然则礼义法度者,是圣人之所生也。故圣人之所以同于众而不异于众者,性也;所以异而过众者,伪也。"(《性恶篇》)荀子认为,礼义是过去的圣王创造的。圣王创造礼义就如手工者制造工艺品一样,礼义是人活动的产物。泥土自己不可能变为陶器,需要制陶工依据人的活动制造出来。制作陶器的活动不是人的本性,而是人的社会活动。陶工也是后天学会如何制作陶器的,制作陶器的技艺不是陶工先天就有的。同理,荀子认为,圣人制作礼义不是依据先天特性,而是后天的活动。圣人之所以要制作礼义,目的是改造人类社会,改造人性。霍布斯把人类社会的建立归结为人的契约性活动,为了避免人类的灭亡,人类认识到需要一个外在的东西来约束人的天性,这就是契约,它体现在人把自己的权利交给一个高于一切人的独裁者。荀子的看法与霍布斯相似,但是,荀子认为人性是可以改变的,人不是一成不变的,是可以被改造成有道德的人的。圣人之所以制作礼义和法度,就是要改造人,要创造人,如陶工和木工一样。

那么,圣人是如何制作礼义法度的呢?是依赖圣人的智慧(积思虑)。"凡所贵尧舜君子者,能化性,能起伪,伪起而生礼义;然则圣人之于礼义积伪也，亦陶埏而生之也。"（《性恶篇》）圣人尧舜禹与一般人不同，就在于他们能够转化自己的人性，能够从事社会创造活动，有了社会化活动，然后才有礼义。如果说霍布斯认为人为了避免人类的灭亡而暂时交出自己的权利，牺牲眼前利益和小利益而追去长远利益的话，那么，圣人创造礼义是不是基于同样的思考呢？圣人之伪从一开始，是不是天性呢？即圣人之智慧是不是性的一部分呢？如果说圣人就其人性而言，与普通人无异，那么，圣人是如何启动了伪的活动呢？

荀子这里所说的实际上是重复了孔子的理论，即礼义是圣人创造的，是继承下来的。孔子对于礼义来源问题没有必要回答，因为对他来说最大的问题是如何把礼义贯彻到自己的生活中。经过了孟子，荀子就必须回答这个问题。荀子强调了礼义法度对于绝大多数人的外在性和权威性，但是，他关于礼义改造人性的理论不能适用于圣人身上。我们将看到，墨子对这个问题有不同的回答，能够避免荀子哲学的悖论。墨子认为，法仪来源于天意天志。天不是人类的一员，是超越于人类社会的。

2.4. 路人皆可为禹

与孟子强调人人可以为尧舜一样，荀子认为路人皆可成为像禹王一样的人。依据性伪之分，我们可以说人人都可以被改造成为一个社会化的有道德的人。但是现实告诉我们，并非每个人都可以成为尧舜禹一样的圣人。这是什么原因呢？荀子的回答是，普通人与圣人在自然才智上没有任何区分，都可以成为圣人，关键在于你是否愿意成为有道德的人。更准确地说，荀子认为，人人都有成为圣贤的潜在可能性，都具有可塑性。"材性智能，君子与小人一也，可以为尧舜，可以为桀跖，可以为工匠，可以为商贾，在注错习俗之所积耳。"（《荣辱篇》）荀子的这句话表明，荀子把道德修炼与其他技能的学习看作是一样的，都是人后天学习的结果。人具有某方面的技艺不是先天的，而是后天形成的。作为自然人，人具有无限的可能性。社会可以把人塑造成任何社会化的产品。这就是人与天地参的含义。

在《性恶篇》中，荀子说："曰：凡禹之所以为禹者，以其为仁义法正也。然则仁义法正有可知可能之理，然而涂之人也，皆有可以知仁义法正之质，皆有可以能仁义法正之具，然则其可以为禹明矣。"禹之所以是禹，不是因为别的，正是因为他是一个具有道德行为的人。而道德与法度都是可以被认知和实行的。普通人都具有认知仁义法度的才智和实行仁义法度的能力。用现代的语言说，具有认知能力的主体认知可以被认知的东西，具有实践能力的主体实行可以被实践的东西，这是必要条件。

有了以上的条件，人就可能成为禹一样的人。"涂之人者，皆内可以知父子之义，外可以知君臣之正，然则其可以知之质，可以能之具，其在涂人明矣。今使涂之人者，以其可以知之质，可以能之具，本夫仁义法正之可知之理可能之具，然则其可以为禹明矣。"(《性恶篇》)仁义法正的核心指的就是规范父子和君臣关系。如果人能够具体实行仁义法正的话，就与天地参，"今使涂之人伏术为学，专心一志，思索孰察，加日县久，积善而不息，则通于神明，参于天地矣。故圣人者，人之所积而致也。"(《性恶篇》)荀子的意思是，只要人专心致志，日积月累，不断修炼，人就能够完成天地没有完成的任务。圣人无非就是学习的结果。具有了必要条件还不够，更重要的是要实践。这就是伪。

但是，人人都注意到，圣人很少，多数人都成不了圣人，这是为什么呢？"曰：圣可积而致，然而皆不可积，何也？曰：可以而不可使也。故小人可以为君子，而不肯为君子，君子可以为小人，而不肯为小人。"(《性恶篇》)圣人是积累的结果，但是大多数人没有积累而成为圣人，为什么呢？这是因为人人具有成为圣人的可能性，但是，可能性不一定就是必然性。小人君子之间具有互相转化的可能性，但是，君子小人不愿意互相转化。荀子这里提出了一个重要的概念：意志自由选择。你具有这方面的必要条件可以做某事，但是，如果你不做，你还是没有改变自己。仅仅知道仁义法正和具有实行仁义法正的能力，不采取行动，你将成不了圣人。意志是与实践行为联系在一起的。

所以荀子说，圣人极少并不表明人不能成为圣人。"故涂之人可以为禹，则然，涂之人能为禹，非必然也。虽不能，无害可以为。"(《性恶篇》)路人都具有成为圣人的可能性，这的确是这样，但是，这并不表明路人必然成为圣人。虽然没有成为圣人，这并不意味着没有可能性。可能性与必然性之间有着本质差异，不能混淆。"然则能不能之与可不可，其不同远矣，其不可以相为明矣。"(《性恶篇》)或者这么理解荀子的话，可能性与现实性是不同的。仅仅具有可能性，不见得就会成为现实。没有现实的实例，并不等于没有可能性。"足可以遍行天下，然而未尝有能遍行天下者也。"(《性恶篇》)

人可以走遍天下，这是可能性，但是，我们没有看到人真的走遍了天下，不见得没有这样的可能性。

结束语

在"天人之分"、性伪之辩的背景下，我们就容易理解为什么在荀子的思想中，"礼"与"乐"占据着中心地位。在《性恶篇》，荀子说："今人之性，饥而欲饱，寒而欲暖，老而欲休，此人之情性也。""若夫目好色，耳好声，口好味，心好利，骨体肤理好愉佚，是皆生于人之情性这也，感而自然，不待事而后生之者也。"荀子所谓的"性"和"情性"，就是指人天生所具有的对于某物的需求，这就是天性，是不用后天学习即可知的。我们可以用现代语言说，人作为欲望的主体，是以个体为中心的，而且是盲目的。人的这种"自然"存在不是不变的，而是一种"抽象"的存在，是可以被改造的。"礼"，作为"形式"，就是要加在"欲"这个质料上的，其目的是创造出一个"人"。

后　记

　　这本书的写作过程可谓漫长。它起源于 2007 年春季，当时我在哈佛燕京学社做访问学者，并已经计划 2007 至 2008 年度到美国贝勒大学做博士后研究。贝勒大学哲学系的系主任希望我能给他们的高年级本科生和低年级研究生开一门关于中国哲学的课程。我就利用哈佛大学以及哈佛燕京学社的图书馆为将要开设的课程做关于课程设计和讲课大纲的准备，主要参考的是英文翻译的中国古典著作。在本书中，除了第四章和第五章之外，主要思想都来源于给贝勒大学学生讲课的讲稿。在贝勒讲稿中，还有关于老庄哲学的，本书没有吸收进来。因此，我首先应该感谢贝勒大学哲学系给了我机会，使得我能够在讲课中对于先秦哲学有了系统性的整理。当然，我还必须感谢哈佛燕京学社与美国加尔文学院哲学系对于我在美国访学两年的资助。

　　2008 年 5 月我从美国回到武汉大学。在给比较哲学国际班的同学讲授"中国哲学基本问题"、"儒家哲学"课程时，我又依据中文版的经典著作，对于英文讲稿进行了修改和补充。无论是在美国贝勒大学还是在武汉大学，在讲授先秦哲学的过程中，一个核心的问题始终贯穿其中：中国哲学究竟在什么地方不同于以希腊为源头的西方主流哲学？我发现，先秦的道家、墨家、儒家、法家所探讨的问题可以形成一个体系，都是讨论人与爱的问题，与之相对应的也就是四种关于爱的观念。在"先秦哲学的基本问题：爱作为本源性概念"一文中（《比较哲学与比较文化论丛》2009），我把中英文讲课大纲的基本思路作了一番描述。

　　2010 年 6 月在武汉大学举行的国际中国哲学协会的年会上，我作了"论《尚书》中以天为核心的政治神学思想—兼论《尚书》是墨家经典"的发言。这个会议论文使得我终于补上了《尚书》和《诗经》，并发现它们在根本思想上实际上是墨子的鼻祖。在教课和撰写会议论文的过程中，我逐步认识到，中国先秦思想史可以从政治哲学的角度来表述，而且是一种非常精当的视角。

后 记

这种新的政治哲学完全不同于西方主流的政治思维方式，它可以为"形而上学终结之后"提供一篇新的开阔天地。对于老庄哲学，虽然没有在本书中讨论，但在发表的英文文章中（2005，2006，2011），我从宗教哲学的角度对于老庄哲学进行了诠释。希望以后能从政治哲学的角度论述老庄哲学，并与本书中的三种政治哲学进行比较。

这本书虽然在形式上属于个人行为的产物，但它的产生与很多人和社会组织的帮助是分不开的。我要感谢武汉大学克雷茨曼研究所，感谢武汉大学哲学学院的学生和同事。我更要感谢我妻子蒋葵的理解和关心。

2012 年 3 月 28 日于珞桂小区